圖 1　史達林防線後的美國人：一九四三年秋天，蘇聯奪回飽受戰火蹂躪的波爾塔瓦後，第一件事就是修建約瑟夫·史達林的紀念碑。（國會圖書館）

圖 2　瘋狂一號行動：第十五航空隊的波音 B-17 飛行堡壘，一九四四年六月二日飛越東歐前往波爾塔瓦。（國會圖書館）

圖 3　大使：埃夫雷爾．哈里曼，獲任命為美國駐莫斯科大使前，一九四二年於倫敦。（國會圖書館）

圖 4　負責人：約翰．迪恩將軍，美國駐莫斯科軍事代表團團長，他負責在蘇聯美國空軍基地的開設、管理及關閉。照片裡他進到美國駐莫斯科大使埃夫雷爾．哈里曼的住處，攝於一九四五年七月。（美國國家檔案和紀錄管理局）

圖 5　東道主：約瑟夫．史達林及維亞切斯拉夫．莫洛托夫，一九四五年二月在雅爾達等待西方代表團成員。這兩位蘇聯領導人，同意美國人的要求在蘇聯領土上開設美軍空軍基地，但又幾乎不能忍受他們在蘇聯防線後方的存在。（美國國家檔案和紀錄管理局）

圖 6 （蘇方）同僚：（左）蘇聯空軍主帥亞歷山大・諾維科夫。（右）諾維科夫和其負責組建新部隊的副手阿列克謝・尼基丁大將，因在蘇聯建立美國空軍基地扮演的角色而獲頒美國功績勳章。諾維科夫和尼基丁兩人都竭盡全力協助美國盟友。（國會圖書館）

圖 7　波爾塔瓦機場：照片中間的公寓大樓在一九四三年秋天被撤退的德軍炸毀。一九四四年四月為準備給美軍作為基地，在大樓地下室發現了炸彈。在大樓外的機場見得到飛機。（波爾塔瓦長程與戰略航空博物館）

圖 8　波爾塔瓦婦女：一九四四年夏天，在像是市集日時穿著刺繡上衣及烏克蘭傳統服裝。戰爭在波爾塔瓦及烏克蘭其他地方造成性別失衡，婦女和孩童成了人口中的大多數，男人則被紅軍徵召入伍。（富蘭克林・霍爾茲曼藏書，哈佛大學戴維斯中心）

圖 9　空軍基地運作：基地的蘇聯指揮官亞歷山大・佩爾米諾夫少將，他的右手邊是蘇聯軍官，美國軍官在他的左手邊。在他左邊第二位是羅伯特・沃爾什少將，他是美國戰略空軍在蘇聯的東部司令部（一九四四年六月在蘇聯的美國穿梭行動的正式單位名稱）指揮官。（國會圖書館）

圖 11　品嚐烏克蘭羅宋湯：當地婦女在美軍食堂工作。美國大兵學會了一些烏克蘭和俄羅斯單字，反過來教會了廚房工作人員一些美國單字。所有這些用字並非都能在正式的場合使用。（烏克蘭博物館檔案，俄亥俄州克里夫蘭）

圖 10　認識彼此：一位蘇聯技師正在熟悉「飛行堡壘」，一九四四年六月。（國會圖書館）

圖 12　歡迎美國飛行員來到波爾塔瓦：左邊第二位是佩爾米諾夫將軍。在他左邊為將軍翻譯的是伊戈爾．雷韋迪托少尉。右邊第二位是基地的美軍指揮官亞瑟．凱斯勒上校（後來晉升為准將）。（湯尼．雷韋迪托提供）

圖 13　基地的音樂會饗宴：從左到右：艾拉．埃克少將，佩爾米諾夫將軍，莫斯科任務的通譯亨利．韋爾上尉，沃爾什將軍，凱斯勒上校，蘇聯通譯。（國會圖書館）

圖 14　美國人對蘇聯人在假日和節慶場合佩戴的勳章數量印象深刻。照片裡一位美國大兵試圖用勳章的話題來打破語言障礙。蘇聯禁止美國大兵與女紅軍發生關係。一九四四年六月。（國會圖書館）

圖 15　基地的排球賽：球隊都是混合組成，包含美軍和紅軍。右邊第五位是艾拉．埃克將軍。（國會圖書館）

圖 16　並肩的戰友：蘇聯飛行員和他們的美國同僚，身旁是美國製造的 P-39「空中眼鏡蛇」戰鬥機，透過租借法案提供給蘇聯，並受到蘇聯飛行員的高度評價。（美國空軍）

圖 17　準備回程的航班：「飛行堡壘」在烏克蘭基地加油和重新裝載，然後在返回英國和義大利基地的途中，對德國目標進行再一次炸彈空襲。（FORYEPAN 檔案庫／國家檔案和紀錄管理局）

圖 18　口香糖，即「日瓦奇」（烏克蘭語）成為波爾塔瓦最著名的美國進口產品。美國人對烏克蘭城市和村莊街道上的孤兒數量感到震驚，最初都是免費分發食物和用品給他們。（國會圖書館）

圖 19　烏克蘭市場：美國人在這裡學會販售軍用商品，換取盧布和購買蘇聯製相機、烏克蘭刺繡，以及當地酒類。（國會圖書館）

圖 20　草原上的珍珠港：一九四四年六月二十二日，納粹空軍夜襲波爾塔瓦空軍基地，美國空軍慘遭珍珠港事件以來最大的地面損失。當美國人在評估損失的時候，蘇聯人試圖把原因歸咎於美方不願意聽從蘇聯指揮官的建議，將飛機分散在機場四處。蘇聯與美國之間的關係開始惡化。雙方的互信再也沒能達到一九四四年六月二十二日前的水準。（在英國的美國航空博物館）

圖 25　一九四五年二月三日，羅斯福總統在前往雅爾達的途中抵達克里米亞的薩基機場。照片中他與最親密的顧問哈利・霍普金斯交談。維亞切斯拉夫・莫洛托夫站在左邊第三位。美國在薩基的行動是由波爾塔瓦空軍基地的人員負責。（富蘭克林・德拉諾・羅斯福總統圖書館暨博物館）

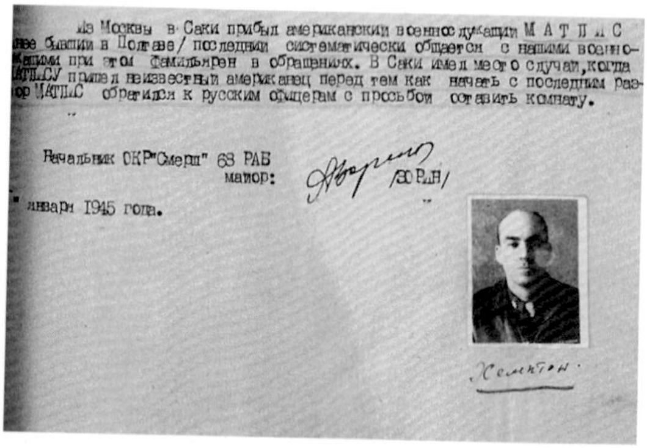

Из Москвы в Саки прибыл американский военнослужащий МАТЛИС
нее бывший в Полтаве/ последний систематически общается с нашими военно-
жащими при этом фамильярен в обращениях. В Саки имел место случай, когда
МАТЛИСУ пришел неизвестный американец перед тем как начать с последним раз-
ор МАТЛИС обратился к русским офицерам с просьбой оставить комнату.

Начальник ОКР "Смерш" 68 РАБ
майор: /ЗОРИН/

" января 1945 года.

圖 26　隨著蘇聯與美國關係的惡化，蘇聯安全機構（特別是「施密爾什」——紅軍反情報部門）加強了對美國人的監視。這是一份關於美國在薩基機場活動的報告，由波爾塔瓦「施密爾什」的主管安納托利・佐林少校簽署。波爾塔瓦基地的美軍指揮官湯瑪士・漢普頓上校的照片貼在報告上。（烏克蘭安全局檔案）

圖 27　喬治．費雪中尉，是湯瑪士．漢普頓上校的副手，一起飛往克里米亞，他會說俄語而且在莫斯科長大。照片攝於一九四五年。（維克．費雪提供）

圖 28　富蘭克林．霍爾茲曼中士，他的家書講述了美國人在烏克蘭生活的日常故事。他先後在米爾戈羅德及波爾塔瓦待過，逐漸灌輸了他對於蘇聯投入戰爭的感激之情，並且走上研究蘇聯社會和經濟的終身學習之路。他在哈佛大學獲得對於蘇聯事務的研究生訓練，在那裡他與另一位有著波爾塔瓦背景、有抱負的學者喬治．費雪相遇。（富蘭克林．霍爾茲曼藏書，哈佛大學戴維斯中心）

圖 29　霍爾茲曼在米爾戈羅德，與他的一位烏克蘭女友妮娜·莫扎耶娃合照。霍爾茲曼和另一位在波爾塔瓦女性的交往，被蘇聯的祕密警察所破壞，他們嘗試招募女性監視美國人。（佛蘭克林·霍爾茲曼收藏，哈佛大學戴維斯中心）

圖 30　伊戈爾·雷韋迪托少尉，會說俄語，也是喬治·費雪的朋友，在與蘇聯軍官爭吵後，於一九四四年九月被送回美國。雷韋迪托外向的個性及流利的俄語，被蘇聯人視為間諜，他受夠了「施密爾什」和祕密警察的監視以及騷擾。（湯尼·雷韋迪托提供）

圖 31　這張一九四五年的照片，伊戈爾·雷韋迪托與他的長子麥可合照。戰後他和家人定居在加州，然而 KGB 持續騷擾先前在波爾塔瓦曾與他約會或結識的女性，試圖獲取雷韋迪托在美國的下落。（湯尼·雷韋迪托提供）

圖 32　威廉·卡盧塔中尉，當他收到請求用他的俄語幫忙其他軍官，保護他們的烏克蘭女友免於祕密警察的騷擾，他就成了蘇聯政權極度懷疑的對象。這張照片中，卡盧塔在波爾塔瓦一場蘇聯與美國的社交聚會中演奏手風琴。最左邊是基地的美國指揮官漢普頓上校，緊接在卡盧塔身後的是另一位會說俄語的軍官麥可·科瓦爾少校。坐在卡盧塔左邊的是波爾塔瓦「施密爾什」的主管安納托利·佐林少校。（波爾塔瓦長程與戰略航空博物館）

圖 33　美國軍官和護士們為了一九四四年的耶誕派對整裝打扮。威廉·卡盧塔在最右邊，坐在他身旁的是未來的妻子克勞蒂爾德·戈沃尼少尉。一九四五年五月，他們在波爾塔瓦登記結婚。（波爾塔瓦長程與戰略航空博物館）

圖 34　心灰意冷、迷失方向、對抗挑釁：一九四五年四月，美國部隊前往羅斯福總統在波爾塔瓦的追悼儀式。（波爾塔瓦長程與戰略航空博物館）

圖 35　美國人在波爾塔瓦及該地區留下了許多回憶。史達林的祕密警察竭盡全力阻止美國大兵和當地人接觸。接下來的數十年，他們騷擾了那些與美國人會面的「不幸」女性。（國會圖書館）

被遺忘的烏克蘭私生子

美軍在蘇聯的祕密基地

(KGB檔案中你所不知道的二戰故事)

謝爾希・浦洛基◎著　廖德明◎譯
Serhii Plokhy

FORGOTTEN BASTARDS OF THE EASTERN FRONT

An Untold Story of World War II

好評推薦

從本書提供的資料得知，美蘇冷戰並非僅是戰後地緣政治衝突所導致，而是二戰期間在美蘇成為盟友後，因文化、政治等「核心價值觀」迴異，導致雙方盟友關係逐漸生變。正如歐美引導中國加入WTO，冀望藉由「經濟盟友」的關係來推動中國政治改革。但在智慧財產遭剽竊，以及諸如中國千人計畫被揭發後，歐美逐漸了解，雙方有如當初與蘇聯結盟，在開始就注定未來得分道揚鑣。台灣位於美中衝突熱點，你我都應該了解這段被忽視的歷史。

——吳照中，Podcast「烏克蘭什麼」創辦人

精彩好看……重要而及時的提醒：第二次世界大戰的勝利，牽涉到與史達林主義及其所有伴隨的邪惡結盟。

——亞歷克斯．克肖，《第一波浪潮》作者

引人入勝，具啟發性且感人，這本精彩的書挖掘出絕對原始的證據。

——尼娜．圖馬爾金，韋爾斯利學院歷史學教授

深刻描述一段鮮為人知的故事。

——古格里．弗里曼，《被遺忘的五百戰士》作者

推薦

一段被遺忘的歷史與冷戰史鉤沉的新取徑

陳冠任

一九九一年底蘇聯的解體標誌著冷戰的結束，一個新時代的來臨。然而，冷戰的幽魂卻依然在世界各地徘徊著。若聚焦於臺灣人較能感同身受的東亞地區，無論是臺海局勢還是兩韓議題，皆牽動著國際政局的敏感神經。除了東亞地區之外，冷戰時期東歐發生何種變化，以及冷戰的遺緒如何影響東歐如今的政局，此類議題則鮮少受到臺灣讀者的關注。直至二〇二二年烏俄戰爭的爆發，國際媒體的鎂光燈才引領臺灣民眾去認識這個似乎有點陌生的國家。烏克蘭與俄羅斯之間的歷史糾葛維持了數百年，但隨著冷戰的結束，烏克蘭走向了國家重建的道路，國內也出現親蘇與反蘇兩種政治聲浪。雙方的衝突在二〇一四年的克里米亞問題激化，最終爆發全面的戰爭，戰火持續至今。

「冷戰」此一名詞也隨著國際局勢的緊張而在媒體上不斷出現，但是關於冷戰的本質與起源，卻鮮少為大眾所知。關於冷戰的起源、過程以及影響的學術著作汗牛充棟。冷戰本質上為美國與蘇聯之間在意識形態、經濟制度與政治體制等多方面的競爭。關於冷戰的起源，歷史學界有三種流派，分別是正統理論、修正主義理論以及後修正主義理論。正統理論認為蘇聯在戰後於東歐的擴張加速了國際政治的緊張情勢，導致冷戰的爆發。修正主義則認為美國應該要為美蘇冷戰負責。後修正主義則認為冷戰的起源並不是非黑即白，而是要從更多元的角度來探究為何美蘇最終走向冷戰。無論是哪一種流派，不可否認的是，冷戰的爆發很大的程度上是美蘇之間的相互不信任，歷史學家已從解密的美蘇檔案中得出此一結論。這種彼此間的不信任感並非短時間造成，而是經過一定時間的積累。一九四五至一九四七年期間，美蘇關係雖然表面上處於「蜜月期」，但是雙方卻不斷猜忌對方擴張勢力的意圖。杜魯門於一九四七年正式向蘇聯攤牌，其於三月發表國情咨文，明確地表示會對抗極權主義與防止土耳其跟希臘落入共產主義之手。美國隨後實施馬歇爾計畫援助歐洲，美蘇對峙的格局正式形成。近年來的研究指出，有別於華盛頓辦公室內的政治家，美軍將領早已明確地傳達了對於蘇聯野心的憂慮。例如美國海軍早在二戰結束之前，就判斷蘇聯將是美國戰後最大的敵人。然而，如果我們把冷戰的起因歸咎於美蘇之間的「不信任感」畢竟過於抽象，倘若無案例佐證，我們很難理解美蘇間的「不信任感」究竟是如何積累成不可避免的冷戰格局。

謝爾希．浦洛基《被遺忘的烏克蘭私生子》一書透過描繪二戰時期美國與蘇聯人在烏克蘭的波爾塔瓦地區建立空軍基地的一段遭隱匿的歷史，具體而微地說明兩國間的不信任感早在戰爭結束前即可看出端倪。浦洛基指出，蘇聯人在本質上並不相信美國人，除了對於他國的飛機進入自身領空感到憂慮之外，他也指出，雙方在政治與文化上巨大的價值觀與思維方式差異，早就注定了美蘇的同盟最終走向破滅。蘇聯人認為他們在意識形態上優於美國人，雖然雙方處於合作的狀態，但是莫斯科依然認為美國是資產階級敵人。此一思想上巨大的差異不僅僅侷限於華盛頓與莫斯科，作者透過美國與俄國人在空軍基地的互動，生動地刻畫出這些不信任與衝突是無所不在。本書的一大特色為大量使用蘇聯KGB檔案，生動地描繪蘇聯對於美軍態度的轉變，以及在空軍基地內兩國軍人之間的相互觀察與關係的演變。蘇聯人不但對美軍處處提防，甚至嚴格盤查與這些美國大兵約會的女子，提防這些女子成為美國間諜。透過對於美蘇戰時在現場的互動細節詳盡但不煩瑣的刻畫，本書揭示了美蘇關係宛若冬季河面上結成的薄冰，表面上看似堅固，但是其中早已遍布裂痕，只要稍有外力衝擊，此一脆弱的關係就會瞬間瓦解。

有別於傳統冷戰史側重於高層決策模式的書寫方式，浦洛基以現場的人物為中心，生動地描繪出美蘇在二戰期間表面上同盟，但內在卻衝突不斷的過程。作者勾勒歷史的方式，讓讀者感受到歷史的構成並非僅是陌生的人名與冰冷的檔案文書，而是如我們的日常生活般，是由有血肉、有溫度的人們所譜出的樂章。作者微觀的書寫方式不但不落窠臼，反而將歷史的鏡頭拉長至整個冷戰史的大脈絡之中，有助於臺灣讀者理解戰後美蘇衝突的本質來源，亦可刺激臺灣相關領域的研究者重新思考冷戰史研究取徑與書寫方式，因此值得大力推薦。

陳冠任　中央研究院近代史研究所助研究員。

推薦

俄烏戰爭的另一個戰場

莊德仁

臺灣中學歷史教科書描述第二次世界大戰的發展，常有著以下的基調：將一九四一年作為分水嶺，前期是軸心國大肆擴張階段，之後是同盟國逆轉局勢最終獲得勝利。在此脈絡下，美國於一九四一年通過租借方案，對英國和蘇聯提供援助有著關鍵的轉變意義。此後美國政府依法得提供英國和其他同盟國勢力軍事裝備，且不要求他們立即付款，有助於同盟國阻止軸心國擴張的氣焰。於是，一九四四年六月的歐洲第二戰場開闢，以及一九四五年八月的蘇聯對日本宣戰，都可視作轉變下的成果。更重要的是，羅斯福、史達林和邱吉爾，「三巨頭」首次於一九四三年在德黑蘭舉行峰會，而後又於一九四五年在雅爾達召開，確保同盟國在整個戰爭期間的團結與獲勝，並促成戰後聯合國的誕生，上述歷史脈絡，清楚地顯示：美俄兩大強權聯手阻止軸心國的擴張並主導戰後國際秩序的發展。有趣的是，為何二戰結束不久，美俄兩強會相互對峙，互結盟國並形成冷戰兩極對立的世界局勢？本書即是對這大問題提出一個有趣的回應。

本書講述第二世界大戰期間，美國與蘇聯一次空前的合作。美國為了交叉空襲納粹德國，遂向蘇聯要求在烏克蘭建立美軍的空軍基地，好讓從義大利起飛的轟炸機飛過德國之後可以停在烏克蘭。此軍事合作計畫在獲得史達林首肯後，美國軍方遂在烏克蘭設置三個機場，好讓轟炸機得以在英國、義大利與烏克蘭的基地間穿梭，這些位於蘇聯領土上的美軍空軍基地因備有燃料和炸彈，將不僅作為打擊德國目標的支點，更可規劃未來對日本帝國的戰略空中戰線，然這計畫最後是以失敗收場。

關於這件從未出現在臺灣中學歷史教科書的史實，本書作者哈佛大學歷史學教授謝爾希・浦洛基（Serhii Plokhy）並非是第一位撰述者，馬克・康維爾西諾（Mark J. Conversino）於一九九七年出版的著作《與蘇聯並肩作戰：「瘋狂行動」的失敗，一九四四至一九四五》（*Fighting with the Soviets: The Failure of Operation FRANTIC, 1944-1945*，書名暫譯）就曾探究此事的發展經過。康維爾西諾以美國方面的第一手和第二手資料為基礎並附有多張精彩圖片來描述為何合作會走向失敗，他認為德軍飛機在一九四四年六月二日至九月十九日的幾次空襲，讓美國人和蘇聯人之間的不信任與日俱增，再加上雙方文化的差異，終讓合作計畫宣告結束。

本書作者浦洛基同意德軍的災難性空襲，不僅暴露蘇聯防空力量的弱勢與侷限，這更讓雙方關係惡化甚至行動陷入僵局，但在他爬梳俄國解密的ＫＧＢ（蘇聯國家安全委員會）檔案後，發現當史達林同意此合作計畫後，祕密警察也啟動相關的監察行動。他描述許多在烏克蘭基地的美國軍官被監控甚至被欺騙的動人故事，希望能由下而上地編織出戰後美俄兩強的冷戰對峙交惡，早在雙方合作時已埋下種子的發展脈絡。

浦洛基同情美國、貶抑俄國的論述，在他其他作品也可清楚看見。早在二〇一五出版的《大國的崩潰：蘇聯解體台前幕後》（*The Last Empire: The Final Days of the Soviet Union*），他就指出一九九一年耶誕節，美國總統喬治布希總統向全國發表講話，宣布美國在冷戰中取得勝利：當天也是原蘇聯政治領袖戈巴契夫辭去蘇聯第一任也是最後一任總統的職務，也是宣告蘇聯解體的歷史時刻。一般認為，這是美國背後精心策劃的結果。但作者反對此觀點，他主張蘇聯的解體絕非美國的傑作。事實上，當戈巴契夫試圖維繫蘇聯，阻止蘇聯各加盟共和國日益高漲的獨立運動時，布希堅定地站在支持戈巴契夫的立場。

二〇一八年出版的《車諾比：一場核災的歷史》（*Chernobyl: The History of a Nuclear Catastrophe*，書名暫譯）一書，更是探討一九八六年四月二十六日上午發生的車諾比核災事件，針對導致數十人死於輻射中毒，塵埃汙染了半個歐洲大陸，數千人患病的人為意外。浦洛基將災難的發生歸咎於蘇聯共產黨的專制統治、政權對科學資訊的控制以及對獨重經濟發展的錯誤政策。

二〇一七年出版的烏克蘭《烏克蘭：從帝國邊疆到獨立民族，追尋自我的荊棘之路》（*The Gates of Europe: A History of Ukraine*）一書，他從希羅多德時代闡述到當前俄烏衝突時期的烏克蘭數千年歷史。本書描述烏克蘭土地幾個世紀以來，被不同的帝國瓜分，並受到不同政治議程的影響。作者以「歐洲之門」為書名，主要想論述遭受不同帝國的殖民歷史，讓烏克蘭的菁英對於自身認同仍未有統一的看法，這種未能從歷史中吸取教訓的態度，將讓烏克蘭的未來容易遭受外國野心的操弄而導致分裂。浦洛基又於二〇二三年發表《俄烏戰爭：歷史的回歸》（*The Russo-Ukrainian War: The Return of*

History，書名暫譯）一書，除了追溯俄國侵略烏克蘭的歷史根源外，更從當前核武器擴散、後冷戰時期國際秩序解體、民粹民族主義重新抬頭的新國際環境下，論述俄烏戰爭的重要意義。

從作者以上的創作歷程與觀點，聰明的讀者應該都可認同從小學至大學初期皆在烏克蘭接受教育的本書作者浦洛基，他之所以勤於寫作，頻頻用英文向歐美世界發聲，不僅是想成一家之言，更是試圖藉著他的筆，正在打一場不一樣的俄烏戰爭吧！

莊德仁 北市建國中學歷史教師，臺灣師範大學歷史所博士。

導讀

敵人變成朋友，朋友也會變成敵人：美國與蘇聯在二戰與戰後的友誼轉變

周雪舫

美國總統杜魯門（Harry S. Truman，一八八四～一九七二，總統任期一九四五年四月至一九五三年）於一九四七年三月十二日在國會發表演說，要求國會撥款四億美元援助希臘和土耳其，避免該二國成為共產黨國家，開啟了冷戰之門。其後的世界局勢成為美國、蘇聯領導的二大集團對峙，亦即資本主義陣營和社會主義陣營的對抗，濃濃的意識形態互相較勁。

一九九一年十二月二十五日，戈巴契夫（Mikhail S. Gorbachev，一九三一～二〇二二，總統任期一九九〇年三月十五日至一九九一年十二月二十五日）辭去蘇聯總統職務，蘇聯瓦解了，原蘇聯的十五個加盟共和國紛紛獨立並加入聯合國。已脫離蘇聯掌控的東歐諸國，與波羅的海三國陸續加入「歐盟」與「北約」，冷戰走入歷史，美國獨霸全球，但不意味著美國與接替蘇聯在聯合國地位的俄羅斯終止對抗。

二〇二二年二月二十四日，俄羅斯總統普丁（Vladimir V. Putin，一九五二～）以「特別軍事行動」（special military action）之名入侵烏克蘭，至今已一年半餘，戰爭仍持續著，美國對於烏克蘭的援助遠遠超過其他國家，在資金和軍事方面的援助皆如此＊；針對俄羅斯則祭出多方制裁：對特定人物禁止入境美國；凍結他們在美國的存款，普丁和他的兩個女兒首當其衝；禁止購買俄羅斯的石油；麥當勞、星巴克、Levi's 等著名品牌停止在俄國營業；今年（二〇二三年）三月二十三日甚而設立特別法庭，指控普丁犯有戰爭罪。

冷戰時期美國與蘇聯以及蘇聯解體後與今日俄羅斯的對立是眾所周知的事†，實則在二戰時期，

＊最近的援助是二〇二三年九月六日國務卿布林肯（Antony J. Blinken, 1962-）訪問基輔（Kyiv）時，宣布十億美元的援助。參見《自由時報》網，〈布林肯四訪基輔再送十億美元援助〉，2023/09/07 05:30 https://news.ltn.com.tw/news/world/paper/1603471；同月二十一日，在烏克蘭爭取一年後，總統澤倫斯基（Volodymyr Zelensky, 1978-）於白宮會晤拜登（Joseph R. Biden Jr., 1942-）總統後，美國允諾提供烏克蘭長程「陸軍飛彈戰術系統」（ATACMS），此可攜帶集束彈頭的射程達三〇六公里，此外，美再追加三億兩千五百萬美元的武器援助烏克蘭。參見《自由時報》網，〈烏爭取一年美允援長程飛彈〉，2023/09/24 05:30 https://news.ltn.com.tw/news/world/paper/1606472

†布林肯於二〇二三年九月十三日在霍普斯金高等國際學院發表演說，指出冷戰後形成的世界秩序已結束，世界進入「與威權激烈競爭」的新時代。他指出中國構成最重大長期挑戰，俄羅斯是「最直接的威脅」。參見《自由時報》網，〈後冷戰秩序已結束布林肯：中國構成最大挑戰〉，2023/09/15 05:30 https://news.ltn.com.tw/news/world/paper/1604904

為了對抗共同的敵人納粹德軍，曾經結成「大聯盟」（The Grand Alliance，一九四四年二月至一九四五年六月），有過短暫存在「朋友」的關係。然而美、蘇就在維持「朋友」的關係中發現彼此的差異而埋下變成「敵人」的種籽。

本書原書名中「被遺忘的私生子」（Forgotten Bastards）與「二戰祕辛」（Untold Story of World War II）清楚顯示作者謝爾希・浦洛基（Serhii Plokhy，一九五七～）挖掘二戰時期一段被遺忘的歷史，要我們重視這段祕辛，並記取歷史的教訓。二戰期間美、蘇是「朋友」，戰後進入冷戰時期變成了「敵人」，一般的說法是美、蘇不存在共同的敵人，浦洛基說明那只是表面上的原因，他認為冷戰的根源存在於二戰期間，轉變點在於美、蘇雙方的政治體制、意識形態、文化上的迴異，衍生的衝突愈演愈烈，終究演變成「大聯盟」的瓦解，導致戰後明顯的對立。

美、蘇的差異在政治、經濟體制方面回溯到布爾什維克黨於一九一七年十月革命推翻了由「資產階級」建立的「臨時政府」（Provisional Government），宣告共產主義社會是新政府努力建設的目標，這是人類歷史上第一次的實驗，引起西方國家極大的恐懼。第一次世界大戰結束後召開凡爾賽會議，歐洲諸國考慮不讓德國再次強大，表現在大量裁減其國防軍備與巨額的賠款；此外，新的七個東歐國家獨立*，建立起「防疫帶」（cordon sanitaire）防堵共產勢力的擴張。「波蘭走廊」（Polish Corridor）†的設立，使得東普魯士與德國其他領土未能銜接在一起。其中的但澤市（Danzig，今格但斯克〔Gdansk〕）多數居民是德國人，卻使之成為自由市，為的是讓波蘭有個出海口，免得受制於德國。第二次世界大戰的爆發就是以德國在一九三九年九月一日入侵但澤為起始。

美國在未參戰之前於一九四一年三月啟動「租借法案」（Lend-Lease Program），支助盟國物資與軍備以對抗德國。三個月後德國撕毀與蘇聯簽訂近兩年的《德蘇互不侵犯條約》，在六月二十二日入侵蘇聯。蘇聯透過租借法案獲得援助，此有助於一九四三年二月「史達林格勒戰役」（Battle of Stalingrad，一九四二年七月至一九四三年二月）成功地驅逐德軍，這也是德軍由盛轉衰的關鍵戰役。蘇聯藉由美國提供戰鬥機，到了年底拿回制空權。美國在一九四一年十二月七日遭受日本襲擊珍珠港，隔日對日宣戰，美、蘇對抗的是「軸心國」，有了共同的敵人。

二戰進行到一九四三年十月，蘇聯在烏克蘭的聶伯河（Dnieper R.）對抗德軍，損失慘重，蘇聯需要美國的鼎力相助，史達林尤其渴望美國在東線開闢第二戰場，讓德軍遠離蘇聯。當時的美國礙於英國轟炸德國損失近半的戰機，無法再入侵德國和東歐，轟炸機不但造價極昂貴且有加油的問題而無法長途飛行，美國亟需蘇聯提供基地作為中途站，以便英國和義大利起飛轟炸德國及其控制地區的飛機降落、加油和補給軍事物資。美國歷經三個半月與蘇聯艱困的談判，史達林終於在一九四四年二月同意結成「大聯盟」。

在「大聯盟」之前，史達林（Joseph B. Stalin，一八七八～一九五三，總書記任期一九二二年至一九五三年）已統治蘇聯二十年，為了迅速從農業國家發展到工業國家，採取極權粗暴的方式進行。

---

* 這七個新興獨立國家是芬蘭、愛沙尼亞、拉脫維亞、立陶宛、波蘭、捷克斯洛伐克和南斯拉夫。

† 波蘭走廊指波蘭本土與但澤港之間的土地。

農業方面在全國實行「農業集體化」（agricultural collectivization），強迫農民將自有農地、農具、牲畜加入「集體農場」（Collective Farm, *kolkhov*），八年即達標，但造成一九三二年至一九三三年大饑荒，以烏克蘭地區遭受的災難最大，死亡數百萬人，烏克蘭人認為是史達林人為造成的饑荒，以此消滅仍保留烏克蘭傳統文化與講烏克蘭語的農民。烏克蘭稱此次大饑荒（Голодомор, *Horodomor*）是「種族滅絕」（genocide）[*]的行為，造成烏克蘭至今難以抹滅的集體記憶[†]。

工業方面在實行兩個五年計畫即提前以八年的時間完成預定目標，在一九三六年轉變成工業國家，工業產值僅次於美國，在歐洲排名第一。同年蘇聯也建立起社會主義社會，這是個由國家統籌的「計劃經濟」（Planned ecomomy）模式，生產工具和生產資料公有，不再有私人企業的經濟體制，消滅了資本主義的成分。然而「大整肅」（the Great Purge）即在同年的八月展開，其後仍有多次大規模的整肅，直到德軍入侵波蘭才暫緩。整肅行動由祕密警察執行，此時的執行機構為「內政人民委員部國家安全總局」（ＧＵＧＢ），其後改組易名為「國家安全人民委員部」（ＮＫＧＢ）[‡]，即「大聯盟」時期也監視美軍的機構名稱。

蘇聯允諾美國在烏克蘭建立三個空軍基地，分別是波爾塔瓦、米爾戈羅德（Myrhorod）和皮里亞丁（Pyriatyn）。基地配合美國執行「穿梭轟炸」（shuttle bombing，一九四三年六月至一九四四年九月）代號為「瘋狂」（Operation *Frantic*，一九四四年六月至九月）的軍事行動。原本只有英國和義大利執行穿梭轟炸，在蘇聯加入後得以就近轟炸德軍控制的軍事與工業設備。雖然「大聯盟」只有短短的一年餘，但成果斐然，給予德軍極大的威脅。

一九四四年五月十六日，九二二名美國人駐進烏克蘭三個空軍基地，人員涵蓋飛行員、工程師、技師、信號官、醫生和護士等，其中四一六人在波爾塔瓦，二四三人在米爾戈羅德，二六三人在皮里亞丁，蘇聯給予的上限名額是一千二百人。實則為配合第一次的「瘋狂」行動，在烏克蘭的美國人曾一度高達一四七七名。前所未見的大量美國人在蘇聯領土與蘇聯人「相遇，相處，相識」，蘇聯擔心美國藉機蒐集情報，畢竟蘇聯眼中的美國是個帝國主義者，帶有侵略的野心，況且美軍當中有俄裔且

---

* 烏克蘭文 Голодомор 意為「以饑餓殺死」。美國參議院在二〇一八年通過大饑荒是針對烏克蘭人民的「種族滅絕」行為，在此之前已獲澳洲、義大利、加拿大……等二十個國家承認，法國在二〇二三年三月二十八日經由國民議會認定之。

† 烏克蘭政府於二〇〇二年制定每年十一月第四個星期六為「大饑荒紀念日」，二〇〇八年在基輔建立「大饑荒受害者紀念碑」，兩年後成為「大饑荒國家博物館」。烏克蘭總統在紀念日當天必會參與紀念儀式。二〇二二年十一月二十六日總統澤倫斯基和第一夫人與比利時首相、立陶宛總理一起前往「大饑荒國家博物館」，悼念烏克蘭饑荒受害者。參見 https://www.president.gov.ua/en/news/prezident-i-persha-ledi-razom-iz-premyer-ministrami-belgiyi-79465

‡ 「內政人民委員部國家安全總局」簡稱「國家安全總局」，存在於一九三四年七月至一九四一年二月，和一九四一年六月至一九四三年四月。其後分成「內政人民委員部」（NKVD）和「國家安全人民委員部」（NKGB），存在於至一九四三年四月至一九四六年。NKVD於一九四六年解散，NKGB易名為「國家安全部」（MGB），至一九五三年三月併入內政部。一九五四年起將內政部分為內政部（失去國家安全職能）和「國家安全委員會」（KGB），直到蘇聯解體。

會俄語或烏克蘭語的人員容易與當地烏克蘭人溝通而獲得情報。烏克蘭人對於史達林的極權統治，以及推行大俄羅斯化的不滿尤其強烈，蘇聯當局也擔心美軍散播反蘇思想。

盟軍在一九四四年六月六日發動諾曼第（Normandy）登陸，也在東線進行穿梭轟炸。首次從波爾塔瓦基地起飛的飛機前往羅馬尼亞，轟炸加拉茨（Galați）港口和附近的德國機場然後返回。六月十一日再度從波爾塔瓦基地起飛，前往義大利的途中轟炸羅馬尼亞的福克沙尼（Fokșani）機場，這次名為「瘋狂喬」（*Frantic Joe*）的穿梭轟炸相當成功。

最後一次執行穿梭轟炸是「瘋狂七號」（*Frantic VII*），在一九四四年的九月十八日飛往華沙（Warsaw）救援抵抗德軍的起義軍「波蘭救國軍」（Polish Home Army）。由於起義軍支持在倫敦的「波蘭流亡政府」，蘇聯拖延多日才應允美國飛機從波爾塔瓦基地起飛，但並非進行轟炸而是空投補給品的人道救援，然而起義軍能夠拿到的補給品有限，且美國的戰鬥機損毀極大，是穿梭轟炸行動損失最大的一次。美國計劃進行「瘋狂八號」（*Frantic VIII*）再次救援起義軍，但未獲蘇聯的批准而作罷，起義軍抵抗六十三天後投降或被俘，華沙被德軍夷為平地。美、蘇雙方的歧見與不信任顯見，是從「朋友」轉變到「敵人」的關鍵點。

美國人眼中的蘇聯人（大多數是烏克蘭人），與蘇聯人眼中的美國人會有哪些驚奇和敬佩，作者浦洛基指出雙方在文化上的差異極大。三個基地曾受德軍統治兩年，紅軍在一九四三年九月才收復，當地人比較後認為美國人在文化上優於蘇聯人和德國人。紅軍看到美軍士兵與軍官說話時，手插在褲子口袋裡，嘴裡還叼著雪茄；見識到美國飛機性能好，失事率低，飛行員極少陣亡；美軍的工作效率高，具有高度的文化，又注重衛生；物資充沛令烏克蘭人羨慕，如未曾見過的手電筒、口香糖……。蘇聯人驚訝來自美國普通農家的美國士兵，自家有像蘇聯集體農場大的農地與機械耕種裝備。時逢美國總統改選，最為蘇聯人震撼的是美國人竟然可以公開批評他們的總統，甚而把票投給他的對手。

美國人驚訝集體農場的農民工作不積極，機械耕具少，還看到使用鋤頭。美軍見識到蘇聯人民的刻苦耐勞，修復飛機技師可以兩天不眠不休地在機上工作；又如運輸工人多半是婦女，能搬運自美國運來鋪設跑道用的粗重鋼墊，每位婦女還能夠扛下五十加侖的汽油。美軍難以接受蘇聯人如廁後不洗手、在基地的餐廳也不用肥皂洗碗。對於蘇聯人喝伏特加酒是滿杯乾杯的酒量覺得不可思議。

蘇聯不民主的政治體制，祕密警察無處不在造成恐懼與限制個人的自由，這是美國人無法接受且產生排斥。蘇聯當局對於美軍始終抱持著猜忌之心，懷疑美軍來烏克蘭不僅是對抗德軍，也充當間諜；由於離英國近，亦懷疑美軍為英國蒐集情報。直接聽命於史達林的反情報機構「施密爾什」（SMERSH），意為「間諜受死」（Death to Spies），在一九四四年四月下旬派員來到波爾塔瓦，監視美軍的一言一行，對於帝俄末期移民到美國能操流利俄語的俄裔美軍尤其擔憂，他們易與地方人民接觸。管理蘇聯國內安全的「內政人民委員部」（NKVD），其在當地的祕密警察亦加入監視美軍的行動。

美軍與基地所在地的居民來往，尤其與烏克蘭女子的約會被蘇聯視為賣淫行為，男子會被捕入獄或驅逐出境，女子會遭到懲罰。美軍即使與蘇聯女子結婚，女方也不能出境，蘇聯視此為對祖國的背叛。蘇聯認為美軍交往蘇聯女子有獲取情報的目的，此造成雙方的衝突與不信任。

美軍租借的三個空軍基地受到蘇聯嚴密管制，因此產生的衝突亦多。基地的守衛由蘇聯人擔任，美軍懷疑守衛或他人經由守衛放行而盜取倉庫裡的物資。駐守在三個基地的紅軍，當中有「施密爾什」指派的特務監視美軍，飛機上每四人一組，一名美國人，三名蘇聯人中有一名是特務。美軍每次的飛行都須事先向蘇聯申請，造成無法及時反擊德軍，蘇聯常以天氣惡劣為由拒絕同意。正駕駛須是蘇聯人，美軍只能擔任副駕駛，蘇聯正駕駛常低空飛行而易損毀機體，美方難以接受卻無可奈何。基地沒有配置雷達的戰鬥機，夜間照明又不足，遭到德軍猛烈攻擊，這是「瘋狂二號」（*Frantic II*）慘敗的主因，但是蘇聯不允許美方添加設備，令美軍極度不滿，美、蘇之間的嫌隙有增無減。

「瘋狂五號」（*Frantic V*）是蘇聯主動提出的穿梭轟炸行動，在一九四四年八月六日開始行動，到了中旬，紅軍進入東普魯士的維斯瓦河（Vistula R.）與喀爾巴阡山（Carpathians M.），整個白俄羅斯和烏克蘭在蘇聯控制之下，蘇聯不再需要美軍的支助，在八月十七日提出希望美國人完全撤離。在蘇聯邊界往西移的情況下，美國準備在蘇聯的遠東地區建立新基地以便就近攻擊日本，穿梭轟炸的重要性降低，波爾塔瓦基地失去了重要性。美國以放棄米爾戈羅德和皮里亞丁基地作為妥協，僅保留波爾塔瓦基地以等待蘇聯加入對日本戰爭做準備，但駐守的美軍被要求減少至三百名，以未被質疑反蘇者為考量。留下來的美軍因穿梭轟炸將在九月二十三日結束，此刻他們感受到被政府放棄了，成為「被遺忘的烏克蘭私生子」（Forgotten Bastards of Ukraine）。十月五日起美軍開始撤離波爾塔瓦，僅留下約二百名官兵。到了次年的三月下旬，蘇聯未說明原因即下令美國飛機停飛，美國對此相當不滿旋即在四月中旬批准關閉波爾塔瓦基地。

在波蘭境內由蘇聯俘虜的數千名美軍歸國的問題上，美、蘇對於戰俘的認知南轅北轍：美方視為英雄，蘇方卻視為背叛者；美方盡力拯救給予醫療照顧並協助歸國，蘇方卻判入獄或處決。美國希望從波爾塔瓦基地飛往波蘭救援，以該地作為戰俘的處理中心，提供醫療服務再經由德黑蘭（Tehran）送往美國，但遭到蘇聯的拒絕，僅被允許集中遷移到奧德薩（Odesa），在此乘船到地中海；又拒絕告知美軍戰俘的人數與確切地點。美、蘇關係的惡化難以彌補。

隨著蘇聯占領東歐與攻占柏林（Berlin），接著是德國於五月八日無條件投降，美、蘇雙方的嫌隙浮現，留在烏克蘭基地的美軍對蘇聯深具威脅。「大聯盟」在美軍從一九四四年四月進入波爾塔瓦開始建設空軍基地，持續到一九四五年四月蘇聯要求美軍撤離，到了六月二十三日美軍全部撤離蘇聯，宣告「大聯盟」正式結束。

美、蘇的衝突從波爾塔瓦延續到戰後雙方占領柏林，彼此皆派曾在波爾塔瓦基地工作過的人員，於是再次交鋒，此時的美、蘇不再是盟友，敵對的成分顯著。美國不信任蘇聯，反之亦然。衝突表現在英、美、法三國在德國的各自占領區將實行貨幣統一，意即聯合占領，蘇聯得知後立即反對，於是自一九四八年六月二十四日開始封鎖西柏林，直至一九四九年五月十一日才解除，期間美國空運補給品給西柏林居民。封鎖柏林加劇美、蘇的敵對，「北約」即在一九四九年四月四日簽訂，同年八月二十日和十月七日，「西德」和「東德」政府成立，宣告德國分裂。美、蘇不再共同對抗德國，而是成為敵對國。

美國與蘇聯從「朋友」轉變成「敵人」，然而烏克蘭在蘇聯瓦解獲得獨立後傾向西方，美國與烏克蘭的關係愈來愈密切。*二〇〇四年烏克蘭爆發「橘色革命」（Orange Revolution），美、烏共同反對俄國支持的總統候選人。俄國在二〇一四年三月十八日併入烏克蘭的克里米亞（Crimea），美國不予承認。二〇二二年九月三十日俄國正式併入烏克蘭領土的頓內茨克（Donetsk）、盧甘斯克（Luhansk）、赫爾松（Kherson）、札波羅熱（Zaporizhzhia）等四州。美國不承認俄國兼併此四州，持續支援烏克蘭對抗俄羅斯至今，烏克蘭與美國有共同的價值觀。

周雪舫　輔仁大學歷史學系兼任教授。

*一九九四年十二月五日烏克蘭與美國、英國簽署《布達佩斯安全保障備忘錄》，烏克蘭放棄核武器，烏克蘭原是世界第三大核武國家。根據該備忘錄，烏克蘭簽署《核武禁擴條約》，移交核子武器給俄羅斯，而俄羅斯、美國、英國尊重烏克蘭的獨立、主權和現有邊界，此終結烏克蘭在國際上孤立狀態，成為美國外援第三大的國家，僅次於以色列和埃及。

被遺忘的烏克蘭的私生子

目次

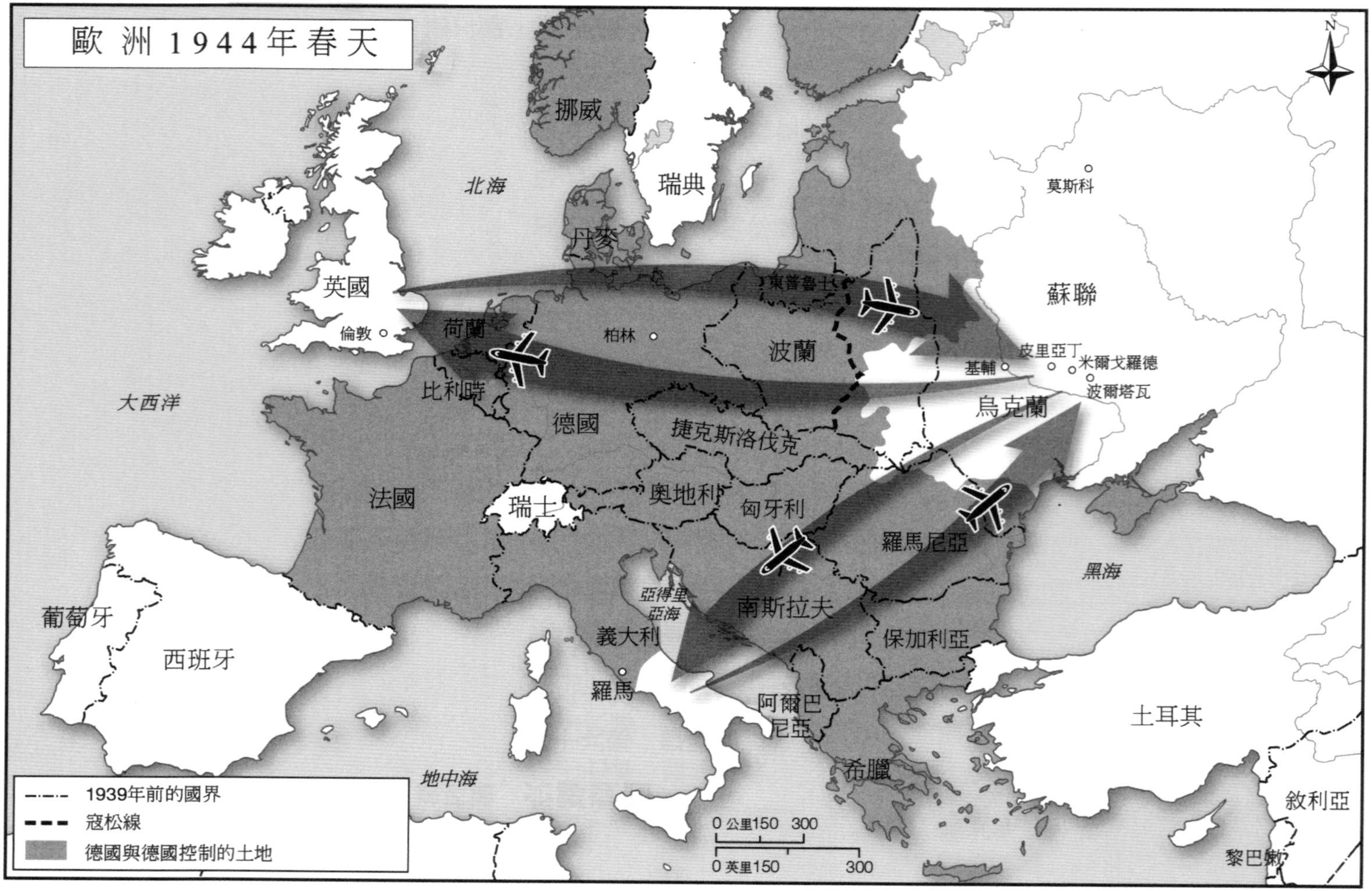

歐洲1944年春天
挪威
瑞典
北海
丹麥
英國
倫敦
荷蘭
比利時
大西洋
柏林
東普魯士
波蘭
蘇聯
莫斯科
皮里亞丁
米爾戈羅德
波爾塔瓦
基輔
烏克蘭
德國
捷克斯洛伐克
法國
瑞士
奧地利
匈牙利
羅馬尼亞
黑海
亞得里亞海
南斯拉夫
義大利
羅馬
保加利亞
阿爾巴尼亞
希臘
土耳其
葡萄牙
西班牙
地中海
敘利亞
黎巴嫩
1939年前的國界
寇松線
德國與德國控制的土地
0 公里150 300
0 英里150 300
N

前言

一九五〇年，溫斯頓．邱吉爾將其第二次世界大戰回憶錄其中一卷命名為《大聯盟》，他借用了這個源自十七世紀末到十八世紀初的名稱，當時英格蘭、蘇格蘭和歐洲各國聯合起來對抗法國，這個夥伴關係削弱了法國的力量，導致了英國的崛起。二十世紀的「大聯盟」，如同其現代早期的前身，實現了預期的目標也獲得了驚人成果。美國通過租借法案，對英國和蘇聯提供援助，一九四四年六月的歐洲第二戰場開闢，以及一九四五年八月的蘇聯對日本宣戰，都是這個聯盟合作的最顯著成果。被媒體稱為「三巨頭」的羅斯福、史達林和邱吉爾，首次峰會於一九四三年在德黑蘭舉行，而後又於一九四五年在雅爾達召開，確保了聯盟在整個戰爭期間的團結，導致了軸心國的失敗，並促成聯合國的誕生，體現新的國際秩序及產生新秩序的組織，這是世界歷史上存在最久的國際協調機構。

第二次「大聯盟」在軍事上的成功，引來更大期待希望它能延續到戰後，但隨著它幾年後的瓦解也引發更大的失落。到了一九四八年，世界實際上分成兩大陣營，美國及英國屬於同個陣營，蘇聯及其東歐衛星國家屬於另一個陣營。隔年，北大西洋公約組織成立，這是西方國家的軍事聯盟，隨後在一九五五年，以莫斯科為首的東歐共產政權簽訂了《華沙公約》。這個時候，全球不僅受到新的世界大戰的威脅，還面臨核子毀滅的可能性。「大聯盟」以大失敗告終，以邱吉爾另一個著名詞彙「鐵幕」為象徵，將戰後的歐洲一分為二。

「出了什麼問題？」全世界都在問這個問題。誰應該對冷戰的爆發負責？某些人點名約瑟夫·史達林，以及他瓜分伊朗和控制博斯普魯斯海峽，又在東歐推行共產主義政權的種種作為。其他人則認為，美國在一九四五年八月使用了原子彈，隨後又拒絕與蘇聯分享這項新技術，已經打破了世界局勢的平衡，讓史達林別無選擇，只能鞏固其在戰時地緣戰略的成果。這本書將從不同的方向取徑，在「大聯盟」自身的故事中，揭露冷戰衝突與噩夢的根源。我的主要論點很簡單：蘇聯與美國在政治傳統及文化的衝突，內在就注定聯盟會失敗，雙方是在二戰期間就開始分崩離析而不是戰後。

這是個從內部崩解的故事，聚焦在蘇聯人和美國人真正有機會並肩生活與作戰的地方，也就是一九四四年四月在蘇聯控制的領土上所建立的三個美國空軍基地。美國戰機從英國和義大利的機場起飛，轟炸了目標後降落在這些位於現今烏克蘭波爾塔瓦地區的基地，然後返回英國或義大利的途中又重複轟炸。在歐洲戰爭的最後一年，美國人與蘇聯人密切合作。這些波爾塔瓦的基地既不能小看也並非徒具象徵意義。數以千計的飛行員、機師、普通士兵參與了穿梭轟炸行動。此外，數以萬計的烏克蘭公民與美國飛行員相遇，並在某些情況下與他們建立了密切的私人關係。這個故事在很大程度上關注這群人，他們的生活、觀點和情感。

一九四四年到一九四五年烏克蘭空軍基地的歷史具有重要的意義。美國方面的文獻收藏完善，這要歸功於美國檔案館和圖書館的館藏，提供了大量可供學者使用的資料。美國駐歐洲戰略空軍指揮官們所稱的「瘋狂」行動，也就是所謂的「穿梭轟炸任務」，有四部證據充分的文獻資料以及同期的官方歷史被留存下來，每一部涵蓋了不同時期的檔案。阿拉巴馬州馬克斯韋爾空軍基地的美國空軍歷史機構所典藏的檔案，馬里蘭州國家檔案暨紀錄管理局的美國駐莫斯科軍事代表團的文獻收藏，國會圖書館的埃夫雷爾·哈里曼檔案，還有位於紐約海德公園的總統圖書館暨博物館的羅斯福總統文件，提供了有關這些基地和先前的研究者豐富的原始資料。[1]

這本書的獨特之處在於使用了先前無法取得的資料，也就是國家安全委員會（KGB）及其前身的檔案，蘇聯軍事反情報單位和祕密警察對美國人的監視，以及他們與紅軍空軍及當地居民的聯繫，都被記錄了下來。檔案範圍涵括從這些基地的啟建延續到冷戰爆發和緊張局勢加劇，時間從一九四〇年代末期直到一九五〇年代初期和中期。二〇一三年至二〇一四年在烏克蘭爆發的「尊嚴革命」*也導致了一場檔案革命，前KGB的檔案前所未有地公開了，其中包括從軍事反情報部門留下的二戰資料。間諜的報告以及他們的主人和操縱者的備忘錄，大約二十幾卷厚厚的文件，現在已經供學者和廣大公眾使用。正如美國人所懷疑的，蘇聯人積極監視盟友，不僅記錄下他們的行為，也包括他們的觀點。

---

*編按：二〇一四年二月在烏克蘭爆發的革命，又稱廣場革命。起因於前一年烏克蘭總統因為受到俄羅斯的壓力，不跟歐盟簽署《烏克蘭—歐洲聯盟聯合協議》，引發一系列抗議，抗議者與政府爆發流血衝突，總統遭人民彈劾，並向俄羅斯尋求幫助，後來造成俄羅斯出兵克里米亞。此次革命最後以二〇一四年新任總統組成新政府作結。

KGB檔案的清晰及精確程度很難有其他資料可以比擬，其中的文件描述了蘇聯對美軍的態度，包括波爾塔瓦地區的基地裡蘇聯人和美國人關係的演變，以及客人對主人態度的轉變。總而言之，美國的軍事紀錄及蘇聯的反情報報告，讓我們具體理解政治、意識形態和文化的不同，所引發戰時盟友關係惡化的作用。這些資料毫無疑問地顯示，雙方關係惡化不僅是因為共同敵人的消失，或者意識形態的不相容，或者戰爭接近尾聲時蘇聯和美國對地緣政治算計的改變。這些美國軍人的經歷同樣重要，他們之中的大多數甚至從親蘇聯派轉變成堅定的反蘇派。「大聯盟」中蘇聯人與美國人的遭遇，牽涉其中的這些普通士兵截然不同的世界觀和價值觀的衝突，在促成聯盟形成的地緣政治原因消失之前就存在，這些衝突的原因預示也反映了後來的發展。

隨著新冷戰的風愈來愈冷，我們需要回顧一下一九四四年到一九四五年，「大聯盟」在烏克蘭的美國空軍基地如何發揮作用，並從那些竭盡全力使其發揮作用的人那裡吸取經驗。對未來世代一個明顯的教訓就是：為了打敗共同的敵人，夥伴關係可以維持一段時間，但是盟友間若對公正的政治秩序抱有無法相容的願景，甚至最終對自由與暴政的看法存在歧異，就不可能建立相互的信任和持久的關係。

序言

一九五八年五月某個溫暖的日子，這一年因為一連串的危機而導致其後柏林圍牆矗立，在烏克蘭的一個KGB（國家安全委員會）行動小組跟蹤了一個代號為「遊客」的監視對象。這名男子大約三十五至三十六歲，中等身材，偏瘦的那一型。他的臉略長，鼻子大而直挺，戴著一副眼鏡。這名對象身著綠色襯衫和深灰色褲子，按蘇聯標準來說算是緊身褲，這說明他是外國人。

監視小組在基輔高速公路出口處開始尾隨「遊客」前往烏克蘭中部城市波爾塔瓦，那裡離該市還有三四十公里遠。「遊客」駕駛一輛蘇聯製伏爾加轎車，一到了波爾塔瓦，他就對科爾普斯花園、波爾塔瓦勝利紀念碑以及當地的博物館和劇院表現出特別的興趣。正如一般對遊客的預期，他在這些地方都拍了照。但他對波爾塔瓦市中心一棟看起來很普通的房子顯出興趣，這就引起了懷疑。「遊客」來到普希金大街二十八號，敲了敲門，但沒有回應。然後他進到院子，遇到了來自隔壁房子的女人，問了她某件事。監視小組雖然想方設法但只聽到了一個名字「妮娜」，然後那個女人指了指院子外的一扇門。「遊客」敲了敲那扇門，同樣沒有回應。然後他回到車上，開車離開。總計他拜訪波爾塔瓦的時間不到三個小時。KGB監視小組交出了報告。他們不知道「遊客」是誰，也不知道他在城裡做什麼，唯一確定的是他沒有找到要找的人。[1]

「遊客」是三十九歲的富蘭克林．霍爾茲曼，他曾是美國空軍的雷達技師，一九四四年的大部分時間及一九四五年近半的時間，他都在米爾戈羅德和波爾塔瓦的美國空軍基地度過（圖28）。他寫過一本有關蘇聯稅政的書，他正在莫斯科和基輔訪問，並決定到波爾塔瓦稍作停留，他曾在這裡待過十個月，而那段令人難忘的時光促成了他日後成為蘇聯經濟學者的職業生涯。他一直在尋找的女人是妮娜．阿法納西耶娃，一九四四年十二月他在波爾塔瓦遇見了她，在祕密警察的命令下，妮娜在一九四五年春天與他斷絕了聯繫。一九五八年剩下的時間加上隔年大部分的時間，波爾塔瓦的KGB都在努力找尋妮娜．阿法納西耶娃這個人。最終他們在烏克蘭南部的尼古拉耶夫找到了她。經過調查，沒有發現任何證據顯示她曾試圖與霍爾茲曼取得聯繫，他們允許她繼續過著普通的生活。[2]

一九五八年霍爾茲曼到訪時，第二次世界大戰已經結束十多年，冷戰也達到巔峰。先前的盟友變成了敵人。霍爾茲曼對KGB的監視和懷疑一無所知。直到二〇〇二年九月生命的盡頭，他都一直抱持著戰時在蘇聯服役時的正面回憶。在他麻薩諸塞州萊星頓市的家中，他保存著照片、信件和烏克蘭的刺繡桌布，這些東西讓他懷念美國人和蘇聯人並肩作戰的日子。霍爾茲曼，這位對蘇聯經濟頗有造詣的學者，始終無法解釋他的戰時經歷中某些關鍵面向，特別是蘇聯人為何起初會允許美國人在其領土上建立基地的這個問題。[3]

第一部

大聯盟

第一章 莫斯科任務

客人還未蒞臨，歡迎隊伍已經提前到達莫斯科中央機場。那是一九四三年十月十八日傍晚，當時夜間的氣溫徘徊在冰點附近，即使按照莫斯科的標準也是異常的寒冷。蘇聯外交部長維亞切斯拉夫·莫洛托夫，身材魁梧、下巴方正，留著墨西哥式小鬍子，略尖的鼻子上架著一副眼鏡，他冷得快要感冒了。他的眾多隨員，儀仗隊的軍官和士兵，以及銅管樂隊的樂手們也都一樣覺得冷。雖然機場離克里姆林宮不到八公里，政府車隊最多只要十五分鐘就可抵達，但莫洛托夫不希望意外出現，所以提前到達等候。他要迎接的客人是美國國務卿科德爾·赫爾及英國外交大臣安東尼·伊登。[1]

時間還來得及，莫洛托夫和歡迎隊伍在機場大樓裡找地方躲避嚴寒天氣，這是蘇聯首座投入營運的航站大樓。這座人稱霍登卡的機場由於霍登卡練兵場慘案而為人所知——一八九四年五月，一千三百多人在慶祝俄羅斯末代皇帝尼古拉二世加冕的人潮中被踩踏而死——這裡是蘇聯航空業的搖籃。一九二二年，在革命的五年後，就連緊接著爆發的內戰結束也僅僅一年，取得勝利的布爾什維克黨從霍登卡練兵場起飛，開啟首次的國際飛行，航向柯尼斯堡和柏林。俄國和德國，這兩個在第一次世界大戰結束時被國際社會排斥的國家，正在共同展望未來，空域的阻隔絕不會限制他們雙方的合作。相反地，它提供了加強彼此關係的機會。十七年後，一九三九年八月，希特勒的外交部長約阿希姆・里賓特洛甫，經由相同的航線飛往莫斯科與莫洛托夫簽署協約，議定在歐洲建立德蘇共管，並發動了第二次世界大戰。[2]

此刻，就在四年前里賓特洛甫降落的機場，莫洛托夫等待著新盟友到來。蘇聯需要科德爾・赫爾和安東尼・伊登的協助，來打敗昔日的盟友德國。違背了所有承諾，希特勒在一九四一年六月入侵了蘇聯，他的軍隊在那一年的十二月一路推進到莫斯科，距離首都的機場只有幾十公里。但是現在，情況沒有那麼嚴峻。紅軍在一九四一年十二月將德軍趕出了莫斯科，又在一九四三年二月，靠著羅斯福租借法案湧入蘇聯的美國物資的挹注，在史達林格勒擊敗了德軍。戰事的潮汐起伏已經轉趨對蘇聯有利。

然而，勝利的前景仍然很遙遠。一九四三年十月，紅軍仍在烏克蘭中部與德軍作戰，並準備進攻「希特勒的東部長城」（即沿著聶伯河的防線）。這條河在某些地方寬達七百公尺（兩千三百英尺），是個堅固的屏障。尼古拉・果戈里在描述哥薩克人生活的小說《塔拉斯・布爾巴》裡提到：「罕見有鳥能飛到聶伯河中間。」絕非無稽之談。一九四三年八月起持續到初冬的聶伯河戰役，紅軍有多達三十五萬名官兵陣亡，總傷亡人數接近一百五十萬人。這樣的慘勝，紅軍兵力很快就會耗盡。蘇聯領導人需要美國的協助。

莫洛托夫於一九四二年五月飛往倫敦和華盛頓，推動英美聯合在西歐開闢第二戰場。羅斯福承諾提供協助，但英國方面卻拖拖拉拉。入侵行動在一九四三年七月發動，不是在西歐而是在南歐，盟軍在西西里島海岸登陸，這是英國認可的行動，旨在保護他們通往印度的地中海航線。到了九月初，盟軍在義大利本島開戰。莫洛托夫的老闆約瑟夫．史達林一點也高興不起來。德軍的兵力足以保衛亞平寧半島，一點也不需要抽調東部戰場的任何師團。就蘇聯來說，這不是第二戰場，只有在法國登陸才能迫使希特勒從東部戰場撤回師團，他們迫切希望儘快實現。他們還需要租借法案的武器能持續供應，包括只有在美國生產和供應的最先進飛機。他們希望科德爾．赫爾能夠協助送來這兩項大禮。[3]

◆

莫洛托夫和歡迎隊伍沒多久就在空中看到美國武力和優異技術的完美展現。下午四點過後，三架巨大的銀色道格拉斯C－54「天空大師」，在秋日最後一縷的陽光中閃閃發光，出現在霍登卡練兵場上空準備降落。

蘇聯希望把「天空大師」也列入租借法案的一部分，但美國對交付最新型的飛機給他們仍猶豫不決，這款飛機才剛啟用第二年。華盛頓需要把C－54投入太平洋戰役，以及即將到來對歐洲的進攻。四個引擎的「天空大師」長約二十八公尺，翼展約三十六公尺。它們可以在兩萬兩千英尺（約六千七百零六公尺）的高度飛行約六千四百公里，巡航速度為每小時約三百公里。該機由四名機組員操控，最多可以搭載五十名士兵。最初設計為客機，後來轉換為軍事用途，該機可以重新改裝而且也確實作為美國領導人和軍事將領的飛行指揮部。一九四三年元月，羅斯福總統搭乘C－54總統專機（這架飛機因為嚴密護衛被稱作「聖牛」）飛往卡薩布蘭加與英國首相溫斯頓．邱吉爾會晤。讓史達林感到滿意的是，這兩個西方盟友決定投入戰爭，直到德國徹底失敗或「無條件投降」。[4]

國務卿赫爾及隨行團隊在飛往莫斯科的漫長旅程，需要「天空大師」的VIP機型所提供的舒適服務。十月七日從華盛頓啟程後，他們首先飛往波多黎各，然後登上前往卡薩布蘭加的海上航行。在那裡，他們登上了沒有載運個人行李橫渡大西洋的飛機，飛往阿爾及爾，然後飛往開羅，然後是德黑蘭，最後飛往莫斯科。赫爾在出發前不久剛滿七十二歲，他的健康狀況明顯不佳，這趟旅程對他而言一點也不輕鬆。醫師們擔心海拔超過八千英尺（約兩千四百三十八公尺）他會心臟病發作，派了一位海軍軍醫在必要時給赫爾輸氧。這位國務卿下定決心要抵達莫斯科。

赫爾一行的團員中，第二重要的人物是新上任的美國駐莫斯科大使埃夫雷爾．哈里曼（圖3）。這位高大瘦長的紐約人即將迎來五十二歲生日，但他看起來要年輕得多。他開朗的面容，大而有男子氣概的五官和燦爛的笑容，使他深受女性歡迎，並幫助他贏得成功交易達人的聲譽。與戰爭期間羅斯福政府的許多成員一樣，哈里曼曾是商場人士。在他的友人也是總統得力助手的哈利．霍普金斯幫助下，哈里曼於一九四一年春天加入了羅斯福政府。羅斯福需要一個有商業經驗的人來管理他與英國的租借法案。哈里曼前往倫敦成為總統在歐洲的特使，負責執行一項金額高達數十億美元的計畫，提供美國的物資給英國，使其在對德國的戰爭中保持戰力。一九四一年九月，他從倫敦飛往莫斯科，與史達林協商將租借法案擴展到蘇聯，一九四三年十月，羅斯福任命哈里曼為美國駐莫斯科大使。

羅斯福要哈里曼前往莫斯科向史達林重申美國的善意，在第二戰場籌備階段建立更密切的軍事合作，最重要的是，與史達林就東歐的未來進行談判，特別是蘇聯在一九三九年《德蘇互不侵犯條約》的基礎上，以犧牲波羅的海國家、波蘭和羅馬尼亞為代價的領土擴張計畫。羅斯福希望蘇聯克制其野心，以換取未來與美國和英國的合作。他準備好讓史達林與西方列強對等坐上談判桌，承諾經由國際協議讓蘇聯進出波羅的海港口，並提供財政和技術援助以重建飽受戰爭蹂躪的蘇聯。5

哈里曼離開華盛頓，先前往倫敦然後再到莫斯科，在此之前他獲得羅斯福的保證，將全面掌握美蘇關係的情況，包括軍事合作。不僅哈里曼的願望得以實現，他還可以挑選這個任務的負責人。美國陸軍參謀總長喬治．馬歇爾將軍同意派遣哈里曼建議的兩位人選之一前往莫斯科。此人是四十七歲的參謀長聯席會議祕書約翰．羅素．迪恩少將（圖4），他能力很強，在華盛頓受到高度評價。迪恩將軍，朋友都叫他「羅斯」，他正與哈里曼和赫爾一同飛往莫斯科。迪恩後來寫到他在航程中的感受，「我很雀躍，滿懷希望、信心和歡喜。」如同哈里曼一樣，迪恩相信他和蘇聯人可以共事。畢竟，與美國人合作也符合他們的利益。他很高興能拋開在華盛頓的祕書職務，負責自己專屬的工作。他也很高興有機會與他尊敬且欽佩的哈里曼一起工作。6

如果哈里曼在莫斯科的主要任務是協商歐洲的戰後解決方案，那麼迪恩的首要目標則是協調蘇聯與美國共同打敗德國。距離開闢第二戰場——進攻法國——還有幾個月的時間，但此刻是與蘇聯立即合作的機會。在哈里曼和迪恩動身前往莫斯科之前，美國空軍司令亨利．阿諾將軍（外號「哈普」）曾與兩人接洽，當時他計劃聯合英國皇家空軍，對德國及其歐洲盟邦進行轟炸空襲。美國飛行員會從英國基地起飛，轟炸德國後再返回英國。阿諾想讓哈里曼和迪恩說服蘇聯，允許美國空軍在蘇聯掌控的領土上建立基地。這樣轟炸機就可以更深入德軍防線後方，從英國起飛在蘇聯降落，然後幾天後補給了新的炸彈再返航，不僅可以摧毀德國在東歐的工業目標，還可以削弱他們在東部防線的守備。

這聽起來像是個雙贏的提議。迪恩回憶：「哈里曼和我對阿諾的態度感到高興，我們前往俄羅斯時確信純粹的邏輯就能實現他的願望。」他們兩人認為位於東部戰場蘇聯這邊的基地，將為遠東相同的基地打好基礎，在那裡美國指揮官不僅可以指望蘇聯的參與，還可以藉由獲得的空軍基地發動對日本本土的轟炸空襲。迪恩雖不曾是飛行員，但作為參謀首長聯席會議祕書，與阿諾和在歐洲的美國空軍有過多次往來，他企盼將空軍基地的提案作為此次在莫斯科的首要任務。一路從美國到中東然後到蘇聯的行程，他在倫敦停留拜會了美國第八航空隊司令部，他們正對歐洲的德國目標進行空襲。他在那裡與指揮層級的軍官會面，蒐集了對歐洲戰略轟炸結果的資料，以及一份在東歐的目標清單——這些目標美國飛行員無法到達，除非他們獲准在蘇聯降落。帶著為他量身打造的任務，迪恩期待展開他的莫斯科之行。7

「天空大師」從德黑蘭飛往莫斯科的航程，無疑展現了美國和蘇聯機組員共事的企圖。在德黑蘭，蘇聯把他們的無線電操作員和領航員加入美國機組員中，確保這架飛機不會在蘇聯領空迷航或者被誤認為敵機。但是即便有共事的企圖，這樣的機會也確實有限。哈里曼大使的女兒凱薩琳陪同父親同行，她寫信給姊妹瑪麗：「我們啟航後不久，我收到赫爾的飛行員傳來正式的通知……要求我去前座作伴。」當凱薩琳走到「天空大師」的駕駛艙，她注意到美國人員正與蘇聯人員爭論。蘇聯人員堅持拉高飛行高度，而美國人員拒絕，因為醫生禁止赫爾在超過八千英尺（約兩千四百三十八公尺）以上飛行。凱薩琳後來寫給瑪麗說，問題在於「他們之間沒有任何已知的共同語言進行交流。」凱薩琳也沒辦法溝通，但美國人員仍然把她擺在他們與蘇聯人員之間，年輕女子的出現可以讓雙方都冷靜下來。

朋友和家人都稱呼凱薩琳・哈里曼為凱希，一九四一年五月在倫敦加入父親的行程。她最早在國際新聞社工作，而後又到《新聞週刊》。二十六歲的凱希熱愛馬術，身材高挑，看起來愛好運動，她開朗的笑容和外向的性格很受男性青睞。與生病的赫爾國務卿不同，她期待著她的莫斯科冒險。在莫斯科期間，她學習俄語並成為美國大使館的女主人，平息了蘇聯與美國雙方外交官和武官之間的許多衝突，有女性在場時這些人往往表現得比較收斂。她在前往莫斯科的航程上就發現了自己的這種才能。「當我們接近史達林格勒時，所有的緊張和困難都戛然而止，彼此用肢體語言說，史達林格勒戰役是為我們雙方而戰，」凱希在給姊妹的信中寫道，「當我們到達莫斯科時，雙方很快就又成為朋友。」[8]

美國飛行員簡直難以置信，蘇聯領航員沿著河流、鐵路和公路將「天空大師」帶到目的地。他們飛越克里姆林宮，然後降落在莫斯科中央機場。「從我的飛機窗口，」約翰・迪恩日後寫道，「我可以看到克里姆林宮在戰時用油漆塗黑的圓頂，波光粼粼的莫斯科河、紅場、聖瓦西里大教堂，以及在下方刺刀閃閃發光等候著的儀隊，他們將代表蘇聯向偉大的國務卿科德爾・赫爾致敬。在機場盤旋並找到著陸跑道後，「天空大師」降落地面，從華盛頓到莫斯科的長途旅程終於抵達終點。[9]

維亞切斯拉夫・莫洛托夫和副手以及隨行人員列隊向美國代表團致意，迪恩發現他們「因為嚴寒入骨，凍得臉色發青。」顯然他們為寒冷的等待終於結束感到高興。

莫洛托夫和赫爾檢閱了儀隊，樂隊演奏了蘇聯國歌《國際歌》，這是歐洲社會主義運動的讚歌。它的歌詞對資本主義世界沒有任何好評，這首歌的俄文翻譯是這樣：「我們將摧毀這個充滿暴力的世界／直搗地基，然後／我們將建設自己的新世界。」樂隊繼續演奏《星條旗》，歌詞有「我們信靠上帝」。兩國國歌都沒有唱出來，所以沒有引發任何外交上的尷尬。迪恩覺得當時美國國歌的演奏「非常棒，儘管略顯陌生。」[10]

在停機坪等待迎接美國人的還有參加莫斯科會談的英國代表團，由外交大臣安東尼・伊登率領。這是個莊嚴的時刻。莫洛托夫走到麥克風前歡迎盟友之後，赫爾和伊登也用他們簡短的問候回應。赫爾說，這次讓他「對訪問莫斯科感到特別滿意，因為共同目標連結了這個國家的首都與我國的首都。」當天稍晚，赫爾、伊登和莫洛托夫在各自代表團的陪同下，在莫洛托夫的克里姆林宮辦公室會面，以明確界定這個目標以及如何最有效地實現它。他們同意發表一份簡短的公報，列出到訪莫斯科的美國和英國官員，以及在機場會見他們的蘇聯官員，但不會向媒體宣布此行的目的。[11]

考量戰時的狀況，不僅有充分的理由需要保密，而且公開討論這次會晤的可能結果時也需要慎重。盟國主要的外交官來到莫斯科，參與關於戰後世界秩序的首次部長級會議。日後被稱為「莫斯科會議」，與會者都有高昂的雄心壯志，但三個盟國提出的未來願景不知道能否兜在一起。在十月十九日到十月三十日這十二天的時間裡，三國外長將討論創建聯合國組織，還有啟動歐洲諮詢委員會以處理被解放的歐洲國家和領土。在義大利剷除法西斯主義，恢復奧地利的獨立，以及起訴那些犯有戰爭罪的人，他們將就這些議題展開激辯。為戰後世界的組織尋求共識，這是個漫長過程的開端。困難雖擺在面前，但這個開端看起來確實令人鼓舞。[12]

蘇聯與美國的合作正進入嶄新的時代，而哈里曼與迪恩都相信前途光明。十月二十一日哈里曼與莫洛托夫會面，他告訴這位蘇聯外交首長他是「作為朋友」而來的。哈里曼表達了希望有一天兩人能乘坐他的高速飛機飛翔。在倫敦期間，哈里曼與邱吉爾變成親密朋友，現在他也試圖在莫斯科結交朋友，尤其是與莫洛托夫建立個人關係。哈里曼會邀請政府中的朋友享受他的家族財富，他的父親曾是鐵路大亨，他則是個百萬富翁，經常透過晚宴、騎馬、駕駛跑車和飛機等方式，在西方的商界和政界廣結善緣。哈里曼在莫斯科也如法砲製，釋出友誼並期待友誼的回報。[13]

不久之後，哈里曼父女都對這個國家和人民產生了情感上的依戀。「現在我才剛剛開始理解，在古老的俄羅斯公報裡犧牲小我的英雄主義，以及巨大的死傷和失蹤，對於朋友和家人來說就有著非常感同身受的意義。」十一月五日凱希在給瑪麗的信中這樣寫道，「儘管有國家至上的教義，當你深入去了解時，俄羅斯人也是人，而且有趣的是，政府也是這樣看待他們——這就是為什麼每次宣布新的勝利時會有定期的煙火，被炸毀的建築物也會重新裝修。」[14]

美國團隊滿懷熱情地抵達莫斯科，並決心將蘇聯與美國的關係推向新階段，不僅促成大聯盟領袖的高峰會，還有美國和蘇聯軍隊的直接軍事合作。迪恩將軍的工作就是要建立這種合作關係，他和其他團員一樣渴望成功。他相信透過突破共產國家的表象，找到背後共通的人性，就可以實現自己的目標。

第二章 史達林的定奪

一九四三年十月三十日晚上，在莫斯科會議閉幕宴會時首次見到約瑟夫·史達林，迪恩將軍驚訝地發現史達林非常矮小。這位獨裁者黯灰色的頭髮也讓迪恩印象深刻，尤其是他「皺紋深重、蠟黃臉上的慈祥表情。」史達林身穿帶有蘇聯元帥肩章的軍裝，這是一九四三年三月紅軍在史達林格勒取得勝利後授予他的軍銜。他在宴會廳裡四處走動，向蘇聯來賓以及將近六十人的美國與英國代表團成員致意，「總是彎著腰，很少直視別人的眼睛，什麼話都沒說。」[1]

那個晚上，迪恩不僅跟元帥握了手，還跟他喝了一杯。在這張將軍覺得「美得無法形容」的宴會桌上，莫洛托夫開始了敬酒比賽，他為英國美國蘇聯的三方友誼舉杯。迪恩知道這只是開始，他為徹夜的豪飲做好了準備。美國大使館人員在他和哈里曼抵達莫斯科時就告知，獲得蘇聯人尊重的唯一方法就是喝贏他們。「乾杯的喝法很難作弊」，在莫斯科參加過不少宴會的凱希·哈里曼寫給瑪麗說，「因為你要在喝完後把杯子倒過來，依照俄羅斯人的習俗，掉下來的酒滴代表你希望與你喝酒的人遭遇的不幸。」

幾天後在莫洛托夫為紀念十月革命紀念日舉辦的盛大招待會上，凱希的父親讓同事感到高興和自豪，他不僅喝贏了蘇聯東道主，還喝贏了英國的對手阿奇博德．克拉克．克爾爵士。根據凱希的說法，克爾「有點困難地起身敬酒，伸出手想扶著桌子站穩，結果沒搆到就趴了下來，臉就貼在莫洛托夫腳上，好多盤子和酒杯嘩啦嘩啦掉落在他身上」。隔天哈里曼父女嚴重宿醉，乾杯的可是滿滿的伏特加，而不是一般的酒。但是前一晚，他們讓自己的同胞感到驕傲。「在場所有美國人都非常高興。」凱希在給姊妹的信中寫道。[2]

迪恩在首次參加的會議宴會上見識到乾杯敬酒，他知道遲早要輪到自己舉杯敬酒。他日後的回憶寫道，他「絞盡腦汁想說些漂亮的話」。他站起身來發言說，很榮幸成為美國駐莫斯科軍事代表團的團長，這是數百萬美國人的先鋒隊，他們將與蘇聯盟友一起參戰。蘇聯人只想從這次會議中得到一樣東西——開闢第二戰場的承諾——他們很高興從一位美國將軍的口中聽到這番話。迪恩隨後妙語連連，他舉杯為英國和美國的先遣部隊在柏林街頭與紅軍相會的那一天乾杯。但諷刺的是，迪恩預言的柏林相會將導致幾年後德國首都的分裂，但在當時沒有人可以看出這三個大國在那裡集結武力會有什麼問題。

這次敬酒致詞大大成功。每個人都乾杯了，但是接下來，令迪恩驚訝的是，大家都還站著。當他被旁邊的人輕推了一下並轉過頭時，他才搞清楚為什麼。迪恩旁邊就站著史達林本人，手裡拿著酒杯。聽完敬酒致詞後，這位蘇聯獨裁者離開座位在桌旁走動，他站在賓客後面，矮小的身影讓迪恩沒有注意到他。他們一起乾杯了。迪恩喝了伏特加，而史達林喝的可能是他常喝的紅酒，而且經常用水稀釋。把客人灌醉，聽他們在酩酊大醉下說些什麼，這是史達林的老把戲，這招用在他的宮廷成員比用在外國訪客身上多。3

◆

對迪恩來說，會議在高潮中收尾。他在宴會上的致詞「搶盡了風頭」，赫爾這麼形容。他也對莫斯科之行的首要任務——獲准在蘇聯控制的領土上開設美國空軍基地——取得進展而感到樂觀。

在華盛頓參謀總部任職期間，迪恩非常清楚美國和英國在歐洲的空中行動，進展得很糟糕。截至一九四三年秋天，擊潰德國空軍為一九四四年進軍法國做好準備的目標，一如以往仍未實現。德國空軍依然生龍活虎，讓轟炸德國目標的英國和美國戰機付出更高的代價。德國的防空系統也是如此，沒有被壓制下來。

一九四三年皇家空軍折損了兩千七百架重型轟炸機，不是被擊落就是損壞。從一九四三年十一月持續到一九四四年三月，光是對柏林的轟炸空襲，就損失了一千一百二十八架英國戰機。美國的損失也很驚人。一九四三年十月的第二週，也就是迪恩抵達莫斯科的那個月，從英國起飛的第八航空隊損失了一百四十八架轟炸機。十月十四日轟炸空襲的折損率為百分之二十點七，損壞率高達百分之四十七點四。在沒有戰鬥機護航的情況下，深入德國領土的空襲變得代價高昂，「野馬P－51」這類戰鬥機無法到達東歐，因為它們的油箱無法攜帶足夠的燃料。

哈普．阿諾自認有解決德國空軍的辦法，那就是「穿梭轟炸」。轟炸機將從英國和義大利的空軍基地起飛，飛越德國控制的領土，它們不用在到達德國東部與東歐的德國飛機工廠和機場之前就返航，而是降落在蘇聯防線後方的基地。除了可以達到原先無法斬獲的目標，這些轟炸機還可以分散德國空軍的戰機，讓它們必須在兩邊戰線疲於奔命。蘇聯沒有遠程航空可言，也沒有在地面作戰區域之外侵擾德國的能力，也可以從中獲益，因為美國轟炸機可以攻擊蘇聯指揮部建議的目標。這就是為什麼阿諾堅持將穿梭轟炸行動作為迪恩在莫斯科的主要優先事項之一。[4]

迪恩很樂意幫忙，但是隨著莫斯科會議的進行，他很快意識到蘇聯人唯一想討論的問題就是第二戰場。他們想要確認盟軍早先的承諾，即羅斯福在一九四二年六月首次向莫洛托夫保證在幾個月內登陸歐洲。迪恩和邱吉爾的首席軍事顧問黑斯廷斯·伊斯梅中將表現異常出色，他們讓蘇聯人相信第二戰場確實會依照承諾開闢。迪恩利用對他的演講的正面回應，提出了他最關心的話題——在蘇聯控制的領土上建立美國空軍基地。他準備好立刻開闢自己的「第二戰場」。[5]

如同迪恩後來的回憶所述，這個要求他在會議的第一天就提出來了，「像晴天霹靂擊中了蘇聯代表。」莫洛托夫以拖延時間作為回應。他同意考慮這個提案，其中還包括阿諾將軍提出的兩項額外要求：加強美國與蘇聯空軍彼此天氣資訊的交換，以及改善兩國之間的空中通訊。莫洛托夫承諾會在適當時機給迪恩和他的同仁答覆。迪恩回憶說，這次交流讓他學到與蘇聯官員打交道的第一課：「俄羅斯的下級官員都不能在未徵詢上級機關的情況下，就涉及外國人的事務做出決定，而通常這個上級機關是指史達林本人。」[6]

這位蘇聯外交委員花了兩天的時間才告訴與會者他贊同這個提議。然而事實上，他擔心在蘇聯領土建立西方國家的基地。在俄羅斯文化中，對外國勢力的理解可以追溯到十七世紀初，當時波蘭和烏克蘭的哥薩克小隊拿下了莫斯科，並掠奪了莫斯科公國的大部分地區，但最近的前例更多。這些蘇聯領導人的想法根源於革命和內戰的經驗，當時包括英國、法國和美國遠征軍在內的外國軍隊，先後登陸了巴倫支海的莫曼斯克、黑海的奧德薩、裏海油田中心的巴庫，以及一九一八年在遠東的海參崴支持反布爾什維克勢力。他們直到一九二〇年才撤出。在傷口上撒鹽的是，美國的干預是在海軍助理部長富蘭克林·德拉諾·羅斯福（一九一三～一九二〇）的監督下進行的，而帶領英國介入的不是別人正是溫斯頓·邱吉爾，當時他是軍需部長（一九一七～一九一九）和戰爭大臣（一九一九～一九二一）。

「這些人我都很清楚，都是資本主義者，但邱吉爾是其中最強、最聰明的。當然，他是百分百的帝國主義者。」莫洛托夫回憶道，他曾在一九一八年至一九二〇年在烏克蘭組織布爾什維克黨人，以對抗他們在那裡的眾多敵人，包括在奧德薩的法國遠征軍。繼續追述邱吉爾的帝國主義行為，莫洛托夫在一九七〇年代對同情他的採訪者說：「邱吉爾說：『讓我方在莫曼斯克建立機場，因為你們處境艱難。』我們說：『是啊，對我們來說這真是艱難時刻，所以把這些部隊派到前線去吧。我們會自己保衛莫曼斯克。』然後他才放棄。」莫洛托夫回想美國要在遠東開設空軍基地的提議，無非就是羅斯福的土地掠奪：「他想的是占領蘇聯的某些地區而不是打仗。之後要把他們從那裡請走就不容易了。」[7]

現在，一九四三年十月，史達林和莫洛托夫不得不決定如何處理美國對空軍基地的新要求。紅軍開始渡過聶伯河，讓蘇聯陣地比以往更加安全。但是蘇聯領導人想從西方盟友要到幾樣東西，隨著會議的進行他們提出了願望清單：開闢第二戰場；土耳其對德參戰以便將德軍師團從蘇聯戰場拉走；瑞典允許蘇聯在其境內建立空軍基地。他們決定拿盟軍空軍基地的問題，作為討價還價的籌碼，從美國人那裡得到他們真正想要的東西。

一九四三年十月二十一日，迪恩提議的兩天後，莫洛托夫告訴美國代表團，蘇聯政府「原則上同意」在蘇聯開設美國空軍基地的提議，連帶也同意加強交流天氣資訊與空中通訊的提議。赫爾國務卿謝過了莫洛托夫，認為事情已經搞定，細節問題就留給迪恩和紅軍總參謀部的對口人員處理。「當然非常高興。在蘇聯不到一週，三個主要目標都達成了，」迪恩回憶說，「參謀首長們豈不為我感到驕傲！」[8]

十月二十六日，應迪恩的請求，華盛頓將關於基地的具體需求發電報給他。「我們估計需要將近十個基地，其位置可以提供重型轟炸機最佳的穿梭通道，從『國王叔叔』（英國）和義大利去打擊適當的目標，並能在返回國王叔叔和義大利之前再次打擊適當的目標。」參謀首長們希望蘇聯人提供汽油、彈藥、炸彈和房舍，以便將基地的美國（代號「糖叔」）人員數量降至最低。這是一封又長又詳細的電報。參謀首長們玩真的，而且認為他們已經上場了。[9]

受到莫洛托夫回應的鼓舞，迪恩也認真以對。他回憶道：「好幾天我幾乎沒有離開過電話，每次離開回來時我都會立即詢問，是否有（蘇聯）總參謀部的官員打電話給我，來安排穿梭轟炸的細節。」沒有人打電話給迪恩或要找他。到了那時迪恩才了解，如同他後來寫道，蘇聯人的「原則上同意」意味著「完全沒這回事」。他決定拿回主動權，堅持把他的要求連同莫洛托夫的同意「原則」，記錄在會議的最後公報中。莫洛托夫否絕了，聲稱該提案沒有在會議中討論過，因此不能列入公報。相對地，迪恩不接受「不」的答案，堅持要在公報中納入對基地的討論，但沒有用，蘇聯人拒絕配合。[10]

◆

一九四三年十一月二十九日，在德黑蘭終於出現突破進展，羅斯福在與史達林會晤時提出空軍基地的問題，這位獨裁者承諾會考慮這件事。十二月二十六日，莫洛托夫交給哈里曼一份備忘錄，再次聲明蘇聯政府原則上不反對美方建立美軍空軍基地的提議，而且進一步，蘇聯空軍司令部將受命開始與美國代表進行初步磋商。哈里曼和迪恩的態度謹慎樂觀。迪恩在十二月二十七日給參謀首長的電報中說：「雖然這些協定只是我們向蘇聯政府提出項目的冰山一角，而且它們仍處於協商的階段，但我認為它們是態度轉變的指標，並將為進一步的合作行動打開大門。」[11]

雖然門在打開，但鉸鏈卻生鏽了。在華盛頓，阿諾將軍看到自家轟炸機群降落在蘇聯土地上的希望正在流失。一月二十九日，在哈里曼與莫洛托夫會談一個月後，阿諾轉發了一封電報給約翰・迪恩，這封電報來自駐在倫敦的第八航空隊及美國駐歐洲戰略空軍司令官卡爾・安德魯・史帕茨將軍。

這封給阿諾的電報，提出了穿梭轟炸行動的問題，建議他們從一百二十架轟炸機開始。更重要的是，史帕茨寫道，穿梭轟炸可以在不建立美國空軍基地的情況下開始（這與美國早先的立場明顯不同），因為美方人員可以派往現有的蘇聯基地，負責協助蘇聯技術人員。阿諾把電報轉發給迪恩，這顯示他仍然想要在蘇聯的降落權，但是不再堅持建立基地。[12]

這封電報促使哈里曼採取行動。一月三十日，他要求與史達林會面討論羅斯福關於空軍基地的要求。就在那時，克里姆林宮的祕密核心集團有了動靜，哈里曼受邀到史達林的辦公室討論阿諾不再抱希望的空軍基地問題。會議於二月二日傍晚六點在莫洛托夫陪同下舉行。根據美方的會談備忘錄，哈里曼首先提到了羅斯福的要求，然後繼續談到穿梭轟炸，他說這將使盟軍「更深入德國」。聽完哈里曼的話後，史達林終於親自批准了這個項目。他告訴這位美國大使，蘇聯政府「支持」該提議，這明顯比莫洛托夫「原則同意」和「不予反對」的措辭更加積極。史達林建議以一百五十到兩百架飛機開始行動。他提供了兩個偵察機可以降落的機場，並提議蘇聯可以在東部防線的北部地區為轟炸機提供三個空軍基地，在南部地區再提供三個。[13]

哈里曼和迪恩簡直不敢相信發生的事。就在史帕茨和阿諾放棄了獲得蘇聯基地的希望，史達林竟出人意料地大迴轉，全力支持這項行動。迪恩後來回憶道：「我永遠不會忘記當晚我們有多興奮，哈里曼在與史達林會面後，順道就來告訴我好消息。」他發了電報給參謀首長：「史達林元帥今晚通知大使，他同意穿梭轟炸的計畫。」他的電報以此為開頭，接著討論了下一步行動的細節，包括辦好蘇聯入境簽證、立即派員從倫敦到莫斯科。這個消息在華盛頓引起了轟動。阿諾將軍轉達了美國陸軍參謀總長喬治・馬歇爾本人對迪恩的祝賀。電報中寫著：「顯而易見，您在處理談判時所表現的冷靜與幹練值得祝賀。」哈里曼也收到了來自白宮的祝賀。[14]

沒有人能說清楚是什麼或是誰讓史達林最終在基地問題上讓步，並克服了對外部干預的恐懼。是他終於相信美國人是認真看待開闢第二戰場，還是他希望透過提供美方想要的東西來確保這一點？對在莫斯科的美國人來說，這已經無關緊要了。「誰說俄羅斯人不合作？誰說我們不能一起共事？」迪恩寫道，他回憶起那些日子在稱作「史帕索之家」的美國駐莫斯科大使館的歡樂氣氛。「所需要的就是坦率的態度、理解和堅持，這在埃夫雷爾和我身上得到了很好的體現。」迪恩的樂觀似乎最終得到證實。美國人和蘇聯人將共同努力，不僅在不同前線協調他們的戰鬥，也要共同計劃和執行行動，正如史達林在會議中告訴哈里曼的那樣，讓「德國感受到盟軍更多的打擊」。未來再次充滿希望。[15]

第三章 瘋狂行動

史達林說話算話。哈里曼獲得史達林批准美國空軍可以使用蘇聯基地的三天後，莫洛托夫召集了蘇聯空軍的指揮官們開會，也邀請哈里曼和迪恩參加，會議於一九四四年二月五日舉行。蘇聯指揮官的代表是空軍元帥亞歷山大．諾維科夫——迪恩稱他是「紅軍空軍的阿諾將軍」——以及負責組建新空軍部隊的首要負責人阿列克謝．尼基丁大將（圖6）。

諾維科夫和尼基丁同年出生，都是一九〇〇年，他們屬於新一代的蘇聯飛行員。他們被任命負責在德蘇戰事開打即遭納粹空軍慘敗的紅軍空軍。回溯當時，「巴巴羅薩行動」*的最初幾週，蘇聯損失了將近半數的戰機，約可用的九千五百架戰機中的近四千架。許多戰機在機場就被炸毀，根本沒機會升空作戰。隔年，諾維科夫在尼基丁的協助下，銜命領導陷入困境的空軍，並在美國因租借法案提供的「空中眼鏡蛇」（圖16）、「道格拉斯」和其他飛機的援助下，重組改造成一支有效的空中武力。他們仍然沒有接受或者試圖掌握戰略轟炸的基礎技術，但他們的戰鬥機和轟炸機飛行員在支持紅軍前線作戰方面表現特別出色，由阻礙德國空軍開始，而後到了一九四三年底拿回了制空權。[1]

這兩位蘇聯空軍的指揮官，與他們政治上的老闆不同，他們渴望與美國人合作。在當晚發往華盛頓的電報中，迪恩建議阿諾將軍和史帕茨將軍：「已經同意你們的代表儘快抵達，並允許他們從英國直飛莫斯科。」此刻的球權是掌握在美國這邊，特別是五十三歲的卡爾．安德魯．史帕茨將軍，當時內定他將接管所有美國駐歐洲的空軍部隊，包括他先前指揮過的駐英國第八航空隊，以及駐義大利的第十五航空隊。如果空軍基地真能建立在蘇聯領土上，兩者都將參與穿梭轟炸的行動。史帕茨不需要提醒。二月六日，在迪恩與蘇聯空軍指揮官會面後的隔天，史帕茨任命約翰．格里菲斯上校負責指揮代號為「棒球」的穿梭轟炸行動。美國人準備好要玩他們最喜歡的比賽，從事所謂的全民消遣。他們會嘗試得分，蘇聯人則必須提供場地。[2]

但是如果要在盟軍進襲歐洲之前把基地準備好，他們就必須抓緊時間。這是一項巨大的任務，需要全面的規劃，組建全新的空軍部隊來運作基地，並深入蘇聯領土運送數百名人員和數十萬噸的裝備、物資和彈藥。迪恩和美國飛行員要和時間賽跑。通往基地之路變成了障礙賽，蘇聯人設置了路障，誰也無法猜測美國隊是否能及時達標。

◆

＊編按：一九四一年六月，希特勒發動了史上規模最大的軍事行動：巴巴羅薩行動，計劃快速攻克蘇聯的西方領土，但最後以失敗告終。

艾伯特·萊帕夫斯基少校，這位來自芝加哥的城市規劃師和前大學教授，被指派到這個新行動的規劃團隊，他用棒球術語來制定其總體目標。在他看來，這場比賽的所有重點在於讓主隊相信來訪的客隊打得有多好，從而讓主隊受到挑戰，讓他們在自己的球場上奮力一搏。萊帕夫斯基所考慮的是，美國不僅要在蘇聯西部建立基地，還要在遠東地區建立基地，從而有助於進攻日本列島。

但那是未來式。當前穿梭轟炸行動的目標是要協助美國空軍擊退德國空軍，為盟軍進襲歐洲做好準備。因此，德國機場、飛機工廠，以及位於東歐提供匱乏的飛機燃料的煉油廠都是這次行動的主要目標。第二項任務則是透過在東線開闢第二戰場，分散德國空軍對西歐的注意力——這是一項艱鉅的任務，因為蘇聯戰略空軍仍處於起步階段，而且蘇聯指揮部仍然不相信戰略轟炸的好處。[3]

約翰·格里菲斯上校，新的穿梭轟炸行動的指揮官，看來是帶領涉及蘇聯計畫的理想人選。他是西雅圖人，第一次世界大戰在英國遠征軍服役時，他成為王牌飛行員。隸屬於英國皇家飛行隊，他在俄國革命和內戰期間被派往「俄羅斯大北方」*。那時他與布爾什維克作戰，現在他則被要求站在他們這邊作戰。撇開他的政治好惡不談，格里菲斯絕對是個非常有效率的軍官。接受任命十天之內，格里菲斯和他的部屬就為穿梭轟炸的啟動制定了一份詳細計畫：每月執行四次任務，每次由兩百架美國轟炸機執行。

歷經一週的飛行，格里菲斯在二月二十八日，經開羅和德黑蘭飛抵莫斯科，在阿列克謝·尼基丁身旁坐下，討論行動的細節。迪恩陪同格里菲斯來到尼基丁辦公室，他希望機場的位置能更靠近前線的中心，並儘可能靠近西邊——從英國和義大利起飛的轟炸機，飛越的領空愈少愈好。尼基丁不願意提供靠近蘇聯前線的基地，聲稱其中許多基地已經被摧毀。他反倒提供位在烏克蘭中部的基地，地處蘇聯前線的南部，距離前線相對較遠。[4]迪恩別無選擇，只能接受現有的安排。他提議最快隔天就去勘查機場。根據美方會談的備忘錄，尼基丁承諾「積極安排」。這是好的開始。

格里菲斯上校和他的團隊準備好登機啟程。但是第二天過去了，卻沒有收到任何尼基丁將軍的消息，接著又是一天過去，再一天過去。格里菲斯變得愈來愈不耐煩。他有三週的時間可以準備穿梭轟炸的事宜。他花了一週的時間才到達莫斯科，而第一週他所能完成的就是與紅軍空軍指揮官舉行一次會議。迪恩試圖安撫格里菲斯與其副手艾弗瑞德．凱斯勒上校，後者同樣顯得不耐煩。「他們已經習慣了與英國人打交道，至少對方平易近人，」迪恩在回憶錄中寫道，「他們無法找俄羅斯人發洩情緒，但他們可以來找我。我大部分時間都花在撫平他們的怨氣。」[5]

等了超過兩週，格里菲斯和凱斯勒才見到擬議中的基地，因為直到三月三十一日他們才獲准啟航。他們從莫斯科往南飛到烏克蘭中部。在那裡，位於聶伯河左岸是前酋長國的領地（即十七、十八世紀的哥薩克國），這裡有三個古老的哥薩克城鎮：波爾塔瓦（以一七〇九年波爾塔瓦戰役著稱）、米爾戈羅德（作家尼古拉．果戈里的故鄉），以及皮里亞丁。這三處都有蘇聯在戰前建造的機場，並在一九四一年至一九四三年德國占領該領土期間被德國人使用。這些機場現在則要提供給美國人。

在波爾塔瓦，德國人毀壞或摧毀了所有建築物，僅存一座營房。那裡「沒水，沒有汙水處理或電

＊編按：指俄羅斯西北部的地區，地處偏遠，於十一、十二世紀漸漸由斯拉夫人移居控制。

力系統。」格里菲斯寫報告給倫敦的指揮官們。受限於原有的結構，混凝土跑道無法延長，但有足夠的空間可以用金屬墊建造一條新跑道。通往主要鐵路的支線已被德國人摧毀，但這些美國訪客認為可以重建。位於波爾塔瓦西北約八十公里處的另一個基地米爾戈羅德，沒有任何類型的建物殘留，這意味著原有的跑道可以隨意延長。位於米爾戈羅德以西約八十公里處的皮里亞丁，沒有建物或混凝土跑道，因此勘查團隊無法降落。這些基地都沒有給美國人留下什麼好印象。格里菲斯認為蘇聯人要麼無法，要麼不願意提供其他更好的選擇，他們只能接受現有的選項。6

當格里菲斯上校勘查波爾塔瓦和米爾戈羅德機場，並提出建議要接收這些基地時，正值他擔任「棒球」穿梭轟炸計畫指揮官的最後幾天，這個計畫現在更名為「瘋狂」。給這個計畫取新名稱的軍官們，想到的是穿梭轟炸會給德國人帶來的恐慌和痛苦。但這個名稱也準確地反映了格里菲斯的心理狀態，因為蘇聯東道主帶給他沒完沒了的麻煩。獲准勘查機場、輸運裝備，或者回覆簡單問題，都遭遇一再拖沓，這些都讓他抓狂。除此之外，蘇聯堅持完全掌控美國的行動。格里菲斯的座機道格拉斯C－47「空中火車」，只能由蘇聯飛行員駕駛往返德黑蘭。當局同樣要求美國飛機要有蘇聯領航員和無線電操作員陪同，並且堅持由他們的機組員駕駛美國醫療專機。

迪恩決心不惜一切代價與蘇聯指揮官維持和睦。「格里菲斯上校認為，在上述條件下的行動將受到嚴重限制，這些問題應該引起你們的關注，」迪恩以電報告知倫敦和華盛頓，「但是我不覺得此時它們應該成為主要議題，而是從長遠來看，嘗試逐步打破這些限制將給我們帶來益處。」迪恩與格里菲斯顯然是意見相佐，而格里菲斯想要讓上司知道他與指揮官的分歧。就迪恩而言，他認為格里菲斯曾在革命期間幫助反布爾什維克部隊與紅軍作戰，會有錯誤的心態，如果該計畫要成功就必須走馬換將。格里菲斯必須走人，他是迪恩和空軍指揮官們為了讓蘇聯人高興並讓「瘋狂」行動存活的首位受害者。四月初，迪恩通知蘇聯這位上校將被調回美國。[7]

凱斯勒上校於四月八日接替格里菲斯。與他前任長官一樣，凱斯勒起初對與蘇聯談判的緩慢腳步感到驚訝，但他對這些問題採取了不同的態度。一九四三年，凱斯勒曾在蘇聯待了三個星期，當時他是美國代表團的成員，此團由美國戰時生產委員會主席唐納德·納爾遜所率領。凱斯勒畢業於西點軍校，並在麻省理工學院拿到航空工程學位。大體上，他對蘇聯的軍事生產和蘇聯人印象深刻。出於這個原因，迪恩覺得跟凱斯勒共事比跟格里菲斯要舒服得多，在他莫斯科任期的回憶錄中，甚至都沒有提到格里菲斯的名字。[8]

一九四四年四月十五日，在蘇聯方面習慣性的延誤之後，凱斯勒和幾個助手以及包含他們開始工作所需的裝備將近三千磅（一千三百五十公斤）的行李，由一架蘇聯飛機統統載往波爾塔瓦。迪恩終於可以小小慶祝一下。在凱斯勒離開莫斯科前往波爾塔瓦那天，迪恩發電報給在倫敦的史帕茨及在華盛頓的阿諾：「凱斯勒和其餘的僚屬今天搬到了波爾塔瓦。」他請求儘快將凱斯勒從上校晉升為准將。一如既往，凱斯勒加緊腳步，這些基地應該要在美國特遣隊的主要部隊到達烏克蘭大草原之前準備就緒。四個梯隊的美軍已經準備上路了，總計超過一千二百名空軍官兵。[9]

格里菲斯和凱斯勒兩位上校，於一九四四年二月帶著幾位軍官飛往莫斯科，他們組成了「瘋狂」特遣任務的第一梯隊。第二和第三梯隊規模更大，但人數是幾十人而不是幾百人，因此可以從德黑蘭空運到波爾塔瓦。最後也是最大的第四梯隊，由六十七名軍官、四名准尉和六百八十名士兵組成，人數超過美國在蘇聯特遣隊的一半（經過長期談判蘇聯將特遣隊限縮在一千兩百人）。他們走海路，穿越沙漠、高山和草原，整個行程耗時將近兩個月。

◆

一九四四年三月上旬，第四梯隊開始在傑佛森・霍爾營地集結，此地靠近斯塔福郡的斯東鎮，介於伯明罕和曼徹斯特之間。這個梯隊由飛機技術人員和地面人員組成，而且從史帕茨將軍的第八航空隊中挑選。他們是個別選出的，而不是合併既有單位的成員，這形成了一個多樣化而有時不太協調的群體，指揮官們急於抓住機會辭退那些他們認為的麻煩製造者和不合適的人。選兵官竭盡全力確保那些被選中的人是工作上的熟手並且身體狀況良好。那些沒有經驗或者被診斷患有像是性病（相當常見）、疝氣或牙齒不好的人都會被剔除。[10]

這些被選中執行任務的人不知道他們要去哪裡，目的是什麼。直到他們即將穿越蘇聯邊界之前，目的地都被保密。三月二十五日，這個梯隊搭乘火車前往利物浦，登上英國徵用的軍事運輸船阿爾卡崔娜號。這艘載有美國空軍乘員的船，首先從利物浦駛向英國沿海的克萊德灣，這片水域受琴泰半島的保護，隔開了大西洋和德國潛艇的攻擊。這艘船在那裡等候其他船隻抵達，組成船隊開往直布羅陀。

四月十二日晚上阿爾卡崔娜號出發沿著北非海岸航行，一度投下深水炸彈攻擊疑似的德國潛艇，之後便在埃及的塞得港停泊。第四梯隊的人員下了船，領取了行李和補給品，然後轉移到距離開羅約十三公里的盟軍基地哈克斯特普營地，該基地以一九四三年在北非某次飛機失事中喪生的美國大兵命名。他們將在那裡待上兩週，為接下來的行程做準備，他們被告知將前往德黑蘭，放鬆身心並與美國紅十字會合作。該部隊的日誌寫著，空軍「把所有人帶去看金字塔、獅身人面像、面具和其他古埃及文明的遺跡」。

二十二歲來自威斯康辛州的雷達和無線電操作員帕爾默．米格拉回憶說，攀登這些金字塔絕非易事。金字塔是用四英尺（約一點二公尺）高的石塊砌成，很容易滑倒然後從一百多級台階上滾到底部。確實，正如這些美國人所知，幾天前就有一名英國士兵摔死了。儘管如此，米格拉仍然記得「當我們終於到達頂端時得意興奮的感覺。我們可以從那裡一覽尼羅河三角洲」。[11]

四月二十三日下午，第四梯隊首批兩支分遣隊登上火車從開羅開往海法。他們花了三十六個小時才走不到五百公里。從海法開始他們改乘卡車。如果說走海路危險而坐火車不舒服，那麼乘坐卡車穿越沙漠和山區則兩者兼而有之。他們必須穿越約八百八十公里的崎嶇地形從海法到巴格達，這是他們前往德黑蘭的第一段長途路程。某些地區，他們的平均時速低於二十六公里，負責記錄行程日誌的查爾斯．曼寧上尉寫道：「山路和陡坡阻礙了車速。」但最主要的問題是缺水，日誌中寫道：所有人「每站只允許取水一次」。就算有點水喝，也根本沒有水可以洗澡。他們終於在五月一日抵達巴格達，並有兩天時間可以洗澡和休息。

五月三日早上，他們再度上路，搭乘卡車前往德黑蘭西南邊的哈馬丹，又是一段約六百公里的艱困路程。他們在五月五日下午抵達。對於四十七名士兵和六名軍官來說，那是他們行程的最後一站。蘇聯人如前所述，堅持在波爾塔瓦地區的基地嚴格限制美軍在一千兩百人以下，而這五十三名美軍是多出來的。他們被重新分配到波斯灣司令部，不知道自己將會錯過些什麼。部隊其餘成員大約六百五十人，仍然不知道他們要去哪裡。隊伍裡面出現會講俄語的人，這說明他們的目的地是蘇聯，但其中也有講中文的人。多數人猜測他們是要增援在中國的美國軍隊，並建造空軍基地和日本人作戰。

第四梯隊的軍官和士兵（後來愈來愈常被稱為「GIs」，也就是「政府供應」〔Government Issue〕＊，無論他們是在陸軍還是空軍服役）直到五月十日才知道他們的目的地，當時他們進入伊朗北部蘇聯控制的地區。有些人看到大大的紅星標誌（那是蘇聯人在掌控區邊界上某棟建物的標記），還以為那是德士古加油站†。他們過了好一會兒才弄清楚，已經進到了蘇聯地盤。五月十一日，他們抵達伊朗亞塞拜然地區的主要城市大不里士。一列蘇聯火車等在那裡接他們。五月十一日晚上八點三十分出發前，這群長途跋涉的旅者好好洗了澡並享用了晚餐。許多人記得行程的最後一段是最愉快的。車廂舒適不擁擠，食物和飲料充足。[12]

◆

曼寧上尉花了不少篇幅描述先前行程的艱困，現在也可以好好放鬆了。至於前面五天從大不里士到波爾塔瓦的行程紀錄，他只花了半頁的篇幅。這段行程蘇聯人也做了紀錄，主要由指揮的軍官們以及翻譯人員向紅軍反情報部門提交了詳細的報告。

生平首次見到美國人，許多蘇聯軍官都印象深刻。他們羨慕地注意到美國人的裝備和補給是那麼好：每個軍官和士兵都有一個重達八十磅（約三十六公斤）的背包和一兩個手提箱的個人物品——按照蘇聯標準，這是前所未聞的奢侈品。蘇聯人也對美國軍官和美國大兵之間的民主精神感到驚訝。一名紅軍軍官驚訝地寫道：「表現出來的紀律不完全令人滿意；幾乎看不到對長官的敬禮和服從。一個美國士兵在跟軍官說話時雙手插在口袋，嘴裡叼著香菸，如此這般。」他習慣了從俄羅斯帝國軍隊繼承下來的做法，其中要求士兵在與軍官交談時要敬禮並立正。蘇聯人發現美國人對於安全的態度過於鬆懈。他們感到震驚的是，美國人在行程中穿越陌生領土時沒有派衛哨，而且在抵達波爾塔瓦後，將武器留在車廂無人看管。

也許最讓蘇聯人吃驚的是，他們的美國客人可以自由地閱讀蘇聯出版品並表達他們的政治觀點。負責該段行程的蘇聯指揮官寫道：「他們閱讀我們的報紙、雜誌和其他文學作品毫不受限，並對蘇聯新聞局的公報非常感興趣。」他接到嚴格的指令，不得閱讀任何由美國人提供的「資產階級宣傳品」，並且也要防範他的下屬做這些事。習慣了蘇聯祕密警察和反情報人員對士兵與外國人關係的控制，蘇聯指揮官對美國人也有同樣的期待，以至於對擔任聯絡官的一名美國空軍上尉「對（他的）軍

*編按：此為二戰美國軍人使用的俚語，意指軍隊的規範或設備。

†編按：德士古是成立於一九〇一年的美國石油公司，他們的商標是紅底的白色星號。

官甚至士兵都沒有特別影響力時」感到吃驚。在蘇聯指揮官看來，這位上尉沒有盡到他作為政治監督者的職責。

蘇聯軍官自認他們在意識形態上優於美國人。在他們看來，這些來自資本主義世界的客人沒有看到共產主義真理的光芒。某份反情報報告中寫道：「他們的政治觀點有限，軍官和士兵都是如此。」他們從一些軍官和士兵的態度中發現了種族主義的成分。同一位紅軍軍官在提交的報告中寫道：「（美國）南部地區對黑人有敵意，（把他們）說得很難聽。」「在談話中，一位來自美國南方的中校公開表達對羅斯福總統的不滿，稱如果他再次當選，他將擔任終身總統，並給予黑人充分的自由。」蘇聯人相信只有共產主義才能解決世界上的所有問題，包括民族和種族問題。

所有蘇聯人都注意到美國人對他們的正面態度。美國人知道蘇聯高階將領的名字，例如喬治・朱可夫元帥，並且對戰爭所造成的破壞程度感到震驚。儘管美國人對蘇聯人友好，但他們對英國盟友的態度卻出人意料地表現出敵意。在大不里士，當一位紅軍軍官為史達林、羅斯福和邱吉爾舉杯時，他注意到美國軍官對史達林和羅斯福都熱情地舉杯，但對邱吉爾卻表現得很冷漠。「對英國的態度通常不友好，」一位配屬給該梯隊的蘇聯翻譯報告說，「當他們說到英國時，他們把它擺在最後：談到盟友，先是俄羅斯、中國，然後才是英國。」

第四梯隊第二分遣隊的指揮官拉爾夫・鄧恩少校，對他和部下在火車站受到紅軍軍官和平民的接待感到高興。比起美國人在中東的遭遇，這裡的情況讓他滿意，根據一位蘇聯翻譯告訴鄧恩的說法，那裡的「居民會有偷竊和粗魯的行為」。行程結束時，鄧恩送給負責運送分遣隊的蘇聯軍官一副動物骨頭手鐲，這是給他老婆的禮物，還有一封給他上司的感謝信。「所有美國人都對我們的軍官抱有好感，這體現在相互交換禮物上，」該梯隊的蘇聯指揮官報告說，「我們到達波爾塔瓦後，他們每隔半小時就會來到我們的車上說，這麼快就要分開令他們感到非常遺憾。」[13]

鄧恩少校率領的不到四百人的分遣隊（出發時整個第四梯隊共有六百八十名軍人），於一九四四年五月十六日晚上抵達波爾塔瓦。加上新抵達的人員，波爾塔瓦地區的基地現在有九百二十二名美軍。他們之中的大多數，四百一十六名軍人留在波爾塔瓦，兩百四十三名派往米爾戈羅德，兩百六十三名派往皮里亞丁。「瘋狂」行動即將進入決定性階段。在盟軍進襲西歐之前，美國人已經設法到達烏克蘭的基地，這些基地很可能會在諾曼第登陸日之前開始啟用。約翰・迪恩可以慶祝他的首次真正勝利。自一九四三年十月初次提出建立基地的想法以來，他不僅設法克服了蘇聯人的所有障礙，還讓他們信守承諾。雖然付出的代價很高，包括穿梭轟炸行動的首任指揮官被撤換，以及長期的不確定性和混亂，但結果顯而易見的，未來看起來充滿希望。[14]

第四章 波爾塔瓦

自從一九四三年十一月下旬的德黑蘭會議以來，埃夫雷爾．哈里曼就希望艾略特．羅斯福上校能到莫斯科，協助進行有關美國空軍基地的談判。這位四十三歲的美國總統之子是空軍第九十攝影聯隊的指揮官，該聯隊負責第十二和第十五航空隊的偵察任務，後者駐紮在義大利負責執行中歐及東南歐的轟炸空襲。在德黑蘭時，羅斯福總統曾請求史達林的允許，讓他的兒子執行偵察飛行從義大利飛越歐洲並降落在蘇聯境內。史達林答應會在莫斯科與哈里曼討論這個問題。1

一九四四年二月二日史達林批准開設美軍基地後，哈里曼就請求盟軍在歐洲的最高指揮官德懷特．艾森豪將軍，調派艾略特．羅斯福到莫斯科。有了總統的兒子在他身邊，哈里曼希望不僅能讓莫洛托夫，也能讓史達林對美國的要求更加願意妥協。在德黑蘭時，史達林對羅斯福上校特別尊重，並對他十分關注。哈里曼希望羅斯福上校能到莫斯科，哪怕只是短短幾天，但羅斯福正忙於其他任務。一九四五年五月，艾略特終於排除困難前往莫斯科，但美國大使剛好不在——他去倫敦拜會艾森豪將軍及邱吉爾，以及去華盛頓拜見羅斯福總統。總統之子到訪蘇聯將在發起人缺席的情況下進行。2

哈里曼不在，約翰．迪恩盡量利用艾略特．羅斯福人在莫斯科的機會，加速美國基地在烏克蘭的開展。一如預期，艾略特的到訪打開了克里姆林宮的大門。一九四四年五月十一日，艾略特陪同迪恩，以及美國駐歐洲戰略空軍司令史帕茨將軍的代表弗雷德里克·安德森少將，與莫洛托夫舉行會議。安德森向史帕茨的報告中形容莫洛托夫把艾略特視為「老友」。五月十四日，安德森、迪恩和羅斯福飛往烏克蘭參訪新成立的東部司令部，它包括波爾塔瓦、米爾戈羅德及皮里亞丁的空軍基地。他們在空中看到了正在興建的機場和美式帳篷城市，在地面的新任指揮官凱斯勒上校將它們稱作「美國小區」。他們在那裡會見了蘇聯指揮官們，向其表達這次行動的重要性，也對這個國家有了初步印象，在那裡美國飛行員將在史達林防線後方生活與作戰。那裡的景象發人深省。三年的戰爭造成了極為可怕的破壞。[3]

◆

在羅斯福到來前，艾弗瑞德·凱斯勒上校已經完成許多工作。四月十八日，飛抵波爾塔瓦三天後，他和手下擬定了重建空軍基地的計畫，並且立即著手執行。迪恩在四月下旬視察了波爾塔瓦、米爾戈羅德和皮里亞丁，他對那裡所見到的感到滿意。他在四月二十九日發給史帕茨及阿諾將軍的電報中，特意讚揚了他的部下在波爾塔瓦的努力。他再怎麼「強調也不為過，凱斯勒和他的成員做得很好。他們在一個被德國人徹底蹂躪的地區，條件極其艱苦」。他感到非常高興的是「俄羅斯人與美國人的整體氛圍非常友好且樂於相互合作。」迪恩也極力向空軍的老闆們保證，這些人擔心基地的進度比預期要慢。「俄羅斯人對於事情該如何做有著非常明確的想法，」他寫道，「一切都按照他們設定的節奏進展。」[4]

蘇聯這方由四十三歲的亞歷山大・佩爾米諾夫領導，他是第一六九特用空軍基地的指揮官，負責所有三個機場。身形瘦長帶著長臉，佩爾米諾夫在幾個月前的二月四日剛晉升將軍。他是道地的俄羅斯人，一九二〇年加入共產黨，一九二一年加入紅軍，當時他只有二十二歲。一九四一年六月德國與蘇聯戰爭爆發時，佩爾米諾夫是駐烏克蘭盧茨克的紅軍第十四航空師的上校兼參謀長。一九四一年六月二十二日，開戰的第一天，他的師折損了四十六架飛機，它們還在地面就被德國空軍摧毀。幾天之內，總共損失了八十二架飛機。佩爾米諾夫的指揮官被送上軍事法庭並被判處十年徒刑，佩爾米諾夫在蘇聯空軍軍官的清洗中沒有受到影響。一九四四年二月，也就是他晉升將軍的那個月，他獲頒米哈伊爾・庫圖佐夫勳章（這是蘇聯授予高階指揮官的最高獎項之一），並被任命為第一六九特用空軍基地的指揮官，這些基地是蘇聯指定給美國人使用的機場。[5]

凱斯勒是此行美方的負責人，他先前曾在史帕茨領導下英國的第八陸軍航空隊擔任第十三戰鬥轟炸聯隊的指揮官，參與了對德國和北非的轟炸空襲，他發現佩爾米諾夫是個飽經戰火歷練可以與之合作的飛行員。研究美國第十五陸軍航空隊的歷史學家詹姆斯・帕頓少校，他曾在一九四四年造訪過波爾塔瓦，他對佩爾米諾夫的描述是「敏銳、直率的飛行員」，他「在權責範圍內極力削減繁文縟節，當場解決每天無數的問題。」迪恩回憶說：「凱斯勒和佩爾米諾夫很快就彼此欣賞，而且證明了他們是優秀的團隊。」迪恩先前在莫斯科注意到，蘇聯空軍指揮官已經準備好接納這位美方的同僚，這一點在烏克蘭的情況明顯也是如此。6

在波爾塔瓦，德國人摧毀或企圖摧毀空軍基地附近的每棟建築，只有一棟六層樓的建物奇蹟般地在德國爆破隊手下倖免。美國醫療隊的羅伯特·紐維爾上尉視察了這棟建物，他發現大部分門窗都沒有窗戶，只有兩個房間有電，居住區域到處都是囓齒動物和昆蟲。他發現浴室「氣味難聞」，並描述洗浴設施「不衛生、不足而且簡陋」。紐維爾建議完全拆除這棟建物。考慮到衛生問題，附近的臨時帳篷營地不僅可以安置官兵，還可以容納東部司令部的總部。7

蘇聯人堅持他們和美國人雙方都該使用這棟建物，並開始著手修復它（圖7）。他們碰上了令人討厭的驚喜。四月二十七日，進入大樓地下室的紅軍士兵發現了一串三枚未引爆的航空炸彈，每枚重五百五十磅（兩百五十公斤）。其他地方還有三串同樣威力的炸彈，兩串在主建物裡，一串在相鄰的建物中。如果引爆，炸彈可以摧毀他們藏身的建築物。所有四串炸彈都透過無線電纜連接到無線電裝置，此裝置埋在土裡，距離主建物不到一千英尺（三百公尺）。無線電信號可以引爆炸彈，而無線電設備的電池可維持半年。紅軍重新奪回波爾塔瓦已經七個月了，但炸彈未被引爆，顯然從無線電連到航空炸彈的電纜損壞了。阿列克謝·尼基丁大將下令撤離該棟大樓並重新安置美國軍官。這起意外事件最後會向史達林簡報，因為蘇聯工程師還要搞清楚該裝置的運作原理。他們從未遇過如此複雜的無線電引爆裝置。8

儘管困難重重，波爾塔瓦和另外兩個基地的重建工作仍以前所未有的速度進行。「瘋狂」有了新的涵義，它成為與時間賽跑的計畫。米爾戈羅德及皮里亞丁基地的重建計畫於四月二十二日完成。在某個地方蘇聯人把先前的女子學校改造成居住區，另一處則在重新整修老舊的砲兵營房。四月二十四日，第一批美國工程師、信號官和醫務人員從德黑蘭搭飛機抵達。四月二十六日第一批常駐人員派駐到皮里亞丁，隔天又派員到米爾戈羅德。四月二十八日，第一批設備從莫曼斯克運抵波爾塔瓦，它們是從英國運來的。本應最先卸下的金屬地墊實際上是最後離船的，因為它被放在貨艙底部，但它還是運來了。美國人和蘇聯人開始忙著鋪設新跑道並擴建舊跑道。[9]

金屬地墊，這個蘇聯人還不知道的技術，讓史達林本人印象深刻。一九四四年三月，當尼基丁將軍向他報告說，紅軍空軍大部分都因下雨停飛，因為雨水將飛機跑道泡成了泥灘，史達林就問這位將軍，飛機跑道的金屬地墊是否在蘇聯生產。「不是，」尼基丁回答說，「機場跑道需要大量金屬：每條跑道需要重約五千噸。」史達林打斷了尼基丁的回答：「你怎麼知道國內有多少金屬產量？你是專家嗎？」他命令尼基丁準備一份備忘錄提交給國防委員會（戰爭期間蘇聯的主要治理機構）。[10]

蘇聯人盡了最大努力把金屬地墊運送到波爾塔瓦並組裝。匹茲堡鋼鐵工人生產的地墊，經由海運先到英國，然後運往莫曼斯克和阿爾漢格爾斯克，再由火車送往波爾塔瓦和鄰近的基地——這些都在創紀錄的時間內完成。奇蹟般地，蘇聯人在準備一九四四年六月二十二日開始在白俄羅斯發動大規模攻勢期間，找到了足夠的火車把這些地墊從俄羅斯北部港口運往烏克蘭。每批新貨送達波爾塔瓦地區的基地時都像是節慶一般。迪恩和同伴們在其中一個火車站看到，「每一件美國裝備從火車上卸下來時，俄羅斯士兵都欣喜若狂。」

令美國人驚訝的是，大部分鋪設地墊的工作都是由紅軍女兵完成。三月的時候，蘇聯承諾會派兩個工兵營，每營有三百三十九名強壯的士兵來協助重建基地。沒有人料想到，兩個工兵營主要都是女性。迪恩回憶道：「機場上到處都是鋪設鋼墊的俄羅斯女兵。」幾個月後，約瑟夫・索倫森中士在接受美國陸軍雜誌《美國佬》採訪時回憶道：「這些姑娘什麼都做，她們是卡車司機、狙擊手、飛行員、砲兵、工程師、高射砲手、行政人員，什麼都能做。」紅軍女兵很想要超越男人，尤其是美國男人。當被告知美國大兵的標準是每天鋪設十碼（約九公尺）的地墊時，她們就決定要鋪十二碼（約十一公尺）。迪恩回憶道：「很明顯，依照這個進度不會有任何延誤。」[11]

◆

蘇聯人和美國人一起工作時，雙方都盡力克服語言和文化上的差異。語言的差距不僅是障礙，偶爾也是惡作劇的機會。一名美方人員教了總部門口的蘇聯衛兵，用以下的話問候每個美國軍官：「早安，你這個狗娘養的混蛋。」這名衛兵說這句話時很自豪，他的發音並不完美，但訊息傳達到了。迪恩認為這些情節意味著蘇聯人和美國人正在學會相處。[12]

艾略特・羅斯福上校在五月中旬與弗雷德里克・安德森少將一起訪問了波爾塔瓦地區的空軍基地，他描述的波爾塔瓦機場「只不過是納粹撤退時留下的斷垣殘壁」。和其他人一樣，他對於美國人會使用機器的場合，蘇聯人居然大量使用勞力這一點感到驚訝，並對穿著制服工作的女性印象深刻，他稱她們是「北方的亞馬遜女戰士，毫不猶豫把五十加侖（約一百八十九公升）的油桶像玩具一樣拋來拋去。」[13]

羅斯福上校訪問波爾塔瓦基地的行程，包括視察機場以及由佩爾米諾夫少將招待參觀波爾塔瓦城區。這座城市成了一片廢墟。一九四三年九月，波爾塔瓦及周邊地區經歷了一場大戰，紅軍從撤退的德軍手中奪回該地區。到了一九四四年五月，街道上的瓦礫已被清理乾淨，但倖存的建築仍然沒有窗戶，有些連牆壁和屋頂也缺損。蘇聯人統計了損失：四十五所學校、九家醫院，以及眾多劇院和博物館完全或部分損毀。還有三百八十萬平方英尺（三十五萬平方公尺）的住房毀損。[14]

蘇聯人接管這座城市後做的首批事情之一，就是建造一座史達林紀念碑（圖1），但仍有一些戰前的老紀念建築還屹立著。蘇聯飛機技術員弗拉德連・格里博夫回憶說：「波爾塔瓦非常慘。」他和一位朋友被派往米爾戈羅德的空軍基地，他描述了一九四四年四月中旬首次看到這座城市的印象。「我們走在城裡，想說起碼找得到一棟完整無損的建築物。沒有！只有牆壁和原本是窗戶的破洞。沒有屋頂也沒有天花板。花園和院子裡都是墳墓，其中一個墳墓上面寫著：『這裡躺著被德國人殘酷凌虐的兩位戰士和一名婦女』。一個八、九歲的男孩告訴我們：『還有一口井，他們把小孩們扔進去！』」[15]

波爾塔瓦始於十五世紀中葉，作為由親王統治的前哨，位於當地烏克蘭人與克里米亞韃靼人之間爭奪的草原邊界。在十七和十八世紀，它成為烏克蘭哥薩克人的重鎮之一而聞名，哥薩克人在聶伯河畔建立了自己的城邦，首先與韃靼人作戰，然後與波蘭人作戰，最後與俄國人作戰，俄國人在十七世紀中葉控制了該地區。十八世紀初，想要獨立的哥薩克領袖伊凡・馬澤帕將瑞典的查爾斯十二世引到波爾塔瓦，查爾斯十二世靠著馬澤帕的支持與俄羅斯彼得一世開戰。一七〇九年六月，在廣為人知的波爾塔瓦戰役中，彼得擊敗了查爾斯和他的烏克蘭支持者。這次勝利幫助彼得贏得了與瑞典的戰爭，並使俄羅斯走上了成為歐洲超級強權的道路。[16]

十九世紀波爾塔瓦迎來了不同的名聲。它短暫地成為「小俄羅斯」總督的所在地——「小俄羅斯」是前哥薩克土地的名稱，如今這塊土地已併入俄羅斯帝國——以及文化和文學活動的中心。土生土長的伊凡．科特利亞列夫斯基，創作了第一部現代烏克蘭語的文學作品。他的戲劇《波爾塔瓦的娜塔爾卡》成為烏克蘭人的戲劇經典，有助於將當地方言變成現代烏克蘭語的基礎。波爾塔瓦地區擁有豐富的本地人才，足以支持兩種文學的發展。尼古拉．果戈里出生地鄰近米爾戈羅德（正是其中一個美軍基地所在地），他創作的《塔拉斯．布爾巴》和一部俄文題為《米爾戈羅德》的短篇小說集，奠定了現代俄羅斯散文的基礎。另一位著名的俄羅斯文學家弗拉基米爾．科羅連科，他的家族來自波爾塔瓦，一九二一年這位作家落葉歸根並長眠於此。

像所有到訪這座城市的美國遊客一樣，安德森將軍和羅斯福上校被帶往波爾塔瓦市中心參觀名勝古蹟，這些景點紀念著這座城市的歷史時刻和其鍾愛的子民。主要景點是科爾普斯花園，這是一座位於帝國軍官學校舊址上的城市公園，用於公眾集會、音樂會和舞會。其中心建築物是一座紀念一七〇九年俄羅斯戰勝瑞典的紀念碑，建於戰爭結束後一個世紀。這座紀念碑柱頂部的俄羅斯帝國雄鷹，奇蹟般地在蘇聯反沙皇運動和德國占領者手中倖存下來。掠奪者只是從紀念碑腳下移走了舊大砲。波爾塔瓦的美國軍人在拍攝的許多照片中都看得到這座碑柱。[17]

兩位美國客人還被帶到另一座城市公園，參觀科羅連科的房子。那裡只剩下墓碑，上面刻有科羅連科的名字和生卒年月。房子已成了廢墟，一九四一年蘇聯撤退及一九四三年回返期間，在席捲這座城市的混亂中，毀於撤退的德國人及推進的蘇聯人之手。還有另一個城市地標幾乎被焚毀，那是由烏克蘭優秀的現代藝術家之一瓦西爾·克柳切夫斯基在二十世紀初所設計的當地博物館。其建築仿巴洛克風格，讓人想起這座城市和地區的哥薩克歷史。博物館只有牆壁保留下來，展現了烏克蘭傳統的裝飾元素。[18]

在波爾塔瓦街頭，美國訪客看到了貧困的人群。戰爭讓這個不到十年前被摧殘的地區雪上加霜，先是一九三三年史達林政權的農業集體化造成的人為饑荒，以及對於烏克蘭政治和文化企圖的粉碎。烏克蘭受災最嚴重的地區包括波爾塔瓦、米爾戈羅德和皮里亞丁，這些地方某些村莊高達半數人口死亡。一九三二年至一九三四年間，烏克蘭總計有近四百萬人死亡。第二次世界大戰又死亡了七百萬人，約占該國戰前人口的百分之十五，使烏克蘭成為僅次於鄰國白俄羅斯和波蘭的第三大受戰爭嚴重摧殘的國家。[19]

一九四一年六月德國與蘇聯開戰之前，波爾塔瓦曾擁有近十三萬人口。德國人於一九四一年九月控制了這座城市，並於一九四二年五月自行做了人口普查，當時只統計到七萬四千人。烏克蘭人占波爾塔瓦總人口的百分之九十三，俄羅斯人則比百分之五多一點。幾個世紀以來少數民族中首次不包括猶太人，因為他們之中的大多數人幸運地在德國人到來之前就離開了這座城市。那些無法離開或者因為家庭因素留下來的人都遭到集體殺害，單單在城區就多達兩千人，而在該地區的城鎮和村莊中大約還有九千人遭殺害。[20]

一九四四年五月，在波爾塔瓦街頭上大多數是婦女、兒童和老人。一九四二年，婦女占該市人口的百分之六十以上。隨著蘇聯人在一九四三年九月奪回該市後，大部分當地男子被徵召加入紅軍，婦女的比例可能還會更高。年輕的波爾塔瓦婦女即將成為美國大兵特別關注的對象，而擁有紀念碑的科爾普斯花園將是大多數約會的聚集地。就在安德森和羅斯福訪問這座城市時，第四梯隊的人員經過兩個月史詩般的行程終於抵達那裡。[21]

◆

一九四四年五月十五日上午，迪恩、安德森和羅斯福離開波爾塔瓦前往莫斯科。佩爾米諾夫前一晚舉行了歡送晚宴，提供充足的食物和飲料。當蘇聯人為甜點倒上更多的酒時，安德森轉向迪恩問道：「這什麼時候會結束？」深知舉杯暢飲傳統的迪恩回答說：「這是祖國俄羅斯；稍等一下，這才剛開始。」酒攤繼續下去。

晚宴結束時，餐桌上的友好氣氛起了波瀾，當時美國人被告知，他們沒有獲准按原計畫前往德黑蘭。蘇聯人要求他們返回莫斯科與尼基丁大將會談，釐清先前會議提出的一些問題。取消飛往德黑蘭的官方理由是天氣惡劣。在場的一位美國人史帕茨將軍的參謀長愛德華・佩克・柯蒂斯准將生氣地提問：「那當天氣轉壞時，為什麼就不禁止我們飛往柏林呢？」他質問蘇聯方面的負責人。美國人要求蘇聯允許他們直接飛往開羅。蘇聯人試圖平息事態，聲稱美國人是重要人物，沒有必要拿自己的生命冒險。[22]

儘管餐桌上發生了一些小插曲，迪恩離開波爾塔瓦時對這次參訪的結果深表滿意。美國飛機在波爾塔瓦空軍基地和莫斯科之間大致暢行無阻，在波爾塔瓦和德黑蘭之間也是如此。獲得蘇聯空軍的飛航許可已成為例行公事，儘管像往常一樣，蘇聯人堅持飛機上要有他們的領航員。簽證問題最終也得到了解決，蘇聯人在基地設立了邊境關口。迪恩後來寫道：「到了一九四四年五月底，基地都已經完工，行動即將開始。」[23]

羅斯福上校對這次訪問的結果同樣感到樂觀。他離開時對「（紅軍）克服障礙的精力」充滿了敬意，並且「留下這樣的印象，俄國人幾乎是天真地渴望與我們相處、跟我們合作」。他們確實如此。[24]

第二部
波爾塔瓦的戰爭

第五章　安全著陸

比爾．勞倫斯的語調「充滿了憤怒」。約翰．迪恩回憶起一九四四年六月一日上午，他與這位《紐約時報》記者的談話時如此寫道。勞倫斯是美國媒體界的年輕新秀，他一直都在《紐約時報》工作，直到一九六一年進入美國廣播公司新聞部成為晚間新聞主播。他生氣不是沒有原因。[1]

早在三月份，他和同事哈里森．薩里斯伯里（《合眾社》的外交新聞編輯，日後的普利茲新聞獎得主）已經知道美國和蘇聯在軍事關係上正在發生重要的變化。美國空軍人員正以前所未有的陣容從倫敦抵達莫斯科，而在莫斯科的外國記者紛紛傳言美國計劃向蘇聯提供一百架B－17飛行堡壘轟炸機。五月中旬訪問莫斯科的艾略特．羅斯福上校曾與七名美國記者共進晚餐，進一步加劇了美蘇關係中涉及美國空軍的重大新發展的猜測。從美國外交圈和軍事圈的消息來源，勞倫斯終於了解到這是怎麼一回事：美國原本在英國、義大利空軍基地間的穿梭轟炸，如今即將延伸到蘇聯。他和薩里斯伯里準備敲開美國駐莫斯科軍事特使團的大門，確認訊息並準備好報導這則新聞。[2]

迪恩面臨一個問題。五月十一日當羅斯福上校拜會莫洛托夫時，雙方同意首先由蘇聯媒體公開穿梭轟炸的新聞。在勞倫斯和薩里斯伯里的詢問下，迪恩才驚覺到消息已經走露給美國和英國的記者，於是他向兩國記者們提出了交換條件。他們會獲邀到這些空軍基地見證美國飛機，但前提是事先要保持沉默。迪恩後來寫道：「我信任他們，他們也同意避免任何關於美國人員大批湧入的猜想。」他聯繫了蘇聯指揮部中最有力的盟友尼基丁將軍，透過他獲得了莫洛托夫的外交人民委員部的承諾，在第一批飛行堡壘抵達時允許美國和英國記者前來波爾塔瓦。但是時間一到，大約三十名記者組成的記者團才知道，莫洛托夫的委員會只允許其中五人前往波爾塔瓦。

這就是為什麼六月一日勞倫斯非常激動打電話向迪恩投訴的原因。這位將軍馬上撥了電話給莫洛托夫的委員會官員。迪恩後來回憶道：「一面要打電話給外交人民委員部的官員，一面又要回應失望記者的來電，經過一番瘋狂的來回協調，我成功將配額提高到十名美國記者加十名英國記者。」但是，勞倫斯、薩里斯伯里和其他記者不接受新的交換條件。他們告訴蘇聯這方，要麼他們全部都去，要不然一個都不去。迪恩回憶道：「英美報業公會在蘇維埃俄羅斯發動了首次工人罷工。」薩里斯伯里寫道：「這是莫斯科歷史上首次的聯合戰線。」大約有三十名記者前往機場，但在所有同仁都獲准登機前他們都拒絕登機。莫洛托夫讓步了。「他們的行動有效，」迪恩寫道，「中午時分，他們所有人都登上了一架蘇聯飛機前往波爾塔瓦。」[3]

美國記者們很快就會見證並報導「大聯盟」歷史上令人振奮的發展：數百架美國飛機即將降落在蘇聯掌控的領土上。歐洲的戰爭將進入嶄新的階段。沒有人知道諾曼第登陸和西歐第二戰場的開闢會在何時，但他們都知道在東歐新的空戰戰場開闢的那天，那就是一九四四年六月二日星期五。

凱希·哈里曼也是渴望見證美國飛機抵達的美國人之一，正如她在一九四四年六月上旬寫給瑪麗的信中所說：「一直希望有一天能看到我們的飛機降落在蘇聯的土地上。」六月一日下午，與前往波爾塔瓦的記者道別後，迪恩留在莫斯科機場迎接凱希和她父親的歸來。這對父女剛結束了為期一個多月的倫敦和華盛頓之行，途經義大利和伊朗返回。在前往美國大使館的路上，迪恩告訴他們，他馬上就要去「空軍基地」。哈里曼立即回應說他也要去。凱希回憶道：「我就安靜地坐著，屏氣鎮定。」她害怕不能跟去，因為她認為女性在這個最高機密的基地不受歡迎（她聽過一個關於西方女記者的故事）。

凱希後來寫給姊妹說，回到大使館她「找到了適當時機，提議如果我也去，或許是個好主意。」她父親對這個提議並不高興，還故作驚訝，但她準備好先發制人，指出基地裡有不少女護士，多一個女性出現應該不成問題。為了加強她的論點，她引述了當時很少人知道的最高機密：地中海盟軍空軍總司令艾拉·埃克將軍，轄下有美國第十二和第十五航空隊，才剛在義大利接待了哈里曼和凱希，並將率領首次前往蘇聯的穿梭轟炸任務。凱希曾答應埃克，她會在當地歡迎他降落。哈里曼的防線被攻破，父女倆將飛往波爾塔瓦。[4]

雖然疲憊但很興奮——他們在德黑蘭凌晨四點三十分就醒來了，航程耗了一整天，先到了莫斯科，然後才要去波爾塔瓦——哈里曼這對父女在六月一日接近傍晚時，就在凱希描述的「原本聽說我們來不及趕回來的空軍和媒體的歡呼聲中」抵達空軍基地。他們正好趕上了佩爾米諾夫將軍為招待美國人和他屬下的部隊而籌辦的音樂會。凱希後來寫道：「音樂會在沒有屋頂、牆壁的斷垣殘壁中舉行，看來原本是個偌大的建築。」事實上，這是個被炸毀的機庫，只剩下兩堵磚牆。內部擺滿了長椅，許多是用剩下的磚塊砌成的，上面鋪著木板。凱希寫道：「舞台上有一塊頂篷」，但長椅卻是露天座。她還記得觀眾「非常熱情」。5

美國和英國記者都已經開機準備捕捉整場活動的畫面。從畫面中可以看出，蘇聯這邊的表演主要由紅軍軍人和當地民眾帶來的俄羅斯和烏克蘭的民間歌舞。大部分的掌聲都給了哥薩克舞蹈，以及一齣由兩個紅軍士兵搭配的表演——其中一人站在另一人肩膀上，兩個人用一條超大裙子圍住，模仿壯碩的村婦跳舞。最受矚目的表演是紅軍樂隊，尤其是鼓手。記者們不久就得知他的姓氏「格沃茲德」意思是「釘子」。他把小鼓放在一張倒置椅子的椅腿之間，成功捕捉正在演奏的曲子的節奏。*美國大兵們告訴記者，這位鼓手會是美國任何爵士樂團的真正人選。6

凱希注意到，觀眾中的蘇聯人用鼓掌表示讚賞，美國人則是吹口哨。如她所述，「口哨聲」製造了「我們這次美蘇合作中的第一道難題之一」。她繼續說道：「在俄羅斯，任何形式的口哨主要都是羞辱藝人並讓他下台的方式！」迪恩回憶起類似的一幕，當時一名蘇聯女舞者因為美國大兵的口哨而黯然下台。佩爾米諾夫身旁的美國人急忙解釋說，在美國吹口哨代表極度讚賞，這位將軍把訊息傳達給了難過的表演者。正如迪恩後來回憶的那樣，這位舞者「立刻回到舞台，更賣力地演出，超出這些美國大兵的想像。隨即，她聽到了一陣尖銳的口哨聲，這讓她欣喜若狂」。7

當晚在佩爾米諾夫將軍主持的晚宴上，哈里曼小姐發現身旁有位蘇聯將軍試圖和她說英語。當服務員端上燉菜時，這位將軍告訴凱希裡面的肉是「母牛」。她回應說他可能指的是「牛肉」，但是這位將軍堅持他的意思是母牛，「那種你可以擠奶的。」凱希決定不與這位將軍爭辯，她形容他是「西伯利亞人」，意指他的出生地和他嚴厲的外表。凱希在給姊妹的信中寫道，「不管如何味道還不錯。」如同當時所有的蘇美關係一樣，最重要且凌駕一切的是合作背後的原因。一九四四年六月上旬，雙方即將提升這種合作進入新的階段。[8]

◆

隔天早上，一九四四年六月二日，凱希．哈里曼在一片嘈雜聲中醒來。她寫道：「除了該死的差點凍死之外，我睡得算是舒適，一邊想著為什麼烏克蘭公雞可以連續啼叫個幾小時，另一邊想著整個管弦樂隊（銅管樂隊）到底在院子裡吹奏個什麼勁。」很顯然鼓手格沃茲德和其他樂手夥伴正在加緊練習，為飛往波爾塔瓦美國機隊的歡迎儀式做準備。哈里曼小姐花了一上午的時間在營區裡閒晃，探望了帳篷醫院裡的美國護士，她們把裡面「整理得像娃娃屋」，也和美國大兵們交談。兩天後她給姊

＊編按：這名鼓手姓氏的意思是「釘子」（nail），此處作者用 truly "nailed" the rhythm of the piece 來形容鼓手能完好地掌握住節奏。

妹的信中寫道：「士氣高昂，首先我想是因為當天會有令人興奮的事情發生，其次是因為我們在俄羅斯的這些小夥子有著先鋒隊的精神。」9

約翰・迪恩回憶道：「烏克蘭的天氣陰沉沉的。」前一天他才陪同哈里曼父女來到波爾塔瓦。他形容那個多雲早晨的氣氛有著「壓抑的興奮，每個人外表都故作平靜，以掩蓋內心翻攪的焦慮。」迪恩和其他高層領導者都知道，在義大利第十五航空隊的轟炸機和戰鬥機，當天清晨應該會飛離基地，襲擊匈牙利德布勒森及其周邊地區的目標，然後繼續向東飛往波爾塔瓦降落。但他們不知道這次行動是否真的啟動了，天候是否恰當，以及德布勒森上空的情況到底如何，有沒有發生什麼事。無線電操作員試圖獲取關於行動上路的任何訊息，但沒有成功。然後，十二點半，他們終於得到消息，飛行堡壘和隨行的轟炸機已經準時從義大利基地起飛。這表示它們可能即將出現在波爾塔瓦上空。

迪恩上了一輛車，趕往混凝土配上金屬墊的飛機跑道，這是美國工程師和紅軍女兵的合作結晶。他到達跑道時，剛好第十五航空隊的飛行堡壘轟炸機開始出現在烏克蘭的上空。「它們布滿了天空，」迪恩後來寫道，「儘管它們很龐大，然而它們的銀色機翼在上方黑色天空的襯托下更顯得巨大。」對迪恩來說這是夢想成真，經歷了數個月的艱苦工作，經常伴隨著數日甚至數週的挫折感。「對於一個站在下方跑道的美國人來說，有著無法形容的激動，」他回憶道，「出現在空中的是戰爭中的美國——這些飛機不多卻是美國武力的縮影，展現了美國工業和勞力的技能，美國人行動的效率，以及美國年輕人的勇氣。」10

飛臨波爾塔瓦基地的是一支B－17重型轟炸機戰隊，俗稱「飛行堡壘」（圖2）。這種波音公司製造的四引擎飛機可搭載十名機組員，長度超過二十二公尺，翼展超過三十一公尺，航程可達三二二〇公里，巡航速度為每小時約二九三公里。每架飛機都配備了十三挺一二·七公分的M2布朗寧機槍，在諸如飛往波爾塔瓦這樣的遠程任務中，它可以投擲多達四五〇〇磅（二〇四一公斤）的炸彈。就美國民眾關切的議題來說，它們的生產成本不到二十五萬美元，每分錢都花得值得。飛行堡壘已成為戰時最知名的美國飛機，也是美國空中武力的象徵。[11]

B－17展現了令蘇聯人見過最印象深刻的空中演出。「它們來了，它們的引擎在機場上空轟鳴，填滿了這片鬱鬱蔥蔥的土地，轟隆聲從附近城市的廢墟中迴盪回來，一個中隊接著一個中隊，直到它們在空中形成如城堡般的隊形。」加拿大記者雷蒙·亞瑟·戴維斯寫道，「給人一種強大武力的印象。然後它們優雅地從隊形中脫離，一架接著一架降落。」機隊花了兩個小時才降落。最後一架著陸時，修建跑道的紅軍女兵們才鬆了一口氣。「跑道會變形嗎？她們有沒有疏忽了什麼？」迪恩寫道，描述了她們的感受。他補充說：「當第一批飛行堡壘落地滑行到底，都聽得到她們如釋重負的聲音。」[12]

凱希·哈里曼在父親和佩爾米諾夫將軍的陪同下抵達機場。他們開著一輛別克汽車，在通過機場周圍崎嶇的地形時遇到了一些麻煩，但還是及時趕到了。「第一批轟炸機像斑點一樣出現在地平線上時，我們正駛向機場。」她回憶道，「看起來像有數千架，然後突然間第一個中隊發出了令人期待的轟隆聲。」「天哪，真是太令人興奮了，」她寫給瑪麗說，「遠超過我先前在英格蘭的所見所聞。」埃夫雷爾·哈里曼也和女兒一樣興奮，告訴她「他以前從未對任何事情如此激動過」。

陪同大使坐在別克車後座的佩爾米諾夫和哈里曼父女一樣歡欣鼓舞。對佩爾米諾夫來說，就如同迪恩一樣，戰機抵達對佩爾米諾夫來說意味著日日夜夜漫長的計劃、協調、衝突、妥協，甚至偶爾的小勝利終於告一段落。凱希寫道：「他高興得紅光滿面，」靠過去要親吻她的父親。哈里曼擋住了他，但佩爾米諾夫「又發出了幾聲類似牛仔吼叫的俄羅斯呼吼」。最特別的是，蘇聯人對美國機隊所展示的力量和規模印象深刻，當場每個人抬頭仰望天空，聽著飛機引擎的轟隆聲，沒有人會錯過這樣的景象。[13]

年輕的蘇聯飛機技術員弗拉德連・格里博夫，目睹了飛行堡壘抵達米爾戈羅德空軍基地。當時那裡沒有雲也沒有雨，戰機光彩炫目，他對戰機飛臨基地的方式印象特別深刻。格里博夫多年後寫道：「我先前見過大型機隊，但它們的飛行高度很高，如果是轟炸機，通常都是拉成一長列。但在這裡，戰機飛得很低，編隊排列緊密，每列有六架而總數超過十列。它們占據的空間大概有一公里寬兩公里長，簡直遮住了晴朗的天空。」蘇聯記者同樣印象深刻。對他們來說，戰機在完成長途空襲後飛臨空軍基地的表現，證明了美國飛行員的高超技術。史達林政權的主要喉舌《真理報》數天後報導說：「轟炸機在歐洲國家上空飛行了很長的距離後，它們以嚴謹的隊形前進，這歸功於飛行員的高超專業技術、團隊合作以及一流的編組。」[14]

這也正是地中海盟軍空軍司令埃克將軍想要給蘇聯盟友留下的印象。按照原定計畫，他親率了第十五航空隊的轟炸機執行任務飛往烏克蘭。

一九四四年六月二日清晨，總共兩百架飛機和一千四百多名機員從義大利機場起飛，飛往匈牙利的轟炸目標。埃克的特遣機隊，真正的目標與其說是轟炸德布勒森，不如說是打動波爾塔瓦的人心。埃克在任務計畫報告中寫道：「我們必須透過有效執行對他們具有直接意義的行動來開啟合作，從而獲得俄羅斯人的充分信任和尊重。」由於認定波爾塔瓦基地還沒有足夠的設施可以確實修理損壞的飛機，因此他建議特遣機隊避免與德國空軍發生不必要的交戰。事實上，第十五航空隊派遣其餘的戰機，當天在巴爾幹半島上空分散德軍對飛往波爾塔瓦機隊的注意力，使其能夠以最少的損失實現轟炸目標。選擇飛往烏克蘭的航線必須儘可能避開德國的高射砲。[15]

代號為「瘋狂喬」的首次穿梭轟炸任務，從一開始就是象徵意義大於實質意義。由於史達林和莫洛托夫拖延的腳步，到了一九四四年五月，「棒球」和「瘋狂」行動的許多原始目標都已經過時了。那時的盟軍空軍幾乎可以徹底擊潰任何入侵的德國空軍。六月初，盟軍司令部掌握了超過一萬兩千架戰機可以派往法國作戰，對抗三百架的德國戰機，雙方戰力超過四十比一。這場空戰的結果，甚至還沒開打就已經很清楚了。[16]

出乎意料，挑選第一次任務的轟炸目標就不是件容易的差事。五月初雙方開始多次談判，美方提議轟炸位於拉脫維亞的里加和波蘭的梅萊茨附近的亨克爾飛機製造廠。美國空軍想利用穿梭轟炸主要是為了實現其最初的目標——削弱德國空軍和德國航空工業。蘇聯則更關切在東線戰場的德國機械化師，想要斷絕他們的燃料供給，因此提議美軍轟炸位於羅馬尼亞的普洛耶什蒂油田。在英格蘭，美國駐歐洲戰略空軍司令史帕茨欣然答應照辦，把煉油廠也加到轟炸清單中，還提議列入利維夫、布列斯特、維爾紐斯和考納斯的調度場，它們都非常靠近東線戰場的德軍防線。出乎史帕茨和迪恩的意料，蘇聯要不是拒絕同意這份目標清單，要不就是提供他們自己的清單，談判因此陷入僵局。

紅軍指揮官正準備在白俄羅斯發動代號為「巴格拉季昂」的重大攻勢。這將使紅軍一路推進到東普魯士的邊界，迪恩向史帕茨提出看法認為，蘇聯人不想將他們預期的任何成果歸功於美國的轟炸。他還認為，蘇聯不信任美國，不想讓美方知道他們將從哪裡發起主要攻勢。迪恩後來寫道：「最初由史帕茨選擇的三個目標等距分布在俄羅斯前線。俄羅斯人最後發動進攻時主要是在北方，因此他們不希望美國的襲擊在里加出現，因為這會導致德國戰鬥機飛往該區駐防。他們不能告訴我們這一點，這樣就會透露了他們的進攻計畫。」迪恩建議史帕茨自己擇定第一批目標，而不是徵求蘇聯的同意，只要告知他們目標是哪些就好。這樣就不會迫使蘇聯人以任何方式插手。事實證明迪恩是對的——當史帕茨指名德布勒森的調度場是「瘋狂喬」行動的第一個目標時，蘇聯人並沒有反對。攻擊匈牙利的目標會分散德國人對北部主要攻勢的注意力。這個行動符合蘇聯的利益，但出於保密的原因，他們不準備明確表示同意或不同意。[17]

埃克將軍決定親自率領這次任務，以確保一切按計畫進行，他挑選了第十五航空隊中最優秀的部隊參加。任務原定在六月的第一天，天候適宜。四個轟炸機機隊：第二、第九十七、第九十九及第四八三，總共一百三十架B－17轟炸機，參與這次任務。自一九三八年以來著名的飛行堡壘一直是空軍武力的標準配置，在飛往烏克蘭途中將由美國空軍新近加入的P－51野馬長程戰鬥機所護衛，這種戰鬥機從一九四二年一月開始服役。

野馬戰鬥機是單人駕駛，機身長度約十公尺，巡航速度每小時約五百八十三公里，航程約兩千六百五十五公里。這種戰鬥機的製造成本不到B－17的四分之一，大約五萬美金，它們的主要任務是用六挺〇・五〇口徑機槍保護飛行堡壘執行戰略轟炸任務。到了一九四四年三月，野馬戰鬥機攜掛副油箱可以拉長作戰範圍，使得執行長程任務成為可能，就如此次前往波爾塔瓦的任務。第三二五戰鬥機機隊有七十架P－51野馬戰鬥機。[18]

特遣機隊的最終目的地始終對飛行員和機組員保密，以致他們推測可能是任何受德國控制的歐洲地區。最後在起飛前向他們透露目的地時，飛行員們高興地吹著口哨歡迎這個消息。他們被告知要在蘇聯基地表現出最好的一面。特遣機隊的指令上寫著：「留下的印象將影響整個俄羅斯軍事部門的想法，並為未來的關係奠定基礎。」「我們的表現將成為俄羅斯人評判整個美國陸海空三軍的戰鬥能力、紀律、士氣和精神的標準。」[19]

埃克將軍乘坐一架名為「洋基傻子二號」*的B－17轟炸機飛往波爾塔瓦，飛機上的彩繪是這位深受喜愛的美國人物以及這首歌曲的樂譜。這架飛機屬於第九十七轟炸機機隊，埃克曾在一九四二年

＊編按：原文「Yankee Doodle」是一首美國著名民謠，一般翻成《洋基歌》或《洋基傻子歌》，為愛國歌曲，深受美國人喜愛，被當作非正式的國歌。

八月駕駛這款飛機首次執行從英國到德國的轟炸任務。轟炸機隊在早上七點之前從義大利福賈附近的基地起飛，在亞得里亞海上空編隊然後穿越南斯拉夫，沒有遭遇到敵人的戰鬥機和高射砲。他們暢行無阻地向德布勒森的火車機廠和調度場投下了炸彈，命中了目標。就在那時，P－51戰鬥機加入他們的行列，飛越喀爾巴阡山脈往聶伯河方向前進。

特遣機隊唯一遇到高射砲的地點是在烏克蘭布科維納地區的車諾夫契附近。砲火非常不準確，但仍有損失：一架飛行堡壘的引擎著火，導致飛機爆炸。瞬間它就消失了，附近的B－17飛行員在飛機爆炸後沒有看到任何降落傘。傷亡人員除了這組十名機員外，還包括一名作為乘客飛往波爾塔瓦的P－51飛行員。有些飛機遇到了機械問題飛返義大利。對於波爾塔瓦的美國醫生和護士來說，這天是他們擔綱表現的日子，卻平靜無事。他們唯一要治療的病人是一名患了闌尾炎的飛行員。[20]

◆

首架降落在波爾塔瓦跑道上的飛機是埃克將軍的「洋基傻子」。它停在由埃夫雷爾・哈里曼所率領的美國和蘇聯將領的歡迎隊伍前。埃克從飛機現身走向歡迎隊伍，毫不在意濛濛細雨，接受他們的恭賀和微笑。埃克的名字應該在他安全返回義大利之前對公眾保密。如果像他這種層級的指揮官有個什麼意外，美國人和蘇聯人都不希望事情與穿梭轟炸有關，讓他們的首次聯合空中行動蒙上陰影。因此，凱希・哈里曼在寫給姊妹的信裡稱埃克是「我們那不勒斯的前主人」或者「我們的大男孩」。加拿大記者雷蒙・亞瑟・戴維斯在他的新聞報導中稱他為「美國高階軍官」。

一走近歡迎隊伍，埃克將軍立即向佩爾米諾夫將軍頒發功績勳章，並宣讀了褒揚狀。如同迪恩後來的回憶所述，佩爾米諾夫顯然被打動了，他將基地的準備工作全部歸功於他的美方同僚艾弗瑞德・凱斯勒上校。據一則新聞報導所引述他還讚揚了飛行員們「今天的行動執行得非常出色」。佩爾米諾夫的手下向埃克送上一束鮮花，「當一位將軍凱旋而歸時，這是俄羅斯人通常的習俗。」凱希寫道，她也收到了一束鮮花。歡迎儀式上拍攝的照片顯示，埃克沉穩但高興，凱希則是笑容燦爛。迪恩發表了簡短的演說，稱讚「瘋狂喬」是蘇聯與美國合作的一個里程碑。凱希寫道：「然後我們站了一會兒，每個人都在交換簽名紙幣*（同行者的簽名），拍了不少照片……而轟炸機隊繼續降落。」[21]

這個歡慶的時刻並非沒有任何意外發生。蘇聯軍事情報官兼迪恩的聯絡人斯拉文將軍，前一天與迪恩和哈里曼父女乘坐同班飛機飛往波爾塔瓦，不僅沒有出現在照片中，而且完全錯過了儀式。由於沒有收到美國穿梭任務的消息，而且斯拉文將軍在基地附近也無事可做，因此他睡了個午覺，當轟炸機抵達時才被聲音吵醒。當他意識到發生了什麼事時，大家都已經離開了機場的帳篷營地，將軍不得不跑步趕上儀式。守衛機場通道的美國哨兵擋住了他。迪恩回憶道：「參謀總部的紅色肩章會在紅軍士兵心中引起畏懼，但對我們的哨兵而言絲毫無感。」迪恩回憶道，當斯拉文終於來到飛機跑道時，

---

*編按：簽名紙幣（Short snorter），是起自一九二〇年代的傳統，在二戰時會以這種紙鈔向飛越大西洋的士兵傳達好運。

他「對佩爾米諾夫大發雷霆，我以為他會氣得中風」。撇開他的功績勳章不談，佩爾米諾夫顯然擔心事件的後果，而迪恩竭盡全力承擔美方的責任化解誤會。[22]

斯拉文的暴怒或許讓佩爾米諾夫這天不好過，但其他美國人和蘇聯人則是處於慶祝的氣氛中。雷蒙・亞瑟・戴維斯和人群中的其他記者，採訪了基地上的美國人和正在抵達的飛行員，飛行員們正在緊鄰記者旁邊的帳篷裡接受任務狀況的詢問。他們都興高采烈。來自俄勒岡州波特蘭的艾伯特・賈羅夫中尉評論說：「我從未見過如此友好的態度。」「俄羅斯人對美國人的熱情，在世界其他地方都比不上。」他補充說：「我們在這裡不僅是為了與德國人作戰，（而是）像外交官一樣代表美國。」賈羅夫是名空軍情報人員，幾週前隨第四梯隊抵達波爾塔瓦，被分配到米爾戈羅德空軍基地。他的家族源自烏克蘭南部的奧德薩，他顯然很高興回到祖先的故鄉，與共同的敵人作戰。

戴維斯還描述了麥卡尼家兩兄弟的相遇。伊戈爾和喬治已經一年多沒見面了。「機艙門開了，」戴維斯寫道，「一個年輕的二等兵走了出來。當他的腳踏上矮鋁梯的頂階時，他看了看附近站著的一群傢伙。他突然睜大了眼睛。他喊著『喬治！』喬治就在這群人裡，但他以為是在喊別人。喬治轉身正要走開，飛機上的小伙子跳到地面朝他跑了過來。『喬治！喬治！』他不停地喊著。『喬治，你不認得我了嗎？』喬治停了下來看了看，然後衝向這個新來的傢伙。『伊戈爾！伊戈爾！』他哭了起來，他們擁抱在一起。過了一會兒，這兩個男孩在記者的簇擁下講述了他們的故事。」他們出生於哈爾濱，一個俄羅斯與烏克蘭聯姻的家庭，他們逃離了俄國革命，並從繼父那裡得到了愛爾蘭的姓氏，兩兄弟分別於一九四二年十二月及一九四三年二月加入美國軍隊。從那之後，他們再也沒有見過面。

戴維斯問他們：「覺得蘇聯如何？」兩人異口同聲回答：「對我們來說，就像家一樣。」[23]

那是歡喜與激動的一天。來自維吉尼亞州諾福克二十二歲的查爾斯．威廉森說：「我們每個人都很高興來到這裡。」依據戴維斯的說法，他已經參與了四十七次戰鬥任務，比當時的要求多了十二次，轟炸機飛行員完成任務數額後可以重新分配到訓練基地。幾天後，凱希寫信給瑪麗說：「這確實是美好的一天，未來很長一段時間我都不可能會忘記。」六月二日下午稍晚，她與父親、埃克將軍還有迪恩一起離開波爾塔瓦前往莫斯科。[24]

在那個值得紀念的日子，美國攝影師和攝製組所拍攝的照片和影片顯示，其餘的美國高階軍官在佩爾米諾夫將軍的帶領下參觀了波爾塔瓦。他們都穿著風衣，這印證了參與者的回憶，儘管照片中看不出下雨的跡象，但六月二日這天按照烏克蘭的標準是異常寒冷的一天。然而天氣似乎不構成問題。迪恩幾年後寫道：「我們首批飛機降落的那天，標誌著我們與蘇聯軍事關係的高潮。」儘管下著小雨，但在他們心中，蘇聯與美國合作的未來陽光燦爛。[25]

第六章 肩並肩的戰友

一九四四年五月底，艾略特．羅斯福上校和同行的成員愛德華．佩克．柯蒂斯准將從莫斯科及波爾塔瓦之行返回倫敦後不久，應邀參加了盟軍在歐洲最高指揮官德懷特．艾森豪將軍的橋牌之夜。據這位總統的兒子後來回憶，他和柯蒂斯「在艾克．艾森豪致命的效率面前輸得顏面無光」。然而，艾森豪和他的助手哈里．布徹感興趣的不僅僅是橋牌遊戲。如同羅斯福的回憶所述，他們被關於蘇聯之行的問題「榨乾」了。

「那邊情況怎麼樣？他們的軍隊怎麼樣？他們的飛行員怎麼樣？他們的紀律怎麼樣？他們怎麼樣看待我們？」這些都是盟軍最高指揮官感興趣的問題。他不僅想知道莫斯科的政治領導人和軍事指揮官對美國人的看法和想法，還想知道紅軍軍官和士兵的普遍態度。羅斯福回答說：「對他們所有人來說，最重要的事情仍然是第二戰場。這是他們怎麼看待我們的一項重大考驗。如果它成真，那沒問題。如果不是……」艾森豪打斷了他的話：「如果，這是什麼如果？」當總統的兒子解釋說他沒有忘記父親和邱吉爾在德黑蘭給史達林的承諾，艾森豪告訴他，他對這些承諾一無所知。然後他補充說：「但我知道攻入法國的事。俄羅斯人不需要擔心那件事。」[1]

一九四四年六月六日清晨，盟軍發動了跨海作戰攻入歐洲，時間就在埃克的第十五航空隊轟炸機和戰鬥機安全抵達波爾塔瓦機場的四天後。英國夏令時間午夜左右，皇家空軍開始在德國國防軍東部防線後方投放假人，以分散和擾亂德國反傘兵部隊的注意力。一小時後，真正的傘兵開始降落在德國控制的領土上。再一小時後，大約凌晨兩點，史帕茨將軍在歐洲的戰略空軍加入了英國的進攻，開始跨越英吉利海峽進行轟炸。共有兩千兩百架美國、英國和加拿大的轟炸機參與了這次行動。

凌晨三點左右，在夜幕的掩護下第一批美國船艦開始在奧馬哈海灘附近下錨。早上五點三十分，盟軍戰艦開始轟炸德國的海岸防禦工事。艾森豪將軍的船艦和登陸艇組成龐大的艦隊，共有五千五百多艘，載運了超過十五萬名士兵，開始了對法國的進攻。儘管傷亡慘重，有四千人陣亡，六千多人負傷，但進攻行動獲得了巨大成功。第一天建立的橋頭堡以及後續的拓展，使得一九四四年六月底前可以將八十七萬五千名戰士部署到新的歐洲戰場。大家談論了這麼久的第二戰場終於出現了。在波爾塔瓦地區的基地，飛行員們已經準備好把戰場往東移動。但在這之前，這些新的肩並肩的戰友必須學會如何共同生活及作戰。[2]

◆

約翰·迪恩一聽到美軍和英軍登陸諾曼第的消息，他的反應和許多人一樣既欣喜若狂又如釋重負。他有不只一個理由感到欣喜。

先前的幾個月裡，他持續承受著壓力要說服蘇聯的接洽人士，讓他們相信美國人在德黑蘭所言說話算話——當時羅斯福曾向史達林承諾在五月進攻歐洲。一九四四年二月，在談判波爾塔瓦基地的關鍵時刻，為了試圖打消蘇聯的疑慮，迪恩跟斯拉文將軍打賭了十二瓶伏特加，說進攻會在五月發生。「我認為這個方式比邱吉爾和羅斯福的承諾，更能說服參謀總部對我們計畫的確定性。」由於登陸日期延遲到六月，迪恩不得不償還他欠斯拉文的酒債。那樣做雖然緩解了緊張局勢，但作用不大。隨著進攻成為事實，迪恩終於可以抬頭挺胸了。他穿上軍裝走往美國大使館，期待得到莫斯科人的歡呼。令他失望的是，街上沒有人注意到這位美國將軍；大多數莫斯科人可能都無法辨識美國軍服。[3]

在波爾塔瓦和烏克蘭的其他美國基地，美軍飛行員在當地時間上午九點左右獲知進攻的消息。雷蒙德．戴維斯在美國的飛行堡壘四天前抵達之後就一直待在基地，他在報告中描述了這一時刻：「一架運輸機轟隆降落在美軍基地的機場，然後一名興奮的飛行員衝下飛機大喊：『嘿，夥伴們，聽聽這個：我們進軍歐洲了。』」事實證明，這些消息不是來自盟軍司令部或是美國或英國的媒體，他們都保持沉默，而是來自德國人。柏林電台在倫敦時間早上六點四十八分宣布，盟軍傘兵在法國登陸。希特勒仍在位於巴伐利亞阿爾卑斯山的貝格霍夫行館睡覺，他手下的將軍們不敢在沒有元首命令的情況下動用後備部隊。但是消息已經傳到世界其他地方了，大家都在評估事態的發展。

在波爾塔瓦，無線電操作員打開設備聽到了來自柏林的宣布，接著在義大利的第十五航空隊總部也確認了訊息。接著那天下午，英國電台播送了溫斯頓．邱吉爾在倫敦國會的演說。他宣布有四千艘船艦參與了這次行動，而盟軍有一萬一千架飛機可以用來支援登陸。「現在已經開始的戰鬥，在未來數週內將持續增加規模和強度，我不會試圖推測它的進展，」邱吉爾宣稱，「不過，我可以這麼說，整個盟軍完全團結一致，我們和美國的朋友之間存在著一種肩並肩的兄弟情誼。」[4]

這些消息在基地引起了廣泛討論。有些人懷疑邱吉爾引用的數據是否準確，這是合理的懷疑。消息所引用的飛機數量是宣傳戰的一部分，目的是恫嚇德國人並在英國國內提振士氣。實際上，盟軍大約有四千架飛機可用。儘管如此，氣氛總體上是樂觀的。司路撒中校執行轟炸歸來時聽到了這個消息，他告訴蘇聯的聯絡員說，他回到基地時心情非常好，因為他擊落了一架德國戰鬥機，但得知開闢了第二戰場讓他更加高興。他準備好立即投入戰鬥，儘管前一趟的飛行讓他很疲憊。約翰．弗雷德里克斯中尉認為第二戰場早就應該開闢了，並預期戰爭會在一九四四年底或最晚一九四五年初結束——這個觀點一度獲得廣泛的認同。戴維斯對一位幾天前從義大利飛到波爾塔瓦的年輕導航員說：「我猜我們很快就要回家了。」[5]

蘇聯人對這個消息的反應並不像美國人那樣熱烈，但總體而言也非常正面。曾在某次轟炸襲擊中兼任機槍手的年輕雷達操作員帕爾默．米格拉，他在飛行途中獲知了消息，他後來回憶說：「那天所有人都沉浸在歡慶氣氛中，但似乎蘇聯人並沒有特別深刻的感受……對蘇聯人來說，這可能只是戰爭中的某一天。」戴維斯對蘇聯人的反應有比較正面的評價。他寫道，在基地廚房工作的年輕烏克蘭婦女原先對這個消息抱持懷疑，直到她們意識到戴維斯和其他記者散播的消息是真的，她們才驚呼：「太好了，太棒了！」她們的熱情也感染了大多數紅軍的士兵和軍官。一名紅軍二等兵熱情地說：「現在，我們一起讓德國人見鬼去吧！」一名年輕的中尉附和道：「再也沒有什麼能阻擋我們了！」

每個人都很興奮，想知道更多細節。訊息還是很少，但很明確的是進攻已經發動並且正在推進。盟軍的勝利就在眼前。[6]

那個晚上雷蒙．戴維斯飛回莫斯科，報導了蘇聯當地對諾曼第登陸的反應。其他記者告訴他，這個消息在莫斯科已經透過廣播宣達。「在記者下榻的大都會酒店附近的一個轉角，大約有二十個人停下來聽，」戴維斯寫道，「當播音員開頭的話傳來時，眾人放下手邊所有事情，數百人不顧交通規則衝過街道，形成了密密麻麻的人群靜靜地聽著。他們互相握手，還有些人擁抱，然後所有人都跑回自己的辦公室或家裡傳播這個消息。」[7]

凱希．哈里曼也回到了莫斯科，當天她與蘇聯文化官員會面，計劃籌辦一場美國攝影展。這次會議變成了對來自法國消息的歡樂派對。當天晚上，大家向在餐館裡的美國大使館官員敬酒。美國外交人員注意到，在諾曼第登陸之後蘇聯媒體的語氣發生了深刻的變化。美國大使館人員麥斯威爾．漢米爾頓在給華盛頓的報告中寫道，對所謂在開闢第二戰場上拖拖拉拉的盟軍，蘇聯媒體從原先的「善意的讚美和批評」，現在則是表達了「欽佩和讚賞」。最高興的莫過於史達林，六月十九日他親自在辦公室迎接埃夫雷爾．哈里曼，他告訴這位美國大使：「我們走在一條很棒的路上。」[8]

◆

六月六日，進攻諾曼第這天，一百零四架B－17飛行堡壘及四十五架P－51野馬戰鬥機，從波爾塔瓦地區的基地起飛前往羅馬尼亞的加拉茨，目標是附近的德國機場。這是美國首次從蘇聯領土發動轟炸任務。

幾天前，埃克將軍成功說服了蘇聯空軍司令部，允許他的戰機轟炸他們一直想打擊的目標——波蘭城市梅萊茨的德國飛機製造廠，這座城市位於利維夫和克拉科夫中間。六月五日，當埃克和哈里曼會見莫洛托夫時，他很高興向這位蘇聯外交人民委員提到該項協議，莫洛托夫也默許了。但惡劣的天氣阻礙了行動——中歐的天氣陰霾，轟炸機轉而向南飛往加拉茨，繼續追擊德國空軍的目標。超過兩百噸炸彈落在目標上，任務宣告成功。飛行堡壘毫無折損飛返烏克蘭的基地。兩架野馬戰鬥機沒有返航，但是美國飛行員擊落了六架德國戰鬥機。[9]

首次從蘇聯領土起飛的空襲與諾曼第登陸在同一天啟動，對美軍士氣注入了額外的強心劑。同時這次行動也具有戰略上的好處。六月七日，在倫敦的史帕茨將軍給在波爾塔瓦的埃克發電報說：「在這個節骨眼上，你的部隊待在俄羅斯比返回義大利更重要。」他要美國轟炸機留下來等待天氣好轉，再試圖轟炸梅萊茨。比攻擊德國空軍飛機製造廠更事關重大的是，在德國需要投入所有戰機到法國擊退盟軍進攻的時刻，史帕茨要讓埃克留在蘇聯從東面牽制威脅。蘇聯並不反對。因為「瘋狂喬」行動，美國的轟炸機和戰鬥機留了下來，一直到一九四四年六月十一日，將近整整九天。[10]

埃克利用機會又去了一趟莫斯科。在哈里曼大使為表揚參與穿梭轟炸行動的籌劃與執行的空軍軍官招待會上，他頒發了功績勳章給兩位參與「瘋狂」行動的紅軍空軍最高階軍官，也就是蘇聯空軍元帥諾維科夫以及他的副手尼基丁大將，後者為這次行動的成功貢獻卓著。隨著第二戰場的開闢以及首次穿梭轟炸行動的成功，莫斯科和華盛頓同樣情緒高昂。約翰・迪恩後來寫道：「我們確信由此達成的協議將擴展到軍事合作的其他領域。」[11]

◆

隨著抵達時的興奮心情逐漸淡去，惡劣的天氣仍阻礙著進一步的任務，美國人在基地開始適應例行的生活。蘇聯人盡了最大努力藉由舉辦音樂會來招待美國客人，其中有紅軍的表演還有當地的民間樂團，也有舞蹈。第十五航空隊的官方歷史學家詹姆斯・帕頓少校於六月二日來到波爾塔瓦空軍基地，並且和其他人一樣被困在那裡整整九天。他寫道，由於無事可做，機組人員「在溫暖的陽光下懶洋洋地躺著，在茂密的三葉草叢中打壘球，好奇地在已成廢墟的城鎮閒晃，和少少的美國護士調情，試探那些有點肉的俄羅斯女孩，抱怨食物普通，然後早早上床睡覺」。

那些在三個機場擔任地勤人員的美國人，比起飛行員有更多時間和機會熟悉周遭的生活。像是帕爾默・米格拉這種農場出身的人，就覺得將烏克蘭的生活和工作情況與家鄉比較很有趣。米格拉幾十年後寫道：「大多數的房子都很小，包含上方的臥室在內就可能只有兩個房間，牆壁上經常裝飾著照片或宗教圖案。」米格拉發現這些房子裡都會有一張列寧、史達林、恩格斯或馬克思的照片，並且認為這是國家強制的要求。[12]

令美國人大吃一驚的是烏克蘭黑土的深度。米格拉的朋友唐納德・巴伯在南達科他州長大，驚訝地告訴米格拉說他看到「一些人在挖一個一百二十公分至一百五十公分深的洞，裡面全是黑土。」他現在明白了為什麼烏克蘭被稱作「歐洲的麵包籃」。然而，無論是米格拉還是巴伯都無法認同當地人耕作那片肥沃土地的態度。米格拉寫道：「在集體農場的制度下，農民不會像擁有自己土地那樣投入更多的興趣或努力。」另一個驚訝是缺乏機械化。看著當地婦女每天早上肩上扛著鋤頭向田間行進，米格拉不禁想起了自己的農場。米格拉寫道：「我會想起在威斯康辛州老家的父親，用他那輛福特小拖拉機的產量比那些用一根鋤頭的人加總還要多。」有一次他還看到當地人用一輛修理過的德國坦克車來耕地。[13]

然後還有文化差異。帕頓寫道：「美國飛行員看到俄羅斯士兵一起跳舞時略帶驚訝；俄羅斯人對美國人跳扭臀舞*表現出同樣的驚訝。」透過日常的互動，雙方在探索彼此的相同點和不同點。蘇聯人發現美國人開放，渴望交朋友，準備好用幾乎所有東西來交換紀念品：蘇聯士兵制服上的紅星、帶有蘇聯標誌的金屬鈕扣、香菸、打火機和香菸盒。一些美國人對蘇聯的飲酒習慣感到驚訝。米格拉寫道：「尤其是對俄羅斯人來說，你愈能喝，而且還能站穩腳步，似乎你就愈像個『真正的男人』。」這只是他們逐漸相識的開始。[14]

兩方盟軍士兵合作最密切的是飛機的技術人員。每個蘇聯機組由三名技術人員組成，一名助理組長和兩名助手，配置到一架飛機。他們三人由一位美國組長帶領。其他小組的技術人員，包括雷達操

---

*編按：原文為「Jitter-bugging」，是一種當時流行於美國的合夥舞步，以快速節奏與搖擺的舞步為特徵。

作員和氣象員，也合作密切。一些美國人對蘇聯夥伴的學識印象深刻。來自布魯克林二十三歲的富蘭克林．霍爾茲曼中士擁有北卡羅萊納大學的經濟學學位，他在一九五八年訪問蘇聯時被KGB盯上，代號是「遊客」。當時他被派往米爾戈羅德擔任雷達技術員，在那裡和一位他認為「才華洋溢」的蘇聯中尉一起工作。「他只有二十七歲，是一名電機工程師，」霍爾茲曼在一封家書中寫道，「我們開始談論音樂，發現他和我一樣對貝多芬和舒伯特的室內樂非常感興趣。」[15]

當然，不是每個美國或蘇聯的組員都如同霍爾茲曼和他的蘇聯朋友那樣，受過良好教育或喜歡古典音樂，但他們都找到了溝通和合作的方式。美國人最初對蘇聯人的技術持懷疑態度，因為蘇聯飛機在技術層面幾乎無法相提並論；雖然蘇聯人透過租借法案獲得了美國飛機，但飛行堡壘和野馬不在計畫範圍內。蘇聯技師常常覺得被美國同僚看不起。米爾戈羅德基地的紅軍助理尤里．馬利舍夫試圖描述美國對蘇聯能力的評估：「建造空軍基地、提供燃料、裝載炸彈，這些俄羅斯人可以做到。但是技術方面，複雜的現代航空技術，則超出了他們的能力範圍。」[16]

美國人帶來的機具、豐富的備料和專業精神，這讓蘇聯人開了眼界，但他們認為自己更機敏。馬利舍夫單槍匹馬就更換了發動機化油器，讓他的美國組長大吃一驚，這項任務通常需要多人才能完成。這位美國組長為了表示讚賞，邀集其他包含軍官們的美國技師，向他們展示馬利舍夫的功夫。蘇聯人還認為他們比美國人更投入工作。他們很驚訝地發現美國人沒有完成手邊的工作就跑去吃午餐和晚餐。蘇聯人的標準不同：技師沒有完成工作就不能離開飛機。在來米爾戈羅德之前，馬利舍夫曾在一架飛機上待了兩天兩夜，吃飯睡覺都在上面，直到工作完成。[17]

馬利舍夫在米爾戈羅德的同事弗拉德連．格里博夫，曾在一位名叫湯米的美國中士手下擔任助理組長，分享了他朋友對美國人的看法，認為他們是優秀的專業技師，然而他們工作時「不夠投入」，而且他們「吃飯比手邊的任務重要」。鑑於當時蘇聯樣樣都很匱乏，格里博夫認為美國人既揮霍又浪費。「從這件事就知道，首批飛機有一架機鼻的機槍外殼被擊裂了，」格里博夫後來回憶道，「我動手縫合它。工作完成後，湯米讚賞了我的工作，但他指出我們不用這麼做，只要更換外殼就好。」這僅僅是個開始。不只一次，湯米要格里博夫拋開他在蘇聯技術學校培訓時學到的做事方法：當設備出現故障時，將其拆解，找出問題所在，到修理廠做個新零件，然後將設備組裝還原。格里博夫最終適應了新做法。[18]

格里博夫和馬利舍夫這兩位年輕的中士都是在莫斯科長大，他們是蘇聯教育所形塑的第一代，都相信自己的政治和經濟制度具有優越性。格里博夫回憶說：「我們幾乎所有人都被宣傳徹底洗腦過，使我們絕對相信自己的制度和結果是正確的、正義的和『最好的』。」他的名字弗拉德連就是用弗拉基米爾．列寧的姓氏第一個音節組合而來。馬利舍夫附和說：「沒必要對我們有任何懷疑，我們本來就可以向任何人宣傳。」觀察到他們所認為的美國人的浪費，以及美國人不僅供應充足的飛機備料，還有蘇聯人從未見過的衣服、手電筒、零食、口香糖和其他東西，這兩位朋友不認為這是蘇聯經濟體系的劣勢，而是戰爭的影響。

然而，與美國人開會以及攜手合作動搖了這些蘇聯年輕技師意識中根深柢固的一些蘇聯假設。格里博夫回憶道：「我們知道，在『他們的』軍隊中從事粗重工作的是工人和農民，而資產階級掌握了

中，然後傾倒在離廚房不遠的水溝裡。紐維爾在報告中說：「老鼠和囓齒動物可以自由進出凌亂的房間。」[23]

有些美國飛行員如果發現廚房工作人員在用過蘇聯式廁所後沒有洗手，就會拒絕用餐。紐維爾上尉對床和寢具非常滿意，但他報告說廁所的狀況「非常糟糕」。帕頓也附和他的看法，在一九四四年六月寫道：「如果說俄羅斯人的廚房可評為很差，那麼他們的廁所只能說難以形容。」美國人拒絕使用蘇聯式廁所，這些廁所就是在地板上挖一排洞，裡面經常布滿糞便。他們要求蓋新廁所，但是蘇聯人能夠建造的唯一廁所就是眼前的這種。最終美國人放棄了，就在波爾塔瓦地區的每個基地建造了自己的廁所。至於在哈爾科夫、基輔和其他蘇聯營運的基地廁所設施，美國人就無能為力，雖然他們不時還是要造訪這些地方。

美國醫護人員經常在當地人和紅軍士兵中觀察到牙齒不好和營養不良的跡象，衛生條件差伴隨著醫療照護不足。根據基地的美國首席醫生威廉．傑克森中校的說法，它的水準比美國落後了五十年。傑克森在每個基地另外設立醫療設施，由美國人員負責。紐維爾上尉在一九四四年四月的報告中寫道：「蘇聯的飲食和衛生標準與美國人的標準大相逕庭，幾乎無法預測會發生什麼變化。」帕頓少校在他的報告中打趣地說：「當地民眾的沐浴似乎只是兩年一次的活動。」[24]

蘇聯人努力解決美國人向他們指出的問題，儘管衛生設備和個人衛生的問題令人尷尬難以啟齒。一些美國人則把紅軍士兵糟糕的衛生習慣變成了自己的優勢。來自澤西市的一等兵馬丁・克洛斯基告訴美國軍事記者：「俄羅斯女人把東西打理得非常乾淨。儘管幾乎沒有肥皂，但她們還是設法做到了。然而，俄羅斯男人就是另一回事了。我想我們保持乾淨，我們的制服又整齊，是我們受到女孩歡迎的重要原因之一。」[25]

凱斯勒上校很高興。這位美國指揮官談論說：「美國大兵在城裡走動，就像他們在倫敦走動一樣。」國家安全人民委員部在波爾塔瓦總部的祕密警察官員就不太高興了，國家安全人民委員部是監視當地居民對美國人態度的民防安全部門。他們發現一些美國人會去參加教堂儀式，這在蘇聯幾乎是不能容忍的。其他美國人則和當地居民分享他們對美國和蘇聯生活水準的比較，當然都不是在誇讚後者。一名美國軍人告訴據稱是祕密警察的線民說：「你用賺到五美元的工作量換算，在美國你可以輕鬆就過得很好，但在這裡，你靠同樣的工作量買不到一公斤麵包。」他繼續說道：「美國真是人間天堂，而這裡除了受苦什麼都沒有。」

◆

當局尤其擔心的是當地人對美國人的態度，以及他們對美國人的到來所懷有的希望。自一九一七年革命以來，烏克蘭一直是蘇聯的一個問題，烏克蘭的政治和知識菁英當時推動脫離俄羅斯獨立並建立了自己的國家。蘇聯人只好透過向當地幹部做出重大讓步，並同意支持本土語言和文化，才得以壓制烏克蘭人的反抗。蘇聯成立於一九二二年，是個準聯邦體制，這樣的體制主要是為了安撫烏克蘭人和喬治亞人。它給了這兩個叛逆的共和國以及其他一些蘇聯成員某種程度的自治權，而隨著史達林政權的鞏固，這種自治權也將消失。

一九三〇年代初期，史達林試圖實現農業集體化，餓死了近四百萬烏克蘭人和數百萬其他蘇聯公民。如前所述，波爾塔瓦、米爾戈羅德和皮里亞丁是烏克蘭受饑荒影響最嚴重的地區。史達林利用這場危機打擊烏克蘭人的黨員幹部，並對該國的文化復興發動攻擊。居住在烏克蘭境外的烏克蘭人構成了俄羅斯本土最大的少數民族，幾乎在一夜之間被重新認定為俄羅斯人。同時代的人將這些事件稱為烏克蘭種族滅絕。[26]

當「第三帝國」在一九四一年入侵烏克蘭，許多當地人想要把德國的瓜分視為歐洲文明的到來，以及人民期盼已久的從史達林殘暴統治解放的預兆。許多人利用這個機會恢復他們的非蘇聯身分，並恢復獨立於莫斯科的烏克蘭東正教。儘管德國人允許這樣做，但他們繼續在烏克蘭實施恐怖統治。主要受害者是猶太人：將近有一百萬的猶太男人、女人和孩童遇害，或者說每六個在大屠殺中死去的猶太人之中就有一個來自烏克蘭。年輕的烏克蘭人被追捕並被送往德國的勞改營，製造了大規模的強迫移民——直到一九四四年有兩百二十萬烏克蘭人最終都被送進那裡。烏克蘭民族主義者雖然曾在一九四一年短暫被寬容，最終也成為德國政權的受害者，他們的領導人被殺害，他們的追隨者被迫藏匿於地下。[27]

到了一九四三年紅軍重返烏克蘭時，當地相信德國解放的人已經寥寥無幾，但民眾並沒有忘記或原諒蘇聯在革命時期以及兩次世界大戰中間的暴行。蘇聯當局很清楚這一點，擔心烏克蘭人在德國占領期間受到反共宣傳的影響，現在已經不再忠於蘇聯政權。隨著一種不同品牌的外國人——美國人的到來，祕密警察更是睜亮眼睛豎起耳朵全神盯著。

一九四四年六月三十日，蘇聯國家安全人民委員部（NKGB）駐波爾塔瓦的負責人切爾涅茨基中校，向在基輔的老闆謝爾吉．薩夫琴科報告時提到：「反蘇份子，大多在被監視的嫌疑人名單上，正試圖與英美機組員建立聯繫。」當地人對美國的技術成就印象深刻，認為他們不僅在文化上優於俄羅斯人，而且優於德國人。「美國人在波爾塔瓦建造了一座我們做夢也想不到的機場，」一名建築工人謝爾吉．伊凡諾夫斯基直言，「他們從美國帶來了特殊的板子，用它們鋪好了整座機場。他們不讓我們的人在那裡監督。美國人和德國人一樣，文化程度高而且非常富有；即使在這裡，他們也出手大方買了許多小玩意和奢侈品。」

有些人甚至期待美國最終會接管烏克蘭——美軍是過去三年中在該地區的第二支外國軍隊，很容易想像這批新的外國人，無論多麼富有和有文化，想要的就如同德國人一樣。據稱一名五十歲的老師安東尼娜．科爾松曾在六月三日向一名祕密警察的線民說：「美軍已經組建了他們的機場。……心裡有著特定目的。他們不想在前線與德國人作戰，而是把我們的戰士送上戰場；當我們的男人們在前線時，他們將在烏克蘭各地扎根建立地盤，並在毫無戰鬥的情況下接管這裡。德國人公開征服了烏克蘭，但美國人卻偷偷占領。哪個更好，只有時間才能證明……」

有些波爾塔瓦地區的居民歡迎美國來接管，例如波爾塔瓦市零售部門的五十三歲員工斯捷潘·卡納列夫斯基，他認為這是將他的國家從共產主義統治下解放出來的一種方式。「如果不再有共產黨，而由美國人掌權，我會非常高興。」卡納列夫斯基曾向某位熟識的朋友坦白，「我很有興趣去看看，自己就騎著自行車去機場轉了一圈；在那裡我們的人只有警衛，其他都是美國人，他們可以不慌不忙地殺死我們在共產主義精神下長大的年輕人，然後由他們接管。」如果有人相信祕密警察的走狗，那麼卡納列夫斯基已經做好準備迎接另一場戰爭，這次是蘇聯和美國之間的戰爭，他毫無疑問會站在哪一邊。

許多人希望美國人的到來可以預示蘇聯政權的轉變。將近四十歲的奧爾加·斯米爾諾娃因為學習英語被懷疑具有反蘇情結，她說：「我不知道蘇聯的政治制度在戰後會發生怎樣的變化，但它不可能保持現狀，因為英國和美國會在這方面幫助我們。」謝爾吉·伊凡諾夫斯基對美國人的文化優勢印象深刻，他對變革的期望更為具體。他對祕密警察的線民說：「我認為美國人會建議我們不要讓黨的機器干涉國家事務；他們會教導我們，而他們值得我們學習。」其他人，像是二十五歲的體育官員安納托利·巴耶夫則預見蘇聯將按照美國模式進行重組。巴耶夫（相當不明智地）對一位國家安全人民委員部的線民說：「我認為美國人在西伯利亞旅行並仔細觀察它豐富的資源蘊藏絕非偶然，美國空軍基地在我們領土上出現將終結蘇聯的存在，而完全獨立的共和國（國家）將組織成型，就像美國一樣。」[28]

烏克蘭當地居民對美國人到來的態度與紅軍官兵截然不同。後者尤其是年輕的軍官和技術人員，被灌輸了蘇聯的階級思想和對資本主義西方的官式偏見，不情願地接受了美國的經濟和軍事實力，並儘可能透過堅持自己的意識形態和文化的優越性來做心理補償。當地人，尤其是那些小時候生活在俄羅斯帝國而成年後經歷過德國占領的人，對蘇聯試圖貶低美國人的宣傳不以為然，認為美國人的到來會有好的轉變——預示著透過限制黨的權力來改革蘇聯的政治制度；或者完全驅逐共產黨；又或者解除對烏克蘭的接管。

◆

一九四四年六月十一日上午，蘇聯軍方和當地人向美國飛行員揮別，重新接管波爾塔瓦、米爾戈羅德和皮里亞丁的空軍基地。總共有一百二十九架飛行堡壘和六十架野馬戰鬥機編隊，在格里博夫的米爾戈羅德空軍基地上方集結，向西南方向飛往義大利。這是「瘋狂喬」行動的最後一天也是最後的任務。

令埃克將軍失望的是，天氣狀況仍然不允許轟炸梅萊茨的飛機製造廠，因此他指定羅馬尼亞福克沙尼鎮附近的德國機場作為新目標。第十五航空隊的其他飛機則從義大利基地起飛，轉移德國空軍和防空部隊對來自波爾塔瓦的穿梭轟炸機的注意。轟炸取得了成功：在福克沙尼機場有六座廠房被完全摧毀，還有六個營房式的建築也全毀；燃油設施和加油站陷入火海。該地區的許多其他建築和設施也受到嚴重破壞。轟炸機沒有對城區實施攻擊。

與六月二日相比，這次德國人有了更好的準備，用更大的高射砲而且戰鬥機飛行員更具侵略性，來攻擊轟炸機及護航的戰鬥機。但是損失仍然很小。一架野馬在起飛時墜毀，七架因技術問題而折返，六架飛行堡壘也是如此。另有一架野馬由於技術問題在南斯拉夫上空墜落，還有一架B－17被敵軍擊落。不幸的是，那架飛機載著一位美國攝影師，他拍了很多波爾塔瓦空軍基地的照片。知情人士希望那些照片不會落入敵人之手。[29]

現在一切都結束了，每個人都認為「瘋狂喬」獲得了驚人的成功。埃克將軍返回義大利後的隔天六月十二日，埃夫雷爾・哈里曼發電報給倫敦的安德森少將，對這位代表史帕茨將軍監督穿梭轟炸行動的美國駐歐洲戰略空軍副司令表示祝賀。阿諾也以一封類似的電報回覆哈里曼：「我謹向與我們合作使這次行動取得成功的紅軍總參謀部和紅軍空軍的將領們表達我衷心的感謝，並請他們將這些感謝轉達給他們的官兵。」無論是對「瘋狂喬」的延續（不管下一個行動的代號是什麼），或者是對蘇聯與美國的聯盟來說，未來看起來都是光明的。除了法國北部的戰場，美國人也在東歐的戰場作戰。一個「大聯盟」的最終樣貌已經成形。[30]

第七章　間諜受死

有個叫莫里斯・雷蒙德的人急切地想要搭上美國飛機，跟返航的飛行堡壘前往義大利。他在戰前是法國陸軍的上尉，不知道是什麼原因被德國人帶到了烏克蘭中部，並在一九四三年秋天蘇聯軍隊重新奪回該地區時仍留在那裡。雷蒙德於一九四四年五月下旬與美國指揮官取得聯繫。隨著六月六日第二戰場在法國開闢，他希望美國人能送他飛往義大利或北非，以便他可以在那裡與同胞會合。但是監視雷蒙德探訪波爾塔瓦基地的紅軍反情報人員決定盡一切可能阻止這種情況發生。他們既不信任雷蒙德，懷疑他是德國人的間諜，也不相信美國人。雷蒙德將在祕密警察的監視下留在波爾塔瓦。[1]

弗拉德連・格里博夫寫道：「盟友歸盟友，但可別忘了美國是個帝國主義國家，他們的隊伍裡面可能會有間諜和破壞者。」他記得第一批美國人抵達米爾戈羅德基地前，他和同事所被灌輸的警告。他們還被告知與其他人交談時要小心，因為可能有人側耳傾聽：「在美國人裡面，會有一些人隱瞞他們聽得懂俄語。」最後，他們被要求「數幾隻腳」，也就是記錄每架飛行堡壘抵達的機組員人數。飛機降落後，美國人會從機腹一個敞開的艙口下機，腳會先著地。機組員應該是十人，因此會有二十隻腳。如果腳多出來了，蘇聯技師被指示要不動聲色，記下載有額外乘客的飛機編號，然後回報給反情

紅軍官兵提交的報告，最終會送到蘇聯軍方反情報機構的長官桌上，這個部門被稱作「施密爾什」（Smert' shpionam），意思代表「間諜受死」。「施密爾什」的成立是約瑟夫・史達林在史達林格勒戰役之後，對安全部門進行改組的主要部分之一。隨著紅軍開始逐出德國占領者，史達林擔心間諜數量會急遽增加，不僅是來自德軍防線的後方，同時來自新收復領土中的人民。這位獨裁者決定要從他的保防要員「內政人民委員部」*人民委員拉夫連季・貝利亞†手中，將大部分反情報工作收回。史達林特別成立了一個「國家安全人民委員部」，由貝利亞的前任副手弗謝沃洛德・梅爾庫洛夫指揮，負責平民的反情報工作。貝利亞反情報帝國的另一部分則交給他的另一位副手維克托・阿巴庫莫夫，並且併入「國防人民委員部」。史達林親自將其命名為「施密爾什」。在「海軍人民委員部」另外設立了兩個較小的「施密爾什」分部，由「內政人民委員部」的貝利亞指揮，但是阿巴庫莫夫的「施密爾什」維持其作為國家主要反情報機構的地位，其負責人直接向史達林匯報。

在烏克蘭的美國空軍基地，就是「國家安全人民委員部」第二把手阿巴庫莫夫和其「施密爾什」分部的責任，原先主要任務就是對付德國間諜。「施密爾什」軍官和線民的強大機制現在轉而對付美國人。無論蘇聯與美國最高層級的關係如何，阿巴庫莫夫和他的手下都將依照這樣的假設採取行動：

美國人來到烏克蘭，與其說是為了打擊德國人，還不如說是為了刺探蘇聯的情報。

他們建立了一個龐大的線民網絡，提醒紅軍人員提防美國盟友是敵視蘇聯政權的「資本主義者」。諷刺的是，那些對蘇聯人最友善的美國軍官們被視為是主要的威脅，因為他們不僅可以更有效地進行間諜活動，還可以散播有害的政治觀點。「施密爾什」試圖將盟友分開，阻撓美國空軍人員與紅軍同僚或當地居民之間任何未經批准的聯繫。

對於蘇聯官員或者依據租借法案前來美國本土領取物資的成千上萬蘇聯水手，美國從來沒有採取過類似的措施，甚至也從未考慮過。蘇聯對美國人的懷疑和監視是「大聯盟」的一個特點。鑑於波爾塔瓦地區空軍基地的政治重要性，阿巴庫莫夫決定派遣「施密爾什」中央機構的一位軍官到那裡。康斯坦丁．斯維什尼科夫中校是「施密爾什」部門的副主管，他的部門負責監督紅軍空軍部隊中的反情報工作。考慮到這些基地座落的地點，斯維什尼科夫似乎是自然而然的人選。他正值三十歲中段，土生土長的俄羅斯中部人，一九三二年在烏克蘭紅軍服役期間受訓進入軍事情報部門。接下來十年他都待在烏克蘭，在軍事情報機構的職位不斷晉升。一九四一年六月德國入侵時，他負責的空軍部隊反情報部門駐紮在烏曼，該地位於聶伯河對岸，與波爾塔瓦、米爾戈羅德和皮里亞丁對望。因此對他來

＊譯注：內政人民委員部是蘇聯在史達林時代的主要政治警察機構，也是一九三〇年代蘇聯大清洗的主要實行機關。內務人民委員部所下轄的國家安全總局是KGB的前身。

†審定注：貝利亞為眾多委員之長，當時稱為「人民委員」，一九四六年後改為「部長」。

說，波爾塔瓦的任命他已準備充分，並且非常熟悉當地的情況。[3]

斯維什尼科夫於一九四四年四月下旬來到波爾塔瓦。四月三十日，在斯維什尼科夫首次直接給阿巴庫莫夫的報告中，告知有關在波爾塔瓦機場僅存的建物地下室發現德國炸彈的事。這件事引起了史達林本人的關注，斯維什尼科夫利用這點提出了一些需要上級批准的事項。他具體要求更換第六十八空軍基地地區「施密爾什」部門的領導階層——該部門是為了波爾塔瓦這些基地而由紅軍空軍設立。他還要求在三個基地都加派更多的軍官和臥底情報人員。斯維什尼科夫不久之後就得到增援。新任的「施密爾什」地區部門負責人是安納托利・佐林少校，這位反情報官員在一九三九年從工程學校畢業後加入了紅軍。到了一九四四年五月下旬斯維什尼科夫和佐林成為一個團隊，共同管理波爾塔瓦空軍基地的「施密爾什」網絡，在共同簽署下向阿巴庫莫夫提交更重要的報告。[4]

他們首次連署的報告是在五月二十五日，也就是飛行堡壘抵達前一週。他們報告了在執行「施密爾什」總部所分派的任務取得的初步成果，其中包括「防止盟軍特務滲透到我們的領土」、「揭發德國特務」和「及時揭露反蘇份子的顛覆活動」。後面兩項任務是「施密爾什」部門的標準戰時工作，但第一項卻不尋常。斯維什尼科夫和佐林現在要對付的主要外國勢力不是德國而是大聯盟夥伴的美國。駐紮在波爾塔瓦地區基地的一千零九十名美國人中有三十人懂俄語，他們不是出生在俄羅斯，就是父母來自俄羅斯。不久就有四名美國軍官被懷疑從事間諜活動或反蘇宣傳，僅僅是因為他們想要跟蘇聯公民密切接觸，或者分享了美國的出版物。[5]

斯維什尼科夫和佐林相信最好的防禦就是攻擊，他們請求准許招募老練和新進的特務來對付這些美國人。他們都想利用紅軍軍官和技術人員投入這項工作。在三個基地派駐的八十六名紅軍軍官中，斯維什尼科夫和佐林已經握有八名特務，他們還計劃招募四到五名新人，這樣就可以達到大約每六名軍官中就有一名特務。他們在技術人員中的招聘計畫甚至更加雄心勃勃。如前所述，他們知道每架美國飛機由四人小組維護——一名有經驗的美國技術員搭配三名蘇聯人——他們要求每個小組中都有一名蘇聯人擔任特務。擴大的特務網絡需要更多的軍官來管理，也需要錢來支付給特務。在五月二十四日發給莫斯科的備忘錄中，佐林額外要求兩萬盧布的經費。

空軍基地的安全是另一個「施密爾什」關注的問題。他們計劃從守衛基地的警衛、看守彈藥庫的士兵和當地居民中招募特務。後者是要留意陌生人、可能的德國間諜，以及任何敵對活動的跡象。斯維什尼科夫和佐林也採取措施，對付藏身在基地服勤的紅軍部隊或者一般大眾中的不可靠份子。他們要求撤換一百二十名曾被德國俘虜或者曾在德國占領下生活的士兵。當地「安全委員部」的軍官從整個基地區域清除了所有可疑份子，把他們重新安置到史達林格勒或頓涅茨工業區盆地，他們在那裡努力重建受損的工業廠房和煤礦。

斯維什尼科夫和佐林知道美國人會尋求女性陪伴，他們將此視為一個機會。根據他們的報告，在五月二十日和二十一日這個週末，一百多名美國人在波爾塔瓦休假一天，其中許多人試圖與當地婦女建立友好關係。斯維什尼科夫和佐林的報告說：「我們認為把他們（美國人）引入我們女性民間特務的圈子是有利的，透過這些女性特務，我們可以調查他們和他們的接觸者。」他們已經與當地「內政人民委員部」的軍官合作，在當地人中招募婦女。6

斯維什尼科夫和佐林提交報告一週之後，阿巴庫莫夫委員於六月一日回覆了他們的請示。他命令兩人謹慎行事：「不應故意安排特務與美國人接觸，但如果美國人跟我們的女特務混熟了，那就應該加以利用。為了更妥善地處理這個問題，應該加強在當地人（婦女）中招募特務。」關於這兩位波爾塔瓦軍官提出的其他問題，從尋找登記執行穿梭任務的美國機組員的最佳方式，到在紅軍及當地人中招募新特務，阿巴庫莫夫建議他的屬下與紅軍指揮官以及「內政人民委員部」在當地的反情報部門合作。7

首位新招募來對付美國人的特務是維克托·馬克西莫夫上尉。馬克西莫夫懂一點英文，從莫斯科的紅軍空軍總部被派往波爾塔瓦，擔任佩爾米諾夫將軍和他的美國同僚凱斯勒上校以及其他美國指揮官之間的主要聯絡人。馬克西莫夫早在四月十二日就被註記為招募對象，當天「施密爾什」就收到了關於波爾塔瓦地區基地的第一份報告。年僅二十三歲的馬克西莫夫代號是「馬爾可夫」，由斯維什尼科夫和佐林親自核定。他提交了許多關於他與美國人接觸的報告，「施密爾什」的軍官用這些報告作為彙整美國人檔案的基礎。8

斯維什尼科夫和佐林還啟用了現有的特務，要求他們的上級將報告檔案送到波爾塔瓦。「阿夫托馬特」、「雷迪艾特」、「博特金」以及「康斯坦丁諾夫」等特務，不僅報告他們與美國人的接觸情況，更重要的是報告他們同志的行為。會說一些英語的特務「博特金」向他的「施密爾什」上級報告說，六月十三日他與鮑里斯．斯列丁中士有過交談。他建議「博特金」可以憑藉英語成為口譯員，然後跟一組美國機組員飛往美國，在那裡他可以過得很好。事實證明斯列丁本身就是個「施密爾什」特務，早在一九四一年以代號「施圖爾曼」被招募。如今特務舉報特務，這似乎讓「施密爾什」的軍官們更有信心，他們實際上掌控了這些基地發生的事情。[9]

當然，斯維什尼科夫和佐林創設的廣泛特務網絡其主要目標是美國人。六月十四日，也就是艾拉．埃克將軍和飛行堡壘及野馬飛返義大利三天後，斯維什尼科夫提交的報告裡說，在六月的前十天裡，波爾塔瓦地區的空軍基地有二千七百零三名美國人。其中，一千二百三十六名是常駐人員，僅比最初在莫斯科商定的多了三十六人。因為「瘋狂喬」任務，跟著飛行堡壘及野馬來的人是一千四百七十七名。

斯維什尼科夫特別關注常駐在基地的美國地面人員。在那個類別中，他挑出了那些會說俄語或烏克蘭語的人，在斯維什尼科夫看來那些人有能力從事間諜活動或起碼會散播反蘇宣傳。他數了數，有十一名軍官在前俄羅斯帝國出生，還有二十七名軍官的家族來自帝國轄下的領土。那些來到烏克蘭幫助解決蘇聯人和美國人之間語言障礙的人員，都經過美國空軍司令部的審查，排除了因意識形態、個人或家庭因素而對布爾什維克政權懷有敵意的人。美國人對任何間諜活動都不感興趣：情報官都是空軍人員，其職責就是向飛行員匯報空襲目標，以及任務中會遭遇到的德國防禦措施。美國人實際上是在進行魅力攻勢，試圖說服蘇聯人他們可以一起共事並開設新的空軍基地，尤其是在蘇聯遠東地區的空軍基地。但是「施密爾什」的軍官們並不知道這一點，即使他們被告知也不會相信——或者說，如果他們被告知，可能更不會相信。10

◆

一九四四年五月二十五日至六月十四日期間，斯維什尼科夫和佐林在波爾塔瓦地區的基地，發現了近十二名美國人疑似從事間諜活動。在「施密爾什」嫌疑人名單上，名列前茅的是「瘋狂」行動的最初策劃者之一，也是波爾塔瓦基地的資深軍官艾伯特．萊帕夫斯基少校。正如我們所知，萊帕夫斯基最初把行動稱為「棒球」。一九〇七年出生於芝加哥，來自俄羅斯帝國的猶太移民家庭，萊帕夫斯基在芝加哥大學的學術生涯令人印象深刻。作為政治科學行為方法創始人查爾斯．愛德華．梅里亞姆的學生，萊帕夫斯基在二十三歲時獲得博士學位，並繼續撰寫了許多關於城市治理和自然資源管理方面有影響力的專著、論文和報告。在一九三〇年代他在大學和市政府之間兩頭忙，如前所述他是一名規劃師。在珍珠港事件後的一九四二年初，萊帕夫斯基加入了空軍，他的一些職位騰了出來。他在芝加哥市政府的前雇主們不得不物色新的法務部門研究主任、新的公共行政資訊交換所助理主任，以及新的稅務管理員聯合會主任。芝加哥大學則不得不尋找新的公共服務研究所所長。11

萊帕夫斯基是「新政」*的堅定支持者，他不僅認為自己必須在戰時穿上軍裝為國家效力，而且也歡迎與自己家族的祖國結盟。一九一七年的革命把俄羅斯帝國變成了蘇聯，這是社會主義實驗的誕生地，萊帕夫斯基對此表示同情但從未表示過贊同。儘管他認為用棒球的比喻——主場、客隊以及跑壘線——有用而且有效，但萊帕夫斯基充分意識到美國和蘇聯「團隊」之間的差異。他寫道：「另一支球隊是個獨特的盟友，其心態和政治體系很少有人能理解。」[12]

萊帕夫斯基可能從來都沒想到，他對蘇聯官員心態的看法是多麼正確。早在五月二十五日斯維什尼科夫上校就將他列入嫌疑人名單，原因是他過於熱中與紅軍空軍軍官及當地居民建立聯繫。他向莫斯科報告了迄今為止對萊帕夫斯基的了解：「他曾在芝加哥、倫敦和柏林讀書，目前正擔任波爾塔瓦基地美國指揮官的副官。」斯維什尼科夫詢問莫斯科，那裡的「施密爾什」軍官是否知道萊帕夫斯基的其他資訊。他們回覆說，自從萊帕夫斯基於一九四四年二月與美國空軍「第一梯隊」的部分軍官，抵達莫斯科準備「瘋狂」行動以來，他們一直在監視他和其他美國軍官，直到他在四月中旬啟程前往波爾塔瓦。

四月十四日晚上十點二十分，也就是萊帕夫斯基離開莫斯科前往波爾塔瓦的前一天，蘇聯監視小組看著他離開「全國大飯店」，在那裡他與一名身分不明的男子會面。離開飯店後，兩人散步了一會兒，說著特務們認定的外語。萊帕夫斯基隨後回到了他的飯店，而這位身分不明的男子則進到莫斯科市中心彼得羅夫卡街的一所房子。他很快就被認出是莫斯科大學歷史學教授伊薩克．茲瓦維奇。茲瓦維奇於一九〇六年出生於奧德薩的猶太家庭，畢業於倫敦大學，並在一九二〇年代中期擔任蘇聯駐倫

＊編按：指小羅斯福總統針對一九三〇年代經濟大蕭條所實行的一系列經濟政策，包含救濟失業與窮人，復興經濟，與改革金融。

敦大使館的顧問。自一九二八年以來他一直在莫斯科大學任教，研究十九世紀的俄羅斯外交史，並成為研究英國和英國歷史的蘇聯頂尖專家之一。根據祕密警察的報告，茲瓦維奇已婚，生活富裕，在莫斯科市中心的公共公寓擁有一間設備齊全的大房間。[13]

莫斯科反情報部門關於萊帕夫斯基所能提供的資訊就只有這些了。斯維什尼科夫和佐林決定依循自己的直覺。萊帕夫斯基的背景讓他自然而然成為嫌疑人，他的俄文能力也受到關注，根據「施密爾什」軍官的說法，他有意對他們隱藏。他們收到報告說，萊帕夫斯基在收到從美國寄來用俄文寫的家書時，卻告訴蘇聯人他不會或不懂這種語文。他們還懷疑他利用副官身分來掩蓋他的情報工作。斯維什尼科夫向莫斯科報告說：「他以執行某些無關緊要的任務為藉口，有計畫地探訪我們的總部。」他繼續寫道：「萊帕夫斯基仔細研究了我們的軍職和文職人員，對那些與俄羅斯人有任何往來的軍事人員特別感興趣。」對於像萊帕夫斯基這樣的出身、背景和層級的人來說，在基地執行任何任務幾乎都不可能不引起懷疑。他仍然在斯維什尼科夫和佐林的嫌疑人名單上，儘管他們沒有確切的證據證明他在從事間諜活動。[14]

◆

有一類特殊的嫌疑人，這些美國軍官的祖籍與前俄羅斯帝國沒有關係，而且也不會說當地語言，但至少在「施密爾什」看來他們抱持反蘇觀點並從事散播反蘇宣傳。美國空軍基地的首席外科醫生威廉・傑克森中校是道地的田納西州人，名列這類型名單的榜首。除了抱持與散播被認為是反共的觀點外，傑克森對與當地人建立關係表現出興趣，尤其是女性。他於三月二十一日隨「第二梯隊」的美國軍官抵達莫斯科，他們前來為開設波爾塔瓦地區的基地做準備。他非常有效地利用在莫斯科的時間參觀醫院，並撰寫了一份關於蘇聯醫療保健系統和醫療專業的詳細報告，其中他估計蘇聯的水準比美國落後約五十年。

傑克森於四月十四日前往波爾塔瓦。他與下屬一起工作，著手在三個基地各別建立醫療設施，並為常住的美國人提供適當的衛生條件。他經常不得不處理一些棘手的問題，例如說服蘇聯官員改善廁所和洗浴設施。但這些並不是讓傑克森與蘇聯當局發生衝突的原因。五月二十五日，斯維什尼科夫上校將傑克森添加到美國軍官的嫌疑名單中，請求莫斯科提供更多這些人的資料，他聲稱這位美國軍官正積極尋求與蘇聯人建立關係。同一天，斯維什尼科夫提交了另一份報告，稱有兩名美國空軍軍官向紅軍空軍人員分發被認為具有反蘇傾向的英語文學作品，並指名傑克森就是其中之一。[15]

莫斯科的「施密爾什」總部所掌握的關於傑克森在莫斯科停留期間的資訊，比他們所掌握的關於萊帕夫斯基的資訊要多。祕密警察對傑克森在莫斯科「全國大飯店」的套房進行監視，在他一九四四年三月和四月停留期間，發現他積極尋求與當地女性的接觸。三月二十七日，傑克森還來不到一個星期，祕密警察截獲了他打到莫斯科某公寓的電話。傑克森打給一位名叫佐雅的年輕女子，她英語說得不太好。四月三日將近晚上十一點的時候，一個祕密警察監視小組發現兩名年輕女子在去過傑克森的套房和另一名美國軍官的套房後離開「全國大飯店」。她們兩人其中之一後來被確認是二十一歲的佐雅·古謝瓦。四月十三日晚上十點三十分，也就是傑克森在莫斯科的最後一晚，五名去飯店找過傑克森和另一位軍官的年輕女性，被監視小組跟蹤到家裡。她們其中之一是十八歲的季娜伊達·帕希尼娜。16

在波爾塔瓦，傑克森中校對年輕女性的興趣依舊。根據後來「施密爾什」的報告，六月時他被一位當地女孩季娜伊達·布拉日科娃迷住了，他是透過另一位年輕女性認識她。傑克森會定期去拜訪布拉日科娃，而且非常慷慨，每次都會帶一件禮物給她。據一位熟識布拉日科娃的人說：「長襪、糖果、新靴子、男鞋和女鞋，還有一件軍用夾克。」舉報傑克森的「施密爾什」特務並不只有女性。傑克森的蘇聯同僚伊凡·列別傑夫，也提供了有關他的資訊，列別傑夫是波爾塔瓦地區基地的蘇聯首席醫師，以女性代號「羅莎」被「施密爾什」招募。基地裡的蘇聯翻譯代號「蘇伊茲尼克」，也通報了傑克森與當地人接觸的情況。17

◆

散播反蘇宣傳是「施密爾什」關注的核心。六月十四日斯維什尼科夫和佐林向莫斯科報告說，在他們警告美國指揮官不被允許散發美國出版品後，這類事件就打住了。但是其他情況仍在持續，美國人在修理飛機發動機或下班時，會與蘇聯同僚分享被認為是反蘇的觀點。講俄語或烏克蘭語的外籍美國大兵被視為是主要肇事者。

這些其實都是日常的談話或評論。美國空軍中士麥可．拉扎丘克向一位蘇聯熟人說：「俄羅斯落後了：我經過了三百二十公里沒有看到任何一間工廠，要是在美國每二十多公里就有一間工廠。」拉扎丘克向這個剛好就是「施密爾什」線民的熟人透露，他不確定自己是否能活著從烏克蘭回去，因為史達林很可能會下令對美國基地進行轟炸，然後嫁禍給德國人。在一次交談中，出生於奧德薩年僅二十歲的美國空軍人員彼得．尼古拉耶夫，告訴一位熟人說他對蘇聯的政治體制不滿意。「在俄羅斯只有一小撮共產主義者統治這裡並且為所欲為，但在美國恰恰相反，人民擁有更廣泛的選舉權。」他認為美蘇聯盟很脆弱。正如他告訴一位「施密爾什」的特務的：「很難對俄羅斯有信心。你們現在正與德國交戰，但只要一有機會你們就會與它簽訂條約，然後就有另一場戰爭。」當地國家安全人民委員部（平民保防單位）的官員回報，尼古拉耶夫也對羅斯福總統不滿。他告訴該單位的一名特務：「我不喜歡羅斯福的外交政策，下次選舉我不會投給羅斯福。」[18]

「施密爾什」也會報告美國人對蘇聯做出高度正面評論的情況，在他們記錄美國人對一九四四年六月六日開闢第二戰場的反應的篇幅中就充滿了這樣的評論。但是「施密爾什」的主要任務是揭發間諜並防制叛國行為和反蘇宣傳。截至六月中旬提交的報告顯示，隨著特務網絡全面建立，以及美國人員活動的定期資訊開始流入，「施密爾什」的操控者已準備好全力對付他們的美國客人。然而目前，「間諜受死」小組只是在觀望。

第八章　草原上的珍珠港

一九四四年六月二十一日晚上，佩爾米諾夫將軍為在波爾塔瓦基地的美國軍官設宴。參加者有剛晉升為准將的美方同僚凱斯勒上校，還有他的新上司羅伯特．沃爾什少將。這位少將曾經是騎兵，一九一八年隨著美國遠征軍在法國服役期間，他放棄了騎馬改駕駛飛機，此後就一直待在美國空軍，歷經了這個單位的數次蛻變：從一九二六年的「美國陸軍航空隊」，到一九四一年後通稱的「美國空軍」（正式稱呼是「美國陸軍航空軍」）。[1]

沃爾什現在是「東線司令部」的指揮官，這是位於波爾塔瓦的美國空軍總部的正式名稱，他的另一項頭銜是駐莫斯科「約翰．迪恩軍事代表團」的空軍部門負責人。事實上，他是迪恩軍事代表團的副座，掌管基地業務。身為美國駐歐洲戰略空軍指揮官史帕茨將軍的愛將，沃爾什被派往蘇聯以提高穿梭轟炸任務的效率。先前他在南大西洋的美國空軍運輸司令部擔任指揮官，負責維持拉丁美洲通往北非再往歐洲的航線順暢。待在蘇聯期間，沃爾什大部分時間都在莫斯科，烏克蘭機場的日常運作就交給凱斯勒負責。一九四四年六月四日第一次穿梭轟炸任務開始前不久沃爾什首次來到波爾塔瓦，六月二十一日他又回到波爾塔瓦，迎接另一次由駐在英國的美國第八航空隊發動的穿梭轟炸任務。[2]

這項任務代號為「瘋狂二號」，執行的特遣機隊由一百六十三架B－17和七十架P－51組成，由阿契．歐德上校領軍飛往波爾塔瓦地區的基地。這位第四十五戰鬥轟炸機聯隊的指揮官以親駕戰機率領飛行員交戰而聞名，他曾在德國上空執行過四十六次的戰鬥任務，儘管最初對轟炸機飛行員的任務上限是二十五次。歐德日後在空軍將擁有輝煌的職業生涯，一路晉升到中將並接掌第十五航空隊，該航空隊的戰機在一九四四年六月二日率先降落在波爾塔瓦，並在冷戰期間擔任核子警戒的任務。一九五七年他駕駛了B－52噴射機完成了首次的不間斷環球飛行。

六月二十一日晚上，歐德是佩爾米諾夫將軍的宴會貴賓，有美國和蘇聯高級軍官作陪，他很高興地分享了轟炸任務的經過。當時的他絕對料想不到，「瘋狂二號」會導致自珍珠港事件以來美國飛機在地面上的最大損失。[3]

◆

如果有比阿契．歐德稍稍迷信的人，可能在任務一開始就會看到災難即將臨頭的跡象。凌晨五點三十分左右特遣機隊在惡劣的天候條件下從英國起飛，雲層籠罩限制了能見度，使得特遣機隊難以在空中集結形成有效的隊形。歐德駕機領隊想盡辦法加快速度，卻發現自己的飛行堡壘正在漏油。他在特遣機隊最後一架飛機起飛後立即著陸修好漏油的油箱，沒有加油就再次起飛以便趕上其他戰機。到了早上七點，機隊已經離開了英國海岸朝著目標前進，那是位於柏林以南、德勒斯登以北鄰近魯蘭的一座煉油廠。

抵達漢堡之前已經有不少戰機被德國的高射砲擊中，包括歐德駕駛的B－17右機翼破了個大洞仍然繼續飛行。接著，四十五架「梅塞施密特」Me－109戰鬥機*拚盡全力要將機隊驅離，使得二十六架B－17最終把炸彈投向了不同目標，但其餘總共一百三十八架戰機仍按計畫轟炸了魯蘭煉油廠，後來拍攝的照片讓指揮官們將轟炸的結果評為「良好」。飛行堡壘轟炸機和護航的野馬戰鬥機繼續駛向華沙，然後轉向東南飛往烏克蘭。在德蘇前線約八十公里處，Me－109戰鬥機再次攻擊特遣機隊，但被野馬擊退，一架德國偵察機試圖跟隨飛行堡壘越過德蘇防線，野馬又追了上去，德機很快就消失在雲層中。但特遣機隊的麻煩還沒結束，蘇聯的防空系統把美國戰機誤認為德國戰機並且開火，所幸沒有擊中。美國戰機下降到兩千英尺（約六百一十公尺），確認出聶伯河，然後沿河向南到達波爾塔瓦地區的基地。

歐德損失了兩架飛行堡壘和兩架野馬，五架戰鬥機和十八架轟炸機因為技術問題飛返英國，五架戰機因為燃油用盡降落在基輔附近的機場。雖然敵方的火力讓戰機數量減少，第八航空隊的機群總算飛抵波爾塔瓦基地。如同兩週前的第十五航空隊一樣，他們編隊飛越波爾塔瓦上空，展示美軍的實力以及蘇美雙方的戰友情誼。沃爾什、佩爾米諾夫、凱斯勒和他們的部屬都在現場，還有一大群西方和蘇聯記者，他們回到波爾塔瓦報導新特遣機隊的到來，欣賞銀色的飛行堡壘和野馬護航機在陽光下閃閃發光，並在著陸前進行飛行表演。圍觀的人群中有個由阿納托利．利特瓦克率領的電影攝製組。他是基輔出生的好萊塢導演，曾因一九四三年的紀錄片《俄羅斯的戰爭》而獲得奧斯卡提名，並且剛拍攝完諾曼第登陸的影片。他的鏡頭給史達林留下深刻的印象，此刻利特瓦克來到波爾塔瓦，準備拍攝飛行堡壘新梯隊的到來。[4]

歐德在任務報告中寫道，七十架飛機大約花了四十五分鐘降落。經過了漫長而疲憊的任務，飛行員聽完匯報、用餐，然後被送到帳篷裡睡覺。比起「瘋狂一號」，美軍在這次攻擊行動中損失更多。「瘋狂二號」的主要目標是避開德國人嚴密保護的地區，並且完好無損到達蘇聯基地，「瘋狂二號」則是真正的戰鬥任務，對於這類型的任務損失是可以接受的。歐德上校同意接受西方和蘇聯記者的採訪，由佩爾米諾夫、沃爾什、凱斯勒陪同訪談了半個小時。歐德很樂觀地說：「指定的目標——柏林東南部的軍事工業設施——遭到毀滅性的打擊，我們轟炸所引發的濃煙竄升到約兩千四百四十公尺的高度。」[5]

◆

晚間十一點左右，歐德和其他指揮官應佩爾米諾夫的邀請，大家圍坐一桌慶祝新的飛行任務成功。如同先前蘇方舉辦的晚宴，這次預期也會持續到清晨，但結果卻是晚宴中最短的一次。佩爾米諾夫的晚宴進行了大約二十分鐘，一名蘇聯軍官傳來消息說，德國的轟炸機正朝著波爾塔瓦的方向飛

＊編按：Me—109戰鬥機（Messerschmi-109），又稱為「Bf—109」，是納粹德國空軍的骨幹戰鬥機。

呀、咩咩，小羊、小羊、咩咩』伴奏」。就是這麼白癡的副歌，在黑暗中沖淡了恐懼的感覺。[12]

蘇聯空防失效，出乎美軍意料之外，令人震驚。他們曾在英國的基地經歷過許多次空襲警報，但從來不曾遭遇真正來自空中的轟炸，因為該處基地夜裡有戰鬥機和高射砲保護，防範德國空軍襲擊。因此當蘇聯基地發出同樣的警報，許多美軍飛行員根本睡昏了，要麼沒有聽到警報，要麼決定繼續睡不理它。美軍在波爾塔瓦空軍基地的周遭看過不少高射砲，也預期戰鬥機夜間會維持警戒保護他們。經歷了一趟漫長而艱難的突襲之後，美軍也累癱了，他們的指揮官就是考慮到這點，才把原訂當晚九點召開針對如何應對空襲的會議，延到隔天早上九點。

歐德上校日後評論說，他的部下在警報響起後「只是翻身和臭罵，因為他們被吵醒了」。歐德補充說，然而當炸彈落下時，「他們用破紀錄的速度躲進壕溝或掩蔽處。」凱斯勒上校回憶說，基地裡有一千一百名美軍，而壕溝只能容納三百人，不少人「選擇躺在沿著鐵軌的凹陷處，還有人躲在磚牆後面」。根據凱斯勒的報告，「狹長的壕溝沒有人受傷。」沒能躲進壕溝的人情況比較糟糕。依據凱斯勒的統計，一人陣亡十三人受傷，在如此嚴重的轟炸下，傷亡數字算非常低。有些人傷勢很輕，像是電影導演阿納托利．利特瓦克，他摔倒嘴巴受了點傷。[13]

陣亡的是約瑟夫．盧卡切克，這位二十四歲的少尉是B－17的駕駛，隸屬第九六轟炸機大隊的第三三七轟炸機中隊，當天稍早才飛抵基地。盧卡切克來自紐澤西州，他是哈布斯堡王朝統治下的捷克移民後裔。首席外科醫師威廉．傑克森中校在轟炸傷亡的報告中寫道，盧卡切克死於炸彈造成的多處骨折。他的同機駕駛是二十二歲來自內布拉斯加州的雷蒙．艾斯特爾中尉，在最初的轟炸中倖存下來。艾斯特爾一九四二年一月加入空軍，一九四三年四月他在歐洲服役，飛到波爾塔瓦是他第十四次出任務。[14]

醫治艾斯特爾的傑克森中校，曾經把他和盧卡切克在波爾塔瓦的經歷，鉅細靡遺記錄下來。「出完那天漫長的任務，他（艾斯特爾）累得像狗一樣，」傑克森寫道：

他吃完飯，聽了簡報後，到分配給他的帳篷裡倒頭就睡。他睡得很甜，沒有聽到任何空襲警報響起，直到第一枚炸彈的爆炸聲把他驚醒，他才意識到情況不妙。他和同機駕駛一起衝出帳篷，但是不知道狹長壕溝在哪裡，他漫無目標朝著他認為遠離機場的方向跑去。照明彈照到醫院的角落，他想起有一道由散落的磚塊堆成的牆。就在那一刻，一架戰機低空逼近，他聽到炸彈落下，他們本能地飛撲趴在地上。一串三枚高爆彈成排相距大約六公尺依次落地，最近的一枚在離他趴著的地方大約三點六公尺處爆炸。炸彈碎片擊中了他和同機駕駛，他意識到身上多處受傷，他喊著同機駕駛但沒有回應，在照明彈的亮光中看到他已經死了。他趴著無法動彈，只能呼救。

傑克森竭盡全力挽救艾斯特爾。傑克森在戰場上發現艾斯特爾這位年輕的飛行員後，給他注射了嗎啡，並在轟炸的空檔把他移到某個狹長壕溝裡幫他輸血。艾斯特爾的左右臀部多處受傷，右下肢嚴重受創並且骨折，後來他於一九四四年七月二日因這些傷勢而身亡。[15]

六月二十二日早上是傑克森在波爾塔瓦最忙碌的一天。凌晨四點半之後，他駕著吉普車尋找受傷的官兵時，一組臨機應變的國際救援隊趕來支援，其中包括美國空軍上尉西奧多・波札德以及蘇聯中士圖皮岑。這組人剛從某架美國戰機附近返回，戰機在蘇聯軍隊試圖搶救時爆炸了，一些人當場被炸死，波札德上尉為倖存的傷者進行急救。蘇聯通譯伊凡・希沃洛波夫中尉跳上傑克森的吉普車協助溝通。溝通至關重要，因為只有蘇聯人員能為傑克森清除路障，讓他能夠抵達爆炸的戰機進行救援。德軍投擲了數以千計一觸即爆的小型炸彈，防爆人員必須先勘查區域內有無未爆彈，圖皮岑中士和機工中士格奧爾基・蘇霍夫搭檔自願承擔這項任務。

他們勇敢和自我犧牲的精神深深打動了傑克森。幾天後他寫道：「這兩個俄羅斯士兵自願在前開路，完全不顧個人安危引導吉普車穿越埋有炸彈和地雷的長草地，那裡還躺著等待救援的傷兵。圖皮岑中士坐在吉普車前座留意有無地雷，機工蘇霍夫則是徒步走在吉普車前面，撿起地雷和炸彈，小心把它們擺在一旁。他總共撿起了四十多枚，讓吉普車安全通過。」他們到達受損的戰機時發現兩名嚴重受傷的蘇聯戰士，其中一人左腿被炸飛，另一人腿部骨折。圖皮岑和蘇霍夫把他們抬上吉普車後座，前往醫院救治，再次冒著生命危險在前方開道。傑克森向美方指揮官呈報，請求為這兩位蘇聯戰士提報授獎。[16]

幾十年後，已經官拜中校的圖皮岑中士依舊清晰記得傑克森所描述的情景。他是被指派去搶救殘存戰機的八名志願者之一，當他們靠近飛行堡壘中一架受損較輕的戰機時，突然發生爆炸，造成部分組員傷亡。圖皮岑盡全力搶救傷員，就在那時他得到美軍的協助。他回憶他們把傷員抬上吉普車時，

「曙光亮起，我們可以清楚看出駛離空軍基地的最短路線，蘇霍夫和我在吉普車前走了三十到四十公尺清除路上未爆的地雷。一切都非常危險，還好最後平安結束。」[17]

歐德上校日後寫到那個難忘的夜晚：「空襲期間俄方對於美方顯然是相當難為情，他們的態度好像在說：『美軍和他們的裝備絕不能出事，不論我們要付出多少代價。』在轟炸最激烈的時候，蘇聯軍方人員不論男女都被趕出避難所，衝向停在空曠處的B－17，他們試圖投擲泥土撲滅燃燒中的戰機，當中很多人被炸死或炸傷。」蘇聯指揮官顯然對未能保護盟友感到震驚，調動了僅存的人力資源努力嘗試挽回顏面。其中還有個原則問題：在蘇聯的價值體系中，飛機和軍事裝備比人命還值錢，尤其是像美軍帶來的那些稀有珍貴裝備。冒著生命危險搶救這些裝備，是紅軍及其空軍的標準作業流程。[18]

在德機的轟炸下，美軍主要折損了裝備，而蘇聯賠上的卻大多是性命。凱斯勒的報告說，四十九架B－17、四架C－47以及一架F－5戰機受損無法修復。十六架飛行堡壘還能救回但需要徹底維修；只有六架還能運作，三架「只能飛行」。根據這份報告，蘇聯損失了一架道格拉斯飛機，它是佩爾米諾夫將軍的私人座機，還有七架雅克戰鬥機。但是他們的傷亡人數超出美軍數倍，美軍一死十三傷，蘇聯則是包括男女三十人死亡、九十人受傷。這些是蘇聯在波爾塔瓦的傷亡，在轟炸較不激烈的皮里亞丁及米爾戈羅德也有一些人喪命。[19]

在空襲喪生的蘇聯人中，最受公眾關注的莫過於蘇聯報紙《真理報》的記者彼得・利多夫，他是前來波爾塔瓦報導「瘋狂二號」機隊抵達的蘇聯及美國記者團成員之一。一九四二年一月，他發表了一篇〈塔妮雅〉的報導而首度成名，報導講述一九四二年十一月在莫斯科附近村莊遭德軍俘虜的一位蘇聯年輕女游擊隊員。德軍審問她：「史達林在哪裡？」據稱她的回答是：「史達林在值勤。」德軍在所有村民面前將這位年輕女子吊死。「塔妮雅」的本名是佐雅・科斯莫德米安斯卡雅，她是來自莫斯科的十八歲學生，自願加入游擊隊。

利多夫在發掘這位女英雄的真名上發揮了重要作用。他在朋友亞歷山大・庫茲涅佐夫的陪同下挖掘出佐雅的身分。但是，或許是因為不知情，或許是他選擇不揭露佐雅死因的所有細節。作為蘇聯游擊隊員的佐雅正在執行焦土策略，燒毀被德軍占領的村莊，連同當地蘇聯農民的住家。某個想要挽救自己房舍的集體農場農民發現了佐雅這個游擊隊縱火者，並向德軍示警。佐雅被德軍吊死之前，其他農民還辱罵她。儘管事實證明這個故事比利多夫講的更複雜，但是一位新女英雄誕生了，她是戰時及戰後最典型的女英雄之一，這位《真理報》記者因為發現她而受到讚揚。[20]

利多夫和其他記者一起來到波爾塔瓦，其中包括庫茲涅佐夫。這是利多夫第二次來到該基地，第一次是在六月二日，當時他以發表在《真理報》上的報導〈飛行堡壘〉向廣大的蘇聯群眾介紹了穿梭轟炸行動。一如其他採訪記者，利多夫和同事晚上被安排在停駛於波爾塔瓦基地周遭鐵路上的臥鋪車廂裡過夜。德軍開始轟炸機場時，利多夫和同事在附近的壕溝裡躲避，他們逃過了第一波轟炸。但趁著轟炸的空檔他們在夜色中跑離壕溝，顯然是想找到更安全的藏身處。[21]

隔天六月二十三日早上，一個名叫阿列克謝．斯帕斯基的無線電技術員（他前一天才和利多夫及其他記者一起從莫斯科來到此地）被朋友慫恿去看陣亡士兵的屍體，據傳那些士兵是德國的傘兵。那些死者穿著蘇聯軍服，但是一位在屍體旁站哨的年輕女子厭惡地指著他們是「法西斯份子」。其中一名死者的口袋裡，紅軍士兵找到了德國貨幣和一枚帶有納粹標誌的德國胸針。屍體上也發現了蘇聯的證件，亞歷山大．庫茲涅佐夫的共產黨黨員證很快就傳到斯帕斯基的手上，從名字和照片他立刻認出了自己的記者朋友，肯定不是間諜。女哨兵告訴斯帕斯基，他們還找到了名叫利多夫和史楚尼科夫的莫斯科記者的證件。

斯帕斯基仔細瞧了瞧那些屍體，他很快就認出了利多夫。這位著名記者的臉被軍裝外套遮住，外套的肩章不見了，它們被找到屍體的紅軍士兵扯掉了。有人還拿走了利多夫的皮靴，在屍體上搜到的錢被拿走了而沒有交給上級，斯帕斯基就看到一捆捆五美元的鈔票，落入搜查屍體的女兵口袋裡。連他自己也被懷疑是德國間諜，當場毫無立場抗辯，於是被帶到空軍基地總部。斯帕斯基被移交給某位反間諜軍官，一份有關利多夫遭遇的報告因此出爐。

彼得．利多夫和夥伴被以軍禮埋葬在波爾塔瓦市中心的公園裡。有條街道以他命名，並且誕生了這個傳說：他用機槍射擊德軍戰機時陣亡，而且他確實成功擊落了一架戰機，這架戰機據稱墜毀在利多夫附近，他和夥伴因此受到致命傷。佐雅傳奇的作者自己也成了另一個傳奇的主角。撇開這些傳奇故事，紅軍士兵在執行任務時也不乏展現出真實的英雄面貌。[22]

蘇聯人想盡辦法要讓美軍忘了六月二十二日及六月二十三日的慘痛經歷，但這並不容易。基地的士氣很快受到了打擊。「施密爾什」的特務蒐集到在美軍中的傳聞，說這次轟炸空襲是起因於蘇聯報紙上刊登了飛行堡壘抵達的消息。米爾戈羅德的美國空軍情報官艾伯特．亞羅夫中尉的工作是向美軍飛行員匯報德軍目標及空防狀況，「施密爾什」的指揮官懷疑他是間諜，因為他向某位「施密爾什」的線民傳達了許多同袍的感受：「我認為你們的防空系統非常薄弱：遭遇攻擊時，缺乏火砲反擊；沒有夜航戰鬥機；探照燈照明效果很差；我們的大砲和夜航戰鬥機早該派上用場，那樣就會一切順利。」[28]

美方的指揮官沃爾什和凱斯勒找上佩爾米諾夫將軍，通知他穿梭轟炸行動將暫停。一份蘇聯的反情報報告總結了他們的不滿如下：「德軍轟炸我們（蘇聯）毫無顧忌，我們的高射砲威力不足，我們的戰鬥機沒有夜戰能力，這意味著他們不能正常達成任務，所以在他們（美軍）確定在這裡不會遭到轟炸，並有足夠的防空大砲和戰機提供適當掩護時，軍事行動才會再重新開始。」蘇聯幾乎無法滿足這些要求，因為他們沒有配備雷達的夜航戰機，而他們的高射砲在夜間毫無用處。[29]

在美國大使館的支持下，美軍指揮官在莫斯科要求允許引進美軍的夜航戰機及防空設備，但是向來寬容的尼基丁將軍對這個想法並不熱中。他那些政治上的老闆並不希望波爾塔瓦上空有更多美軍。尼基丁否定的答覆，讓負責調查此事的美國委員會提出了一些臨時措施，以避免類似六月二十二日的慘劇再度發生。這些措施包括不論何時都盡量減少在波爾塔瓦地區機場的美國戰機，把銀色的飛行堡壘改成偽裝機身。炫耀美軍空中戰力的時代已經過去，現在首要任務是確保及維持戰力。[30]

與此同時美國軍事特使團的約翰．迪恩將軍正忙於控管傷害，竭力緩解雙方的緊張情勢，避免相互指責，而且最重要的是阻止盟軍記者報導這次轟炸事件——儘管柏林電台已經得意洋洋播放波爾塔瓦空襲勝利的新聞。他成功說服了在波爾塔瓦的西方記者以及那些留在莫斯科的記者不要報導這場災難，而把焦點轉移到蘇聯與美國戰友肩並肩的英雄事蹟。在為蘇聯及西方記者召開了聯合新聞發布會後，迪恩設法避開了一場雙方關係的災難。儘管如此，他無法彌合在波爾塔瓦空襲後開始擴大的蘇美關係鴻溝。

迪恩後來寫道，波爾塔瓦這場災難「播下了不滿的種子，俄國人對於不能做到他們所承諾提供的保護感到痛苦而敏感。美方表現出諒解但決心派出自己的防空系統作為未來的防護」。波爾塔瓦地區各基地的合作情誼正在迅速崩解，彼此緊張的關係正在增長。西方媒體拒絕再遵循迪恩的指示，這對事情沒有任何幫助。[31]

第九章　禁忌之愛

「你將會記得六月二十一日至七月五日，美國B－17飛行堡壘從英國飛往俄羅斯這史無前例的穿梭轟炸。」霍華德．惠特曼在紐約《每日新聞》的報導中開頭這麼寫著，惠特曼所指的是「瘋狂二號」穿梭任務。令迪恩將軍鬆了一口氣的是，報導中沒有提及德國空襲美國空軍基地以及對美國空軍造成的損害，甚至更進一步地造成蘇美關係的傷害。儘管如此，惠特曼的報導於一九四四年七月十九日首次發表後很快地就有許多美國報紙轉載，造成了一場不同性質的公關災難。報導中他寫到了在波爾塔瓦地區的基地裡美國男人和蘇聯女人之間的關係——這在之前美國的穿梭轟炸行動報導中被視為禁忌的話題，而蘇聯方面就更不用說了。

惠特曼在當時是位相當知名的記者，在開始為《每日新聞》撰稿之前他曾為《倫敦每日快報》報導過世界大戰。戰爭結束後他出版了多本暢銷書，包括《讓我們說出性的真相》（一九四八），內容是要教育兒童了解性生活。性也是他一九四四年七月刊載在《每日新聞》報導的主題。報導的標題毫無疑問透露了內容：「俄羅斯赤裸裸的歡迎，美國轟炸機飛行員大吃一驚」。其他報紙也以同樣挑逗的標題刊登了這篇報導。《芝加哥論壇報》的編輯們選中的標題是「美國飛行員的評判：看見俄羅斯就臉紅心跳」。這篇報導的開頭這樣寫著：「你加入空軍，你期待看看這個世界，但你可能沒有預期會看到它一絲不掛。」1

惠特曼是從英國發出電訊，他在那裡採訪了剛從波爾塔瓦返回的美國飛行員。有位飛行員講述他和戰友們偶然走進了一個池塘，裡面全是赤身裸體的男女在洗澡。這群蘇聯人並不以自己的身體為恥，並邀請這些美國人進到溫暖的池水中。「最後，一個女孩走到我們的一個夥伴面前，示意他脫下短褲，」一位飛行員這樣跟惠特曼說，「看到她就那樣走上前來，光著身子，真是有趣。」其他飛行員也分享了更精彩的豔遇。根據其中一人的說法，有個蘇聯軍官走向這些美國人問說：「你們想要多少女人？」惠特曼寫道，這位軍官「準備提供營裡已註冊人員的尋常隊伍」。而飛行員們的回答：「我們恐怕不會那樣做。」讓他感到失望。其中一名飛行員向惠特曼解釋了紅軍的性生活規範：「在俄羅斯，每個士兵都被允許每隔一段時間去公開的軍隊妓院，或多或少就像我們去郵局兌換一樣。俄羅斯士兵如果維持正常的配額就不用付錢，但如果他們想更頻繁地去那裡就必須付費。」2

惠特曼從未透露他的消息來源，也不清楚他是否捏造了故事中的某些部分，或者飛行員是否在跟這位天真的記者惡作劇，但這篇報導對美國駐莫斯科代表團產生了爆炸性的影響。那裡的每個人，從迪恩將軍到最低階的職員，都知道紅軍沒有為其官兵開設妓院，而關於定期去妓院的故事則是直接來自德意志國防軍的例子。由於沒有妓院或者「已註冊人員」，蘇聯人不可能向美國人提供「尋常隊伍」；儘管一些美國人報告說，在基地剛開始的時候，紅軍軍官鼓勵他們與蘇聯婦女跳舞。

這個洗澡的故事是有一些事實依據，但顯然被惠特曼或他的消息來源誇大了。駐紮在米爾戈羅德的富蘭克林・霍爾茲曼，在一九四四年六月三十日在寄回布魯克林的家書中描述了他在那裡的沐浴經歷：「這個下午我去游泳了。那裡有很多俄羅斯小伙子和女孩。這些小伙子大多是裸體的。有些人會遮掩自己，但其他人並沒有想要隱藏。」他補充說：「女孩們更小心一點。」霍爾茲曼在米爾戈羅德的夥伴雷達操作員帕爾默・米格拉回憶說，他和朋友們看到當地婦女來到河邊洗衣服和洗澡。「當我們慢慢溜過時，我們可以看到她們許多人並沒有穿泳衣，」米格拉幾十年後寫道，「何必浪費布料去做泳衣？她們可能長久以來都是這樣在河裡洗澡。」

米格拉不是在那裡評判當地習俗。他寫道，他和其他美國人就是「穿著游泳短褲或剪短的舊褲子。」他還說：「大多數我們農家子弟都記得，在家鄉並不總是需要這樣穿。」他沒有對男女混浴做出論斷，混浴源於中世紀和現代早期的斯拉夫鄉村生活傳統，並成為西方旅遊文學在談到俄羅斯時的陳腔濫調。米格拉及霍爾茲曼都沒有把裸浴和性行為連結起來。一天前霍爾茲曼才寫信給父母描述米爾戈羅德：「這個城鎮還不錯，儘管這裡的女人對你的兒子來說有點太正經了。」[3]

惠特曼的報導有可能加劇蘇聯與美國日益緊張的關係，迪恩在莫斯科的下屬趕緊召開新聞發布會駁斥他的說法。在華盛頓的國務院發布了一份新聞稿，引述曾駐紮在基地的美國軍官們的話，否認了報導的內容，他們強調蘇聯東道主提供給美國人「最好的熱情和禮節」。

諷刺的是，惠特曼的報導發表之時，波爾塔瓦地區基地的美國男人和蘇聯女人之間的關係確實正在成為問題，儘管不是惠特曼或他的消息來源所想像的那種。相反地，蘇聯人正在竭盡全力阻撓美國空軍人員想與蘇聯女性建立的任何連結。[4]在波爾塔瓦和其他美國基地，「施密爾什」軍官的角色在監護人與清教徒之間交替——當發現當地女性與美國盟友約會有利用價值時就允許，沒有利用價值時就阻止。美國人對這樣的限制很反感。關於約會權利的衝突成為美國大兵和蘇聯盟友失和的一項關鍵因素。

◆

大約在惠特曼的報導發表前一週，七月十日星期一時任東部司令部指揮官的艾伯特·萊帕夫斯基少校坐下來給沃爾什少將寫了一份備忘錄。如前所述，萊帕夫斯基是基地裡有「俄羅斯」血統的最高階美國軍官，他名列「施密爾什」監視名單上。部分原因，正如一份蘇聯反情報報告所描述的，他「正在仔細研究我們的軍職與文職人員，並關注那些與俄羅斯人有任何連結關係的入伍官兵。」這樣的連結關係確實是萊帕夫斯基備忘錄上的主題，上面寫著：「涉及美軍人員與俄羅斯人員的事件回報。」[5]

萊帕夫斯基報告了上週末發生在波爾塔瓦的一些事件。七月七日星期五，愛德華·庫茨中尉正與兩名婦女交談，她們兩人突然被一名身穿便衣的蘇聯男子襲擊。襲擊者踢了她們，用俄語罵了幾句，然後把她們趕走。同一天晚上，四等技師賈德森·索雷爾在波爾塔瓦科爾普斯花園與一名當地女子約會，該公園是當地的主要景點，也是最近彼得·利多夫和他的記者同事葬禮舉辦的地點。想到長官曾經給過提醒，索雷爾並沒有排除他要會見的女孩可能是蘇聯間諜，想打探有關美國人的訊息，但他的疑慮在約會十五分鐘後就幾乎完全打消了。當不會說烏克蘭語或俄語的索雷爾，試著與不會說英語的烏克蘭女人溝通時，一名身穿紅軍制服的男子突然攻擊了他的約會對象。索雷爾告訴萊帕夫斯基說：「在對她說了幾句話之後，這個男人踹了她，讓她退到了幾公尺遠的地方。」在那之後，襲擊者和受害者走往不同的方向，留下索雷爾獨自一人在那裡想搞清楚到底發生了什麼事。

隔天七月八日星期六，襲擊事件持續發生。諾斯威上士在波爾塔瓦的公園與烏克蘭約會對象交談時，身著便服的一男一女走近他們兩人。諾斯威向萊帕夫斯基描述了當時的情況：「那個男人和……（他的）朋友說了一些激動的話，然後打了她一巴掌，又繼續以責罵的方式對她說話。」如同索雷爾的案例，女孩和攻擊她的人隨後走往不同的方向。跟索雷爾一樣諾斯威沒有和人打起來：兩人都曾經接到指示，不得與蘇聯人發生衝突。也如同索雷爾一樣，他不知道是什麼造成這起事件。他最先的猜測是，來找他們的那對夫妻應該是女孩的父母，然後才注意到這個女人年紀太小，不可能是女孩的媽媽。諾斯威已經安排了當天稍晚與女孩再次會面，希望她能解釋實際發生的事情，但第二次的約會她沒有現身。諾斯威「絲毫沒有責怪她」，萊帕夫斯基在報告裡寫道。6

萊帕夫斯基訪談了彼得·尼古拉耶夫下士之後，對於發生的事情有了更清楚的了解。尼古拉耶夫是會說俄語的奧德薩人，就像萊帕夫斯基一樣來自俄羅斯帝國的移民家庭，並且名列「施密爾什」的間諜嫌疑人名單。尼古拉耶夫與技師拉爾夫·莫韋里中士在公園與兩名女紅軍會面，一名是中尉，另一名是二等兵。他們坐在長椅上，這時一名身穿紅軍中尉制服的女子走近他們，「帶著侮辱的語氣對女孩們說話。」接著有三個男子經過，其中兩個穿軍服一個穿便服，同樣說著辱罵的話。他們的用詞是「妓女」和「德國妓女」，話語中也用了「貶損」的字眼提及「美國盟友」。尼古拉耶夫的陳述中提及，事件中有一名男子是祕密警察成員，他帶著手槍因此被尼古拉耶夫的約會對象認出來。當尼古拉耶夫與莫韋里離開長椅，帶著他們的約會對象走離麻煩地點，當地的男孩跟著他們用言詞攻擊兩名女孩。[7]

萊帕夫斯基訪談過的每個人都認為，蘇聯頒布了禁令阻止當地女孩與美國大兵約會。他從米爾戈羅德收到了類似的報告，當地的美軍指揮官卡拉漢少校要求蘇聯同僚對此做出解釋。他得到了保證，這些都是孤立的事件，當局沒有認可這麼做。萊帕夫斯基渴望讓蘇聯人相信在波爾塔瓦也是如此。但他也請求沃爾什將軍對這些事件進行特別調查，同時暫時禁止美國大兵造訪波爾塔瓦，並要求蘇聯空軍指揮官證明這些事件不是安排好的。他轉達訊息給上級，讓他們來解決這些事情。[8]

◆

美國指揮官們一直都知道，蘇聯人反對美國空軍人員和女紅軍之間的私人關係。四月二十五日佩爾米諾夫將軍向美國同僚宣布：「照顧當地民眾的情緒很重要。伏特加、妓院的問題，這些事情都必須肅清。這些問題必須儘快解決。」五月的時候他曾向凱斯勒上校抱怨說，美軍不識相的騷擾讓一名在營區工作的當地女孩非常尷尬，以致她不再來上班了。凱斯勒發現這些指控毫無根據，但美軍指揮官全力避免惹惱蘇聯東道主。他們指示美國大兵不要去招惹女紅軍。

正如萊帕夫斯基所指出的，五月份抵達波爾塔瓦地區基地的美軍部隊已經接到指示，不要「期望在與俄羅斯女孩的關係中獲得一般的社交自由」。第十五航空隊的飛行員在六月初前往波爾塔瓦執行第一次穿梭轟炸任務之前曾收到警告：「俄羅斯女性相當友好和開放。不要把這種友好誤認為是對進一步親密關係的邀請。」美軍被告知女紅軍禁止與他們約會，如果被發現違反該規定將受到懲罰。波爾塔瓦最有魅力的蘇聯女子是擁有中尉軍階，許多人將她被調往米爾戈羅德基地歸因於這項政策。美軍努力灌輸其背後的邏輯是，男人有責任不與穿軍服的蘇聯女性約會來保護她們。[9]

美軍指揮官也要求他們的男人別奢望與蘇聯女人結婚。就在一九四四年五月上旬穿梭轟炸行動開始之際，迪恩將軍在莫斯科轉給凱斯勒上校的備忘錄中闡述了這項政策。備忘錄中寫道：「如果美軍成員於蘇聯服役期間在俄羅斯與蘇聯公民結婚，他將立即被解除職務並轉往蘇聯以外的工作點。依據美國國務院以及美國陸軍和海軍在蘇聯服役期間的經驗，美國人與俄羅斯人結婚會造成許多複雜的問題和歧異。為了消除這些麻煩，婚姻會被勸阻。先前的諸多案例顯示，美國公民從未能帶著妻子一起離開。」[10]

雖然承認蘇聯阻止空軍人員與穿軍服的女性約會有合法性，但美軍指揮官並不打算禁止他們的下屬與平民約會。他們認為這樣的政策既不公平也無法執行。宵禁時間是晚上十一點，過了這個時間美國士兵就不應該出現在城區裡，但蘇聯士兵偶爾會發現美國人在約會對象的家中過夜。美國人發現平民女子比穿軍裝的女子更吸引人。「當地女孩……大多是烏克蘭人，她們有機會打扮所以看起來更吸引人。」駐紮在米爾戈羅德的帕爾默．米格拉回憶說，「大多數女孩都有點健壯，但不是全部。多數都是黑頭髮，金髮女郎很少見，除了軍隊裡的那些女子。因為許多俄羅斯人尤其是來自北方的人才是金髮。」米格拉沒有和任何蘇聯女性約會，不過其他人卻有。當美國部隊在六月從皮里亞丁轉移到約十一公里外機場的營地時，儘管暫時禁止進城他們還是設法去探望了女朋友。「十二公里的距離卻沒有可用的交通工具，到底怎麼做到的恐怕是只有駐俄羅斯的美國軍隊大兵才能回答的祕密之一。」一位美國駐波爾塔瓦代表團的歷史學家寫道。[11]

起初蘇聯人對與穿軍服女性的接觸嚴格禁止，但對與平民約會這方面似乎要寬鬆得多。整個五月和六月幾乎沒有關於蘇聯軍方人員或平民接近美國人並對他們的約會對象施以口頭或身體攻擊的報告。萊帕夫斯基少校的報告引發了一項調查，並由東部司令部拉爾夫．鄧恩少校督導進行，調查顯示此類事件在七月初急遽增加：七月三日至十四日期間有十三起破壞約會的事件，幾乎全部發生在波爾塔瓦的科爾普斯花園。看起來好像所有人都有份：有報告的十三起案件中，五起涉及平民，四起涉及紅軍軍官，三起涉及紅軍士兵。

其中有個講俄語的美國中士與名叫「薇奧拉」的當地婦女約會時，兩名紅軍中尉走近前來。「什麼話也沒說，」這名中士後來報告說，「兩名中尉用棍棒打了薇奧拉，一個打了她的右手後背，另一個打了她的左手腕背。」這名中士站到攻擊者與約會對象之間。一名中尉隨後將薇奧拉拉到旁邊，跟她討論了一些事。另一名中尉告訴這位中士，他們只是想保護他和其他美國人免受性病的侵害，因為與美國人約會的許多女孩也曾與德國人約會並被感染。然後一名身穿便服的婦女走近中士和薇奧拉；聽了發生的事情後，她讓其中一名中尉道歉。出人意料的是，她介紹自己是一名紅軍中尉。

有鑑於這些事件所引發的緊張情勢，蘇聯人攻擊與美國人約會的女性，因而造成兩方的軍人產生衝突也就不足為奇了。七月十四日晚上，蘇聯軍人與美國軍人在米爾戈羅德打了起來。兩名紅軍軍官走近坐在公園長椅上的美國士官和他的女友。其中一名軍官打了那個女孩導致美國人動手回擊，然後其中一名蘇聯人用他的手槍槍托擊中了美國人的頭。當這名美國人回過神來時發現自己已經在醫院。美軍指揮官發出警報，立即發布命令禁止美軍人員在天黑後離開基地（七月的晚上八點四十五分左右），這比既定的晚上十一點宵禁時間要早得多，命令還指出：「美國軍隊不會受到不遭制裁的侮辱和傷害。」[12]

事件發生三天後的七月十七日，於凱斯勒不在期間指揮基地的保羅・卡倫上校找上佩爾米諾夫將軍要求他給出解釋。隔天卡倫回報說，佩爾米諾夫「正式且鄭重聲明，蘇聯軍方和政府當局都沒有禁止或限制蘇聯婦女與美國人員交往」。除了部隊的安全之外，卡倫主要關切的是與蘇聯人保持良好的工作關係，他要求屬下的軍官們將佩爾米諾夫的話轉達給服役的士兵。他還利用這個機會呼籲他的手下對家鄉的女人要有忠誠。他要求美國大兵換位思考，如果情況相反，想像蘇聯人駐紮在美國領土上。在那種情況下，卡倫說：「本司令部的個別成員會因為他們的妻子和情人允許別人追求而受到挑釁和被激怒。」此外，卡倫試圖以蘇聯法律的基本知識來教育他的手下，指示下屬「蘇聯政府不容許賣淫，並竭盡公權力將其消滅，通常是流放或監禁。」[13]

卡倫上校是對的，蘇聯人要根除賣淫。在一九三〇年代，他們改變了革命後的早期政策，將賣淫視為資本主義社會產生的社會問題，開始將其視為犯罪，監禁了妓女和皮條客並宣布他們是階級敵人。官方的立場很簡單，蘇維埃政權消除了導致賣淫的社會條件，它不再成為一種社會現象。現在，蘇聯急於防止隨著美國人的到來而使賣淫現象復現，根據他們對馬克思主義的詮釋，美國社會更容易產生賣淫這種現象。

乍看之下美國軍隊在這個問題上與蘇聯人意見一致。諾曼第登陸後法國當局想要藉由開設軍隊妓院來規範美國士兵的性活動，讓在街道和公園發生的賣淫從大眾的視線中移除。擔心美國大兵在家鄉的妻子和女友可能會大發雷霆，美軍指揮官們因此拒絕依從。性活動對於保持高昂的士氣和士兵的戰鬥力至關重要，這點美國人與法國人意見一致，但對於軍隊為此類活動提供措施的角色雙方沒有共識。與美國人一樣，蘇聯人也不提供這樣的措施。他們試圖控制性病的傳播，但除此之外，他們的軍隊就只能自力救濟了。

當然，紅軍對性的渴望並不亞於其他任何人。正如一位蘇聯退伍軍人的回憶，「死亡、食物和性」是士兵最常談論的話題。但是，如果有喪葬分隊處理第一個話題，有野戰廚房負責第二個話題，第三個話題就不會再以任何紅軍的福利被提及了。在史達林主義的社會不談論性，這意味著在戰時軍隊應該以犧牲平民為代價來滿足士兵的欲望。一九四四年的夏天和秋天，紅軍越過蘇聯邊界後，尤其是德國女性被視為合法的戰利品，蘇聯指揮官對其下屬的性犯罪視而不見，甚至鼓勵強姦，比如在東普魯士*那樣。

然後是軍隊的「內部儲備」，即在軍隊服役的女性，她們被男性同僚視為性挑逗的合法對象。有將近五十萬這樣的女性——空軍飛行員、高射砲砲手、機槍手、醫生和護士、電話接線員和建築工人，這些是戰爭期間紅軍僱用女性的一些最受歡迎的職業。無論她們擔任什麼職務或發揮什麼作用，大多數紅軍官兵首先將她們視為性對象。女性處境在男女混合的部隊——大多數紅軍部隊都是混合的——尤其艱難。鑑於男性在軍隊中占多數，對獲取女性的青睞競爭非常激烈，階級較高的指揮官會勝過他們的部屬。在某些情況下，女性自己將她們的營房稱為後宮。[14]

然而，當牽涉到在其領土內與外國人發生性關係時，蘇聯人就試圖以任何可能的方式阻止。在從德國人手中奪回的蘇聯領土上，蘇聯官員與法國人不同，他們從未公開羞辱在占領期間與德國人「橫向合作」的婦女——因為這會在最私密的層面上引發政治忠誠的議題，這個議題似乎極有可能傷害到該政權的自尊心，因此不能公開討論。當局寧願維持他們清教徒的假象，拒絕承認性欲是政府在軍事和民事政策中的合法議題。

關於美國軍人和蘇聯約會對象之間的性接觸，通過了一項政策但沒有公開披露。「施密爾什」在波爾塔瓦地區基地的官員，特別受到指示限制這樣的接觸，並且打散那些不受祕密警察控制的案例。那些攻擊約會對象的人給美國人的理由——他們試圖保護美國人免於感染性病——其實是不可信的，因為一些美國人注意到，當美國人與「會和任何人走」的女子約會時，蘇聯男人不會有反應，但當美國大兵跟漂亮的女孩約會時，他們就會變得有攻擊性。那些懂俄語的美國人聽到攻擊者們指責女孩不跟蘇聯人約會，而是和德國人或美國人約會，因為這些蘇聯人顯然配不上她們。

被阻止與美國人會面的年輕女性們認為，禁令背後有著文化的原因。其中一位女性向講俄語的美國軍官坦承，在德國占領兩年後，那些看過「德國人比俄羅斯人有教養和文明的當地烏克蘭女孩，如果讓她們看到美國人在生活方式上比俄羅斯人更加有教養和文明，顯然會更喜歡美國人而不是俄羅斯人，而俄羅斯人不希望這種情況發生。」[15]

◆

美國指揮官們認為他們可以認出其中的模式。當地男子對與漂亮女孩約會的美國人所展現的嫉妒，以及對據稱曾與德國人約會的女性的攻擊，跟當時美國軍人在歐洲其他地方遇到的行為很類似。

在英國，羨慕美國人是日常經驗的一部分，英國扮演了由美國領導的進攻歐洲的發射台。美國人有更好的制服讓每個看起來都像軍官，他們比英國同僚有錢，而且同樣重要的是，他們可以獲得美國香菸和尼龍絲襪等在戰時非常有價值的稀有商品。所有這些都使他們受到英國女性的歡迎——至少英國男性是這樣看的。「他們認為，如果帶她們去一家酒吧請她們喝一杯，就可以買到她們的身體和靈魂。」一名英國士兵寫道，「一個口袋裡只有幾個錢的可憐湯米†，能有什麼機會呢？」[16]

＊編按：東普魯士瀕臨波羅的海，歷史上曾屬於條頓騎士團、普魯士王國、德意志帝國。在二戰後期，成為蘇聯反攻德國的重要戰役發生地。二戰後東普魯士的土地分屬波蘭、立陶宛與蘇聯（今俄羅斯）。

美國軍人在追求女性上的成功，給駐紮在海外的英國軍人帶來了比國內的軍人更多的焦慮。截至一九四二年秋天，英軍駐中東司令部處理了超過二十萬件由駐紮在該地區士兵的妻子在英國提起的離婚案件。無論離婚浪潮背後的原因是什麼，很容易想到英國女性正離開她們的丈夫嫁給美國人。這個「美國問題」甚至影響到了溫斯頓・邱吉爾的家庭。他的兒媳帕蜜拉・邱吉爾，與埃夫雷爾・哈里曼多次一起過夜，哈里曼當時是租借法案駐倫敦的負責人，而她的合法丈夫倫道夫・邱吉爾少校則在北非服役。帕蜜拉・邱吉爾直到二十八年後才與哈里曼結婚，但是許多美國大兵儘管在指揮官設置了重重障礙，希望士兵們保持單身並專注於自己職責的情況下，卻仍然和他們的英國女友即刻成婚。[17]

一九四二年七月《美國陸軍週刊》在英國的美國大兵中分發，標題是：「不要向她承諾任何事情，在美國以外的地方結婚是不可能的。」這篇報導可能不僅受到關心國內競爭的英國士兵歡迎，而且也受到美國大兵在家鄉的妻子和女友歡迎。一九四四年九月，十七歲的櫃姐索尼婭・南森接受《生活》雜誌的訪談，她的男友在澳洲服役，她問雜誌記者是否知道據稱來自澳洲的「兩船美國士兵的妻子」的事情。她說的離事實不遠。總計有約三萬名戰時新娘從英國來到美國，另外約七萬名來自整個歐洲。[18]

在飽受占領和戰爭蹂躪的法國，美國人似乎比在英國更受當地女性歡迎。與許多婦女在德國人離開法國後所處的悲慘經濟情況相比，語言障礙是微不足道的。一位美國大兵回憶說：「在法國什麼都短缺，除了含酒飲料、只有法國人才能做的麵包，還有女人。」美國人這三樣都要，並且可以提供很多回報。美軍補給站有香菸、咖啡、巧克力，還有重要的肥皂，這些東西可以很容易地換成性愛。用性愛換取美國物資，然後在黑市販售換取金錢，賣淫在法國的城鎮蓬勃起來——這讓法國平民憤怒，他們幾個月前才看著妓女與德國人的性交易生意興隆，現在隨著美國人的到來生意更好得讓他們震驚。

即便如此，法國人很少會像譴責與德國人的「橫向合作」一樣，嚴厲譴責與美國人的性交易。一九四五年《馬恩雜誌》的一位作家把跟美國人走在蘭斯街頭的女性，和德國占領期間聚集在這些街頭的妓女相比，他遭到讀者嚴厲批評並被迫道歉。美國人被視為解放者，而不是占領者。然而，源自德國占領而來的屈辱，繼續影響著大眾對於選擇與身穿軍服的外國人發生關係的女性的態度。整個國家的聲譽再次受到威脅。[19]

◆

撇開英國和法國的相似性，美國人發現自己在蘇聯處於一種獨特的處境。西歐公民的不安全感、嫉妒和民族自豪感的自發表現，在蘇聯則是以國家政策的方式呈現；蘇聯政府機構聲稱有權監督其公民與外國人之間的互動。艾伯特・萊帕夫斯基後來寫道：「社交和性關係這種尋常問題在俄羅斯被賦予特殊的意義，這主要是由於俄羅斯對這個問題的獨特反應所致。」[20]

---

† 編按：湯米用來代稱一般英國士兵，在一戰之後尤其常用。

與蘇聯女性約會或被懷疑促成此類約會的美國空軍人員，發現自己處於「施密爾什」的監視之下。艾伯特·賈羅夫是間諜嫌疑人名單上的主要人物之一。這位中尉受到懷疑，因為他是米爾戈羅德情報部門的負責人，而且個性外向讓他與紅軍人員和當地人都有交情。還有人指控賈羅夫和他的猶太家族在俄國革命期間與「白色力量」*有關。賈羅夫在五月經由中東航線來到米爾戈羅德基地。精通俄語的賈羅夫渴望與蘇聯人建立關係。他喜歡和紅軍軍官一起喝個兩杯，而且據大家說，他很高興跟有著共同語言和文化的人聚在一起。賈羅夫向加拿大記者雷蒙·大衛斯透露說：「我從未見過如此友好的態度。」這位記者是來波爾塔瓦報導首批於六月二日抵達的飛行堡壘。[21]

賈羅夫很早就引起「施密爾什」官員的懷疑。他用開放的態度與蘇聯同僚接觸，被看作試圖建立信任並可能藉機招募特務；他多次拜訪該地區的蘇聯指揮官提議放映美國電影，此舉被認為是以不引人注意的方式監視蘇聯軍事設施。他還被懷疑偷聽紅軍空軍軍官們的交談。他打聽波爾塔瓦基地以外地區的事情更加啟人疑竇。五月二十五日，賈羅夫告訴一名訪問米爾戈羅德的蘇聯指揮官他在一九三六年曾以遊客身分造訪蘇聯，去了海參崴、莫斯科和他的家鄉奧德薩。他拜託來訪的指揮官協助尋找一位一九三六年至三七年間蘇聯駐舊金山領事館的職員，因為此人幫他安排了那次旅程。六月初在米爾戈羅德時賈羅夫拜託他熟識的蘇聯伊凡諾夫上尉（此人碰巧是臥底的「施密爾什」官員）查證某位女子的地址。顯然他與這位女子一九三六年在莫斯科相遇。[22]

不出所料，賈羅夫的拜託都沒有太多進展。他的打探被懷疑是獲取蘇聯公民資訊或者招募特務的管道。斯維什尼科夫和佐林加強了對賈羅夫的監視，並提出了他從事間諜活動的新「證據」。斯維什尼科夫和佐林向莫斯科報告說：「監視他在美國人中的行為可以確定，儘管他的職務和軍階不甚起眼，但美國空軍的指揮官們都很重視他。」依他們的經驗來看，只有祕密警察或反情報軍官才能受到他的上級尊重甚至畏懼。這兩個人從史達林警察國家的觀點來看待美國空軍。他們沒有其他的觀點可以依憑，也沒有想像力可以認為在美國事情可能會以不同的方式運作。[23]

七月中旬，大約就在蘇聯中尉襲擊美國士官並將其送醫的時候，蘇聯要求美國指揮官從蘇聯召回賈羅夫。賈羅夫在英國第八航空隊的上司很不高興，但他們不知道這是「施密爾什」的策略。他們把與蘇聯人的問題歸咎賈羅夫，並要求他離開。發往米爾戈羅德的電報寫著：「將這名軍官還給第九（航空隊），第八（航空隊）不需要他。」蘇聯這項要求的原因，美國人仍然被蒙在鼓裡，但「施密爾什」的內部文件卻有著詳細說明。

「施密爾什」官員指稱，賈羅夫試圖利用蘇聯指揮部對於女紅軍與美國人約會的禁令，由此引發的美國大兵的不滿情緒來煽動雙方之間的衝突。根據「施密爾什」的報告，在與美國人約會受攻擊的高峰期七月上旬，賈羅夫安排了把六十五名蘇聯護士從附近的軍方醫院帶到米爾戈羅德的美軍營地。她們和美國人一起看了場電影，在美軍的餐廳吃飯跳舞然後才被送回醫院。「施密爾什」認為這是一

＊編按：「白色力量」原文為「White Movement」，係指一九一八年至一九二〇年期間在俄國內戰中對抗蘇聯紅軍的政治運動及其軍隊，主要由支持沙皇的保皇黨和自由主義者等反布爾什維克勢力組成。後來白色力量俄國人流亡國外，建立了持續到二戰期間的軍事和文化網絡繼續活動。

種挑釁，認定賈羅夫預期蘇聯當局會下令讓護士返回醫院，而這將激起美國人的憤怒。「施密爾什」自認為順利處理挑釁事件，並讓晚會按計畫進行，但他們希望賈羅夫離開蘇聯。[24]

隨著賈羅夫從眼前消失，米爾戈羅德的「施密爾什」官員，把注意力轉向賈羅夫在基地情報單位的助手菲利浦・坦德特中士。坦德特跟賈羅夫一樣能說一口流利的俄語，出生於中國的哈爾濱，父母是俄羅斯人，被認為與「白色力量」有關聯。根據「施密爾什」的報告，坦德特不僅散布「俄羅斯女孩不許與美國人見面的謠言」，自己還與其中一些女孩約會。他被發現與紅軍零售部門「馮托格」的雇員葉卡捷琳娜・斯坦科維奇約會，該部門管理為美國人而經營的餐廳並出售蘇聯製商品給美國人。這名年輕女子來自莫斯科，和她的同事一樣是「馮托格」的民間雇員。軍職人員嚴禁不得與美國人約會，但基地的民間雇員卻處於灰色地帶。「施密爾什」認為她們應受到與軍職人員相同的限制，但在執行禁令時卻窒礙難行。[25]

讓「施密爾什」官員對坦德特與斯坦科維奇的關係感到特別緊張的是，據他們的線民說，坦德特要斯坦科維奇在米爾戈羅德找間出租公寓好讓他們同居。他還答應帶她一起去美國。斯坦科維奇對「馮托格」的朋友們透露，她已經準備好要跟去，但前提是要能帶著她的年幼女兒。「施密爾什」的官員強烈要求斯坦科維奇的上司開除她並把她送回莫斯科，這件事果真在七月二十一日完成。在離開之前斯坦科維奇顯然告訴了坦德特，她因為與他約會而被開除，並且她認為要對她被解僱負責的反情報軍官是伊凡諾夫上尉。

坦德特承諾會給伊凡諾夫好好上一課。知道自己受到威脅的伊凡諾夫決定先下手解決坦德特。他得知坦德特在七月二十三日晚上跟另一位女人會面，是先前與斯坦科維奇同租一間房間的博爾德雷娃。美國人應該在晚上十一點之前回到營地，但坦德特在博爾德雷娃的房間過夜。凌晨一點三十分伊凡諾夫出現在博爾德雷娃的大樓前，並以違反宵禁為由逮捕了坦德特。坦德特受到應有的訓斥，並被美軍指揮官判處六天體力勞動。伊凡諾夫取得了勝利，但他並不滿足，他要求管理「馮托格」的紅軍軍官解僱博爾德雷娃。有趣的是，他意外收到佩爾米諾夫將軍本人斷然的回絕。26

◆

「施密爾什」認為的勝利，在蘇聯軍事指揮官看來卻是徹頭徹尾的災難。逮捕坦德特，開除斯坦科維奇，以及要求解僱博爾德雷娃，只會使基地的蘇美關係因為婦女與美國人約會而受到攻擊的緊張情勢更加惡化。這般攻擊事件坐實了坦德特和其他人的指控，即蘇聯人禁止他們的婦女與美國人約會，並且與佩爾米諾夫對卡倫上校所做的鄭重聲明背道而馳。此外，米爾戈羅德的「馮托格」正以創紀錄的速度流失員工，如果解僱與美國人約會的女性雇員繼續下去，在這些基地裡佩爾米諾夫可能很快就沒有民間雇員的協助。

佩爾米諾夫將軍向斯維什尼科夫抱怨伊凡諾夫的作為，但無濟於事。斯維什尼科夫告訴他，有「來自莫斯科的指令，要求斷絕所有俄羅斯人，尤其是女孩，與美國人的關係。」佩爾米諾夫意識到他唯一的希望是向更上級請命。在空軍指揮官和「施密爾什」官員日益加劇的衝突中，只有一個機構有權做出決定性的干預——共產黨。七月二十六日佩爾米諾夫向紅軍空軍最高黨政官員尼古拉·希馬諾夫將軍遞交了一份報告，希馬諾夫既是紅軍空軍軍事委員會的政委，也是在莫斯科的黨中央委員會航空部門的負責人。佩爾米諾夫在給希馬諾夫的報告中描述了逮捕坦德特、開除斯坦科維奇，以及「施密爾什」要求解僱博爾德雷娃的情況。還報告一件先前在米爾戈羅德基地發生的事件，一名「施密爾什」官員命令兩名來自「馮托格」的婦女從美國人駕駛的車裡滾出來。

佩爾米諾夫對莫斯科給斯維什尼科夫的命令沒有異議，但對「施密爾什」執行命令和開展工作的方式提出質疑。在佩爾米諾夫看來，「施密爾什」的策略正中敵人下懷，也就是革命時期反對蘇聯的「白衛軍」*支持者，如今蘇聯人對父母是俄羅斯人而在俄羅斯或其他地方出生的美軍人員也這樣稱呼。「白衛軍」據稱想要破壞盟友之間的關係。佩爾米諾夫寫道：「很顯然，他們必須知道如何『斷絕』熟識的關係，而不是只會魯莽行事，因為那會影響工作的關係，製造新的衝突，並幫助白衛軍發展他們的活動。」他還請求允許不要解僱博爾德雷娃，「因為沒有關於她有損聲譽的其他資料提報給我。」他補充說：「遵循原先的路線就意味著不久的將來所有民間女性雇員都要遭到遣散。」

在同一份報告中，他更加強烈地譴責了「施密爾什」威脅當地居民與美國人斷絕關係的做法。「我認為這種解決問題的方式在政治上是有害的，」佩爾米諾夫爭論道，「如果真要這樣做，那麼就必須對波爾塔瓦、米爾戈羅德、皮里亞丁和周邊村莊的半數人口採取鎮壓措施。」[27]

這份提交給希馬諾夫將軍的報告最終擺在莫斯科的「施密爾什」負責人維克托·阿巴庫莫夫的辦公桌上，連同一份由斯維什尼科夫簽署的備忘錄。備忘錄中他寫道，他的下屬的作為根本沒有造成任何麻煩：坦德特沒有抱怨他被捕，而博爾德雷娃據稱自己決定不再跟他約會。斯維什尼科夫顯然處於守勢。他聲稱，佩爾米諾夫本人正警告民間雇員禁止與美國人發生性關係。阿巴庫莫夫以口頭對下屬下達了命令，沒有在文件中留下任何實際命令的痕跡，但在佩爾米諾夫的干預之後，女性與美國人約會受到的攻擊停止了。八月，美國人得以與烏克蘭女友約會，並在晚上十一點宵禁前的夜晚時分待在波爾塔瓦地區的公園裡。「施密爾什」改變了策略，更加強監控美國男人和烏克蘭女人之間的性關係，而不是粗暴鎮壓。[28]

七月的約會危機留存在波爾塔瓦空軍基地的美國人記憶中，改變了他們最初對蘇聯人的正面態度。如果說六月德國空軍的轟炸造成基地指揮官們的疏遠，那麼七月的事件則讓基層官兵不滿。接下來八月和九月將又有新的隱憂。

＊編按：「白衛軍」原文「White Guards」即前文所述「白色力量」的軍事組織。

第十章　挑起爭端

一九四四年八月六日星期日，七十八架飛行堡壘和六十四架護航野馬的到來再次讓烏克蘭機場恢復生機。這是六月底以來首次執行的穿梭轟炸任務的一部分，當時第八航空隊的飛行堡壘降落在波爾塔瓦地區的機場，卻被隨後的德國攻擊摧毀。那場災難之後，美國指揮官們花了將近一個半月的時間，發起一場名為「瘋狂五號」的新突襲。「瘋狂一號」在六月初開始行動；「瘋狂二號」是一次不幸的任務，幾乎在六月二十二日德軍襲擊中結束；「瘋狂三號」和「瘋狂四號」由駐義大利的第十五航空隊於七月執行，只出動了戰鬥機。相比之下，「瘋狂五號」由三個轟炸機聯隊和一個戰鬥機聯隊執行——他們都隸屬駐英國的第八航空隊。

這次任務是應蘇聯的要求執行。莫斯科希望飛行堡壘轟炸位於德國上西利西亞地區和波蘭克拉科夫地區的目標，並希望這項工作在八月五日之前儘速完成。但惡劣的天候延遲了「瘋狂五號」，並導致了目標的改變：飛行堡壘將轟炸波羅的海沿岸靠近波蘭的城市格丁尼亞的設施。隔天八月七日，他們從波爾塔瓦基地起飛襲擊克拉科夫地區的目標，完成了原先設定的部分任務。八月八日第八航空隊的飛機沒有飛返英國，而是飛往義大利，途中他們轟炸了在羅馬尼亞的目標，蘇聯人正準備在當月稍晚入侵羅馬尼亞。[1]

這次行動總體上被認為是成功的，儘管參與的飛行堡壘數量、被擊中目標的重要性，以及機隊損傷的紀錄都無法與六月進行的「瘋狂二號」相比。然而這一次，空襲後沒有戰機消失在地面上。美國人一直未能成功說服蘇聯人允許引進他們自己的夜間戰鬥機和防空系統，此舉本可以使波爾塔瓦地區的美軍人數增加五倍。不過，這似乎不再必要了。蘇德前線向西移動得夠遠，以致德國人無法進行他們幾週前才發動過的那種襲擊。紅軍的攻勢「巴格拉基昂行動」*（以參與過拿破崙戰爭的喬治亞裔俄羅斯軍事指揮官命名）於六月二十二日展開，同一天德國人轟炸了波爾塔瓦空軍基地。到八月中旬，紅軍部隊的前線在北部逼近東普魯士，在中部到達維斯瓦河†，在南部則達喀爾巴阡山脈。白俄羅斯和烏克蘭現在幾乎完全處於蘇聯控制之下。[2]

前線的快速推進給波爾塔瓦地區的基地帶來了新的挑戰。美軍需要從這些基地出發才能到達的目的地數量正在急遽減少，因為它們不是被蘇聯拿下，要不然就是成了紅軍行動的戰場。在波爾塔瓦當地的美國人以及在莫斯科的軍事代表團開始注意到，蘇聯人對穿梭轟炸行動的熱情愈來愈低。在

---

* 譯注：巴格拉基昂行動是第二次世界大戰中蘇聯於一九四四年對德國占領的白俄羅斯發動大規模攻勢的代號，此次行動擊潰德國中央集團軍與收復了白俄羅斯首都明斯克，並渡過維斯瓦河、一直推進到東普魯士邊界的里加。

† 譯注：波蘭最長的河流。全長一千零四十七公里；流域面積占波蘭國土面積的三分之二。發源於波蘭南部的喀爾巴阡山脈，維斯瓦河曲向北流，流經克拉科夫、華沙、托倫，在河口形成三角洲，最後注入波羅的海格但斯克灣。

倫敦和華盛頓的美國指揮官們也是如此，他們對獲取更靠近快速推進的蘇德前線的新基地愈來愈感興趣。[3]

在莫斯科，美國人要求在更西邊且更靠近前線的地方建立新基地的請求未被理睬。蘇聯人不斷拖延對新任務目標的批准；因此「瘋狂六號」——美國戰機將從英國飛往烏克蘭和義大利的新任務——直到九月中旬才啟動，這是「瘋狂」行動歷史上最長的空檔。面對轟炸行動的停頓，以及來自莫斯科有關他們未來的矛盾訊息，波爾塔瓦基地的軍官和美國大兵開始感到困惑和不受歡迎。他們與蘇聯人的衝突成倍增加，有些甚至演變成拳腳相向。這個聯盟出現了一道重大裂痕，裂痕一直延伸到它的根基；本應並肩作戰的軍人卻相互對立。

◆

八月中旬，美國駐歐洲戰略空軍行政副司令休・克納爾少將造訪了這些基地。克納爾抵達蘇聯後拜訪了埃夫雷爾・哈里曼和迪恩將軍。從八月十五日到二十一日，他待在波爾塔瓦的基地將近一週。離開時他高度質疑蘇聯對繼續這項計畫的承諾，並懷疑繼續進行穿梭轟炸行動是否有意義。克納爾也沒有多所考慮在遠東建立美國基地的可能性——這一直是美國最初發動「瘋狂」行動的主要目標之一。

關於蘇聯對這些基地的態度，克納爾在報告中評論道：「魔鬼不再生病了，也沒有興趣為打敗德國而成為僧侶。」這一令人難忘的評價，反映了這些基地的美國軍官們和美國大兵的觀點。蘇聯人受到近期勝利的鼓舞，對與美國盟友合作的熱情正在逐步下降。畢竟此時的美國人還被困在法國，距離德國邊境還很遠，而他們蘇聯人，一路前進解放自己的領土，現在正跨入中歐和巴爾幹地區。克納爾批評蘇聯在六月二十二日德國襲擊後，在改善防空方面做的很少。他還指出，維修飛機的美國和蘇聯技術人員間的合作正在瓦解，而且「俄羅斯人偷走了所有他們拿得到手的工具」。4

克納爾認為這些情況顯示沃爾什將軍未能維持士氣和紀律。他從波爾塔瓦美軍帳篷周圍長出的雜草中看到了「缺乏領導力」的跡象。這些基地的士氣確實如同自由落體。他看到留言牆上的文字，美國大兵除了想返回歐洲的基地或者回到美國的家鄉之外沒有其他想法。紀律也惡化了。美國物資的非法貿易，以及美國同胞之間或者他們與蘇聯人之間的醉酒衝突事件都急遽增加。

在克納爾視察期間，米爾戈羅德美軍基地由蘇聯經營的餐廳裡發生的酒醉鬥毆幾乎導致美國人和蘇聯人之間的槍戰，這個小插曲最能顯示影響美國基地的懈怠跡象。八月十七日晚上轟炸機飛行員菲利普·謝里登中尉喝多了，他的飛機正在米爾戈羅德維修。他喝得酩酊大醉，用力把兩個酒瓶扔出餐廳的窗戶，並與蘇聯軍官起了口角。因謝里登的行為而引起的混亂當中，餐廳外的兩名美國士官聽到了一名蘇聯士兵槍枝上膛的聲音，便以為這名紅軍士兵打算向美國人開槍。兩名美國士官襲擊了蘇聯人並讓他繳械，在他的臉上弄出了輕微的傷口。沒有人開槍，但在接下來的混亂中，值班的美國軍官為了平息這場鬥毆用手電筒擊中了另一名美國人的頭，之後將他送往醫院。佩爾米諾夫將軍要求懲罰肇事者，謝里登被送回英國接受軍事法庭審判。5

米爾戈羅德基地的餐廳是由「馮托格」經營，這樣的餐廳於六月底在波爾塔瓦開業，七月初也在其他基地開業。從一開始，它們就成為這些基地裡美國與蘇聯人員間日益緊張的焦點。餐廳販賣飲料和食物，尤其是糕點在佩爾米諾夫將軍的支持下設立，他在一九四四年五月底請求批准在基地開設商店。雖然美國人吃得很好，但他們需要一個地方來打發空閒時間，而蘇聯人不僅沒有可供他們使用的酒吧，而且還限制他們與當地人的接觸，因此佩爾米諾夫需要餐廳來阻止美國人晃進城鎮和村莊買酒。餐廳成了兩個群體的聚會場所，理想上應該可以加強彼此之間的融洽關係。事實上，隨著摩擦增多而且士氣下降，尤其是對美國這方餐廳產生了相反的效果。6

美國人發現餐廳的食物和飲料都不錯，女服務生也「有魅力，有吸引力」。由於餐廳對美國人和蘇聯人都開放——前者可以邀請來自基地的客人，但不能邀請當地居民——美國人必須盡快學會如何以滿杯的伏特加乾杯而不會立即被灌醉，一如蘇聯人堅持的那樣。當一名美國軍官將一杯伏特加倒在桌子底下時，他的動作引起了注意，佩爾米諾夫將軍要求他再喝一杯作為懲罰。美國人很快就學會了透過吃黑麥麵包、洋蔥和油膩食物來中和伏特加的勁道，但像是謝里登中尉這樣的新人來到基地，學起來就不得不吃點苦頭。7

一杯接一杯的伏特加並非美國人在蘇聯餐廳面臨的唯一挑戰。對他們來說，這個場所很快就成為蘇聯經濟狀況出了問題的典型範例。美國人還認為這些餐廳助長了腐敗和軍品的非法交易。由於「馮托格」餐廳販售同時以美元和盧布標價的商品，這解決了佩爾米諾夫的部分問題，也就是阻止了美國大兵前往附近城鎮購買酒類，但卻以另一種方式加劇了這個問題——更多的美國大兵到城鎮裡出售美國商品，以便獲得在餐廳買酒所需的盧布。

美國人問題的核心是，「美國駐歐洲戰略空軍」決定他們的薪水只有部分可用蘇聯盧布支付，而且蘇聯以強加的匯率用來將限額的美元兌換盧布。駐紮在米爾戈羅德的亞瑟・康寧漢中尉向一位蘇聯熟人解釋說，在他一百六十五美元的月薪中只有十八元是以盧布支付；其餘的都被匯入他的美國銀行帳戶。按照蘇聯官方匯率一美元兌換一七・三五盧布計算，康寧漢在米爾戈羅德的薪水是三百一十五盧布，這遠遠低於蘇聯軍官的收入，使美國人處於不利地位。

美軍的薪水只有小部分以盧布支付的決定，可能是出於在波爾塔瓦和米爾戈羅德等地沒有什麼東西可買的假設。這些餐廳的開張改變了這種情況。現在這裡有飲料、食物和香菸可以買，卻只有少少的錢可以花。一個美國人口袋裡有三百一十五盧布，能買到的不過是兩瓶伏特加，每瓶要價一百五十盧布。啤酒則是每瓶十五盧布。而且餐廳剛開張蘇聯就改變了匯率，一美元只能兌換到五・三盧布，使得他們本已微薄的購買力減少了三分之二。每個月只有不到一百盧布可以花用使得美國人很不高興，而且毫不掩飾地表達了他們的不滿。

蘇聯的反情報部門很快就蒐集到美國人發出的不滿。埃利亞斯・巴查中尉抱怨說：「如果你的商品很少，那麼就沒有必要開放交易。」賈羅夫中尉跟一位蘇聯的熟人說：「美元的高匯率，讓我們美國人被視為是所有國家中最富有的。」他不久就因為挑起與蘇聯人的衝突而被送離這個國家。賈羅夫補充說，美國指揮官們正在討論從伊朗購買酒類運往基地的計畫。確實，七月八日美國人在米爾戈羅德開了自己的店，商品只賣給美國人——一包美國香菸一盧布，而在蘇聯人開的餐廳裡，一包低檔的蘇聯香菸要價一美元多。沃爾什將軍向佩爾米諾夫抱怨，後者轉向莫斯科請願，斯維什尼科夫中校也向上反映。8

莫斯科毫無回應。新的匯率在整個夏天維持原樣，美國大兵只好尋求其他獲得盧布的方式。雖然缺乏現金，但在他們的基地卻有豐富的商品，從儀器和技術設備到制服、鞋子、毯子，以至最不起眼但重要的香皂，這些在蘇聯商店都買不到。幾乎一夜之間，波爾塔瓦、米爾戈羅德和皮里亞丁的市場上充斥著美國商品，包括香菸和口香糖。兩塊肥皂賣一百二十盧布，美國製造的鞋子賣六千盧布，毛毯賣二千盧布，手錶賣五千盧布。美軍竭盡所能調查黑市交易的案件，但仍然無法根除因為盧布的需求而助長的非法交易。9

駐紮在米爾戈羅德的富蘭克林・霍爾茲曼回憶說，六月部署後的頭個月，受到當地因戰爭破壞的程度和普遍的貧困所觸動，美國人免費送出他們的物品。後來他們開始出售商品換取盧布。根據霍爾茲曼的說法，每個人都這麼做，但是當他們看到牧師用車從基地載走待售的毯子時就不高興了。有些美國軍官弄得到車子，不滿意他們在城鎮中能賣到的價格，於是變成流動推銷員，前往鄰近的村莊，依據他們在人群中分發的價目表銷售商品。盧布不僅用於餐廳消費，還可以用來購買當地市場和商店的商品。蘇聯製的相機是德國徠卡相機的仿製品，特別受歡迎，其中一些還裝有德國鏡頭。烏克蘭民間藝術品尤其受到推崇，特別是刺繡，霍爾茲曼就買了好幾件刺繡女襯衫寄回家。10

紅軍士兵試圖從美國人那裡偷走任何能偷的東西。六月在米爾戈羅德，他們從情報單位辦公室的保險箱裡偷走了兩個錢包。載運美國物資的那些蘇聯司機，從一個美國倉庫偷走了三十九罐食品、四個降落傘、一百二十五盒糖果和四十包香菸。有人從停在機場的美國汽車上拿走了點火系統、一盞燈、一個備用輪胎和一些儀器。一名女護士的個人物品，包括鬧鐘、手電筒和別針金飾，在一所美軍醫院被盜。

佩爾米諾夫在七月二十六日發出警報。他命令下屬還有「施密爾什」官員調查紅軍人員的偷竊案件。空軍的指揮官們奉命執行，另一方面「施密爾什」的官員則是一路告狀到莫斯科。他們爭辯說，佩爾米諾夫無權對他們發號施令，而且處理輕微罪行不是他們的工作。「施密爾什」在莫斯科的老闆們，認同在波爾塔瓦下屬的觀點，反情報任務是在尋找間諜和逃兵，而不是處理針對美國人的財產犯罪。佩爾米諾夫只能自己處理這個犯罪問題。[11]

只有當紅軍軍人與美國人進行犯罪計畫時，「施密爾什」才會介入偷盜調查。這類案件是由後者提供貨物，前者負責銷售，這個領域的蘇美合作幾乎沒有遇到障礙。一九四四年九月「施密爾什」官員在其中一個基地的紅軍汽車修理廠發現三箱美國貨品，被控轉售這些貨品的人是伊凡·庫欽斯基中尉。他作證時說，這些箱子裡有八包相紙、一件皮夾克、一些衣服、豬肉罐頭、香腸，還有幾包糖和口香糖。這些箱子屬於一個他認識的攝影實驗室的技術員，是個美國人，這個人請他出售這些貨品。庫欽斯基的熟人正準備離開基地，他顯然正在出售個人物品或從軍用商店可以輕易獲得的儲備品，例如相紙。

庫欽斯基坦承了自己的罪行，還承認過去他到哈爾科夫出差時也曾為他的美國朋友賣過商品。當時他以略高於兩千盧布的價格售出那些貨品，這是基地一名美國士兵每月津貼的十倍。認罪的同時，庫欽斯基請求寬大處理。他告訴「施密爾什」審訊人員他不是一個「迷失的人」，而是需要錢來幫助陷入困境的家人。懇求無濟於事。貨品於九月十二日被發現，第二天庫欽斯基就被開除黨籍——明顯跡象顯示他們正對他進行審判。「施密爾什」企望展示其打擊美國人非法交易的熱忱。[12]

到了一九四四年夏季末，美國人從非法交易中獲得的盧布迅速改變了蘇聯經營的餐廳裡象徵性的權力平衡，美國人現在可與蘇聯同僚平起平坐或甚至可以超越他們。現金充裕的美國人可以到空軍商店，也可以拜託飛行員從英國、義大利和伊朗帶貨品給他們，這在追求當地女性方面也比蘇聯人有明顯的優勢。在「施密爾什」調查的美國男性與當地女性發生性關係的所有案件中，幾乎都牽涉到給予女性某種形式的物質利益。在某些美國人並不是想尋求性方面的好處，而只是想享有年輕女性的陪伴的案件中情況也是如此。根據「施密爾什」的報告，這就是威廉・傑克森的動機。這位外科醫生讚揚過在六月二十二日德軍襲擊基地期間，普通蘇聯士兵所展現的勇敢。他曾與波爾塔瓦的季娜伊達・布拉日科娃約會，這段關係根據「施密爾什」的報告開始於一九四四年六月，也涉及到絲襪和香水的餽贈。

無論如何，在大多數情況下美國商品作為禮物為美國大兵和蘇聯女性之間的性接觸鋪平了道路。八月三十日清晨兩點左右，一名在米爾戈羅德執勤的蘇聯軍官發現他部門裡的兩名女兵——十九歲的泰西婭・涅西娜和二十一歲的柳博芙・阿巴什金娜——都沒有到當地的麵包店輪值夜班。這位軍官很快發現她們兩人在租屋處「裸體與兩個美國人睡在一起」。在房間裡搜出「六百三十盧布，五塊美國香皂，一包美國巧克力，一枚鑲有美國寶石的胸針，四包昂貴的敷面粉，兩瓶香水，以及兩張美國人的照片」。兩個女孩被逮捕，其中一位被逐出共青團。她們部門裡的女性接受了一場「關於蘇聯道德」的講座。[13]

◆

隨著基地的前景愈來愈不明朗，蘇聯人對接納美國人的興趣愈來愈小，反過頭來美國人對東道主對他們的行動自由，以及與當地人的接觸的限制也愈來愈不滿。其結果就是他們之間的衝突激增。特別是在九月的前兩週特別「富有成效」，當時美國人中傳出他們即將離開基地的消息。不需要再有所顧忌，他們更加公開地發洩對於克納爾將軍在八月二十五日給史帕茨將軍的備忘錄中所說的「政治控制」的不滿，他認為這種控制「既不友好也不配合」。[14]

為了改善和加強盟友之間關係而計劃的活動愈來愈容易導致爭吵。九月一日，一群晉升的美國軍官邀請蘇聯軍官在波爾塔瓦空軍基地餐廳一起慶祝。根據「施密爾什」的一份報告，他們顯然喝了太多酒，其中一名美國上尉希勒與一位名叫薩夫丘克的紅軍中尉發生打鬥。希勒告訴蘇聯翻譯伊凡·希沃洛博夫中尉，他「恨俄羅斯人就像恨狗一樣，想找個人來修理」。斯維什尼科夫中校把這樣的衝突詮釋成意圖使盟友關係惡化的蓄意挑釁，並因阻止這些打鬥升級而受到讚譽。他高興地向上級報告說，蘇聯軍官和美國士官在皮里亞丁基地餐廳發生的打鬥已經被阻止。美國人據稱在數小時後闖入餐廳拿取飲料和食物。[15]

當九月頭幾週蘇聯人與美國人衝突的數量和強度不斷增加，斯維什尼科夫和佐林的「施密爾什」特務仍對某些美國人員密切監視。如同斯維什尼科夫在九月中旬向莫斯科提交的報告中所指出，「在大多數情況下，挑釁行為是由美國情報人員發起，他們懂俄語並且在蘇聯有親戚。」九月時「施密爾什」的官員堅持要起訴一位這樣的講俄語的軍官，伊戈爾·雷韋迪托中尉，他參與了一場打鬥並大聲辱罵共產主義。[16]

雷韋迪托的案例很有趣。（圖30）儘管他有個義大利的姓氏，但他於一九一九年出生於烏蘭烏德，當時是俄羅斯貝加爾湖省的首府上烏金斯克。父親是演員兼戲劇導演康斯坦寧·彼得羅維奇·阿爾卡扎諾夫，母親是出生於哈爾科夫的女演員瑪麗娜·米哈伊洛夫娜。阿爾卡扎諾夫這個名字來自劇場，「借用」自一八八六年受歡迎的俄羅斯戲劇《阿爾卡扎諾夫斯》中的主角。阿爾卡扎諾夫經營的劇團是確實存在的。第一次世界大戰之前和戰爭期間劇團四處旅行演出，康斯坦寧和瑪麗娜總是在旅途中。俄國革命讓這個家庭困在西伯利亞的城市托木斯克，一九一七年七月劇場在當地分別用波蘭語和俄語演出，這表明該團體的一些成員有波蘭血統，即使阿爾卡扎諾夫本人不是。

從伊戈爾的出生地來看，一九一九年劇團和他的家人再往東遷徙，最終來到烏蘭烏德。一九二〇年烏蘭烏德成為布爾什維克掌控但正式獨立的遠東共和國的首都。一九二三年阿爾卡扎諾夫一家離開上烏金斯克（烏蘭烏德）前往中國，那年布爾什維克將該共和國併入俄羅斯聯邦。伊戈爾的父親在中國去世，母親帶著年幼的伊戈爾移民到美國，在那裡改嫁並且變更自己和伊戈爾的姓氏。左傾的艾伯特．賈羅夫曾是雷韋迪托在米爾戈羅德情報部門的下屬，他不信任雷韋迪托並稱其為「白軍份子」，意指雷韋迪托的家族有反布爾什維克傾向。他們離開俄羅斯毫無疑問是為了逃離布爾什維克。[17]

與其他說俄語的美國人一樣，雷韋迪托在抵達波爾塔瓦基地後不久就發現自己受到「施密爾什」官員的監視。他們發現這位英俊、高大、金髮的美國人對與當地女性約會很感興趣。但他們不知道的是，伊戈爾在加入美國空軍之前曾在好萊塢待過一段時間。據家族傳說，在那裡他曾與嶄露頭角的明星亞歷克西絲．史密斯以及唐娜．里德約會。一九四四年六月下旬伊戈爾與一位名叫娃利亞的烏克蘭女子見面，「施密爾什」自然想要多了解有關她的資訊。七月伊戈爾認識了漂亮的波爾塔瓦女子季娜伊達．貝魯哈並與她約會。她的前段婚姻生了一個小孩，她的父親是位蘇聯警官，在戰前被處決。雷韋迪托告訴貝魯哈，基地裡的美國人很不高興。他們曾獲得忠告，雖然當地婦女沒有被明文禁止與美國人交往，但這些婦女卻被勸阻不要這樣做。當她們與美國人會面時都是祕密進行的。雷韋迪托跟她分享了這種普遍的不滿情緒。[18]

九月八日星期五，雷韋迪托讓「施密爾什」監視者知道了他不高興。斯維什尼科夫的特務在波爾塔瓦的餐廳發現了他，他正與一位講俄語的同事威廉．羅曼．卡盧塔中尉在一起。根據「施密爾什」的報告，兩人「試圖與我們的軍官發生爭執，散布挑釁的謠言稱俄羅斯軍官試圖阻止美國人與女孩約會」。「施密爾什」的特務下一次又舉報雷韋迪托，說他不只散布反蘇的宣傳，而且還與一名紅軍軍官發生打鬥。根據這份報告，九月十二日雷韋迪托和卡盧塔毆打了紅軍中尉費多爾．格里沙耶夫，而且還想攻擊其他蘇聯軍官。報告中寫說：「在騷亂中，雷韋迪托大喊著反共的下流辱罵，而且聲稱『不是你們在幫助我們，而是我們在幫助你們』。」[19]

美方的調查結果，儘管卡盧塔沒事，但雷韋迪托被指控有罪。整起事件起因於另一位有著東歐血統的美國軍官麥可・杜比亞加中尉，他對喝得爛醉又說髒話的雷韋迪托發出評語。後來杜比亞加和雷韋迪托發生爭執，雷韋迪托的酒伴切里・卡本特中尉也加入戰局。爭執的原因是雷韋迪托攻擊了一名美國下士。接著雷韋迪托和卡本特攻擊杜比亞加。卡盧塔此時出現並試圖拉開他們，反而與雷韋迪托打了起來。在這場爭吵的某個時刻，雷韋迪托說著俄語攻擊了餐廳的蘇聯經理，說出了蘇聯報告中提到的那些話。一如既往，蘇聯人拒絕了美國人訊問自己人民的要求，讓調查留下了空白，但總體情況很清楚——在無法忍受且對蘇聯手段感到厭煩的情況下，美國軍官在壓力下崩潰了。[20]

打鬥事件兩天後，斯維什尼科夫向佩爾米諾夫將軍送交了一長串以打鬥開頭關於美軍「挑釁行為」報告。其他還包括了未經證實的說法，指有兩名美國軍官試圖在皮里亞丁空軍基地強姦一名紅軍女軍官；指控在米爾戈羅德的美國人故意給衣著不整的人拍照；以及聲稱美國人在公開和私下場合發表反蘇言論。佩爾米諾夫反過來向沃爾什和凱斯勒兩位將軍提出抗議，他們兩人承諾調查佩爾米諾夫提到的所有案件。雷韋迪托的案子他們幾乎立即處置。雷韋迪托被罰減俸半個月，晉升也被撤銷，並於九月十五日從波爾塔瓦調離，距離事件發生不到三天。美國指揮官們必須在局勢完全失控之前，就算還無法恢復士氣，也要儘快恢復官兵的紀律。然而，對那些不得不訓斥的軍官，他們表示同情。

九月十五日雷韋迪托奉命離開波爾塔瓦的這一天，凱斯勒將軍給他寫了一封滿是好評的推薦信，其中沒有提到這起事件，並稱讚雷韋迪托是「忠誠、誠懇和盡心盡責的軍官」。凱斯勒和他在波爾塔瓦的副手們不再信任他們的蘇聯同僚，對在莫斯科的蘇聯指揮官們也是如此。為了進一步安撫蘇聯人，沃爾什下令將會說俄語、被「施密爾什」及佩爾米諾夫將軍視為反蘇的軍官彼得·尼古拉耶夫下士，調回西歐戰區。他還下令禁止美國大兵在基地外拍照。沃爾什和迪恩最不想要的就是給蘇聯任何藉口關閉這些基地，美國空軍需要在此之前完成在東歐的最後任務：空襲華沙。華沙正在全面起義對抗德國。[22]

第十一章　華沙淪陷

八月的最後一週軍士長埃斯提爾・拉皮爾和下士拉雷・皮普金搭機從烏克蘭到蘇聯首都。他們住在莫斯科最大的飯店「大都會」，也受邀出席美國大使館為獲得美國勳章的蘇聯軍官所舉行的招待會。在莫斯科的所見所聞讓他們印象深刻。

在「大都會」飯店，這兩位空軍人員在餐廳看到有日本外交官感到很震驚（蘇聯並沒有與日本交戰）。「我盯著那些混蛋，但他們故意避開我的眼神，」拉皮爾回憶說，「我一直盯著，直到他們拿起報紙擋在面前。」一九四四年八月二十二日在埃夫雷爾・哈里曼主持的大使館招待會上，拉皮爾和皮普金放眼望去都是蘇聯政要和高階指揮官。「突然間，我發現莫洛托夫給了我一個熱情且堅定的握手，他是外交事務人民委員，」皮普金回憶說，「接著握手的是羅科索夫斯基元帥（白俄羅斯第一方面軍的指揮官，當時正在波蘭中部挺進），他被召到莫斯科接受勳章。握手的還有哈里曼大使、英國大使、中國大使、蘇聯公共衛生人民委員，以及許多其他蘇聯和外交圈的大人物。」皮普金對莫洛托夫特別印象深刻，包括他對美國人向他提出的「直率」問題的坦率回答。[1]

這兩位空軍人員不是來莫斯科領獎，也不是為了特殊任務來做準備。他們是由烏克蘭基地的美國空軍指揮官們所組織的旅行團成員。與蘇聯人的關係變得愈來愈緊張之後，前往波爾塔瓦和其他基地鄰近城鎮的一日遊變得愈來愈困難，於是美國軍官們想出了一個主意，定期把軍官、美國大兵和護士們從波爾塔瓦帶到莫斯科。與拉皮爾、皮普金以及他們的空軍夥伴同行的還有一群護士，她們在一九四四年六月與凱希・哈里曼結識。凱希為了回報幾週前受到的熱情款待，邀請這群人參加大使館的招待會，並安排遊覽莫斯科。皮普金回憶說：「我們在那裡待了一陣子，然後凱希告訴我們，招待會後的晚餐將會相當無聊，所以我們就出發進城看看莫斯科的夜生活。」

美國大兵和護士們帶著對蘇聯滿滿的讚賞離開莫斯科，並與波爾塔瓦地區基地的戰友和護士們分享這份感動。他們不知道在短暫訪問莫斯科期間蘇美關係變得多麼緊張，也不知道東道主在與克里姆林宮交涉有關烏克蘭基地時所遇到的問題。凱希・哈里曼在八月三十日寫給瑪麗的信上說：「斯帕索的生活節奏愈來愈快。」他們的父親「幾乎每晚都要去克里姆林宮，前一次是凌晨兩點……」前一晚大使去找莫洛托夫，請求在烏克蘭的三處美國基地至少留下一個。這位蘇聯外交政務委員的回覆含糊其詞，其實他想要所有美國人離開。2

◆

蘇美關係在一九四四年八月上旬出現新危機，當時在德國占領的華沙爆發人民起義。數以萬計的波蘭愛國者，由祕密的波蘭救國軍指揮官率領起身反抗。

的攻擊。這些訊息或許對您的行動有所幫助。」史達林隔天就回應，質疑邱吉爾訊息的可靠性以及起義者所聲稱的占領了華沙。史達林對邱吉爾的呼救沒有明確回應，他在拖延時間，而時間站在他這一邊。重要援助一天不到，起義者的存活機會就減少一些。6

在華盛頓的羅斯福總統愈來愈關注華沙及其周邊地區的發展情勢，他得出了顯而易見的解決方案：盟軍不會要求蘇聯冒著飛行員的生命危險，面對德國高射砲向華沙空投補給。美國人會自己來做，使用波爾塔瓦地區的基地作為行動的跳板。羅斯福的軍事顧問簽署了由哈里曼在八月十四日向莫洛托夫提出的這份計畫，他還激勵這位蘇聯外交人民委員考慮由蘇聯空軍啟動類似的行動。莫洛托夫可以輕易用行動的危險性回絕後面這個請求，但要拒絕美國使用基地的提議就困難得多。因此他臨時指示他的第一副手安德列．維辛斯基以書面斷然拒絕哈里曼的兩項提議，維辛斯基曾在一九三〇年代末惡名昭彰的莫斯科公開審判＊中擔任過政府檢察官。7

哈里曼要求與維辛斯基會面，並邀英國大使阿奇博德．克拉克．克爾爵士參加。他加碼提出論述來說服蘇聯人允許使用在烏克蘭的這些空軍基地。如果英國人已經盡力透過空投來幫助波蘭人，而蘇聯人也藉由把聯絡官送進城盡了最大努力，為什麼美國人不被允許參加呢？維辛斯基重述他先前給哈里曼信中的聲明作為回應：蘇聯人不想被視為參與冒險行動。美方的會議協定寫道：「哈里曼先生指出，他不是在尋求蘇聯政府的參與，而只是允許空投武器。維辛斯基先生插話——還有降落在蘇聯的基地，那就構成了參與。」維辛斯基奉命不能讓步，而他確實沒有。8

會議沒有任何結果，令美軍的指揮官們感到失望。不久後，約翰．迪恩將軍通知在波爾塔瓦的沃爾什將軍和在倫敦的史帕茨將軍，原定到波蘭的任務必須延遲。電報寫道：「蘇聯外交辦公室通知哈里曼，蘇聯政府不同意，重申，不同意使用『瘋狂六號』向華沙的波蘭人空投物資。」哈里曼繼續努力。八月十六日他寫信給維辛斯基說，任務已延遲到八月十七日，但如果蘇聯政府重新考慮其立場，飛機仍可用於空投補給。維辛斯基堅持他的立場，重申了他早先的說法：「蘇聯政府不希望直接或間接地參與華沙的冒險。」[9]

對於在自己土地上的美國空軍基地，蘇聯人在前幾週不得不容忍，但現在變得無法容忍。蘇聯不能提出讓人信服的理由阻止美國人幫助波蘭起義者。史達林顯然決定必須關閉這些基地。八月十七日莫洛托夫利用與哈里曼及克拉克・克爾會議的機會給美國人帶來了意想不到的打擊：蘇聯不僅反對使用烏克蘭基地為波蘭人提供補給，而且希望美國人完全撤離。美方的會議協定寫道：「經過長時間討論向華沙的波蘭反抗組織提供武器，莫洛托夫先生當著英國大使的面突然說。他想警告哈里曼先生，紅軍空軍正提議修改『瘋狂』基地的問題。美國空軍可以使用機場的夏季已經結束，冬季不可能有太多航次。蘇聯空軍現在需要這些機場。」

哈里曼反擊回去。他告訴莫洛托夫，這些基地的設立是供美國空軍在戰爭期間使用，而不是只有夏天，而且計畫是要將基地向西推進，而不是將它們完全關閉。他提議再進一步討論，並提出要向這

＊編按：指一九三〇年代大清洗時期由史達林主導的一系列作秀公審。審判的目的是要消滅對史達林統治構成威脅的潛在政治對手。大多數被告人被指控與西方國家勾結準備暗殺史達林及其他蘇聯領導人。

位蘇聯外交人民委員證明穿梭行動是多麼成功。莫洛托夫插話說，基地沒有在採取什麼行動，而哈里曼對此回應說，六月下旬德國發動突襲後飛航已經暫停了一段時間，暗示蘇聯未能保護這些基地。他還指出，蘇聯決定在遠東開設空軍基地的行動也延遲了。

莫洛托夫略微軟化立場後雙方的談話才告終。他表示對這些基地的評論只是初步的想法，美國人是否繼續使用這些基地的問題可以日後再議。波爾塔瓦地區基地的未來，以及在遠東開設美國空軍基地的可能性，突然間都成了問題。蘇聯是在懲罰美國在華沙起義的爭議上跟英國站在同一邊。他們還決心擺脫美國基地的存在，因為這會讓他們拒絕協助來掐住起義的政策站不住腳。說蘇聯試圖提供協助但認為這太危險且最終毫無建樹是一回事，而阻止其盟友提供援助則是另一回事。[10]

蘇聯領導人的反應讓哈里曼感到氣憤和沮喪，哈里曼轉而向羅斯福求助。羅斯福顯然受到哈里曼訊息的影響，決定在邱吉爾的提議下就起義之事共同簽署致函給史達林。這封電報像是絕望的求救。「如果華沙的反納粹行動孤立無援，我們在想世界各國的輿論會怎麼說，」電報中寫道，「我們認為，我們三個人都應該盡最大努力，儘可能拯救那裡的愛國者。我們希望您立即向華沙的愛國波蘭人空投物資和彈藥，或者您可否同意讓我們的飛機來儘快完成這件事？我們希望您會批准。時間十分急迫。」

史達林再次給出否定的回應。羅斯福很失望，他認為再多做什麼也無法改變這位蘇聯領導人的想法。「據我所知，我們不可能向華沙的波蘭人提供補給，除非我們獲准在蘇聯的機場起降。」羅斯福寫信給邱吉爾，後者敦促採取進一步行動。「俄羅斯當局目前禁止將機場用於解救華沙，」羅斯福補充說，「我看不出我們目前可以採取哪些進一步的措施，可以實現我們想要的結果。」[11]

羅斯福決定退一步。他將來還需要史達林的善意，尤其是在太平洋戰爭方面，他不想因為波蘭的起義燒掉了這座橋梁。無論羅斯福的謹慎是否有助於確保他與史達林打交道的長期目標，但確實無法保證美國繼續使用波爾塔瓦地區的基地。八月二十五日，邱吉爾致函羅斯福提議再次向史達林發出聯合訊息的同一天，莫洛托夫傳達了他先前的威脅，要求關閉美國在烏克蘭的基地。他通知哈里曼及迪恩，蘇聯需要用這些基地來執行他們本身的任務，因此在即將到來的冬天繼續穿梭轟炸幾乎是不可能的。

哈里曼非常失望。他在一份發給國務卿科德爾·赫爾但不敢發給白宮的電報中，討論到蘇聯拒絕美國人幫助波蘭人是出於「無情的政治考量，這樣地下組織對於解放華沙就沒有功勞可言，它的領導者們會被德國人殺害，或者在紅軍進入華沙時以此理由逮捕他們。」哈里曼說的沒錯。史達林拒絕幫助波蘭人是基於「無情的政治考量」，直到一九四四年九月他才放行，當時起義幾乎被德國人鎮壓住了。[12]

◆

九月二日，「波蘭救國軍」放棄了首都象徵性的權力中心華沙老城。德軍加強了仍被起義者控制的維斯瓦河附近地區的攻擊。波蘭的指揮官們在絕望之下，與在華沙跟他們對抗的黨衛軍指揮官開啟投降談判。令人驚訝的是，他們實現了主要目標：德國人承諾不會將他們視為叛亂份子，而是將他們視為戰鬥人員，並給予他們日內瓦公約規定的戰俘地位。即將投降的消息傳到了莫斯科，由羅科索夫斯基領導的白俄羅斯第一方面軍恢復向這座城市推進。羅科索夫斯基的部隊駐紮在維斯瓦河右岸的普拉加（屬於華沙的一區），現在重新補給準備進攻。在他指揮下的波蘭第一集團軍，是由史達林政權從波蘭軍事分遣隊組成而來，他們宣誓效忠於史達林控制的盧布林政府。他們企盼渡過維斯瓦河，占領華沙老城，在波蘭首都升起親史達林政府的旗幟。

阻止或推延在華沙的起義者投降並讓他們盡可能拉長戰鬥，以便分散在蘇軍前線的德軍注意力，突然之間符合了史達林的利益。蘇聯開始自行向華沙執行空投補給任務。在這樣的情況下，加上來自該城市中德軍陣地的砲火攻擊增加，以及蘇軍在普拉加的推進，使得波蘭起義的首領們增加了對德軍的要求，他們要求向正規德軍投降，而不是向討厭的黨衛軍部隊投降。這個要求導致談判中斷，波蘭人繼續戰鬥。對波蘭愛國者的屠殺在這個月持續進行，而蘇聯人依然待在維斯瓦河的普拉加這邊。儘管如此，史達林和他的助手們還是努力讓西方盟國相信，他們正在竭盡全力拯救起義者。[13]

九月九日，蘇聯開始向起義者空投補給的同一天，他們也撤回了反對美國空軍使用波爾塔瓦地區基地進行補給的意見。蘇聯用漫不經心的方式，把允許使用波爾塔瓦基地向華沙空投補給的訊息告知英國，再由他們把消息傳達給美國。大約在同一時間，蘇聯還批准了拖延已久的穿梭轟炸任務「瘋狂六號」。這跟華沙一點關係都沒有。

「瘋狂六號」特遣機隊包括七十七架飛行堡壘和六十四架野馬，由駐在英國的第八航空隊組建而成，他們曾轟炸靠近開姆尼茨和布列斯勞（現今的樂斯拉夫）的德國工業目標。他們在九月十一日完成任務後降落在烏克蘭基地，隔天在基地度過，等待蘇聯批准返回歐洲時的轟炸目標。沒有意識到盟軍之間的高度緊張關係，美國飛行員享受了這一天，對於普通紅軍士兵和當地人對待他們的態度印象深刻。與「瘋狂六號」特遣機隊一起來到波爾塔瓦的愛德華·馬丁上尉發現蘇聯人「和我見過的任何人一樣友好」。[14]

終於得到蘇聯的批准後，九月十三日「瘋狂六號」戰機飛往義大利轟炸在匈牙利的目標。這次任務被認為相當成功，只有一架野馬在飛往烏克蘭的途中被德國人擊落，而在飛往義大利的途中沒有損失。至於轟炸的評估結果，估計是「差強人意」。直到很久以後，在戰爭結束之後「瘋狂六號」才被描述為穿梭轟炸有史以來最成功的空襲。開姆尼茨附近的一家機器製造廠，遭到飛行堡壘在飛往烏克蘭途中轟炸，該廠生產所有德國虎式和豹式坦克的發動機。該廠的毀壞使德國坦克發動機的生產停滯了半年——一場遙遙無期的戰爭很快將接近尾聲。[15]

史達林對華沙改變心意的消息讓美國空軍指揮官們大感意外。美國空軍駐歐的行動副指揮官安德森少將，九月七日在白宮拜會了羅斯福的特別顧問哈利·霍普金斯，向他表達了對華沙空投的擔憂。安德森認為這項行動並不符合成本效益。他指出了在交戰區精確空投補給的困難，以及機組人員在低空飛行招致的風險。安德森也擔心推動空投的政治成本——美國人可能會被這些基地完全拒之門外。但兩天後蘇聯最終批准了空投，消除了政治因素。可是後勤問題以及飛機和機組員面臨敵軍砲火的風險仍然需要解決。美國飛行員很快就會了解到，在華沙上空成功執行任務並存活下來的機率並不高。[16]

艾森豪將軍在九月十一日批准開始空投，他在隔天告知陸軍參謀總長喬治．馬歇爾九月十三日將執行的任務。馬歇爾則致電在莫斯科的迪恩將軍，命令他儘快與蘇聯指揮官們處理並協調該項任務。時間非常緊迫，電報的首句話就強調「華沙的波蘭愛國者情況如此危急，需要採取緊急行動。」最後一句話強調了同樣的重點：「物資的運送必須儘早完成。」[17]

迪恩趕緊執行這件新任務。九月十二日晚上他和埃夫雷爾．哈里曼以及阿奇博德．克拉克．克爾來到莫洛托夫在外交人民委員部的辦公室，要求允許隔天的任務執行。莫洛托夫打電話給紅軍總參謀長阿列克謝．安托諾夫將軍，後者告訴他已經批准了這次空投——與之前相比這次效率驚人，先前的任務常被推遲數天甚至數週。然而惡劣的天氣阻礙了行動，迫使美國駐歐洲戰略空軍將行動日期延至九月十四日，而後又延至十五日，最後延至十八日，這天歐洲北部大部分地區的天空才終於放晴。[18]

◆

飛往華沙的任務代號「瘋狂七號」，由第八航空隊的一百一十架飛行堡壘和七十三架野馬組成。機隊於九月十八日早上從英國的機場起飛，朝華沙方向飛去。機隊士氣高漲，因為飛行員知道這次他們是在執行人道任務，而不是轟炸。然而不管是不是人道任務，它都比典型的轟炸空襲冒著更大的危險。德國防空部隊已經提前料到特遣部隊的航向，他們的戰鬥機和防空砲手已做好準備。由於飛機必須下降到一萬八千英尺（約五千四百八十六公尺）或更低的高度才能精準空投補給，它們很容易成為德國高射砲的目標。機隊出現在華沙上空，並在中午左右開始投擲金屬罐裝的武器和補給品。[19]

當天傍晚，當「瘋狂七號」的飛行堡壘開始降落在波爾塔瓦和米爾戈羅德的機場時，美國和蘇聯的技師們簡直不敢置信。一架飛行堡壘和兩架野馬在戰場被毀，還有十九架飛行堡壘嚴重受損，其中一架無法修復。另外三十架轟炸機輕微損壞，一些野馬也是如此。按照「瘋狂」的標準這樣算是損失慘重。

這次任務的結果同樣令人失望。特遣機隊空投了近一千三百個裝有武器、彈藥、食品和醫療補給的容器中，只有四分之一落到起義者手中——其餘的都落入德軍控制的領土，或者沉入維斯瓦河。空投提振了波蘭戰士的精神並延長了他們的戰鬥，但幾乎沒有改變當地的局勢。此外起義份子報告說，在九月十八日美國的空襲後蘇聯縮減了它的空投行動。無論飛行員和飛機是來自美國或蘇聯，考量成本效益都很難繼續支持空投。

九月二十一日迪恩致函紅軍總司令部詢問蘇聯空投結果的訊息。這個請求最初來自哈普．阿諾，他試圖確定（正如迪恩所提）「在這方面是否需要美國額外的援助」。阿諾顯然有他的疑慮。安德森將軍也是如此，他寫信給在華盛頓的上級說，波蘭人只回收了美國人投下補給的十分之一。安德森稱空投行動不切實際，並認為他們「應該勸阻美國最高層」。[20]

然而英國人堅持行動要繼續，羅斯福也同意了。九月三十日史帕茨將軍通知東部司令部華盛頓批准了「瘋狂八號」，任務是前往華沙。他要求沃爾什將軍和他的屬下取得蘇聯必要的許可。蘇聯人建議不要空投，認為補給會落入德國人手中，但還是批准了十月一日的任務。惡劣的天氣將任務延遲到十月二日。當天稍早安德森接到消息說蘇聯人撤回了批准。邏輯既現實又嚴酷：在華沙的波蘭抵抗力量所剩無幾。[21]

◆

華沙的起義淹沒在參與者的鮮血中，他們在外界少數的幫助下戰鬥了六十三天。超過一萬五千名戰士在戰鬥中喪生，將近五千人受傷。其餘一萬五千名戰鬥人員在十月五日起義結束時被俘或投降。平民的死傷更大，超過十五萬人，大約七十萬人被驅逐出這座城市——德國人將這座城市夷為平地，這是對整個波蘭民族的象徵性懲罰行為。當紅軍及其波蘭部隊終於在一九四五年一月十七日進入華沙時，波蘭首都所剩無幾，在接下來的幾十年裡幾乎必須從斷垣殘壁中重建。但史達林現在可以宣稱自己擁有華沙了。[22]

對於埃夫雷爾．哈里曼來說，史達林不允許在起義初期使用波爾塔瓦地區的空軍基地來幫助波蘭起義者，是他與蘇聯關係的轉折點。這是壓垮美國大使的最後一根稻草，就像壓垮許多駐紮在基地的美國軍官一樣，讓他們認清無法與蘇聯東道主打交道。史達林突然改變主意，或者更恰當地說是政治算計，只是讓局勢惡化。在拯救波蘭人的最後努力中，美國人遭受了自穿梭轟炸以來最大的戰鬥損失。以滿懷希望開始的任務卻以深深的失望告終。隨著前往華沙的「瘋狂八號」任務取消，也沒有即將來臨的新任務，在烏克蘭的美國人開始為不可避免的事情做準備，那就是撤離。

第三部

同床異夢

第十二章　被遺忘的烏克蘭私生子

一九四四年十月五日清晨，雷達操作員帕爾默．米格拉和夥伴們離開米爾戈羅德。接下來是一段漫長而疲憊的旅程，他們先搭火車到達伊朗亞塞拜然首府大不里士，然後乘坐卡車和輪船返回英國。米格拉在日記裡寫道：「儘管在米爾戈羅德有各種危險和問題，但這是我在軍中度過最好的時光。」從米格拉的回憶錄來看，他很看重與當地人的交往，並且可能期待看到感激的人群向離開的美國人告別。但他在米爾戈羅德的最後一天城裡街道上空無一人。「我相信全城的人都知道了，可能想和我們道別，但當我們經過城裡時，甚至沒有人敢出來向我們揮手。」在出發前的幾個星期，他注意到在正式場合對美國人態度的轉變：「俄羅斯和烏克蘭婦女如今不再被允許與我們交談或交往。」米格拉回憶說，向來友好的守衛不再對美國人微笑，而且總的來說，蘇聯人正試圖偷走美國營地裡能偷走的一切東西。鬥毆每天都在發生。米格拉幾年後寫道：「有時我們會想，我們是否能活著離開這個地方。」[1]

十月七日離開烏克蘭基地的美國空軍第一梯隊從波爾塔瓦火車站出發。總共有三百九十五名官兵，並由三名蘇聯空軍軍官和一名「施密爾什」代表陪同。火車開往哈爾科夫，然後從那裡繼續前往

為「沒有臉的人」，因為他們找不到任何他的照片。費雪用綽號「米夏」稱呼馬庫斯，直到他二〇〇六年去世之前，蘇聯和俄羅斯朋友都以這個名字稱呼馬庫斯。

在莫斯科生活期間，費雪是共產主義的忠實信徒。他的父親是美國著名記者路易斯・費雪，出生於費城的一個俄羅斯帝國猶太移民家庭，有著強烈的社會主義信念但從未成為共產黨員。喬治的母親柏莎・馬可出身於俄羅斯控制的波羅的海地區的猶太商人家庭，她是領有黨證的共產黨員，在革命後的初期與布爾什維克菁英之間有著廣泛的交往。別人稱呼柏莎為「馬庫莎」──這是對她的姓氏「馬可」的親切俄語翻譯──她和喬治及他的弟弟維克多從一九二〇年代到一九三〇年代都待在莫斯科。路易斯長期擔任《國家報》駐莫斯科的特派員，在此期間周遊世界各地，撰寫文章宣揚左派思想。西班牙內戰期間他加入了「國際縱隊」*，擔任蘇聯政府與西方左派團體之間的聯絡人。

作為意識形態的自由工作者，或者用史達林主義的宣傳術語來說，路易斯・費雪是這個政權的「同路人」而非忠誠的戰士，很快就與日益專制的史達林政權產生了矛盾，後者要求他在自己的著作裡宣揚史達林的政策。因為他拒絕照辦讓他在莫斯科的家人生活陷入困難，他想要安排家人離開。柏莎・馬可更是擔憂。從一九三七年開始的「大整肅」†讓她放棄了對史達林政權的忠誠，隨著她的朋友和鄰居──她在莫斯科結識的外國共產黨員及蘇聯官員──紛紛被捕而變得惶恐不安。當局把柏莎和她的小孩留在莫斯科當作人質，希望藉此影響路易斯在國外出版品的論調。

不只有蘇聯官員反對這家人離開蘇聯，十七歲的喬治（或稱尤里）・費雪也反對這個舉措。作為「共產主義青年團」的年輕活躍份子以及史達林主義的擁護者，他害怕離開共產主義的天堂搬到資本主義的西方。柏莎費了很大的功夫說服他與家人一起離開蘇聯，喬治終於同意了，但前提是如果他願意就可以回來。他們一家在一九三九年春天成功離開——這是路易斯·費雪的舊識艾莉諾·羅斯福努力遊說的結果。

經過了穿越歐洲的旅程，費雪這家人在紐約找到了暫時的家。喬治並沒有放棄他的左派信仰，而是開始批判史達林政權，尤其是「大整肅」。一九四二年他入伍加入美國陸軍，希望成為一名情報軍官。然而他家庭的共產主義傾向成了障礙，他被指派到倫敦擔任軍隊審查員，在那裡結識了代表工黨左翼的政治人物與作家。喬治·歐威爾是他的新朋友之一，此人為傳達左翼觀點的《論壇報》撰稿。就是在倫敦，一位美國記者和喬治父親的老朋友把他推薦給監督「瘋狂」籌備工作的軍官。

喬治·費雪雖然年輕，但他在挑選會說俄語的美國軍官和大兵擔任烏克蘭基地的通譯和聯絡人方面扮演了關鍵角色。他在日後的回憶錄寫道：「努力挑選合適的人，除了俄語要好，也要能跟蘇聯人好好合作。」訣竅就是挑選會說俄語但不反蘇，或者不會被視為「白衛軍」份子的人。這可不是件容易的差事，因為大多數會說俄語的人都是來自蘇維埃政權的難民或者是他們的小孩，但費雪盡力而

＊編按：「國際縱隊」原文「International Brigades」，係指一九三六年至一九三八年間由共產國際組建，在西班牙內戰中援助西班牙第二共和國（尤其是其中的人民陣線）的軍事單位。

†編按：「大整肅」原文「the Great Purge」係指一九三〇年代，蘇聯在史達林執政下爆發的一場政治迫害。為鞏固史達林的個人權勢，清除政治對手的影響力，自一九三六年至一九三八年止。

為。他回憶說：「我面試了幾百個人，只挑到十幾個人。」他總共挑選了二十多個通譯派往波爾塔瓦的營地。[10]

費雪本人則被分配到皮里亞丁的情報單位，一九四四年夏天大部分時間他都待在那裡。在二〇〇五年臨終前的回憶錄中，費雪稱呼蘇聯（他將其等同於俄羅斯）是他的「母親祖國」，這是指他母親的出生地，而把他父親的出生地美國稱為「父親祖國」。來到烏克蘭後他嘗試調合這兩種忠誠，起初他很高興能回到蘇聯。他後來寫道：「我很高興在蘇聯土地上和蘇聯人民在一起，聽著俄語說著俄語。在他們的波爾塔瓦軍官的蘇聯餐廳裡吃著美味的道地食物。」他很高興「大聯盟」正在發揮作用，也很高興美國人把蘇聯人視為「一個擁有偉大領袖的高尚民族」。費雪補充說：「對史達林的讚美讓我窒息，」他認為史達林背叛了革命是有罪的：「除此之外，我也共享了溫情和戰後的希望。」[11]

費雪在莫斯科的過往很自然引起了斯維什尼科夫和佐林的注意。「施密爾什」的特務們編制了一份關於費雪的檔案，並且嘗試透過他在莫斯科的一位女同學蒐集更多的資料。這名女同學如今是在波爾塔瓦擔任通譯的中尉，也是代號為「白雲母」的「施密爾什」特務。在一份「施密爾什」的報告中，費雪的父親被描述為「托洛茨基派」，即史達林的宿敵里昂．托洛茨基的追隨者。

隨著時間過去，費雪對於回到心愛的「母親祖國」的興奮之情開始發生變化，他注意到那些他在英國精心挑選會說俄語的聯絡官，一個接著一個消失。「蘇聯人對每個通譯人員都提出抱怨，但每次只挑出一個人員。我們的東部司令部尊重這些投訴而將被指控的人送走。對我而言，這感覺就像史達林的清洗，如同一九三七年的大整肅。」七月他們把在米爾戈羅德的艾伯特．賈羅夫調走，九月他們又送走了伊戈爾．雷韋迪托，儘管他有「白衛軍」的背景，但他已經成了喬治．費雪的親密朋友——他們在波爾塔瓦一起和女人約會，一起參加派對。[12]

費雪後來回憶說，他在英國所挑選的所有人中，只有一個人在十月人員裁減後還繼續留在波爾塔瓦服役。那個人是麥可．科瓦爾少校，費雪記得他是「麥可，來自紐澤西的夥伴。」科瓦爾一九一七年出生於紐澤西的派特森，家裡是斯拉夫移民（「施密爾什」的文件顯示他是烏克蘭人），俄語說得很好。來到波爾塔瓦之前，他曾在第八航空隊駕駛飛行堡壘，在德國上空完成了二十五架次的日間轟炸任務——沒有戰鬥機的保護，因為在戰爭的那個階段，盟軍仍然缺乏長程戰鬥機來保護轟炸機空襲德國。一九四四年秋天他接替漢普頓上校原有的工作，擔任波爾塔瓦空軍基地的營運官。

費雪及科瓦爾之所以能留在波爾塔瓦，部分原因是因為蘇聯當局不把他們看作「白衛軍」或是反蘇人士。另一個因素是「施密爾什」試圖把這些通譯人員趕出基地的無能方式，讓東部司令部拒絕再像往常一樣將他們不想要的美國人員送回英國。一九四四年九月的第二週，就在美軍準備撤離基地期間，佩爾米諾夫將軍向凱斯勒抱怨。他說九月七日在皮里亞丁空軍基地的通信中心，科瓦爾少校和費雪中尉據稱與一名蘇聯軍官爭吵，還製造醜聞並試圖攻擊一位女性接線員。斯維什尼科夫九月底給莫斯科的報告中也提到這起事件，報告描述這是美國人的挑釁，但被蘇聯指揮部化解了。[13]

基地的督察官拉爾夫．鄧恩少校立即調查了這起事件。科瓦爾和費雪宣誓作證，聲稱無論如何都沒有發生任何爭執。鄧恩詢問了基地的蘇聯指揮官葉爾科少校，據說他是最初收到投訴的人。葉爾科表示沒有聽說過這起事件。鄧恩交出了一份報告，指出沒有理由譴責這兩位美國軍官。他也得出了結論說，蘇聯人試圖抹黑那些具有俄羅斯背景的美國人，或者因家庭出身而與蘇聯有關係的人。費雪和科瓦爾兩人都獲准留在波爾塔瓦，當然他們是自願繼續留下。蘇聯方面沒有提出異議，因為除了他們的背景以及關於在皮里亞丁爭吵的莫須有指控之外，「施密爾什」找不到這兩位軍官的其他把柄。[14]

撤離米爾戈羅德及皮里亞丁基地後的頭幾週，蘇聯與美國雙方沒有發生重大衝突。有關美軍不端行為的虛假報告，例如科瓦爾和費雪涉入的那起事件，都已成為往事。在波爾塔瓦，蘇聯人用從英國運來的預製組件，幫美軍人員蓋了新的房舍，而且對他們的客人普遍表現出比起夏末更好的態度。隨著波爾塔瓦基地未來的不確定性解除，美軍的士氣也有所改善。身為東部司令部的副官喬治·費雪可以很高興地報告說：「十一月的俄羅斯和美國指揮部的軍官在工作和個人關係上非常友好。」[15]

兩方軍隊及人民之間的友誼和團結展現在慶祝一九一七年布爾什維克革命二十七週年期間。十一月七日在波爾塔瓦舉行了閱兵和集會，參加者包括紅軍人員、當地民眾以及美國人。美國人行軍到波爾塔瓦參加慶典，儀式中由黨和軍方的官員致詞，持續了大約兩個半小時。美國攝影師為慶典及參加者拍下了數十張照片。

儘管如此，照片中所捕捉到的團結並不是全貌。集會結束後美國人回到基地，因為城區暫時禁止美國大兵進入。蘇聯人擔心喝醉的紅軍士兵可能會打架，而他們的指揮官則擔心無法管住部下。一回到基地，美國人就到餐廳吃飯慶祝節日。這天順利結束，雖然美國人並不是真的高興。「他們被放了一天假，然後被迫參加了慶典，他們對致詞的內容一無所知，最後晚上又只能待在機場裡。」一九四四年秋天撤離米爾戈羅德及皮里亞丁基地後，撰寫東部司令部歷史的威廉·卡盧塔描述了最後階段的這件事。[16]

十一月七日，在波爾塔瓦舉行慶典的同一天，美國境內的美國人在總統選舉中投票，在富蘭克林．羅斯福與共和黨的對手紐約州州長湯瑪斯．杜威之間做出選擇。波爾塔瓦基地對這次選舉的討論，暴露了蘇聯人與美國人之間的政治和文化鴻溝。蘇聯人跟隨他們的媒體強烈支持羅斯福，蘇聯的宣傳把杜威描繪成蘇聯的敵人，因此他們無法理解為什麼美國報紙可以刊登杜威的照片。更讓蘇聯人震驚的可能是，美國人竟然可以公開批評他們的總統，還把票投給他的對手。對蘇聯人來說，類似十一月七日那樣的正式慶典，開頭與結尾都是對史達林的讚揚；政治討論很少而且很簡短。卡盧塔寫道：「美國人拒絕與那些對我們的政治體制一無所知的人談論政治。」[17]

根據費雪的報告，基地裡蘇聯人與美國人的關係在十月和十一月有了新的正面的開端，但到了一九四四年十二月又開始惡化。他列舉了同僚間日益不滿的三項主要原因。首先，請求從波爾塔瓦飛往莫斯科、德黑蘭的航班批准程序處理緩慢，同樣地飛往烏克蘭西部和波蘭機場的航班也是如此，在這些地方受損迫降的美國飛機正在等待維修。其次，美國和蘇聯飛行員之間正在爭奪往返於波爾塔瓦基地的兩架美國道格拉斯C－47飛機的控制權。最後，他們不滿蘇聯人對美國財產的小偷小摸，這種行為從夏季開始並持續存在。[18]

在第一個問題上，蘇聯指揮官確實不急於為美國人所要求的航班提供方便，他們持續對美國人抱持懷疑態度，特別是現在穿梭轟炸任務已經結束了。他們也不相信由美國人自行駕機飛航，從一開始就堅持由蘇聯飛行員負責而美國人擔任副駕駛。在夏季的幾個月裡，道格拉斯飛機主要用於烏克蘭基地之間的飛航。雖然美國人普遍抱怨蘇聯飛行員冒著不必要的風險並且飛得太低，但在基地之間的短途飛行時這似乎並不是個重要的問題。但是當米爾戈羅德及皮里亞丁基地歸還給蘇聯全權控制，而紅軍空軍飛行員開始負責長途飛行，例如飛往烏克蘭西部的利維夫和克拉科夫地區的機場時，這就會成為問題。美國人開始大聲抱怨他們的東道主魯莽的飛行技術。

有個插曲特別可以說明這些抱怨的原因。根據麥可．科瓦爾後來整理的一份正式報告，十一月時一位名叫科沃奇金的蘇聯飛行員從利維夫飛回來，在波爾塔瓦試圖降落時差點把飛機撞毀。機場上空的低雲讓他無法在波爾塔瓦降落，他只好轉飛到米爾戈羅德。機上的美國乘客告訴同事們說，飛機兩次撞擊地面但降落失敗。科沃奇金隨後飛回波爾塔瓦，他將飛機垂直於跑道著陸。美國人後來發現，飛機的「濾油器裡滿是小麥和樹葉，控制面板上卡著樹枝，機輪軸裡還發現了玉米粒」。此外，油箱是空的，因為科沃奇金在返回波爾塔瓦之前試圖在米爾戈羅德降落時耗費了燃油。科瓦爾在報告中寫道：「詢問了飛行員後，我們推斷他是憑感覺飛行，他並沒有嘗試以可用的無線電設備進行降落。如果把夜間照明設備全部打開，加上所有無線電設備都開啟，若這些設備有用上，應該就可以降低風險安全著陸。」他總結說：「看來俄羅斯人沒有受過良好的儀表飛行訓練，而領航員除了領航其他都不會。」[19]

然而，一九四四年秋天美國人和蘇聯人之間緊張關係的最大原因是那些小偷小摸。這個問題既複雜又具有爭議，雙方都不是完全無辜。雖然美元的低匯率已被八月下旬推出的每日津貼所抵銷，但美國人還是繼續以物易物的買賣，利用他們在美軍商店和空軍補給的管道來獲取當地商品或從事黑市活動。包括徠卡（Leica）和康泰時（Contax）型號的相機仍然很受歡迎，在波爾塔瓦以介於兩千五百至五千盧布的低價出售。美國人會出售他們的衣物，飛行員的皮夾克特別受到歡迎。美軍司令部禁止在自己的部隊中以物易物，要求軍官和士兵對於交給他們的設備和物資負責，這使得他們與紅軍小偷們發生了衝突。[20]

波爾塔瓦的美軍車庫特別容易遭到偷竊。十月二十四日，一名紅軍士兵試圖把一輛美軍車輛開出基地；十一月四日，另一名士兵試圖偷取防凍液，可能是以為可以喝；十一月十四日，輪胎被不明人士偷走，儘管有些輪胎後來在蘇聯車庫被找到。美軍物資由蘇聯衛兵看守，他們若不是與小偷串通同謀就是怠忽職守。美國人把他們的不滿發洩在衛兵身上，引發了衝突。

十一月二十日接近午夜時分，一名在車庫值班的美國中士發現兩名蘇聯衛兵離開崗位，完全失職地在附近的帳篷裡睡覺。這名中士和另外兩名美國軍官進到帳篷並和這兩名衛兵對峙。其中一名衛兵逃跑了，但另一個卻進行反抗。其中一名美軍羅伊．坎農准尉，先前已經在餐廳待了一陣子，他用手槍向地面開了幾槍警告，這名紅軍衛兵投降但拒絕配合。當他拒絕寫下自己的名字時，坎農在他臉上打了兩下。一名蘇聯士兵遭受一名美軍身體虐待，這件事一路傳到迪恩將軍那裡，他向波爾塔瓦的蘇聯指揮官保證說，肇事者將被送上軍事法庭。坎農確實在十一月二十三日從波爾塔瓦被送走。[21]

當「被遺忘的烏克蘭私生子」繼續在波爾塔瓦基地服役，直到一九四四年秋末和冬初，局勢將變得更加緊張。那些選擇留在波爾塔瓦基地的人即便不認同共產主義意識形態，但他們傾向於同情蘇聯及其人民，事實上這也是他們自願參加新階段任務的原因之一。然而當「施密爾什」的軍官們愈來愈擔心他們所認為的反蘇情緒在美軍之間蔓延，其中有許多人對蘇聯政權變得高度批判。諷刺的是，正是因為「施密爾什」的舉動變得更具侵犯性，反情報軍官和特務對留下來的美國人進行更嚴格的調查，因而把盟友首先轉變為可疑者，然後再變成了對手。[22]

第十三章　瞭望塔

一九四四年十月十四日，約翰．迪恩有了機會就空軍基地的未來直接向史達林提問。這是在蘇聯、美國和英國軍方指揮官與史達林會面的場合，此時英國首相溫斯頓．邱吉爾也到訪克里姆林宮。當時主要的議程是在討論歐洲的戰爭行動以及東歐與巴爾幹半島的未來，太平洋戰爭也是議題之一，迪恩逮住機會問了史達林一連串有關蘇聯參與對日本開戰的問題。其中一個問題問到，在蘇聯遠東地區開設美國空軍基地的可能。邱吉爾在會後對迪恩說：「年輕人，我佩服你的勇氣，問了史達林最後那三個問題。我不認為你會得到答案，但問一問也沒有壞處。」1

令所有人驚訝的是，在隔天的議程中史達林直接回答了迪恩全部的問題。他贊同在遠東開設美軍基地的想法，但他指出美軍需要找出一條經由太平洋的補給路線，因為跨西伯利亞鐵路的全部運能屆時將用於載運紅軍部隊前往該區。作為對埃夫雷爾．哈里曼接續問題的回應，史達林保證假如以下的條件能夠滿足的話，蘇聯將在對德戰爭結束後三個月加入對日作戰。史達林所考慮的條件就是，蘇聯對千島群島、南庫頁島以及旅順港的領土主張，還有在滿州建立事實上的勢力範圍。哈里曼和迪恩都很高興。迪恩回憶說：「我們休會時深信已經取得了進展。」2

在哈里曼看來，史達林親口承諾蘇聯參與太平洋戰爭以及美國可以在遠東設立空軍基地，輕而易舉就成了邱吉爾造訪莫斯科的最主要成果。其他的議題就沒那麼好解決。歐洲的前途受到關切，哈里曼有理由對邱吉爾和他自己的總統感到不滿，前者在十月九日抵達莫斯科進行為期十天的訪問，而後者對三巨頭會議很感興趣，但因為即將到來的美國總統大選無法前來，只好請哈里曼代表出席，然而他只能以觀察員的身分參加。哈里曼參與了幾場史達林與邱吉爾的會議但並不是全部，因此無法在他認為必要的時刻捍衛美國的立場。前蘇聯外交人民委員現在是莫洛托夫副手的馬克西姆・利特維諾夫，在表揚邱吉爾的招待會上，根據一篇《路克》雜誌上估計哈里曼家族財富的文章問迪恩說：「一個億萬富翁怎麼會看起來這麼難過？」[3]

哈里曼對於羅斯福拒絕更積極參與決定波蘭的前途，尤其感到不滿——這是盟軍關係中的棘手問題，在史達林拒絕幫助華沙的波蘭叛亂份子，又不允許盟軍利用波爾塔瓦基地自行提供援助之後，這也是哈里曼心中的痛處。邱吉爾飛抵莫斯科，把波蘭問題列為首要議題，哈里曼認為美國也應該把這個議題列為頭條。哈里曼認為如果羅斯福不能來，或許哈利・霍普金斯可以飛來幫助邱吉爾拯救這個國家免於蘇聯的統治。這樣的事情並沒有發生，哈里曼留下獨自面對。

一九四三年十一月底和十二月初在德黑蘭的三巨頭會議，邱吉爾首次描繪了他對波蘭的計畫。根據這項計畫，史達林可以保留在一九三九年根據《德蘇互不侵犯條約》，在保護烏克蘭和白俄羅斯同胞的藉口下所奪取的前波蘭東部領土。在倫敦的波蘭流亡政府被預期會接受沿著「寇松線」*的新東部邊界。「寇松線」是一九二〇年由當時的英國外相喬治・寇松所提出來的邊界，這條線或多或少與波蘭在東部的種族邊界吻合，但是波蘭人拒絕。如今邱吉爾把在倫敦的波蘭流亡政府總理斯坦尼斯瓦夫·米科瓦伊奇克帶到了莫斯科，這樣也幫不上忙。米科瓦伊奇克拒絕配合，也不接受把「寇松線」作為波蘭新的東部邊界。他尤其反對放棄利沃夫（烏克蘭語的利維夫），這是一個外圍是烏克蘭人定居，主要的都會中心則大部分住著波蘭人的城市。哈里曼知道談判的僵局對史達林有利。

利維夫和波蘭東部邊界的議題被延遲到下一次三巨頭會議討論，這個會議直到一九四五年二月才會舉行。在此期間由於沒有達成任何協議，史達林可以在紅軍征服的波蘭領土上為所欲為，而西方盟國仍然遙不可及。美國人當時所擁有離該地區最近的前哨基地就是波爾塔瓦。唯一能夠進入利維夫和有爭議的周邊地區的美軍人員，就只有飛往當地營救受損飛機的美國飛行員這條管道。這個新情勢出乎意料地把波爾塔瓦空軍基地推向了一個新角色——美國在東歐軍事及外交利益的瞭望塔。4

◆

威廉·菲辰上尉是波爾塔瓦空軍基地情報部門的負責人，年謹二十六歲就為自己和基地承擔起新

---

*編按：一戰結束後所制訂的寇松線，是用來劃定波蘭與蘇聯的國界。這條線是以一七九五年第三次瓜分波蘭時，普魯士與俄羅斯所分割的界線為參考，但此線在南部的利維夫一帶並未達成共識。二戰後期美英蘇達成協議，再次以寇松線作為波蘭國界的東邊，利維夫劃歸蘇聯。

角色。事情發生在一九四四年十月二十一日，當時一架C－47運輸機途經利維夫降落在波爾塔瓦，機上載有飛機在中歐受損的美國飛行員。

菲辰於加州大學柏克萊分校以昆蟲學學位畢業。在夏季的幾個月裡他訪談了不少機組員，蒐集有關德國空軍、防空系統及美軍轟炸結果的資訊。九月的轟炸行動結束意味著再也沒有機組員需要接受訊問，除非他們是從烏克蘭西部或波蘭東部返回。隨著從利維夫來的這架飛機抵達，菲辰和他的手下開始做了「施密爾什」軍官懷疑他們一直在做的事情——不僅蒐集德國人的情報，也在蒐集蘇聯人的情報。[5]

來自利維夫的這架C－47把兩架美國飛機的機組人員載到波爾塔瓦，他們只能緊急迫降在目前由蘇聯掌握的利維夫和塔爾努夫鄰近地區。由於紅軍正在挺進波蘭，從英國和義大利起飛執行轟炸德國任務的飛行員可以緊急降落在蘇聯防線後方，就像這兩名飛行員所做的一樣。他們會被交到紅軍指揮官的手上，後者會把這些美國人送到波爾塔瓦。

菲辰正在聽取簡報，但這次跟往常不一樣。在他旁邊的是美國駐莫斯科軍事代表團空軍副首長喬治．麥克亨利上校，他飛來波爾塔瓦參加這次飛行員的簡報。根據美國空軍某位歷史學家的說法，麥克亨利「主要關注那些具有政治性質的焦點」。他想了解在戰前屬於波蘭東部如今由蘇聯掌控的地區的情況。飛行員報告說，他們一旦被蘇聯拘留就會受到持續監視，但是他們的人身自由不會受到任何限制，而且紅軍人員對他們也很好。根據他們的觀察，蘇聯和波蘭之間有著明顯的緊張跡象，波蘭人認為紅軍比德國人好不了多少。[6]

蘇聯占領區的情況首度傳出，很快地也被其他在一九四四年十一月飛到波爾塔瓦的美國飛行員，以及波爾塔瓦基地本身的人員所證實。蘇聯允許駐紮在波爾塔瓦的美軍技術人員飛往戰機迫降的地點修復它們，然後再把它們飛回波爾塔瓦。有些人會在那些地區耗時幾個星期完成修復任務，其他人待的時間會短些。所有這些人都是了解烏克蘭西部和波蘭東部情況的重要管道。他們的報告會定期送到在莫斯科的軍事代表團，有些報告也會提交到哈里曼的桌上。[7]

遞交到哈里曼的報告包括波爾塔瓦基地指揮官漢普頓上校所提交的。十一月十四日漢普頓由幾位說俄語的軍官和技術人員陪同一起造訪了利維夫並在那裡待了四天，其中包括他的首席營運官麥可．科瓦爾、情報官薩繆爾．查夫金，以及技術員菲利普．米什先科，直到十一月十八日返回基地。他們搭乘基地裡兩架VC－47「道格拉斯」運輸機中的一架從波爾塔瓦飛往利維夫，幫一架降落在那裡的B－24「解放者」加油。（B－24是一款重型轟炸機，它的機翼比B－17更長，然而許多人認為它不如它前一代那麼好那麼可靠。）他們返航時搭載了喬．強森上尉，他從十月六日開始就在利維夫地區協助被擊落的美國飛行員，他提供了很多訊息。強森以及從波塔瓦基地來的美國軍官們都注意到內政人民委員部（NKVD）的祕密警察在監視他們，也看到紅軍士兵騷擾想和美國人見面的當地女孩，僅僅透過他們的觀察以及偶爾與當地人的接觸，就能蒐集到相當程度有關利維夫情勢的資訊。

如同十月份向菲辰簡報的機組員，漢普頓和陪同他的人員也發現，這座城市裡占大多數的波蘭人對蘇聯人高度不滿。他們都提交了個別的報告，一致認為波蘭人實際上覺得被德國人統治要比蘇聯人好。漢普頓寫道，當地人發現德國人的城市管理比蘇聯人有效率。「顯然德國人讓波蘭人能有相當程度的自主，他們繼續過著自己的生活，反觀蘇聯人每件事情都要管，讓生活整體上變得很不愉快。」除此之外，根據漢普頓的說法，蘇聯人試圖降低當地的生活水準，以便和蘇聯的生活水準一致。他們強迫當地人以每週兩百盧布（黑市價格相當於一美元）的微薄工資工作。蘇聯人忙於用高價出售透過租借法案從美國獲取的罐頭食物，波蘭人則為了生存變賣他們的家產。漢普頓寫道：「相較於德國人統治，在蘇聯人統治下食物更加缺乏而且昂貴。」[8]

關於利維夫的猶太人，漢普頓則描述了非常不同的故事。他報告說，他遇到了許多見證德國暴行的人，其中包括兩名大學教授。他寫道：「猶太人幾乎總是納粹掌控下的受害者，令我吃驚的是，曾經與納粹暴行共存而且目睹暴行的波蘭人，顯然對於猶太人少有或甚至根本沒有同情心。事實上我認為我的線民中某些人對於納粹迫害猶太人的政策是配合的。」關於在利維夫的猶太人被大規模滅絕的情況，以及當地民眾在此過程中所扮演的角色，這可能是首度揭露的訊息，報告將送交給美國軍事指揮部以及在莫斯科的美國大使館官員。[9]

一九四四年十一月當漢普頓和他的成員飛到利維夫時，外界還不知道日後所稱的「猶太大屠殺」這件事。一九四四年八月底，蘇聯安排了美國和其他盟國的記者前往馬伊達內克——在波蘭東部靠近盧布林的德國滅絕營——讓西方世界首次見識到毒氣室以及焚燒囚犯屍體的熔爐。其中一名記者比爾·勞倫斯在《紐約時報》發表了一篇文章，談到馬伊達內克之旅的見聞。「我剛剛見識到在地表上最恐怖的地方——馬伊達內克的德國集中營，那是名副其實製造死亡的『胭脂河』。據蘇聯和波蘭當局的估計，有來自幾乎所有歐洲國家高達一百五十萬的人，在過去的三年裡在該地遇害。」（勞倫斯用來比喻的「胭脂河」是亨利．福特最著名的工廠，坐落在美國密西根州「胭脂河」市，位於底特律西邊。）歐洲人的滅絕輸送帶首度公諸於世，雖然當時還不知道是針對歐洲的猶太人。[10]

凱希．哈里曼在勞倫斯返回莫斯科時見了他，看到他眼中的淚水。然而，勞倫斯和其他西方記者都沒有點出猶太人是這場暴行的主要受害者，以及他們所看到的是有計畫地滅絕整個民族的證據。他們只是還不知道真相。蘇聯安排這趟行程某部分是為了合法化由史達林所支持組建的波蘭政府，讓這些記者有機會採訪愛德華．奧索布卡－莫拉夫斯基，他是盧布林委員會（波蘭民族解放委員會＊）名義上的領導人，他宣稱德國人殺害了各國籍的人民。在給瑪麗的一封信中，凱希提到了這其中有二十二種國籍。這個數字很顯然來自勞倫斯，而他是從蘇聯和波蘭的嚮導那裡聽來的。勞倫斯的報導最初令人難以置信。雖然一九四四年秋天出版的關於馬伊達內克的新報告證實了勞倫斯的說法，但是對於受害者的種族成分仍然知道的很少——遲至十一月，受害者仍被描述為「猶太人和基督徒之類的。」[11]

漢普頓上校在利維夫的成員中，沒有人比空軍情報官薩繆爾．查夫金更受到這座城市裡猶太人故事的創傷，而且對他們的困境留下更詳細的描述，他是道地的基輔人，本身就是個猶太人。在查夫金

＊譯注：PKWN，又稱盧布林委員會，是二戰後期一九四四年蘇聯支持的共產黨人在波蘭建立的行政管理機構。PKWN是一個臨時組織，和總部設在倫敦的波蘭流亡政府對立，而後者得到了西方盟國的承認。PKWN對從納粹德國奪回的波蘭領土行使控制權。它由蘇聯贊助和指揮，由波蘭共產黨人控制。

的報告中重述一位猶太婦女在德國占領這座城市後倖存下來後告訴他的故事：「納粹一進城，就開始圍捕猶太人或任何長得像猶太人的人。透過當地的第五縱隊，他們聯絡到支持納粹的波蘭人充當他們的嚮導。她聲稱在德國占領的六個月時間裡，利沃夫的所有十萬名猶太人都遭到屠殺。大約有三千人設法藏匿在各地還活著。」強森上尉從十月七日以來就待在這個地區，他在報告中寫道，大約有十六萬名利維夫的猶太人被殺害，「方式從大規模處決到當街殺死孩童都有。」[12]

關於利維夫「猶太大屠殺」的猶太受害者人數，漢普頓和他的成員的估計既不誇大也沒有不切實際。在第二次世界大戰前這座城市是將近十一萬名猶太人的家，一九三九年之後又有超過十萬名猶太難民在那裡找到避難所，並且見證了一九四一年六月底德國人接管利維夫。就現今的估計，在這座城市和周邊地區被殺害的猶太人超過十萬人。其餘人的命運並不清楚，但只有幾百人在占領區倖存下來見到紅軍在一九四四年七月到來。有關當地人在「猶太大屠殺」中所扮演角色的報導也是正確的。許多非猶太人的居民，不只是報告中所提到的波蘭人，也包括烏克蘭人，都協助執行了這座城市的「猶太大屠殺」。[13]

「猶太大屠殺」的恐怖只是漢普頓、查夫金以及他們的袍澤所講述故事的一部分。他們的注意力主要聚焦於蘇聯在這個城市和地區的政策，他們看到明確的跡象顯示，蘇聯不打算把利維夫交還給波蘭。波蘭人只能在成為蘇聯公民或者移居到波蘭中部和西部做出選擇。強森寫道：「利沃夫已經被俄羅斯人宣布為烏克蘭的一座城市，而且俄羅斯人不希望那裡有波蘭人民。」科瓦爾少校指出，內政人民委員部已經讓這座城市驚恐不安，波蘭人不敢和美國團隊的成員講話。私底下他們會告訴美國人，他們唯一的希望就是美國的介入。漢普頓寫道，利維夫的波蘭公民下定決心「撐到羅斯福和邱吉爾代表波蘭人民進行干預為止。」查夫金提到，許多人期望能移民到美國。[14]

波蘭裔的英國空軍軍官梅奇斯瓦夫．卡羅．博羅德伊寫了一封信，請求漢普頓轉交給駐莫斯科的英國大使館。他在信中確切地表明蘇聯已準備粉碎任何把這座城市留在波蘭的企圖。博羅德伊是斯坦尼斯拉夫當地人（現今烏克蘭西部的伊凡諾－法蘭科夫斯克），一九三九年九月德國進攻波蘭時他剛完成飛行員的訓練，他逃到英國成為皇家空軍的一員。一九四一年秋天在執行某次歐洲任務時被德軍擊落，博羅德伊後來被關押在德國的戰俘營，但是他逃脫並加入了在利維夫的波蘭地下組織。一九四四年七月，就在蘇聯人進城後不久他被蘇聯情報部門逮捕，他被控是策劃華沙起義的地下組織「波蘭救國軍」的一員。博羅德伊在關押期間給在莫斯科的英國大使寫了一封信請求協助，這封信從監獄偷渡出來，輾轉到了漢普頓的手上。盟軍沒有辦法幫他。一九四五年一月博羅德伊被判處二十年勞改並被送往西伯利亞的科雷馬金礦場。[15]

◆

漢普頓上校的團隊並不是最後一個造訪利維夫的團體，接下來幾週和幾個月還有其他人來訪。其中一團軍官是由波爾塔瓦基地的醫官羅伯特．懷斯哈特少校所率領，他們在十二月六日飛到利維夫。懷斯哈特在四天停留期間注意到當地人「明顯對他們的俄羅斯解放者缺乏感激」。絕望的波蘭人把希望寄託在美國人以及未來的美蘇戰爭上。他和團員們會被問到這些問題：「你們何時會把俄羅斯人趕出波蘭？」「德國戰敗後，美國人會跟俄羅斯人開戰嗎？」懷斯哈特返回波爾塔瓦不僅帶著對利維夫處境的鮮明印象，還帶回一群迫降在這個地區的美國空軍人員。這些人曾在鄉間待了不少時間，他們為這個區域的情況提供了第一手的情報。[16]

從利維夫帶回波爾塔瓦的人員中，有一位C－17戰機的機頭砲手約翰·德米特里辛中士，他有烏克蘭血統因此聽得懂周遭人在談論的事情。一到達空軍基地他就告訴菲辰自己飛機被擊落後的冒險故事。德米特里辛生平第一次跳傘，他的降落傘毫無問題打開了，但是他發現自己沒有降落的感覺，一想到自己會一直飄浮在天空直到死去他就驚慌失措。他試圖解開降落傘的束帶，幸好並沒有成功。當他終於開始下降，德米特里辛發現他處於另一種險境：地面上有人朝他開槍。降落後他發現傘面上有三個彈孔，德米特里辛把降落傘藏在樹叢裡，自己則用樹葉遮蔽，準備與德軍交鋒。

德米特里辛安靜躲在藏身處大約半個小時後，他聽見有人用他的烏克蘭母語對他說話。原來是個沒有武器的農夫，把他帶到自己的村子，德米特里辛還是被發現了。發現他的不是曾經控制這個地區的德國人，而是忠於蘇聯掌控的「盧布林政府」（波蘭民族解放委員會）的波蘭警察。當他告訴警察自己是美國人，起先他們還友善對待他。然而一聽到他說烏克蘭語之後，一位波蘭上尉斷定德米特里辛實際上是個德國人。這些波蘭人把他帶到臨近的城鎮交給紅軍的上校審訊了超過四個小時。紅軍上校聲稱他是德國人，專門學了英語和烏克蘭語用來執行他現在所從事的任務。德米特里辛告訴菲辰，大約清晨兩點時他崩潰地哭了起來，蘇聯人就不管他了。隔天他與他的指揮官比姆中尉，以及另一名同樣從飛機跳傘的組員重聚，這兩人都被蘇聯人或者其波蘭盟友給接走。[17]

菲辰在德米特里辛十二月十日抵達波爾塔瓦時聽取了簡報，另一批在十二月十八日抵達的飛行員，菲辰也記錄下他們的故事。這些人的經驗都相當類似，儘管有些人後來是落入「烏克蘭反抗軍」*的手裡。烏克蘭反抗軍在普熱梅希爾地區（現在的普瑟密士）同時與蘇聯人及波蘭人作戰，當地人口混合了波蘭人和烏克蘭人。反抗軍對他們的美國客人相當友善，他們有些人的家人移民到了美國，因此他們去造訪過，也會說些英語。他們跟當地波蘭警察玩著貓捉老鼠的遊戲，但是安排美國人被那些警察抓到。這些波蘭人又把美國人轉手交給蘇聯人。

新到的機員中有位凱利中士證實，他著陸後遇到的人是位曾經去過賓州斯克蘭頓的「烏克蘭反抗軍」。凱利指出，波蘭人對蘇聯人不滿但是遵從蘇聯人的命令，因為他們要與之結盟對抗烏克蘭人。一名蘇聯軍官詳細詢問了凱利有關他和烏克蘭「匪徒」相處的時間。另一位新到的機員斯圖鮑斯中士同樣落入烏克蘭人之手，這些人配備了機槍，同樣地其中一人會說些英語並且曾經去過紐澤西州——正好就是斯圖鮑斯的家鄉。在斯圖鮑斯停留的其中一個村莊裡，他被告知俄羅斯人準備貼出告示命令烏克蘭人離開村莊。[18]

菲辰從美國空軍人員蒐集到的訊息都在一九四四年十二月提報給在莫斯科的美國大使館，其中毫

＊譯注：烏克蘭反抗軍（УПА）是一個民族主義準軍事組織，以反納粹、反蘇聯、反波蘭，烏克蘭獨立為宗旨，在一九四二年十月德蘇戰爭中成立，主要在西烏克蘭進行反抗紅軍、德軍的活動，戰後也繼續和蘇聯作戰。

無疑問地表明，蘇聯正在當地製造新的狀況。他們決心把利維夫留給自己，強迫波蘭人離開，並且宣稱這個城市屬於「烏克蘭蘇維埃社會主義共和國」。但是越過普瑟密士（普熱梅希爾）地區的「寇松線」西邊，他們與當地的波蘭民兵結盟對抗烏克蘭反抗軍，把烏克蘭人趕往東邊，進入他們自己想要保留的領土。直到一九四五年二月羅斯福、邱吉爾和史達林在雅爾達會晤時，世界各國還不知道「猶太大屠殺」，以及蘇聯在一九四四年夏天接管這個地區後立即採取的政策，都對這個地區的民族組成產生了劇烈的變化。那年秋天，盧布林政府與史達林在烏克蘭的副手尼基塔・赫魯雪夫簽署了一項波蘭與烏克蘭間的「人口交換」協議。19

◆

美國在烏克蘭的行動「縮編」後，一九四四年十月安納托利・佐林少校取代了斯維什尼科夫中校成為「施密爾什」的主管，負責監控在波爾塔瓦縮減的美軍人員。一九四四年十一月漢普頓上校和他的團隊造訪利維夫後，佐林首度警覺到美國在該地蒐集情報的活動。佐林認為整趟行程只不過是窺探蘇聯的藉口，根據陪同漢普頓前往利維夫的C－47道格拉斯的蘇聯機員證詞，佐林得出漢普頓和科瓦爾根本就不需要運送燃料的結論，那本該是此行的正式目的。

佐林得知美國空軍人員花了不少時間在利維夫購物並與當地人會面，當地人向他們出售小飾品。與他們見面的當地人中有一位匈牙利女演員以及四名波蘭女子。後來得知，這位匈牙利女演員曾經被蘇聯祕密警察逮捕，這幾位波蘭女子被懷疑存有反蘇觀點。有些美軍人員也被指控具有或甚至散布自己的反蘇觀點。據稱查夫金中士問了他的蘇聯隊員為什麼烏克蘭和其他蘇聯共和國沒有獨立，並且暗示在利維夫的波蘭人對德國人比對蘇聯人友好，而波爾塔瓦的民眾也對俄羅斯人不滿意。[20]

佐林把漢普頓到利維夫的行程向蘇聯空軍指揮官報告，連帶要求美軍飛往該區援救飛機的行程必須有蘇聯高階軍官陪同。從那個時候開始，「施密爾什」也會設法於美軍行程中的通譯裡安插特務，監視美國人與當地人的接觸。十一月十四日陪同漢普頓飛往利維夫的通譯加利娜（加利亞）・甘丘科娃少尉，顯然不是「施密爾什」的線民，沒有提交關於這趟行程的報告。但在成員包括懷斯哈特少校和查夫金中士的下一趟美軍飛往利維夫的行程之後，「施密爾什」軍官就從代號「歐利亞」的通譯那裡獲得了詳細的報告。這名特務報告說，懷斯哈特和查夫金曾與當地大學的一名教授會面，該教授在美國有位兄弟，並嘗試重新建立聯繫管道。[21]

美軍人員向他們在波爾塔瓦以及莫斯科的上級強烈抱怨，在他們飛往烏克蘭西部和波蘭的行程中，蘇聯的聯絡官以及通譯們幾乎公開地進行監視。他們稱這些人是「獵狗」，指責這些人不僅僅是在監視他們。蘇聯的陪同人員提供錯誤的天氣報告試圖阻止往返波爾塔瓦的航班，並且強迫機組員睡在飛機上避免美國人與當地人接觸。在波爾塔瓦，蘇聯人加強了他們的行動，監視美國大兵與當地人的關係，並且再次試圖阻止美國大兵與烏克蘭婦女的接觸。[22]

第十四章　新年舞會

蘇聯人歡喜迎接一九四五年的到來，一場漫長而毀滅性的戰爭即將迎來終點。紅軍正在完成大規模攻勢的準備，這將把它的部隊推進到德國距離柏林幾十公里的心臟地帶，每個人都相信這場戰爭會以拿下首都收場。在新年這天，主要媒體《消息報》*的頭版刊登了一幅漫畫：希特勒、希姆萊以及戈培爾在希特勒的地堡裡一起慶祝新年，桌上擺著一瓶纈草滴劑——這個滴劑被認為有助於治療失眠。在桌子底下是希特勒的其餘盟友，包括墨索里尼。隨附的詩句寫著：「無法逃避的審判／籠罩著那群犯罪的烏合之眾／敵人們在新年前顫抖／很快就會終結他們！」[1]不同於希特勒和他的盟友，「三巨頭」有充分的理由樂觀展望未來。

但是地平線上也還是有烏雲，最引起關注的就是波蘭的未來。史達林準備承認他的盧布林委員會作為這個國家唯一合法的政府，而羅斯福要求他延遲這項承認；史達林拒絕了。一九四五年元旦史達林寄給羅斯福一張卡片，裡面除了新年的祝賀「健康與成功」之外，也對他未能說服羅斯福在波蘭問題上蘇聯立場的正確性表達了遺憾。最不誠實的就是，史達林告訴羅斯福他不能延遲承認因為這件事不在他的掌控之中：最高蘇維埃已經向盧布林政府承諾會給予他們承認。同一天，邱吉爾公開拒絕承認盧布林政府。他還找上了羅斯福，提議在雅爾達即將舉行的三巨頭會議之前，單獨在馬爾他先會面。邱吉爾認為，在面對史達林之前，他們兩人需要協調好雙方的立場。[2]

「大聯盟」的盟友發現新年假期不僅帶來歡樂，也讓彼此的關係惡化。戰爭的結束已經在望，但是彼此關係中存在的裂痕也加深了，預示了今後將出現問題。在一九四五年的頭幾天和頭幾週，盟友間的不和諧在波爾塔瓦表現得最明顯，因為在那裡彼此的合作在表面上最密切。

◆

基地的美國人在新年前夕都沉浸在歡慶的氣氛中。波爾塔瓦城區被宣布為美國大兵的禁區，以防止他們和紅軍士兵及當地人發生酒醉衝突的可能性，但是蘇聯人允許當地婦女參加在基地的新年舞會。「他們昨晚在哨所舉行了盛大的慶祝活動，我錯過了真是可惜，」富蘭克林．霍爾茲曼在一封家書中寫道，「夥伴們甚至被允許邀請女生到我們哨所裡的俱樂部。」

霍爾茲曼中士除夕夜剛好要執勤。大部分美軍人員放了兩天假，但他是骨幹成員之一要熬夜工作。因為無法參加舞會，霍爾茲曼和他的兩個朋友在新年這天去拜訪了他們在波爾塔瓦的女朋友。他

＊譯注：俄羅斯的報紙，在蘇聯時期曾為蘇聯最高蘇維埃以及蘇聯中央執行委員會的機關報，為蘇聯時期的第二大報紙。

們帶著會讓人印象深刻的飲料：四瓶香檳、一瓶白蘭地、一瓶波特酒，外加一些食物。女友們烤了雞，準備了馬鈴薯和甘藍菜。食物一擺好，這幾個美國大兵立刻就開了一瓶香檳。這是霍爾茲曼第一次參與烏克蘭的飲酒派對，如同他寫給父母的家書所說，他感覺「像風箏一樣的『high』」。[3]

總體而言，霍爾茲曼相當滿意在波爾塔瓦的時光。他來到米爾戈羅德開始學習的俄語現在有顯著的進步，他結識當地女性的機會也增加了。霍爾茲曼在米爾戈羅德曾經有兩個女朋友，其中一個是高中女生妮娜·莫扎耶娃，是他柏拉圖式的情人（圖29）；另一個較年長的女性，霍爾茲曼與她有一段真正的戀情。轉調到波爾塔瓦後霍爾茲曼又找到新的女朋友，而且有很多機會跟她在一起。他後來還記得，有些時候幾乎半數人員都沒有睡在基地裡，而是和他們的女朋友留宿在波爾塔瓦。霍爾茲曼仍然沒有留意到蘇聯人會騷擾與美國大兵約會的女性。他的女朋友妮娜·阿法納西耶娃在兩個月後的一九四五年三月十二日遭到祕密警察拘留和審問。祕密警察強迫她簽下兩份文件，第一份是要她發誓對拘留的事保密，第二份是強迫她斷絕與霍爾茲曼的關係。[4]

要不是霍爾茲曼在除夕夜為了值班而無法邀請阿法納西耶娃參加在俱樂部的舞會，祕密警察可能早就找上她並且毀了這段戀情。喬治·費雪以漢普頓的副手身分報告說：「新年假期之後營區到處流傳著一個故事，大意是說約有四位俄羅斯女孩在新年假期造訪了美軍士兵俱樂部之後，在城裡被俄羅斯祕密警察拘留訊問。據報告說，在審訊時這些女孩被問到為什麼和美國人接觸而不是和她們自己的人民。」[5]

在波爾塔瓦的蘇美關係再次受到考驗。攻擊與美國人約會的婦女曾經在一九四四年夏天達到高峰，到了年底已經相當少見。部分是因為附近的美國人變少了，另外一個原因則是寒冷的天氣不適合這些戀人在街頭或者公園的角落漫步。他們就像霍爾茲曼一樣轉而在婦女的家中會面，或者改在美軍的駐地。在那裡美軍人員靠著蘇聯的協助設立了兩個俱樂部——一個是軍官俱樂部，另一個是士兵俱樂部——還有一間戲院。美國人會邀請他們的女朋友來訪，這就引發了進入基地管道的爭議性問題。

控制這一管道的是蘇聯人，由他們決定誰可以進入。他們引入通行證制度，把擁有永久通行證的蘇聯人限定為八人，主要是聯絡官和通譯，其他人都必須申請通行證。美國軍官和大兵必須為他們造訪基地的客人在四十八小時前提出申請，包括客人的全名、住址和來訪目的都要填寫在申請表上。蘇聯人，尤其是「施密爾什」及波爾塔瓦的祕密警察，需要時間研究這些申請表。邦達連科中校身為負責發放通行證的蘇聯軍官，曾經告訴費雪他們也需要時間「剔除……那些無權查看美軍設施的不受歡迎人物。」6

十二月中旬新的規定出爐，就在聖誕與新年假期前。為了避免美軍和蘇聯士兵間可能發生的衝突，漢普頓上校和蘇聯指揮官磋商後宣布美國士兵在除夕和新年當天禁止進入波爾塔瓦。因此美國大兵和女友就只能在美軍基地接觸，這些女性必須申請通行證，這造成了與美國人約會的烏克蘭女性的恐慌。她們知道自己的姓名和住址會出現在祕密警察的名單上，而且會被指控與外國人有關係。有些美國男友拒絕為女友申請通行證，其他的則決定冒險試試看。不少女性從波爾塔瓦來到美軍基地參加了耶誕以及新年的舞會。

沒多久，美國人就從女友那裡聽到參加舞會的後果。喬治・費雪在他的報告裡寫道，有關蘇聯祕密警察審訊來到基地的女性的傳言仍然未獲證實，但是有位美國軍官針對此事自己做了調查。威廉・卡盧塔是基地的建築工程師也是基地日後的歷史學家，他精通俄語，而且經常在說英語的袍澤與蘇聯官員間充當中間人。他有很多機會看到蘇聯的監視是多麼猖獗，而祕密警察是多麼粗暴地去打斷美國人與當地人尤其是婦女的關係。

跟費雪一樣，卡盧塔在一九四四年五月來到波爾塔瓦時也是個親蘇派。也跟費雪一樣，他來自與歐洲那片土地有深厚淵源的家庭並且以其左翼傾向自豪。就在第一次世界大戰前，他的家族從烏克蘭與白俄羅斯邊界的平斯克地區來到美國。老卡盧塔可能積極參與了俄羅斯帝國的工人運動，作為移民他在紐約也成為一名勞工運動者。他曾擔任工人俱樂部主席以及親蘇報紙《俄羅斯之聲》的編輯委員。[7]

「施密爾什」的線民報告說，一九四四年七月在與紅軍軍官共進晚餐時，卡盧塔被視為是烏克蘭人，卻用他名字的俄語形式稱呼他「瓦西里」。卡盧塔告訴同桌的人說：「如果我在美國的父親知道他的兒子現在人在俄羅斯，與俄羅斯軍官同桌共進節慶晚餐，他一定會喜極而泣。戰爭結束後，我一定會安排父親和妹妹造訪俄羅斯，不遺餘力為他們辦好護照。」「施密爾什」的特務形容卡盧塔非常友好，而且樂於與蘇聯人交往。他會彈奏手風琴，常常唱俄羅斯和烏克蘭的歌曲，受到紅軍軍官的歡迎。然而他的某些歌曲還是引起了「施密爾什」看管者的關注，其中一首據稱包括這些歌詞：「蘇聯的土地是自由的，但在其中的人卻看不到自由。」從他們的角度看來，卡盧塔對於蘇聯政權充其量只是部分接受。[8]（圖32）

卡盧塔對於蘇聯人的好感在一九四四年底和一九四五年初開始轉變，當時同僚們請他幫忙他們的女朋友跟波爾塔瓦當地的祕密警察打交道。當卡盧塔詢問祕密警察官員為什麼這些女子會被逮捕、審訊，而且護照被沒收，他得到在當時相當標準的回答：這些女子是妓女，蘇聯人是在幫美國人的忙，避免染上性病。在與相關女子談過後卡盧塔了解到，她們被捕後通常會被問到為什麼要和美國人約會。這些女子接著會被命令監視她們的美國朋友，並且儘可能蒐集他們言行的資訊。祕密警察會讓她們簽署表格，承諾對她們在警局發生的事保持沉默，要不然就交付法律制裁。

卡盧塔指出，這些女子小心謹慎因此沒有直接拒絕，但會指出她們與情人之間除了性以外幾乎沒有什麼事情。她們唯一知道的英語就是「愛我」跟「親我」，而她們的美國男友幾乎不會說俄語。卡盧塔後來寫道，美國大兵的語言能力僅限於「臥房俄語」。國家安全人民委員部（NKGB）的官員對這個問題似乎有了解決之道。一個月後，他們會命令這些女友甩掉她們的情人去跟其他美國人約會，希望那些人能夠說俄語或烏克蘭語，這樣對情報部門更有用處。有些女子這樣做了，而其他人則拒絕。當卡盧塔追問那些不顧祕密警察命令繼續跟美國男友約會的女子為什麼這樣做，他了解到她們似乎聽天由命，而且心理上已有準備在必要時入獄。她們的希望是這些美國軍人和他們的指揮官能夠代表她們干預這件事。9

「施密爾什」及波爾塔瓦的祕密警察加緊努力招募與美國人約會的女子，取得了不同程度的成功。國家安全人民委員部在波爾塔瓦的分部於一九四五年二月的報告裡提到，他們在參加美軍基地聖誕派對的女子中招募到一位線民，另一位線民則參加過那裡的新年派對。第一個他們說服的合作對象是十七歲的女學生名叫伊琳娜・羅金斯卡婭，她參加聖誕派對是受到負責籌備這次派對的牧師克拉倫斯・斯特皮少校的邀請。羅金斯卡婭已經在與美國人約會的烏克蘭女子名單上，而且證實在一九四四年六月她就首次與美國軍人結識。事實上，她與負責基地醫療業務的威廉・傑克森中校有過幾次會面。由於祕密警察沒有羅金斯卡婭其他不光彩的資料，他們決定招募她，並以代號「米哈伊洛夫娜」把她列入特務名單。

祕密警察不只對美國人也對與他們約會的蘇聯女子的訊息感興趣，而在這兩個團體都有廣泛接觸的羅金斯卡婭正好符合要求。法伊娜・阿吉耶娃比羅金斯卡婭大幾歲，她與美國中士雷・蒙喬約會並被他邀請參加新年派對，以代號「馬蘇列維奇」被招募。祕密警察的報告指出，這兩名女子都願意合作。如果被兩者以外的獨立團體問起，她們可能會講述一個完全不同的招募故事。就她們而言，一旦她們被發現曾與美國人約會，她們的未來也許還有她們的自由都岌岌可危。[10]

一九四五年二月初卡盧塔又與蘇聯安全部門發生了摩擦，當時他和科瓦爾少校與蘇聯軍官協商，希望邀請波爾塔瓦醫事學校的女學生參加在美軍基地的派對及舞會。這兩位美國軍官答應會在派對後把女生送回家，蘇聯人願意提供通行證，但是拒絕與學校聯絡。卡盧塔和科瓦爾自行去處理，他們驅車前往波爾塔瓦遇到一位在社交場合認識的女學生，請她幫忙邀請最多十二位朋友來參加舞會。她答應幫忙但是警告說，許多她的朋友不願意提供姓名和住址給蘇聯軍官。不過她們還是整理了一份名單提交給蘇聯當局，並且準備好慶祝一番。蘇聯人發了通行證，每個人都期待去參加派對。[11]

然而當科瓦爾少校二月三日下午開車到波爾塔瓦去接這些女生到基地時，卻讓他大感意外。在其中一位名為瓦利雅的女生家裡，科瓦爾發現瓦利雅和她的母親都在哭。馬克西莫夫上尉才剛剛來她們家裡拜訪過。最有可能就是擔任基地首席聯絡官的那位馬克西莫夫，他也是「施密爾什」在基地招募的首批軍官，代號「馬爾可夫」的特務。馬克西莫夫執行主人的命令，他告訴瓦利雅應該要拒絕參加舞會，假裝說是忙於考試。她還應該拒絕今後的任何邀約。如果她把他的來訪及指示告訴美國人，她就會被逮捕並送往西伯利亞。最後這段話嚇壞了瓦利雅的母親，根據後來的報告，「科瓦爾少校到訪期間，她母親的情緒都非常激動。」

既然在基地辦派對的計畫被毀了，有些美國空軍人員就在瓦利雅的住處辦了另一場小派對，她的一些朋友都參加了。很快地科瓦爾便得知其他女生也遭遇類似的拜訪，而原定的計畫取消讓美國人十分不滿並提出抗議。波爾塔瓦基地「施密爾什」部門的佐林少校否認跟這些事情有關係。根據他的報告，是波爾塔瓦「國家安全人民委員部」的特務要說服這些女生不要參加舞會，而波爾塔瓦的安全軍官只是命令醫事學校的校長禁止她的學生參加舞會。他們現在希望波爾塔瓦基地新任的蘇聯指揮官科瓦列夫將軍回應美國人的抗議，但他拒絕了，他希望和美國人維持工作上的關係。[12]

斯捷潘．科瓦列夫是波爾塔瓦地區當地人，在夏季時曾擔任佩爾米諾夫將軍的副手，現在以少將官階接任基地的指揮官。他並不介意參加美國人的派對，至少二月十四日排定在美軍基地舉辦的情人節派對，科瓦列夫就非常期待。

根據科瓦列夫日後的報告，美國人把招待會變成化妝派對。卡盧塔中尉扮裝成德國人，留著希特勒式的髮型和鬍子高喊著「萬歲！」其他人配合他做出回應。懷斯哈特少校和卡盧塔一起行進，表現出德國人逃離盟軍的樣子。美國護士們穿上仿照普通俄羅斯婦女的裝扮，幾天前從波蘭抵達的飛行員們身著女裝，穿上泳衣塗了口紅。除了維持秩序的科瓦爾少校、尼克爾森上尉以及值日軍官，每個人都在喝酒。

科瓦列夫以一段話來完成他對於這場派對的報告，對一位忠於史達林式蘇聯保守價值觀的共產主義狂熱份子來說，這也許並不令人驚訝。他說：「總體來說，那場派對和其他一些節慶活動一樣，以無序、自發的方式進行，每個人都隨心所欲。不受女性在場的約束，他們允許自己做出最粗俗的舉動，從而表現出美國軍官在其軍官聚會中的行為缺失，甚至沒有基本的文化規則，即使在俄羅斯軍官及俄羅斯女性面前也是如此。」

由於不明的原因，科瓦列夫在派對過了兩星期的三月一日才提交報告。他可能是被迫要交報告，因為有關他參與派對的傳聞傳到了他的上級。儘管科瓦列夫在報告中藉由教育和娛樂上級的方式來說明美國人的習慣，「施密爾什」軍官仍然發現他在派對中的行為缺失。有位在莫斯科的「施密爾什」高階軍官寫道：「科瓦列夫沒有立即離開上述粗俗的狂歡，然後向美國人提出正式交涉，而是與他的妻子以及其他同樣帶著妻子的紅軍軍官，持續目睹正在發生的醜惡行為。」[13]

◆

蘇聯在波爾塔瓦對美軍派對的干涉，毫無疑問表明了「施密爾什」及佐林少校等安全軍官在基地正取得愈來愈多的權力，而科瓦列夫等軍事指揮官則要靠邊站。許多美國人知道他們受到監視，這樣的體認伴隨著先前數週甚至數月累積的挫折感，導致他們愈來愈希望儘可能不要與蘇聯人打交道。

佐林在二月提交了一份報告譴責在基地裡蘇美關係的惡化，並且列舉了許多例子顯示美國人在限制蘇聯軍官進入他們的基地，並且奉命不要跟蘇聯人有太多交往，也不要告訴他們任何事情。

「施密爾什」軍官不是把美國人態度的轉變歸咎於他們自身的行為，而是歸咎於美國指揮官的反蘇觀點。佐林寫道：「美國指揮部態度的轉變，應解釋為其餘領導層對蘇聯的敵意展現。」這份報告恰恰引用了漢普頓上校的話，據稱他曾對「施密爾什」的某位線民說：「你們試圖把你們的馬克思主義強加到各處，但對美國來說它已經過時了。我們早就有人駁斥了馬克思。」

佐林還列舉了一個插曲：漢普頓要搭乘一架道格拉斯飛機從波爾塔瓦機場起飛，科瓦列夫將軍還在等待莫斯科放行而拒絕批准這趟航班。但漢普頓拒絕等待。他剛從克里米亞的薩基機場回來，正在為雅爾達的三巨頭會議做準備，他不得不飛回去繼續他的工作。受夠了蘇聯的拖延和阻撓，他沒有心情再容忍他們。[14]「大聯盟」的分裂持續加速中。

第十五章 雅爾達

埃夫雷爾．哈里曼是首位提議將克里米亞半島的「舊沙皇遊樂場」雅爾達作為三巨頭會議場地的人。一九四四年十二月六日，他在會議籌備期間發電報給羅斯福：「去年夏天我們的兩位海軍軍官造訪了雅爾達和塞凡堡，他們回報說雅爾達有許多大型且建得很好的療養院以及旅館，沒有受到德國占領的破壞。依照俄羅斯的標準，該城非常整潔和乾淨，冬天的氣候也很合適。」這位大使期待看看這個他久聞其名卻從未親自造訪的地方。[1]

雅爾達，或者說克里米亞，遠遠不是羅斯福首選的會議地點。他的健康狀況明顯在走下坡，只剩下幾個月的生命了。如果他知道自己所剩的時間有多短，他可能會選擇另一個目的地作為他最後的海外之行。前往克里米亞的旅程，必須橫渡有德國潛艇出沒的大西洋，以及在不加壓的機艙裡長途飛越仍由德軍占領的巴爾幹半島。羅斯福曾經要求史達林在更靠近美國的地方舉行會議，但這位蘇聯領導人卻不願意讓步。史達林並不急於會見盟友，他知道這些人想跟他討論波蘭及他在東歐的壓迫政策。

羅斯福只好讓步，因為他覺得自己不能再等了。他想要儘快見到史達林，商討太平洋戰爭及建立聯合國組織的計畫。邱吉爾也急於想見羅斯福和史達林，因為波蘭的發展以及史達林對盧布林魁儡政權的外交承認讓他不安。如前所述，他想在馬爾他與羅斯福先會面，以便在會議召開前商定一個共同立場。一九四五年一月一日，也就是他拒絕承認盧布林政府合法性的那一天，邱吉爾給羅斯福發了一份電報要求舉行非公開會議，還在電報中加上了他自己創作的格言：「從馬爾他到雅爾達，不允許任何人改變。」他對於去雅爾達的前景感到非常不樂觀。「就算花上十年時間研究，也不可能在世界上找到比這裡更糟糕的地方。」他告訴哈利・霍普金斯，後者也是早期支持克里米亞作為會議可能地點的人。[2]

一九四五年一月中旬當哈里曼開始尋找前往雅爾達的方式時，他可能會對自己的提議感到後悔。他最初飛往克里米亞的計畫是經由波爾塔瓦或者直接飛到半島南岸的薩基，但是惡劣的天氣讓這些計畫變得不可行。最初向總統提議雅爾達時，哈里曼寫道：「那裡一月和二月的平均溫度約攝氏四度，有良好的南邊氣候，而且受到高山的保護不受北風的影響。」但一九四五年一月的最後幾週天氣拒絕配合。在徒勞等待蘇聯空軍司令部的飛航許可後，哈里曼和他那一向精力充沛、好奇心旺盛、觀察力又強的女兒決定改搭火車。[3]

凱希・哈里曼在一封信裡寫道：「三天三夜的漫漫長路，大部分時間都是站在被炸毀的車站裡。」從莫斯科到克里米亞最大城市辛費羅波的鐵路，在波爾塔瓦以東約九十六公里處經過，讓她有機會觀察與她夏天造訪該城時熟悉的地景，現在已是一片白雪覆蓋。她寫信告訴瑪麗：「烏克蘭的農民似乎比莫斯科周遭的農民要富裕得多。他們的小屋子塗了油漆，有茅草屋頂，相當詩情畫意。」在其中一個車站凱希和同伴買了新鮮的雞蛋，然後用罐裝牛奶、波本酒和奶油做了潘趣酒。不過，這仍然是一段漫長的旅程。他們在旅程的第三天快傍晚終於抵達辛費羅波，她的父親非常急切想前往約八十公里外的雅爾達，不顧蘇聯主人所建議的不要在暴風雪中夜間開車穿越山區的警告，堅持要立即出發。經過三個半小時的車程，期間有輛車還陷在雪地裡，他們終於到達了雅爾達。[4]

哈里曼父女將在接下來的日子裡，確保為貴賓的到訪做好一切準備，特別是羅斯福和邱吉爾的到來。聯盟的西方領導人計劃在二月三日抵達克里米亞的薩基空軍基地，負責讓他們順利抵達的美國軍官將從波爾塔瓦飛往薩基。他們將盡最大努力使會議獲得成功。

◆

美國人抵達離雅爾達最近的薩基機場的安排，是由波爾塔瓦基地的指揮官漢普頓上校負責。就在一月十日邱吉爾最後同意了雅爾達會場之後，漢普頓和部下把其他所有事情都先擱下，全神貫注地處理在克里米亞的事宜。一位軍官在當時寫道，波爾塔瓦的工作人員奉命「為在克里米亞的祕密任務，提供核心服務人員」。波爾塔瓦的空軍人員不再是「被遺忘的烏克蘭私生子」，他們發現自己投入到一個具有世界意義的政治事件中，事後也被證實它是極具歷史意義的。雅爾達會議的結束，為基地提供了新的任務，其中不僅包括觀察蘇聯在東歐的行動，還包括幫助在蘇聯控制區的美軍戰俘回家。

漢普頓在兩名通俄語的助手陪同下前往薩基，分別是他的副官喬治．費雪以及約翰．馬特爾斯中士。馬特爾斯是前俄羅斯帝國的比薩拉比亞人，一九三〇年代曾在蘇聯參與過一些美國的計畫。基地其他的人很快就會跟進，在會議期間不是被派去短暫支援，就是被借調到半島主要城市辛費羅波附近的薩基及薩拉布茲機場。[5]

漢普頓和他的人馬想要竭盡所能確保會議順利進行，事實證明這不是件容易的任務。一如既往，蘇聯堅持在波爾塔瓦、薩基及薩拉布茲機場之間的所有美國航班，正駕駛都必須是他們自己的飛行員。鑑於美國人不信任蘇聯飛行員，正如前文所提及蘇聯飛行員被認為容易製造不必要的風險，因此雙方在雅爾達的關係立即變得緊張起來。

駐歐洲盟軍遠征軍空軍司令、英國空軍元帥亞瑟．泰德，來到莫斯科與史達林談判的某個插曲，說明了雙方不信任的程度。一月十七日漢普頓將泰德從莫斯科帶到波爾塔瓦，隔天又飛到薩基。他的蘇聯副駕駛堅持要做飛機上的正駕駛，漢普頓拒絕了，泰德支持美國人而自己接任第二駕駛。蘇聯人很不高興，但是不敢反駁這位剛與史達林會面的英國高階指揮官。然而一到克里米亞泰德就發現他帶上飛機的一個公事包不見了，當時這架飛機已經改由美蘇聯合機組人員駕駛飛回波爾塔瓦。

泰德向漢普頓求助。一月十九日費雪找到薩基空軍基地一名蘇聯無線電操作員，請他用無線電跟波爾塔瓦基地聯絡，問問機組員是否找到了泰德的公事包。收到請求的科瓦列夫將軍被告知公事包已經找到，他提出要親自送到薩基。但美國人堅持要由他們的人來送，美國駐莫斯科軍事代表團同意也這樣做。但科瓦列夫堅持認為應該由蘇聯人員來送。他違反了禁止他審問美方軍官的既定程序，詢問了降落波爾塔瓦後在飛機上發現公事包的美國中士。科瓦列夫的舉動遭到波爾塔瓦的美國軍官抗議，最終公事包沒有移交給蘇聯人，而是由美國人交給了泰德。[6]

由於缺乏信任，漢普頓在波爾塔瓦基地與薩基和薩拉布茲之間的飛航任務幾乎不可能完成。美國飛機只能在得到蘇聯當局許可後才能從波爾塔瓦機場起飛，航班必須提前一天申請。一九四四年的夏季和秋季通常只需要幾個小時就能放行一趟美國航班，但隨著雙方在波爾塔瓦的關係惡化拖延的時間愈來愈長，有時候航班全都不放行。一九四四年十二月二十二日的情況就是如此，當時漢普頓和美國軍事代表團空軍部門的指揮官埃德蒙·希爾少將安排要從波爾塔瓦飛到波蘭東部。

波爾塔瓦的蘇聯指揮官針對拖延給了一個簡單的解釋：他們無權自行批准航班。莫斯科必須做最後批准，但莫斯科卻經常沉默數天甚至數週。莫斯科的紅軍空軍指揮官發布了一項全面的命令：一九四五年一月二十日至二十八日，正值雅爾達會議籌備工作的高峰期，禁止所有從波爾塔瓦起飛的航班，理由是天氣不好。那週的天氣確實很糟糕，持續下著大雪。波爾塔瓦的美軍氣象軍官報告說那段期間天氣狀況會有所緩解。然而，隨著會議開幕日期二月四日的逼近，全面的禁令仍然有效。[7]

即使在天氣好轉之後莫斯科仍然拒絕放行航班，這在波爾塔瓦引發了一場公開的衝突，首次直接涉及漢普頓與科瓦列夫這兩位指揮官的衝突。一月二十九日漢普頓駕駛一架美軍C－47從薩基飛到波爾塔瓦，他接著請求批准返回薩基，他聲稱蘇聯空軍元帥謝苗·扎沃龍科夫已經批准了這個航班。扎沃龍科夫是蘇聯海軍航空兵的指揮官，也負責與雅爾達會議有關的空中通訊。科瓦列夫向莫斯科請示批准這個航班，但他被告知尼基丁將軍已經取消當天所有的航班。漢普頓抗議說，他必須把一些美國軍官帶回薩基，而且他得到扎沃龍科夫的許可。

根據「施密爾什」的報告，在波爾塔瓦降落一個半小時後漢普頓違反科瓦列夫直接下的命令，再次升空。這位蘇聯將軍非常生氣。他嘗試用無線電與這架飛機聯繫，但它已經在信號發射機的範圍之外了。當時在空軍基地控制中心的卡盧塔目睹了科瓦列夫的暴怒：「我本來認為年輕的戰鬥機飛行員會不服從我的指示，但沒有想到是漢普頓上校。」他毫不掩飾自己的挫折。他補充說，他是基地的指揮官，沒有他的命令任何飛機都不得起飛。[8]

科瓦列夫完全有權利不滿，儘管他從未向漢普頓或任何其他美國人解釋過蘇聯拒絕放行航班的原因。負責與美國人聯絡的紅軍總參謀長助理斯拉文少將，在給蘇聯海軍參謀長弗拉基米爾·阿拉夫佐夫海軍大將的信中給出了原因。阿拉夫佐夫是批准漢普頓航班的扎沃龍科夫元帥的直接上司。斯拉文告訴阿拉夫佐夫，漢普頓所駕駛的C－47機組員全是美國人。斯拉文寫道：「他們可以利用從克里米亞到波爾塔瓦的航班，在機上沒有我們的領航員和無線電操作員的情況下拍攝他們感興趣的地點。」他還指出，美國軍官在波爾塔瓦及薩拉布茲機場之間使用蘇聯政府的特殊線路進行通訊。斯拉文要求阿拉夫佐夫警告他在薩基的下屬，不得讓美國人使用政府的通訊線路，也不得在機上沒有蘇聯人員的情況下飛航。

斯拉文的信是在二月八日寫的。那個時候美國和英國代表團已經在雅爾達與他們的蘇聯對手進行談判。這封信的語氣及提到的做法截然不同於史達林對他的美國客人所展現的友好態度，尤其是對羅斯福總統。史達林試圖拉攏羅斯福，在身體、心理和政治上孤立溫斯頓·邱吉爾。[9]

羅斯福和邱吉爾如期在二月三日下午降落在薩基機場。如果說邱吉爾主要關切的是蘇聯在東歐的行動——史達林在當地持續鎮壓民主反對派，邱吉爾代表了忠於倫敦的波蘭流亡政府的勢力；而羅斯福的主要目標，如前所述，是確保蘇聯不會背棄史達林早先的承諾，在歐洲戰勝後與日本開戰，並且說服蘇聯領導人加入聯合國組織，這是羅斯福所設想的戰後世界秩序的關鍵機構。

參加雅爾達會議的美國代表團，原定人數不超過七十人，但隨著元首高峰會的逼近人數增加了十倍，部分原因是羅斯福納入很多美軍指揮官。這是一項策略，促使開啟蘇聯參與太平洋戰爭的談判，蘇聯方面一直在延遲這個談判。美國高層急於提出這個議題。勞倫斯．庫特少將代表生病缺席的美國空軍司令亨利．安德森將軍出席會議，他尤其有興趣討論美軍在太平洋基地的問題。在這次會議召開前的幾個月裡，迪恩將軍因為紅軍總參謀部在這個議題上拒絕有任何進展而感到沮喪，美方期待羅斯福的出席，能促使受邀參加雅爾達會議的蘇聯指揮官們開啟討論。[10]

基地的議題是在會議第三天的二月八日時提出，當時羅斯福由哈里曼陪同會見史達林準備討論太平洋戰爭。這位總統以間接的方式開場，指出隨著美國部隊進入馬尼拉，加強轟炸日本的時機已經到來，而美國空軍正在日本以南的島嶼上建立新的基地。史達林明白這個暗示，他告訴這位總統他準備允許美國空軍在阿穆爾地區建立基地。這是個巨大的突破。史達林還同意美國在布達佩斯附近建立新的軍事基地，並且批准了另一個請求：允許美國軍官到東歐的蘇聯防線後方，調查美國空軍最近的轟炸結果。

史達林很明顯展現出他的最佳誠意，儘管哈里曼從過往經驗知道史達林的口頭允諾並不是事情的最終結局，但他也知道在蘇聯或被紅軍占領的東歐地區必須要有所作為。作為回應，羅斯福說他對於蘇聯接管在遠東的庫頁島南部及千島群島沒有任何意見，他們雙方同意日後再進行磋商。一項交易已經達成：以美軍基地及蘇聯的參戰，交換蘇聯的領土擴張。史達林對此很滿意，美國軍方總體來說也是如此，特別是空軍指揮官們。如果他們能在東歐和遠東建立新的空軍基地，就能把在波爾塔瓦獲得的經驗運用在新基地上，並且關閉現有的基地。[11]

事實證明，美國的期望還為時過早。蘇聯對於西方國家在其防線後方的存在感到不安，這表現在就波蘭的未來所進行的漫長而沒有成果的談判上，這是雅爾達會議討論最多的議題。自從華沙起義以來，波蘭已經成為美蘇關係的核心，而回報那裡的發展情況仍然是往返波爾塔瓦到利維夫的美國空軍人員任務之一。羅斯福試著最後一次說服史達林放下波蘭的利維夫，史達林拒絕了。由於紅軍控制了東歐的大部分地區，史達林沒有什麼理由妥協。他也是打民族牌的高手，在決定這個種族和宗教混雜地區的未來時，這張牌起了很大作用。

史達林把羅斯福將利維夫交還給波蘭人的提議拋在一邊，表現出自己是烏克蘭民族利益的倡導者。史達林問羅斯福和邱吉爾：「如果我們（史達林和莫洛托夫）接受盟國的提議，烏克蘭人會怎麼說？」他們可能會說，在捍衛俄羅斯人和烏克蘭人的立場上史達林和莫洛托夫比寇松和克里蒙梭*更

*編按：喬治・克里蒙梭（一八四一〜一九二九）於二十世紀初兩度出任法國總理。一戰後的巴黎和會裡主張嚴懲德國，戰後提出包圍蘇聯計畫，邀波蘭、波羅的海國家與芬蘭共同建立「防疫地帶」。

不可靠。寇松指的當然是一九二〇年巴黎和會所制定的「寇松線」。如同哈里曼當時從波爾塔瓦的情報得知，蘇聯人已經在把人民從「寇松線」的一邊轉移到另一邊，以便建立同質性的民族社區——烏克蘭人在東邊，波蘭人在西邊。羅斯福和邱吉爾都不得不接受這個新的邊界，利維夫表面是烏克蘭但後面仍然實際在蘇聯掌控之下。[12]

在波蘭政府的問題上史達林同樣不願合作，他用自己的人出任政府職位，在未來的波蘭選舉問題上他承諾會安排但意圖掌控。當即將舉行的波蘭選舉議題浮上檯面，史達林向邱吉爾保證，就紅軍而言，英國和西方的外交代表可以自由在該國觀察選舉，但必須直接與波蘭政府協商。由於史達林的代表現在掌管著波蘭政府的關鍵部門，他可以輕易一手拿回他另一手給出的東西。在此次會議之後，波爾塔瓦基地仍是美國可以蒐集有關波蘭情勢的少數幾個地方之一。[13]

在雅爾達的議程中，對於波爾塔瓦空軍人員在未來數週以至數月最重要的問題被安排在會議最後一天的二月十一日，當時迪恩將軍簽署了一份關於交換戰俘的協議。這項協議醞釀已久，迪恩有理由可以慶祝了。一九四四年六月第一批美軍飛機降落在波爾塔瓦地區機場的數天後，他首度向紅軍總參謀部提出美國戰俘的問題。那時也是蘇聯展開「巴格拉基昂行動」攻勢的準備階段。美軍指揮官們預期，蘇聯的推進將釋放被德軍關押在歐洲該地區的盟軍戰俘，並希望蘇聯能合作讓他們儘快回家。蘇聯人當時對這個問題沒有表現出興趣。如今他們終於準備滿足美國人的要求並簽署一份正式協議。

這份協議的基本原則表明在十一月二十五日莫洛托夫發給美國駐莫斯科大使館的一封信中，這已是戰俘問題首度提出將近五個月後。莫洛托夫「原則上」同意美國的提議，讓美國代表可以自由接觸被解放的美國戰俘。他同時提出在西歐的蘇聯戰俘以及加入德意志國防軍或德國輔助部隊、被美國和英國俘虜的前蘇聯公民的問題。莫洛托夫希望他們被安置在單獨的營區並送回蘇聯。迪恩沒有反對，他同意這項交易，這讓美國人有義務把在美軍占領地區的所有蘇聯公民送回蘇聯。作為交換，美國人將被允許從紅軍控制的地區撤離自己的公民。[14]

在雅爾達會議的最後一天，迪恩簽署了這份他參與談判的協議，那可能也是他對協議內容感到滿意的最後一天。這項交易在美蘇關係中將製造更多問題，他回憶說：「這份協議是個好協議，但是就俄羅斯人來說，它後來就變成另一張紙。」這份文件未能解決美國與蘇聯在政治與軍事文化上深刻的差異。如果說對美國軍人而言，沒有比營救自己的戰俘更高的責任，那麼史達林則是把他的戰俘視為社會主義祖國的逃兵和叛徒。對他而言，他們是應該受到最嚴厲的懲罰的罪犯。穿著德軍制服被俘虜的前蘇聯公民都知道這一點並且拒絕回去，紛紛以在德意志國防軍服役為由要求獲得德國公民身分。他們寧願美國人把他們當作德國人而不是蘇聯人。有些人甚至會在美國人看管時自殺，避免被遣送回他們的祖國。

像迪恩這樣的美軍指揮官們，要麼不了解情況，要麼就是不想了解。他們的議程中最重要的就是美國戰俘的福利，如果蘇聯人想收回他們的國民並將此作為幫助美國戰俘回家的條件，他們已準備接受。迪恩還低估了蘇聯對於美國出現在波蘭及東歐其他國家防線後方所引起的偏執程度，在那裡蘇聯正在建立共產黨領導的政府，同時鎮壓獨立的政治活動以及民主選舉過程的基本要素。迪恩簽署的協議並沒有明確規定，在靠近前線區域解救美國戰俘後蘇聯應儘快提供管道照會美方，而且蘇聯還拒絕讓美方代表靠近他們的前線。[15]

在接下來的幾個月裡——迪恩稱之為「最黑暗的日子」——他將徹底認清自己在雅爾達簽署的文件中的陷阱和漏洞，以及蘇聯與美國對待戰俘的文化差異。波爾塔瓦基地的美軍人員成了迪恩努力使協議運作的關鍵，因為他們是唯一可以進入東歐部分地區的美國行動小組，在那些地方還有數千名美軍戰俘。[16]

◆

二月八日在雅爾達為羅斯福和邱吉爾舉辦的晚宴上，史達林說：「在一個聯盟中，盟友不應該彼此欺騙。」這位獨裁者接著又說：「也許這很天真？為什麼我不應該欺騙我的盟友？」他已經成功在美國和英國代表團的場址竊聽，並且收到有關他們對話的報告。他繼續說：「但作為一個天真的人，我認為最好不要欺騙盟友，即使他是個傻瓜。」史達林剛暗示可能成為受騙者的這兩位西方領導人當場只是默默地聽著翻譯。就史達林來說，他忍不住玩著兩面欺騙的想法。「可能我們的聯盟如此牢固，只是因為我們沒有互相欺騙。」他接著又有了另外的想法：「還是因為不那麼容易欺騙對方？」最後他提議：「為我們三強聯盟的堅定而乾杯。願這個聯盟強大穩固；願我們儘可能地坦誠相待。」[17]

許多美方陣營中的人都相信，史達林在最後的祝詞中所說的是真的。會議在充滿希望中結束。美方在蘇聯參與聯合國以及對日戰爭方面得到了他們想要的東西，並且發現史達林在其他議題上異常地寬容，包括在他控制的領土上開設美國空軍基地。雖然還是有問題沒解決，特別是波蘭的議題，但鑑於史達林在雅爾達表現出的善意，他們相信這些問題也是可解決的。哈利．霍普金斯在戰後的回憶中表達了許多人的感受：「我們真的由衷相信，這是多年來一直祈禱及談論的新黎明的到來。」[18]

在會議期間被借調到克里米亞的波爾塔瓦空軍人員，比美國代表團中的任何人都更了解蘇聯人和他們的做法，因此對他們的蘇聯東道主並不那麼感動。喬治．費雪當然也是如此。在會議之前，這位漢普頓的副官就憂慮會有一場新的世界大戰，並且擔心不斷向蘇聯讓步的美國政府如果不開始做出一些要求的話，「俄羅斯人將學會鄙視我們，而我們將學會憎恨他們。」費雪待在薩基空軍基地期間，縱使與蘇聯同僚相處愉快，如他日後寫道：「一起玩樂讓彼此更為凝聚與融洽。」但並沒有消除那些擔憂。不過，盟軍軍官獲得與高層相同的口糧也是有幫助的。「大量的美食，」費雪回憶說，接著語氣轉為嚴肅並承認：「在飢餓的土地上，我們如同國王般吃喝。我們在饑荒年代享受盛宴。」[19]

對於克里米亞空閒時間的回憶，並非所有波爾塔瓦空軍人員都跟費雪一樣贊許。二月一日飛到薩基的威廉．卡盧塔五天後回憶說，蘇聯人安排了一場舞蹈晚會，有些美軍飛行員邀請了當地女性參加。這些女性在蘇聯軍官靠近後就紛紛離開會場。她們給美國人的解釋在某些情況下可能是真的，但不可能適用於所有情況。有位女子據說必須要回家，另一位則說要去工作，第三個突然說身體不適。沒多久其餘有機會與美國人交談的當地人都走了，當晚就這樣結束。對於像卡盧塔這樣來自波爾塔瓦的訪客，這種模式明確無誤：蘇聯祕密警察在薩基的所作所為跟在波爾塔瓦一模一樣。[20]

波爾塔瓦的空軍人員協助會議取得了預期的成功，但在波爾塔瓦的經歷讓他們對「大聯盟」的前景不像羅斯福和邱吉爾那麼樂觀。他們知道蘇聯人的言行之間有著巨大鴻溝，而美國領導人很快就能體會這些波爾塔瓦老兵得來不易的教訓。他們的基地不僅很快就會成為美國了解蘇聯控制下的東歐情勢迅速惡化的窗口，而且也是美國戰俘的避難所與最後的希望，他們由在該地區推進的紅軍所釋放卻要面臨被拘留在蘇聯的轉運營地裡。

第十六章 戰俘

一九四五年三月四日，羅斯福批准了一封發給史達林語氣最嚴厲的電報。他們兩人先前在二月二十三日蘇聯紅軍節前後的交流還充滿了禮貌的姿態，當時這位總統向史達林致以「最誠摯的祝福」，蘇聯領導人也以同樣方式回答：「總統先生，請您接受我對您友好祝賀的感激。」但這封三月的電報語調完全不同。電報開頭這麼說，連通常的稱呼都省了：「我有可靠的訊息顯示，滯留在俄羅斯戰線以東的美國前戰俘和美國機組員，在集結、補給和撤離時遭遇到困難。」[1]

羅斯福顯然很生氣。數千名被紅軍從德國戰俘營中解放出來的美國戰俘，事實上只能自力救濟，甚至搭便車前往莫斯科獲得醫療協助。與美國對雅爾達協議的解釋相反，蘇聯人沒有告知美方有關獲釋戰俘的數量或地點，也不允許美方的聯絡小組進入東歐協助戰俘。迪恩將軍和他在莫斯科的助手們提供了一個解決方案。他們想利用波爾塔瓦基地作為提供協助的後勤樞紐，並且作為集結點及提供醫療設施，以便戰俘可以從該地經由德黑蘭飛到美國。蘇聯人不允許將波爾塔瓦基地用於這些用途，就像六個月前他們不允許將基地用於華沙空投一樣。[2]

羅斯福在華沙議題上比較委婉，但是涉及美國戰俘時就沒那麼客氣。他的電報中寫道：「我們迫切要求發出指示，批准十架載有美國成員的班機，往返於波爾塔瓦與波蘭境內可能有美國前戰俘及滯留空軍人員的所在地。」電報繼續寫道：「我認為這項請求非常重要，不僅出於人道主義的理由，而且因為美國大眾非常關切我們的前戰俘及滯留機組員的福利。」有關美國人在蘇聯拘留期間受到虐待的報導，讓羅斯福不僅擔心戰俘的命運，也擔心「大聯盟」的未來。[3]

蘇聯對待美國戰俘的問題，引發了雅爾達會議後蘇美關係的第一次重大危機。蘇聯拒絕讓美國人進入東歐的戰俘最初的集結地，這樣做不僅惡化了對於東歐前途既有的緊張局勢，而且暴露了盟國之間深刻的文化差異。美國人理所當然將他們的戰俘視為英雄，應該盡一切可能來拯救並遣返他們，而蘇聯政權如前所述，將被敵人俘虜的軍人視為叛徒。蘇聯人在德國營地發現他們自己的軍人時會將其關押甚至偶爾會射殺他們，所以他們認為允許被俘的美軍獲得自由已是對其海外盟友的禮遇。照顧獲救的美國人的需求不是他們的責任。因此，美國人所認為蘇聯盟友的野蠻對待，在蘇聯人看來卻是相當人道的。波爾塔瓦的空軍人員，再次發現他們處於分歧的邊界上。

◆

迪恩在雅爾達簽署了文件的第二天，在莫斯科的美國軍官就覺得關於戰俘待遇的協議出了問題。二月十二日波蘭親蘇政府的代表通知在莫斯科的美國代表團，有將近一千名美國俘虜在波蘭無人照料。這個訊息源於兩名美國前戰俘，他們設法說服當地波蘭官員向莫斯科傳達他們戰友的困境。迪恩在二月十四日得知這個消息時剛從克里米亞返回不久。代表團馬上展開行動，迪恩的空軍副手埃德蒙・希爾少將在同一天指示波爾塔瓦東部司令部把基地準備好，以每次一百人為一組處理多達一萬五千名獲救的戰俘。戰俘聯絡官要從英國抵達波爾塔瓦，食物和其他補給要從德黑蘭運抵。在波爾塔瓦，醫療人員忙著為即將來到的人準備醫療設施。4

二月十六日，由詹姆斯・威爾梅斯中校率隊的戰俘聯絡小組從莫斯科抵達波爾塔瓦，這個三人小組包含一名醫生和一位通譯。他們準備好前往波蘭開始協助在那裡的美國戰俘，他們所需要的就是蘇聯批准他們離開波爾塔瓦。迪恩在二月十四日提出申請，但是蘇聯外交委員會對此默不吭聲。波爾塔瓦的蘇聯指揮官科瓦列夫不允許威爾梅斯的任何成員搭乘二月十七日離開波爾塔瓦前往波蘭東部的班機。威爾梅斯發電報告訴迪恩：「今天早上一架執行空中救援的飛機起飛，但是我們還在原地。」

美軍指揮官漢普頓上校試圖說服科瓦列夫，至少讓威爾梅斯團隊的醫生前往波蘭，但徒勞無功。他接著提議派出通譯而非醫生前往，但是再次遭到拒絕。隔天迪恩通知威爾梅斯，紅軍指揮官反對利用波爾塔瓦作為戰俘的處理中心，並且提議改在奧德薩，美國前戰俘可以從那裡搭船前往地中海與其他美國人會合。與此同時，蘇聯持續拒絕批准威爾梅斯飛往波蘭的航班。他懷疑蘇聯是在爭取時間，以準備用來示範處理戰俘的標準條件。5

蘇聯人第一次與美國戰俘接觸是在一月二十三日，當時由羅科索夫斯基元帥指揮的「白俄羅斯第一方面軍」占領了「奧夫拉格六十四號」集中營。這是一個位於格但斯克與波茲南之間，靠近波蘭城鎮舒賓的德國集中營，曾經容納將近一千五百名在北非及西歐被俘的美國軍官。在蘇聯軍隊到達前，德國人已經設法疏散大部分的俘虜，但是仍有將近一百名生病或受傷的軍官留在那裡。不久後，其他數十位在被迫向西行進時設法逃脫的戰俘也加入他們。占領集中營的紅軍士兵對這些俘虜或他們的需求漠不關心，過了好幾天才有一位自稱是前線指揮部聯絡官的紅軍軍官來到舒賓。這批美國人被移往東邊離開了前線，被打散成小群組，奉命等待轉運到莫斯科或奧德薩。6

在簽署雅爾達協議之前或之後，蘇聯人都沒有通知迪恩和他的代表團有關拘留中美軍戰俘的情況。如前所述，迪恩在二月十四日首度得知在蘇聯防線後方有美軍戰俘，三天後的二月十七日當三名前戰俘來到美國代表團，他才收到有關舒賓俘虜命運的完整報告。恩內斯特・葛蘭伯格上尉與兩名袍澤在一月二十一日離開舒賓，跟著其他戰俘往西行進，但是在兩天後逃脫，轉往在舒賓西邊由蘇聯人為美軍開設的營地。由於蘇聯人對於轉移前俘虜的計畫保持沉默，三名軍官離開了營地並自行向東前進，主要是要避開在華沙郊區由蘇聯開設的美軍遣返營地。他們在途中遇到的其他美國人，告訴了他們有關在那些營地裡前戰俘要面對的艱辛處境。他們白天搭上蘇聯人的卡車，晚上在波蘭農民家裡過夜，這三名美國人終於搭上火車到達莫斯科。

代表團成員向他們致敬，稱他們是英雄。葛蘭伯格上尉告訴迪恩，在波蘭還有數十名美國人需要醫療救助，其他還有數百人無人照料。儘管波蘭農民盡其所能幫助美國人，但紅軍指揮官和士兵卻對他們漠不關心。在某些情況下，紅軍士兵拿走了他們設法留在德國集中營的手錶和其他財產，其他逃脫的人也有類似的故事。

二月二十一日，從波蘭返回的空軍救援人員把另外三名先前被關押在舒賓集中營的美國軍官載到了波爾塔瓦，他們向威爾梅斯中校匯報了情況。威爾梅斯總結了他從前戰俘那裡聽到的情況，也納入了他自己與蘇聯人打交道的經驗，他寫道：「蘇聯對待獲救的美國俘虜的態度，如同蘇聯對待他們解放的國家。俘虜是蘇聯軍隊贏得的戰利品。他們可能被搶劫、挨餓和虐待——任何人都無權質疑這種待遇。」7

威爾梅斯在波爾塔瓦變得愈來愈絕望。迪恩從他的紅軍聯絡人那裡得到消息，蘇聯外交委員已於二月十八日批准威爾梅斯和他的團隊前往波蘭東部的盧布林，但是科瓦列夫將軍一直在拖延。威爾梅斯開始研究乘坐火車前往盧布林的可能性，所有美國人都會被送往盧布林再搭上開往奧德薩的火車，要不然就直接前往奧德薩。波爾塔瓦當地的蘇維埃和黨內官員承諾協助此行，但正如他寫給迪恩的信中所說，威爾梅斯擔心這些承諾只不過是「尋常的敷衍了事」。直到二月二十四日晚上，也就是威爾梅斯向迪恩透露他打算搭乘火車的那天，科瓦列夫才終於告訴漢普頓，威爾梅斯前往盧布林的航班已經獲准。由於惡劣天氣造成延誤，威爾梅斯一行在二月二十七日啟程。距離美國前戰俘的消息首度傳到莫斯科的美國代表團已是兩週後，另一組美國軍官同樣搭乘飛機離開波爾塔瓦前往奧德薩。8

如前所述，威爾梅斯認為會被耽擱這麼久，是蘇聯想爭取時間為盧布林的美國人準備可作為示範標準的條件。結果卻令他大吃一驚。負責美國遣返營的蘇聯軍官告訴威爾梅斯說他沒有必要到那裡，因為前一天蘇聯遣返委員會的總部已經從盧布林搬到華沙郊區的普拉加。當威爾梅斯告訴他們說想要見到美國前俘虜時，他得到的答覆是需要獲得許可，而這只能在華沙獲得。而當威爾梅斯說要前往華沙時，蘇聯人則告訴他必須先獲得莫斯科的許可。這可真是大師級別的蘇聯官僚主義。

威爾梅斯出示迪恩將軍的一封信，其中表明了他的任務是幫助美國前戰俘回家，這時他才得以擺脫這種困境。這些蘇聯人可能不想在莫斯科的層級製造任何麻煩。他們把威爾梅斯帶到軍營，那裡容納了九十一名美國人以及一百二十九名英國前戰俘。在最後到達盧布林之前，他們之中有些人曾被安置在馬伊達內克，那是位於盧布林郊區的德國集中營和滅絕營。將近八萬人在那裡被殺害，其中四分之三是猶太人。蘇聯人竭盡所能公開納粹的暴行，卻忍不住利用這個集中營設施來監禁發動華沙起義的「波蘭救國軍」。蘇聯人最終把美國人和英國人安置在「大屠殺」受害者等待死亡的營房裡。

威爾梅斯發現這些前戰俘對他們所受到的待遇感到氣憤。在威爾梅斯抵達前三天他們才匆忙被轉移到另一座營房，但是那裡沒有熱水，廁所的排泄物都滿出來了，外面也沒有廁所。床也不夠，許多人就睡在地上。沒有寢具也沒有乾淨的衣服，他們拿到的就是一條毯子。不少前戰俘身上有跳蚤。他們每天吃兩餐黑麵包加稀粥。如果這是主要遣返營的情況，就不難想像其他更小的營區的狀況。毫不意外，這些前戰俘不惜代價要避開這樣的營地，雖然蘇聯人似乎並不在意也不覺得尷尬。蘇聯軍人的生活和戰鬥的條件其實也大同小異，而現在他們卻被指望把匱乏的資源轉給獲救的戰俘來吃住，對他們來說，這些人理應因向敵人投降而受到處罰，而不是被戰勝的紅軍當成英雄對待或得到寬容。[9]

威爾梅斯請求造訪在克拉科夫、羅茲及華沙為美國人開設的遣返營，蘇聯人則希望他回到波爾塔瓦等候回覆。威爾梅斯拒絕了，相反地他將一份雅爾達協議的副本給蘇聯高階指揮官弗拉索夫上校，弗拉索夫也拒絕接受。鑑於僵局未解，威爾梅斯繼續留在盧布林。三月一日他送走了美國和英國的前戰俘，他們待在鐵路貨車裡被載往奧德薩。根據蘇聯人的說法，已經有超過兩千五百名前戰俘聚集在奧德薩，而從波爾塔瓦前往那裡的美國聯絡小組發現當地的條件還算可以忍受。雖然沒有達到美國的標準，但與盧布林的情況已有所不同，他們聽到的主要抱怨是關於前往奧德薩的旅程：鐵路貨車沒有廁所，列車永遠在等待輪到他們使用軌道。[10]

◆

到一九四五年三月初，當羅斯福給史達林發出關於美國戰俘的簡短電報時，蘇聯人已經建立了一個由集結點、集中營和鐵路路線組成的基本系統，用來將前俘虜運送到相對安全的奧德薩。史達林在收到羅斯福訊息的隔天，即三月五日就回覆他，保證戰俘的問題都已成為過去。

史達林的主要目的是要說服羅斯福讓美國軍官遠離東歐——這是他的戰利品和新的政治遊樂場。史達林的電報寫道：「沒有必要因為美國戰俘的問題讓美國飛機從波爾塔瓦飛到波蘭的領土。包括迫降的美國飛機的機組員也都會得到適當的處置，這點您可以放心。」儘管蘇聯人竭盡全力阻止或限制美國人在前戰俘抵達奧德薩之前接觸他們，但蘇聯人並沒有阻止美國空軍協助被擊落的機組員的行動。[11]

蘇聯人對待以波爾塔瓦為基地的空軍救援任務，以及對待撤離前戰俘的任務，兩者的方式有所不同，這有幾個原因。首先，空軍救援任務次數有限，可以用很少的資源來掌控，但美國軍官長期出現在這些眾多的戰俘集結點，會使蘇聯人更難在西方盟友面前掩蓋該地區的真實情況。此外，還有一個文化及政治上的因素。那些迫降的機組員從未向敵人投降，因此理應受到較好的待遇。機組員是有人用盤子端食物服務他們，而前戰俘則必須自己到桶子裡取食。一架美國飛機的機組員在波爾塔瓦作證時說，他們從紅軍軍官那裡得到了「可能給予的最好待遇」。[12]

由於無法像迪恩當初在雅爾達設想的那樣幫助戰俘，駐紮在波爾塔瓦的美國空軍人員就在執行空軍救援任務時盡量協助戰俘。一九四五年二月，波爾塔瓦基地的氣象人員唐諾．尼克爾森少校及懷斯哈特士官長，隨同空軍救援小組造訪了利維夫，他們在當地醫院發現有將近一百名美國前戰俘。從這些在利維夫的前戰俘的回報中毫無疑問地指出，在蘇聯新占領的地區還有許多受傷及筋疲力竭的美國前戰俘在惡劣的處境下掙扎求生。尼克爾森和懷斯哈特無法救出他們所有人，但是堅持帶回三名原先在「奧夫拉格六十四號」集中營的戰俘，分別是威廉．科里、彼得．蓋奇和希爾．墨菲這三名中尉。蘇聯人辯稱前戰俘應該要送往奧德薩而拒絕放人，但由於懷斯哈特堅持不讓步，蘇聯人總算是屈服了。這三名中尉在二月二十一日下午搭機飛往波爾塔瓦。

這三名中尉告訴他們的救星一個令人擔憂的故事。他們其中一人從強迫往西的行軍隊伍中逃脫，另外兩人則躲在舒賓營地從未跟著行軍隊伍。他們是兩百三十三名美國人中的數人（其中有八十三名是病號），蘇聯人把他們轉移到靠近華沙的倫貝托夫。這是戰俘危機的早期階段，當時蘇聯人還沒有決定如何處置這些美國人。在營地待了六天後他們被告知可以自行往東前進，而紅軍軍官可以幫助他們搭上往那個方向的卡車。一百二十八名生病或受傷的美國人繼續留在倫貝托夫的營地，其他的人則開始往東移動，他們身上沒錢、沒食物，也不懂當地語言。

波爾塔瓦的情報官菲辰上尉被任命為基地的戰俘聯絡官，他總結了三名軍官在蘇聯手中的待遇如下：「這些人只是被允許四處走動，被告知他們會在下個城鎮受到照顧。」三名中尉利用蘇聯人的幫助，接著一路自行攔車，最後在馬背上抵達盧布林，在二月十五日到達利維夫，這時已是蘇聯接管「奧夫拉格六十四號」集中營三週後。他們被帶去接受穿著波蘭制服的蘇聯軍官訊問。訊問從下午三點持續到晚上十一點，會講俄語的蓋奇同意擔任翻譯。直到三名軍官們拒絕再回答任何關於他們的個人背景和訓練的問題時，訊問才結束。

這三名美國人隨後被安置在利維夫的「喬治旅館」，在那裡他們結識了莫斯科電台記者弗拉基米爾．別利亞耶夫，他是剛好在當地調查德國暴行的蘇聯委員會成員。根據後來的一份報告，別利亞耶夫「親自確保這些人被當作白人對待」。（考慮到他們所忍受的條件，其他戰俘可能被菲辰和他的線民視為受到了「黑人待遇」。）別利亞耶夫還「向三人通報了情況，並且警告他們鎮上的許多人仍然非常親德」。別利亞耶夫是自己想跟美國人交朋友，還是因為「國家安全人民委員部」才這樣做（有些人認為他們關係密切），尚不完全清楚，但這三名美國人感謝他為他們提供的協助。[13]

在二月二十二日尼克爾森及懷斯哈特帶回三名中尉的隔天，另外三名前戰俘，包含一名上尉和兩名中尉，經由莫斯科抵達波爾塔瓦，並且由菲辰上尉聽取了他們的匯報。二月二十八日又有一名前戰俘從莫斯科抵達。三月六日一組波爾塔瓦空軍救援人員又從波蘭東部和烏克蘭西部，帶回十一名美國和兩名英國的前戰俘。原本計劃將他們載往德黑蘭，但蘇聯人堅持要求所有前戰俘要送往奧德薩，並禁止波爾塔瓦空軍救援人員再將更多人帶到基地。蘇聯人拘留了英國人，並且想把美國人送到奧德薩。

但美國指揮官拒絕這樣做並向迪恩將軍請示。等迪恩獲得了特許後才將十一名前戰俘送到德黑蘭。[14]

◆

美國中士理查．比德爾以及英國二等兵羅納德．古爾德，兩人算是幸運的前戰俘，他們在蘇美危機最嚴重的時刻設法到達了波爾塔瓦的安全地帶。三月十七日，他們被波爾塔瓦基地的助理作戰官羅伯特．特林布上尉所率領的空軍救援人員帶到了基地。特林布和來自波爾塔瓦基地會講俄語的約翰．馬特斯士官長在利維夫火車站附近遇到了比德爾和古爾德。他們是五名美國及英國的前戰俘，在離開盧布林的集結營被蘇聯人抓獲，然後在逃離了蘇聯為美國和英國戰俘開設的遣返營後，又在紅軍士兵的護送下被送往城市指揮官那裡。[15]

特林布把這些人帶到了「喬治旅館」，他們吃了飯，洗了澡，然後住進房間。比德爾五人小組中的兩名英國軍官身上有威爾梅斯中校要交給迪恩將軍的文件，儘管蘇聯試圖將威爾梅斯中校送回波爾塔瓦，但他仍堅持留在盧布林。特林布把兩名英國軍官送上前往莫斯科的火車，而馬特斯士官長則把比德爾、古爾德和該小組的另一名成員送往利維夫的蘇聯遣返營，他們應該從那裡前往奧德薩。負責該營區的紅軍軍官向馬特斯保證他已準備好接收前戰俘，營區有溫暖的住處、洗浴設施、衣服，甚至還有一家理髮店，在離開前他們會受到照顧。馬特斯把三個人交給了這名軍官，並把他在「喬治旅館」的電話號碼告訴三人以防他們需要協助。[16]

三天後，比德爾和古爾德卻回來了。這名紅軍軍官收到馬特斯交付的戰俘，安排他們去洗澡，卻又等了三個小時。他們接著被帶到另一棟樓，在那裡他們與十名法國士兵和兩名平民同住一個房間。他們睡在木地板上，房間很冷又沒有毯子。比德爾和古爾德兩個人都沒有外套，凍得都睡不著，隔天他們收到了一些額外的衣服。然而，晚上一群紅軍士兵叫醒了他們，拿走比德爾的兩件羊毛襯衫，並用一件蘇聯的襯衫作為「交換」。再隔一天，蘇聯人又將十六名男女平民（其中一名婦女還生病）塞進已經人滿為患的房間，房間裡總共擠了二十四名男性和六名女性。他們得到的食物只有湯、茶和一塊黑麵包。[17]

比德爾和古爾德受夠了，他們去「喬治旅館」找特林布上尉，特林布還在那裡讓他們鬆了一口氣。特林布對聽到的消息感到震驚，決定把兩人帶到波爾塔瓦，他和馬特斯士官長在「喬治旅館」為他們安排了一個房間。沒多久，更多疲憊和需要協助的前戰俘出現了。在馬特斯離開利維夫的前一個晚上，他為另外五名絕望的美國人安排了房間。隔天，就在馬特斯準備登上把他載往機場的卡車時，又有七名美國軍官和一些士兵出現在「喬治旅館」，他們都是前戰俘。馬特斯所能做的就是給他們買些啤酒和茶，並祝他們在去奧德薩的路上一路順風。返回波爾塔瓦後，在馬特斯協助特林布上尉提出的報告中，他敦促指揮階層在利維夫派駐一名美國代表以協助抵達那裡的前戰俘。他發現在城裡遇到的那些戰俘「處於最可怕的境地：飢餓、骯髒、狀態極糟，沒有人接待他們、引導他們或照顧他們，甚或給他們一杯茶或一塊麵包。」[18]

三月十七日特林布上尉帶著比德爾和古爾德搭上他的飛機返回波爾塔瓦的那天，羅斯福又向史達林火速地發了一封電報：「在前一封你給我的訊息中，你認為沒有必要同意我的請求，即允許美國飛機向波蘭運送物資和疏散病人。一些我認為是確切而可靠的消息指出，在波蘭的醫院裡有相當多生病和受傷的美國人，還有不少健康狀況良好被釋放的美國俘虜正在波蘭等待被送往奧德薩的臨時難民營，或者在小團體中游盪著尚未與蘇聯當局接觸。」[19]

這封電報的最後一句話幾乎逐字逐句摘錄自三月十二日埃夫雷爾・哈里曼從莫斯科發給總統的電報。這位大使通知總統，在延遲了四十八小時後，迪恩將軍想親自前往波蘭調查前戰俘情況的請求被蘇聯當局拒絕了。蘇聯希望迪恩向蘇聯控制的波蘭政府申請許可。迪恩覺得這個要求很荒謬，因為盧布林政府完全聽命於莫斯科。蘇聯指揮官還要求終止威爾梅斯中校在盧布林所執行的任務，也不允許任何一架載有醫療和其他物資的飛機離開波爾塔瓦前往盧布林。他們聲稱波蘭已經不再有美國前戰俘。哈里曼寫道：「事情很明顯，蘇聯人每天都在試圖透過錯誤訊息來阻止我們派出更多的聯絡官，直到他們把我們所有的俘虜都趕出波蘭。」[20]

這位大使擬好了草稿，敦促總統再向史達林發送一封電報。羅斯福同意了，並添加了幾句他自己的話來增強他呼籲中的情緒感染力。總統寫道：「坦白說，我無法理解你為什麼不願意讓美國的軍官和資源，在這個問題上協助美國自己的人民。我方政府已盡一切努力滿足你的每個要求。現在我請求你在這個特別的問題上滿足我的要求。」他還補充道：「請打電話給哈里曼，跟他詳細解釋我的願望。」[21]

史達林根本沒有打電話給哈里曼，相反地他在三月二十二日發電報給羅斯福，暗示其收到的訊息是錯誤的。他說波蘭只剩下十七名生病的美國人，其餘的人都在前往奧德薩的路上，而生病的人會用飛機載送到那裡。有鑑於這種情況，史達林聲稱留駐在蘇聯後方的美國軍官只會成為紅軍指揮官的障礙，紅軍不得不忙於為他們安排會面並保護他們免受德國特務的攻擊。史達林寫道，這會分散紅軍指揮官的注意力，他們「為前線和緊鄰後方的事態發展付出了生命的代價」。接著他展開攻勢，聲稱美國前戰俘比在美國營區的蘇聯前戰俘情況要好，蘇聯前戰俘與德國人關在一起，「經常受到虐待甚至毆打。」[22]

收到史達林電報的副本，哈里曼氣炸了。他寫信告訴羅斯福，指出美國戰俘情況良好的說法「與事實相去甚遠……在抵達奧德薩之前，他們經歷的艱辛是不可原諒的。」他補充說，與紅軍軍官相比波蘭平民對前戰俘的幫助更大，幾乎所有能夠來到波爾塔瓦的前戰俘都認同這個說法。哈里曼希望羅斯福再發電報將這一切告訴史達林，但總統沒有同意：「我現在向史達林傳達新的訊息似乎不合適。」總統寫信給哈里曼，請他無論如何透過可用的外交管道儘可能確保美國人受到最好的待遇。[23]

與此同時，蘇聯人敦促其餘的美國代表迅速離開波蘭。隨著盧布林的遣返營於三月十七日關閉，蘇聯人就像之前說的那樣希望威爾梅斯結束他在當地執行的任務，並儘快啟程前往莫斯科。就在史達林對羅斯福做出回應後的隔天，三月二十三日迪恩命令威爾梅斯離開當地。由於沒有飛機可以載他去波爾塔瓦，蘇聯當局威脅要讓他坐火車，他最終於三月二十八日乘飛機前往波爾塔瓦。回到莫斯科，威爾梅斯發現迪恩很不高興，迪恩認為他在接到命令時拒絕離開盧布林，從而不必要地讓蘇聯人感到不悅。威爾梅斯不同意這個說法，在他給迪恩的報告中列舉了蘇聯人對他的二十七起摩擦和無端敵視事件，明確指出他們從一開始就不想讓他到盧布林。[24]

三月三十一日蘇聯指揮部下令停止所有從波爾塔瓦起飛的航班，截至那時已有二十七名美國和四名英國前戰俘途經該基地。比起將他們安全送往德黑蘭或英國接受醫療救治，基地在提供有關他們在蘇聯拘留期間的悲慘情況的情報發揮了更重要的作用。卡盧塔中尉在他關於東部司令部的敘述中，恰如其分地把這些情況歸咎於蘇聯人及其對戰俘的態度，而非他的波爾塔瓦同志們不夠努力。[25]

所有美國人都認為這樣對待戰俘很糟糕，甚至在波爾塔瓦基地那些親蘇的人都覺得他們最後的善意也正在消失。

第十七章　關係破裂

一九四五年三月三十一日下午，波爾塔瓦蘇聯指揮官科瓦列夫少將召開了緊急會議。當他的下屬都到齊時，科瓦列夫宣布了他剛從莫斯科收到的建議。紅軍空軍副參謀長科羅連科中將建議科瓦列夫，鑑於蘇聯與美國間的關係惡化，波爾塔瓦基地有可能發生武裝衝突，科瓦列夫和部下必須做好準備。「你們看，美國人在這裡愈來愈難搞。」

在基地的兩名營長報告了他們可支配的士兵人數後，科瓦列夫命令他的參謀長準備一項行動計畫，以應變發生武裝衝突的情況。根據該計畫，在緊急情況下其中一個營將包圍並封鎖美國基地，而另一個營則控制飛機和彈藥庫。一個反情報排將設法拿下美軍司令部並占領無線電台，以防止美國人傳送有關基地情況的任何訊息。攻擊行動以號角作為信號，屆時在波爾塔瓦城區出現的美國人將就地拘留。對美軍駐地可能發動襲擊的準備工作即刻展開，科瓦列夫轄下兩個營的指揮官立刻去偵察基地情況。通常不帶武器的工程營士兵都配發了槍支，值星官配有一名號角手，以便在接到命令後立即吹響攻擊號角。[1]

科瓦列夫正在做最壞的打算，他的美國同僚漢普頓上校也是如此。漢普頓採取措施保護東部司令部的文件，其中最敏感的文件被放在一個鋼製盒子裡，搬到了他的副官喬治・費雪的辦公室。通常不帶槍的費雪也開始佩帶手槍。費雪召集了一群從不同單位借調的文書人員徹夜複製最重要的文件，這意味著超過一千頁的信函要重新打字。這些文件必須在第一時間運往德黑蘭，或者在緊急情況下銷毀。[2]

沒有跡象顯示漢普頓知道科瓦列夫準備接管司令部的事情，儘管在他看來與蘇聯的關係毫無疑問正在急劇惡化。蘇聯停止批准任何從波爾塔瓦起飛的航班。來自蘇聯武裝部隊總司令部編號第011050的命令，是由史達林親自下達，要求停止放行進出波爾塔瓦的美軍航班。[3]

◆

導致新危機的一連串事件始於一九四五年三月八日，當時美國戰略情報局*駐瑞士辦事處主任艾倫・杜勒斯會見了義大利北部的黨衛軍指揮官卡爾・沃爾夫，商討德軍在義大利投降的可能性。當時沃爾夫正執行由希特勒批准在盟國間挑撥離間的任務，他沒有被授權代表德國軍事指揮部發言，所以這次會面沒有什麼結果。然而，杜勒斯向駐義大利的盟軍軍事指揮官報告了這次會面，引發了眾人對在義大利的德軍可能投降產生高度的期望。美軍和英軍的指揮部派代表前往義大利，埃夫雷爾・哈里曼奉命把即將進行談判的消息通知莫洛托夫，莫洛托夫要求納入蘇聯代表參加即將在瑞士舉行的會議。[4]

哈里曼將莫洛托夫的要求轉達給華盛頓，但至少哈里曼本人和迪恩將軍一樣，對這個要求持保留態度。他們都認為蘇聯不會邀請盟國參與在東部防線的德軍投降談判，西方盟國也不會要求參加此類談判。華盛頓的參謀首長們同意這樣的邏輯，並建議蘇聯派代表前往位於義大利中部卡塞塔的盟軍總部，在那裡進行實際的談判，把計劃在瑞士伯恩舉行的會談視為初步會商。莫洛托夫提出抗議，要求終止在瑞士的談判。「伯恩事件」現在是盟軍內部的危機。[5]

史達林指控羅斯福和西方盟國背著他與德國單獨談判達成和平。據稱，他掌握的情報顯示德國已經同意打開西部防線，盟軍將進軍「德國心臟」，同時繼續在東部防線與紅軍作戰。儘管他暗示這個訊息來自軍方情報部門，但是他的說法並無事實依據。最重要的是，這暴露了史達林對西方盟國的恐懼，認為德英美三方可能達成協議以阻止他進一步深入歐洲。羅斯福以一封寫有「驚訝」作為開頭和結尾句子的電報回應了這個訊息。史達林在三月二十九日給羅斯福的電報中表明，美國的立場「激怒了蘇聯指揮階層，並創造了不信任的基礎」。羅斯福在三月三十一日的回覆中提及一種「令人遺憾的憂慮和不信任的氣氛」。同一天發出的另一封電報中羅斯福寫道：「自從我們在雅爾達舉行富有成果的會議以來，我無法向你隱瞞我對共同關心的事件發展的擔憂。」[6]

這個聯盟顯然遇到了麻煩，沒有人比在莫斯科的約翰．迪恩更清楚這一點，他被蘇聯接二連三抗議美國空軍人員在蘇聯領土上的做為所困擾。一九四五年三月三十日，就在科瓦列夫將軍停止放行進

＊編按：美國在二戰時成立的情報組織，為中情局（CIA）的前身。

出波爾塔瓦美軍航班的兩天後，紅軍總參謀長安托諾夫將軍在召開緊急會議計劃襲擊美國基地的前一天，他向迪恩轉交了一封信，充滿了對美國在蘇聯土地上所作所為的譴責。安托諾夫強烈抱怨三起事件，其中美軍人員拒絕遵循蘇聯的命令並導致雙方關係出現摩擦。

第一起事件談到威爾梅斯中校，他拒絕依照蘇聯指揮官於三月十一日的命令離開盧布林。負責照顧美國前戰俘的威爾梅斯，如我們所見，設法留在該市直到月底。第二起事件涉及到唐納德・布里奇上尉，他的飛機於三月二十二日降落在波蘭梅萊茨附近的蘇聯空軍基地，在沒有得到蘇聯方面許可的情況下加油後再度起飛。這起事件導致名叫梅拉梅多夫的蘇聯上尉自殺，他可能被上級和「施密爾什」軍官認為必須對此事負起責任。7

安托諾夫將軍對第三起事件尤為痛心，這起事件涉及到飛行堡壘的飛行員邁倫・金中尉。一九四五年二月上旬金的戰機在柏林上空被德國的高射砲擊中，他設法降落在華沙附近的蘇聯基地。蘇聯人修理了戰機並放行讓他返回英國。然而，當戰機在波蘭東北部什丘琴附近的蘇聯空軍基地降落補充燃料時，蘇聯人發現金和他的機組員正試圖將一名身穿英國制服的波蘭公民偷渡出境。金把這名男子列為「腰側機槍手」（戰機機側機槍手），但這個騙局被一名紅軍少校識破，他對金大喊大叫並威脅要槍斃他。金試圖賄賂少校來脫身，他奉上他的手錶給少校。少校收下了賄賂，但仍然拒絕放行戰機。在長達七個星期的時間裡，金和他的機組員一直被蘇聯人拘留，直到三月十八日蘇聯人允許金飛往基輔，他們才得以獲釋；但他卻轉而飛往波爾塔瓦。8

漢普頓上校自己對金的事件進行了調查，並於三月二十九日將調查結果送交迪恩將軍。漢普頓的報告比安托諾夫的信早一天送達，給這起事件帶來了意想不到的轉折。安托諾夫指責金帶著「一個從英國被帶入波蘭的恐怖份子破壞者」登機。根據安托諾夫的說法，金試圖將一名間諜帶回英國，該名間諜是由倫敦的波蘭流亡政府派往波蘭，他參與了反對蘇聯的「救國軍」的活動。安托諾夫寫道：「這些列出的事實，粗暴侵犯了我們相互友好關係下的基本權利。」他要求迪恩不僅要防止更多此類事件發生，而且要向他報告針對那些信中所列的違犯者所採取的行動。[9]

這還不是全部。第二天的三月三十一日，迪恩又收到了抗議，這次是他在紅軍總參謀部的主要聯絡人斯拉文中將所提出。這起事件發生在匈牙利，一架B－24的機組員將轟炸機迫降在蘇聯控制的機場，然後這架轟炸機搭載了名叫莫里斯．尚德羅夫的三十七歲紅軍上尉一起飛往義大利。尚德羅夫是俄亥俄州人，出生於一個俄國革命者的家庭，這位革命者在一九〇五年革命後移居美國。尚德羅夫於一九二五年返回蘇聯並留在那裡。一九四四年春天他駐紮在波爾塔瓦空軍基地，由於與美國人的接觸引起了「施密爾什」軍官的關注。一九四四年四月二十三日晚上，在美國空軍人員抵達幾週後，尚德羅夫在試圖前往美國基地的途中被拘留。幾天後他請求上級允許他舉辦一場聚會，他想邀請美國人參加。當時的「施密爾什」指揮官斯維什尼科夫中校下令把尚德羅夫調離波爾塔瓦。[10]

一九四五年三月尚德羅夫再次遇見美國飛行員，這次是在匈牙利的機場。他向查爾斯．羅利中尉講述了自己的人生故事，並告訴羅利他想回到自己的祖國美國。尚德羅夫當時跟著協助修理美國飛機的蘇聯工程師團隊一起工作，羅利以測試飛行的名義把尚德羅夫帶上飛機。羅利飛到了義大利後在巴里降落，尚德羅夫在那裡申請庇護，並由美軍司令部審訊和拘留。美國機組員在沒有獲得蘇聯機場許可的情況下就起飛，尤其是機上還載有一名紅軍軍官，這種情況激怒了蘇聯指揮官。如今斯拉文指責美國機組員破壞了為他們修理飛機的蘇聯人對他們的信任，他要求歸還尚德羅夫並懲罰羅利和他的機組員。[11]

◆

安托諾夫將軍和斯拉文將軍向迪恩將軍提出指控，稱美國人侵犯了蘇聯盟友的信任，與此同時他們下令波爾塔瓦的科瓦列夫將軍停止所有進出該基地的美軍航班。三月二十八日科瓦列夫親自下令要求美國飛機停飛。當時還有二十二名美國技術人員還在烏克蘭西部和波蘭東部不同地點修理美國飛機，他們無法返回基地，基地指揮官也無法給他們送去食物或備料以便繼續他們的工作。三架修好的飛機仍留在原處，因為沒有可用的機組員把它們飛到波爾塔瓦。往返波蘭的航班停飛，莫斯科－波爾塔瓦或波爾塔瓦－德黑蘭的航班也停飛。波爾塔瓦基地的三名美國護士正在莫斯科休假，也無法返回。停飛的一個更令人不安的影響是，有六名亟需到德黑蘭接受手術的美國傷員無法被送往那裡。[12]

科瓦列夫的命令讓美國人大吃一驚。由於他沒有給出任何理由，只說命令來自莫斯科，所以在波爾塔瓦的美國人不知所措。蘇聯反情報人員發現美國人在與蘇聯同僚接觸時流露出不滿的情緒，他們會拒絕提供蘇聯人想知道的訊息，不是聲稱工作已經結束，就是質疑詢問的原因。他們抱怨留在波爾塔瓦的轉運人員沒有足夠的食物供應，質問蘇聯人為什麼拒絕讓他們的傷員撤離，並要求把護士從莫斯科送回。即使他們繼續將餐飲服務人員從莫斯科帶到波爾塔瓦，蘇聯人也不允許護士返回。[13]

基地的美國空軍人員無法理解蘇聯人行為的突然改變。富蘭克林·霍爾茲曼告訴「施密爾什」的線民說：「我實在搞不懂，為什麼因為個人糾紛就不允許放行航班。你們的軍隊和我們的軍隊就在柏林的門口了，現在不是爭論的時候，因為這些航班是要確保軍事行動。」曾參與協助英國和美國戰俘的馬特斯士官長認為，航班停飛是出於美國駐莫斯科軍事代表團與蘇聯當局之間的緊張關係。查夫金中士告訴一名「施密爾什」線民說，美國駐莫斯科代表團將責任歸咎於基地的美軍指揮官。

基地方面，反過頭來指責莫斯科的人。如今晉升為上尉的喬治·費雪在一份報告中寫道，在波爾塔瓦的美軍既對蘇聯人不滿，也對自己在莫斯科的指揮官們不滿，覺得他們顯然「對蘇聯人讓步太多」才會激發蘇聯人這種行為。「在這個司令部的歷史上，那段痛苦沮喪和難過的時期，整個基地所瀰漫的諸多情緒，很難把它們塞進一幅圖像裡，」費雪日後寫道，「它從冷漠變成了絕望，從厭惡到短暫的希望，從試圖忘記對蘇聯人和上級指揮部爆發的憤怒指責，卻一次又一次地反覆。」[14]

同時間「上級指揮部」也竭盡全力滅火，降低因為波爾塔瓦美國飛機的停飛所導致衝突的激烈程度。三月三十一日迪恩將軍收到安托諾夫將軍憤怒信函的隔天，也就是斯拉文將軍寫信給迪恩抱怨美國飛行員把波蘭和蘇聯的軍官偷渡出東歐的那天，迪恩在莫斯科負責美國空軍業務的副手希爾將軍寫信給在波爾塔瓦的漢普頓上校。希爾告訴漢普頓說，由於發生一系列美軍人員未遵守蘇聯的要求與規定的事件，蘇聯與美國的關係嚴重緊張。他指示漢普頓責成在波爾塔瓦的下屬「排除發生摩擦和爭論的可能性，有尊嚴地行事並避免遭受誹謗，以改善目前的緊張狀況，並且確保後續不會再重演。」[15]

漢普頓處於謹慎的上級和好戰的下屬之間，他愈來愈惱怒，不再試圖掩飾自己對蘇聯政權的態度。佐林少校從蘇聯通譯那裡獲得許多有關漢普頓態度的訊息，這些通譯同時身兼「施密爾什」的線民。其中一位代號叫「科茲洛夫」的希沃洛博夫中尉，在四月一日向佐林複述了據稱漢普頓告訴另一位蘇聯通譯加林娜・沙貝爾尼克的話：「你們只有口頭上的自由，但是事實上這裡有內政人民委員部的專制。你們全體人民都很畏縮，而且你們不准與外國人交往。」

以「莫斯科人」為代號的沙貝爾尼克通報美國人的情況，她也是費雪過往的同學，她補充了很多細節。漢普頓據稱曾經告訴她：「你們的人民生活過得很糟糕。你們的報紙寫了很多關於我國失業人口的報導，但他們的生活過得比在你們國家就業的人都好。」漢普頓也涉及到「施密爾什」所描述的反蘇宣傳。他提供給沙貝爾尼克的英文出版物其中包括亞歷山大・巴明所寫的文章，他是蘇聯前外交官和情報官員，為躲避史達林的恐怖統治於一九三七年叛逃到法國，佐林稱他為「祖國的叛徒」。16

注意到漢普頓對波爾塔瓦的蘇聯同僚愈來愈惱怒的並不只有祕密警察，他向空軍指揮官以及在莫斯科的美國軍事代表團所提交的眾多報告中，也毫不掩飾他的敵意。喬治・費雪在回憶錄中提到了他的老闆：「我們兩個都熱中於反對蘇聯……漢普頓和我一起進行了一場神聖的十字軍東征。我們盡我們所能推動我們自己的上級，包括在巴黎的美國空軍司令部以及駐莫斯科的美國軍事代表團。我們發出大量的訊息淹沒他們，發出一封接一封編碼的電報，詳細說明波爾塔瓦的危機，還有蘇聯的不當行為以及違背的承諾。我們不停地敦促採取行動，對盟友／敵人更加留意，採取更多、更強硬的立場。但是沒有獲得任何回應。那也沒關係，那甚至更促使我們前進。為了傳播訊息，我們發起了一場十字軍東征。」[17]

◆

與此同時，蘇聯當局認為事態已經過頭了，決定該是緩和緊張局勢的時候。史達林希望這個聯盟至少能夠維持到戰爭結束。四月五日他命令莫洛托夫退出一九四一年四月簽署的《蘇日中立條約》，這是向美國發出的明確信號，表明蘇聯正在根據雅爾達協議履行其須承擔的義務——對日開戰以及為在太平洋地區與華盛頓結盟奠定外交基礎。史達林在四月七日的電報中向羅斯福保證，他從未質疑過羅斯福的「誠實或可靠」。這位獨裁者相信，他已經從羅斯福那裡得到了他想要的保證：美國人沒有考慮在西部防線單獨談和。[18]

在波爾塔瓦也採取了措施來平息事態。四月初一位高階委員會從莫斯科抵達，調查科瓦列夫將軍準備武裝接管東部司令部的情況。四月二日是科瓦列夫下令準備突襲美軍司令部計畫的兩天後，負責在危機發生時拿下總部的佐林少校，向在莫斯科的「施密爾什」指揮官送交了一份報告。佐林對科瓦列夫的計畫可能導致與美軍的公開衝突表達了憂慮。「施密爾什」指揮官發出了警訊，這份報告在同一天提交給了史達林。他對這份報告的決議就是：「請讓科瓦列夫同志冷靜下來，禁止他採取任何未經授權的行動。」四月三日紅軍空軍副參謀長費多羅夫中將和「施密爾什」高階官員別洛夫中校前往波爾塔瓦調查情況。

調查結果證實了佐林所提出的所有事實，科瓦列夫確實下令準備一套攻擊計畫。看起來他似乎只是過度反應，但是「施密爾什」已經假設最壞的情況並完全做好準備。科瓦列夫會不會是個內部敵人，試圖挑起盟軍之間的衝突讓德國人受益呢？「施密爾什」在其檔案中翻找所有關於科瓦列夫的資料，佐林很快就發現在一九三八年「史達林大清洗」的高峰期，出身烏克蘭並且是波爾塔瓦當地人的科瓦列夫，曾因可能加入某個烏克蘭民族主義組織而被調查。該組織據稱在烏克蘭東部城市哈爾科夫的紅軍軍官學校的學員中進行工作，科瓦列夫當時在那裡擔任教官。另外兩名接受調查的軍官證實，在一九二八年到一九三七年期間科瓦列夫參與了對紅軍幹部和設施監視的間諜活動，他還被指控向學員們灌輸烏克蘭民族主義精神。科瓦列夫辯稱自己完全無罪。對他來說幸運的是，調查時的關鍵人物是學校的指揮官奧努弗里．納古利亞克。納古利亞克拒絕將科瓦列夫牽連進來（後來納古利亞克因為參與了一場被控訴的陰謀而被槍決）。另一位指證科瓦列夫的軍官後來也撤回了他的證詞。科瓦列夫活了下來。[19]

另一個對科瓦列夫可能有危害的資料，就是他提交的關於美軍基地情人節派對的報告。「施密爾什」軍官認為這個派對詆毀了紅軍軍官的榮譽，這件事發生在二月十四日，但正如我們所看到的，科瓦列夫到了三月一日才提交了一份他參與派對的報告。關於科瓦列夫的報告，「施密爾什」在三月二十七日做了備忘錄，就在科瓦列夫下令準備攻擊美軍基地計畫的幾天前。「施密爾什」發現，科瓦列夫一會兒過於理解美國人，一會兒又太想跟他們打起來。在科瓦列夫的上級心目中，顯然這兩種態度都不構成犯罪，而且彼此抵銷。來自莫斯科的高階委員會訓斥了科瓦列夫的過度反應，但仍讓他繼續指揮基地。他對政權的政治忠誠度從未受到質疑。儘管如此，科瓦列夫還是明白了：要不惜一切代價，避免與美國人公開衝突。

在莫斯科的美國軍事代表團約翰．迪恩和他的副手希爾將軍，也在尋求緩和波爾塔瓦事件的方法。他們決定更換基地的指揮官。蘇聯人訓斥了科瓦列夫但把他留了下來，而美國人則決定平和地送走湯瑪士．漢普頓，即使不是光榮離開。

在往返波爾塔瓦的航班禁飛期間，四月七日希爾通知漢普頓要把他從波爾塔瓦調走，並重新分配他到現在位於巴黎的美國空軍司令部。他即將被「不帶偏見地」解僱，他在基地的副手馬文．亞歷山大中校也要被調走。四月七日希爾發布了調離兩名軍官的命令。在基地裡有一種感覺，迪恩讓漢普頓離開不僅是為了緩和緊張局勢，還因為他將飛機停飛危機歸責於這位上校。雖然迪恩在三月底收到安托諾夫和斯拉文將軍的信中沒有列出任何違反紀律的行為，但是波爾塔瓦基地飛機的停飛，很容易讓該基地的美軍指揮官成為上級憤怒的目標。兩名軍官的調離向蘇聯人發出了訊號，表明美國人有在傾聽並準備收拾行為的後果。[20]

四月十一日美方通知科瓦列夫將軍漢普頓即將離開的消息。然而，因為航班仍然停飛，漢普頓在基地還要多待幾天，等待離開蘇聯的機會。他的職務立即由新的美軍指揮官科瓦爾少校接任，他是漢普頓的前任首席作戰官，也是喬治．費雪的密友。科瓦爾只在他的新職位上待了不到一天，因為四月十二日漢普頓又收到希爾的新命令。事實證明斯拉文將軍反對科瓦爾的任命，他認為科瓦爾「表現出對紅軍軍官不友好且經常敵視的態度，會是關係惡化的一個源頭」。科瓦爾會講流利的俄語，正如我們所看到的那樣，他發現自己與蘇聯人正處於許多衝突之中，並被「施密爾什」一再列為涉嫌刺探他們的美國軍官之一。斯拉文要求將科瓦爾解職，迪恩和希爾很快就答應了。希爾重新把科瓦爾調職到巴黎總部，並且發電報通知漢普頓，命令他離開時把科瓦爾一起帶走。基地的指揮權接著移交給空軍軍官特林布爾上尉，他來到基地還不到兩個月，並在利維夫重新安置歸返的美國戰俘。[21]

駐莫斯科的美國軍事外交官們正卯盡全力安撫蘇聯，試著讓危機成為過去。調離波爾塔瓦基地的指揮官是這項計畫的一部分，追究違反規則的美軍人員則是另一部分。對於試圖將波蘭公民偷渡到英國的邁倫．金中尉，以及將蘇聯少校莫里斯．尚德羅夫從匈牙利帶到義大利的唐納德．布里奇上尉，美方啟動了軍事法庭程序。

四月十二日，當希爾重新調派科瓦爾而後指定特林布爾為新指揮官時，一架B－24四在波爾塔瓦機場降落。這是自三月下旬正式停飛以來獲准降落在波爾塔瓦的少數飛機之一，這架飛機正在執行飛往莫斯科的最高機密任務。在降落停留期間，由配有手槍的蘇聯軍官在飛機外警戒，阻止美軍人員靠近，只有協助為飛機加油的維修人員可以破例。在飛機內由美國憲兵看守的是尚德羅夫，他從義大利被送往莫斯科，似乎注定一死。有關飛機的目的地以及乘客的訊息，甚至連特林布爾上尉都不知道。他是在拒絕批准飛機起飛後才得知真相。特林布爾隨後不情願地同意了。上級已經下達了命令，他無能為力。

同一天，特林布爾迎來另一架載有迪恩將軍和希爾將軍的美國飛機，他們從莫斯科要飛往美國，與美軍指揮官們會面。希爾把特林布爾帶到一旁，並告訴他在其權力範圍內盡力與蘇聯合作，這意味著要犧牲尚德羅夫。22

◆

迪恩和希爾要前往美國的舊金山，而羅斯福總統在四月十二日一早就與白宮的旅行官員杜威・朗會談，討論前往此地的最佳路線。聯合國組織的成立大會在當月稍晚將在舊金山召開。這位總統當時人在喬治亞州的溫泉市，仍在從雅爾達之行對他的健康和精神的影響裡復原中。他想參加這次大會，既是為了沉浸在他最偉大的外交政策成就的榮耀中，也是為了確保一切順利進行。

蘇聯與美國的關係處於困難的關頭，在雅爾達達成的協議似乎岌岌可危。史達林竭盡他的權力阻止波蘭組建代議制的政府。美國戰俘危機和伯恩事件是史達林決定不派莫洛托夫參加大會的原因，因此降低了蘇聯在該機構成立大會上的代表層級，而該機構的創建一直是羅斯福在雅爾達議程中的首要任務。儘管如此，蘇聯人還是來了，這很重要。

羅斯福處理文件時，他的參謀長威廉・李海上將在上午十點五十分從華盛頓發了一封電報草稿到溫泉市，這封電報預計要給在莫斯科的埃夫雷爾・哈里曼。前一天，李海向哈里曼轉發了總統給史達林的信件文本，讓大使將這封信送到克里姆林宮，羅斯福希望圍繞在伯恩事件的爭論可以結束。他的信中說：「在任何事件中，不應該有相互的不信任，今後不應出現這種性質的小誤會。」哈里曼延遲傳達了這封信，建議在提及伯恩事件時刪除「小」這個字。但這不是羅斯福想要的，李海比任何人都更能讀懂總統的想法，他草擬了一份回應：「我不想刪除『小』這個字，因為我希望將伯恩事件的誤解視為小事。」這位總統想要避免任何惡化蘇聯與美國合作的事情發生。

下午一點零六分，羅斯福批准了要給哈里曼電報中的措辭。九分鐘後他告訴身旁的人：「我的後腦杓痛得要命。」他很快就失去了意識。這位總統於四月十二日下午三點三十分被宣告死亡。這個時間在溫泉市是下午，在莫斯科和波爾塔瓦則是深夜。[23]

第十八章 最後的遊行

富蘭克林・羅斯福的死訊在一九四五年四月十三日凌晨傳到了莫斯科的斯帕索之家（美國大使館）。消息是透過公共廣播傳來，大使館的值班官員收到後立刻撥電話到埃夫雷爾・哈里曼的住所。當時是凌晨一點左右，但沒有人在睡覺，為約翰・梅爾比舉行的歡送會正熱烈進行著，這位使館的外交官被召回美國，不久將參加創建聯合國的舊金山會議。1

凱希・哈里曼接到了電話，她聽完報告後向父親轉達了這個消息。兩個人走去找梅爾比並把消息告訴他。其餘的客人都被請回，卻沒有解釋為什麼派對突然結束。在客人都離開後，哈里曼父女、梅爾比和其他一些重要人員聚集在大使的辦公室討論。他們決定立即撥電話給莫洛托夫告知他羅斯福的死訊。史達林由於長期失眠習慣工作到凌晨，迫使他的下屬也得這樣做。當哈里曼打電話告知這個消息時，莫洛托夫確實還在辦公室裡，他堅持要立即趕到斯帕索之家表示哀悼。2

史達林似乎也同樣受到觸動。這是哈里曼在四月十三日晚上造訪克里姆林宮時得到的印象，史達林告訴他：「羅斯福總統已經過世，但他的事業必須繼續下去。」在哈里曼的請求下，史達林決定推翻他先前的決定，任命莫洛托夫（而不是蘇聯駐美國大使安德烈・葛羅米柯）為出席聯合國組織開幕大會的蘇聯代表團團長。這是羅斯福曾經希望他做的，而現在，在收到總統去世的消息後，史達林決定實踐羅斯福的願望。他可能也想讓莫洛托夫打量打量未經考驗的羅斯福接替者——前副總統也就是現在的總統哈利・杜魯門。[3]

儘快與杜魯門會面也是哈里曼的首要課題。羅斯福去世前的幾個星期，哈里曼一直計劃著飛往華盛頓去看望總統，並說服總統對史達林和蘇聯採取更強硬的立場。現在他決定加快準備工作，儘快前往華盛頓向杜魯門提供協助以形成新政府對蘇聯的政策。離開之前，哈里曼在四月十五日再次與史達林會面。同行的有美國駐華大使派屈克・赫爾利，他正要從華盛頓前往蔣介石軍政府的首都重慶。

這不是一次友好的會面。在赫爾利在場的情況下，哈里曼與史達林就蘇聯控制下東歐的最新發展發生了衝突。這次討論的主要議題是波蘭政府的組成，但雙方最激烈的分歧涉及到美國空軍。史達林指責美國空軍人員與波蘭地下組織站在一起跟紅軍對抗，他指的是邁倫・金中尉試圖將一名波蘭地下組織的人員偷渡出波蘭。哈里曼很生氣地告訴史達林，他提出這樣的指控是在質疑喬治・馬歇爾將軍本人的忠誠度。史達林回應說，他是在質疑一個下級軍官的判斷力，並且補充說美國人缺乏紀律。哈里曼寧願去談論一個「愚蠢士兵的行為，也許他很勇敢，但還是有點愚蠢」。赫爾利對這種激烈且非外交性談話的轉變感到驚訝。他並不知道美國飛行員已轉變成美國外交人員與蘇聯人日常打交道的重要課題。

四月十七日哈里曼和他的美國同胞前往華盛頓，包括最近被命令離開蘇聯的波爾塔瓦軍官，他們帶著在過去幾個月裡與蘇聯人打交道所積累起來的種種沮喪。他還打算向華盛頓傳達他們對蘇聯政治和做事方式的理解。哈里曼給杜魯門和其他美國政府領導人的簡報，對於新政府改變美國對蘇聯的態度將產生重要的影響。[4]

◆

在波爾塔瓦的美國基地，羅斯福過世的消息是在四月十三日上午透過英國和德國的廣播得知。這對已經很低落的美軍士氣來說是個新的打擊。航班已經停飛了兩個多星期，基地人員可做的事很少。迫降飛機的機組員被送到波爾塔瓦就滯留在那裡，即使沒被遺忘也感到被遺棄。漢普頓上校、亞歷山大中校以及科瓦爾少校仍然待在基地裡，雖然已經被解職但由於停飛而不能離開，使得基地整體的氣氛更加壓抑。每個人都對蘇聯人感到憤怒。有些人認為，要不是史達林在幾個月前強迫他進行危險而疲憊的雅爾達之行，總統應該還活著。[5]

從莫斯科收到總統的死訊後，科瓦列夫將軍再次召集了下屬，命令他們列隊，行軍前往美軍駐地以表示團結一心。與前一晚的莫洛托夫不同，科瓦列夫出乎意料地表現出同情心讓他的美國同僚感到驚訝。紅軍隊伍的到來撼動了美軍讓他們走出冷漠，在隔天早上也舉行了他們自己的遊行。他們列隊行進，旗隊舉起美國國旗走在隊伍的前方——這是國旗第一次在基地這樣展示。先前為了避免疏遠蘇聯人，所以有著不凸顯國旗的措施。現在，幾乎沒有什麼可失去的，美國人不再羞於展示他們的國旗。[6]（圖34）

曼在迪恩的支持下，堅持認為蘇聯的立場違反了雅爾達協議，在協議中蘇聯同意組織新的政府。

不是所有人都同意哈里曼對雅爾達協議的詮釋，持懷疑態度的包括美國戰爭部長亨利・史汀生。軍方認為蘇聯實際上已經兌現了他們在軍事層面的所有承諾，史汀生懷疑哈里曼及迪恩在莫斯科的經驗讓他們產生了偏見。史汀生在日記中寫道：「俄羅斯人在小事上的作為，長期以來讓他們個人受到傷害。」他很同情他們，但也擔心他們的反蘇論調已經贏得了勝利。「他們勸總統以強硬的用語表達其立場。」

史汀生對情勢的解讀是正確的。當天稍晚當杜魯門會見莫洛托夫時，他要求蘇聯履行雅爾達協議中有關波蘭的部分。莫洛托夫向總統抗議：「我一生中從未被這樣訓話過。」杜魯門回敬他：「執行你的協議，你就不會被這樣訓話了。」哈里曼回憶，他對杜魯門對待莫洛托夫的方式也感到吃驚，因為這可能使莫洛托夫向史達林報告說，美國正在放棄羅斯福與蘇聯合作的政策。儘管如此，他當時的行動顯示出他對總統的立場並不關心，哈里曼認為美國必須使用任何可以運用的槓桿來影響蘇聯在東歐的行為。

在五月十日與杜魯門的私人會晤中，哈里曼建議他以減少租借法案的運輸作為威脅，向莫斯科發出訊號，表示他對波蘭和東歐所說的話是認真的。總統簽署了一項指令，該指令被解釋為立即停止運輸的命令。這項指令在五月十二日實施，引起了蘇聯和英國的抗議，因為運往英國的貨物也受到了影響。這項指令立即被收回，因為美國人仍然需要蘇聯在對日戰爭中作戰，而蘇聯需要新的軍備、彈藥以及食物的補給。[10]

白宮的轉變看起來愈來愈像蘇聯與美國關係在本質上的變化。杜魯門發出訊號表明他準備冒著失去蘇聯參與聯合國的風險，以確保蘇聯不會在東歐建立勢力範圍——這是他的前任絕不會考慮的。哈里曼在促成這個變化上發揮了重要作用，他讓杜魯門知道讓步是一條不歸路，蘇聯需要美國多於美國需要蘇聯。在波爾塔瓦的美國軍官也都抱有這種信念，他們非常清楚，蘇聯人駕著美國的飛機，開著租借法案的汽車和卡車，卻把美國人當作歡迎期已過的不速之客。[11]

◆

到了一九四五年五月初，兩個盟國幾乎無法在任何事情上達成共識，包括歐洲勝利日。五月七日下午五點德國投降的消息經由無線電廣播再傳到波爾塔瓦的美軍，伴隨著向空中鳴槍的歡慶立即展開，但是參與的只有美國人。蘇聯人沒有收到來自莫斯科關於投降的正式通知，所以拒絕參加。

五月七日凌晨，美國人在法國的漢斯慶祝勝利。艾森豪將軍代表西方盟國簽署了明確約定德國無條件投降的文件，阿爾弗雷德·約德爾將軍代表德國政府簽字，蘇聯的代表是伊凡·蘇斯洛帕羅夫將軍，他在文件上的簽名與英法兩國政府及軍隊的代表簽名相鄰。德軍在西部和東部戰線都投降了，但蘇聯人卻覺得他們被西方的夥伴奪走了勝利。

蘇聯政府宣布在漢斯的投降儀式只是初步投降，並且安排於五月八日在柏林郊區的卡爾霍斯特舉行另一次儀式。在這次儀式中，蘇聯方面的關鍵人物是喬治·朱可夫元帥，德國方面是威廉·凱特爾元帥。代表西方盟國簽署文件的則是兩位空軍人員，英國皇家空軍的泰德元帥以及美國駐歐洲戰略空軍司令史帕茨將軍，他們兩人都參與了東部司令部在波爾塔瓦的行動。蘇聯人現在也可以公開慶祝了。

德國在柏林投降的消息，波爾塔瓦的科瓦列夫將軍是在五月九日凌晨兩點左右收到。慶祝活動隨即展開，隔天也進行了蘇聯與美國的聯合遊行。查夫金中士在陸軍報紙上發表了一篇文章，描述了「一場豐富多彩的遊行和嘉年華，美國空軍士兵與蘇聯戰友並肩行進。」事實上他們是分開列隊行進的。美國人注意到，在蘇聯衛兵看守下從事波爾塔瓦重建工作的某些德國戰俘在看到美國國旗時會脫帽。美國人的反應則是不屑一顧。其中一人說：「現在才表示對美國的尊重已經太晚了。」沒過多久他們就發現，許多這些所謂的德國人實際上是被流放到蘇聯的波蘭人。他們希望與美國人有個更好的未來，對於蘇聯的旗幟則沒有表現出類似的尊重。[12]

五月九日是蘇聯的勝利日也是蘇聯與美國共同遊行的日子，剛剛在卡爾霍斯特簽署了德國的投降文件的史帕茨將軍下令關閉波爾塔瓦基地，根據租借法案將大部分設備和物資轉移給蘇聯。特林布爾上尉和下屬開始忙於為撤離做準備，雙方的關係再次得到改善。蘇聯與美國雙方慶祝勝利的派對持續了整個五月，蘇聯人在蘇聯劇團的演出中為美國人保留了座位。時任東部司令部官方歷史學家的卡盧塔中尉寫道：「雖然在履行職責時，衝突和摩擦頻傳，但是個別的人際關係還是非常友好。」他接著補充說：「這是東部司令部的外交任務。」[13]

這個「外交任務」就是強化「大聯盟」以及改善蘇聯與美國的關係，這正是一九四四年初「瘋狂」行動的策劃者所提出的。許多東部司令部的軍官和士官在離開時都因這段經歷有了改變。與蘇聯盟友面對面的接觸，給在基地的美國人留下了深刻的印象，儘管對他們許多人來說，這個印象不是按照他們的指揮官所設想的方式轉變，也不是他們的蘇聯東道主所樂見的。他們帶著對蘇聯很高的期待與極大的同情來到烏克蘭，但在離開時卻完全幻滅，更多的時候甚至公開敵視這個政權。另一些人則維持他們最初的親蘇觀點，或者對其人民產生了同情。

費雪上尉在四月二十八日奉命離開波爾塔瓦，離開他待了近一年的烏克蘭，懷著一種對美國歸屬感的新體認。他經由德黑蘭、希臘和義大利，飛往他曾任職的「美國駐歐洲戰略空軍」所在地法國，剛好趕上慶祝歐戰勝利紀念日。費雪原本以為自己受徵召去擔任一個備受矚目的工作，作為與蘇聯的聯絡人，也可能為艾森豪本人傳話。他投入後感到失望，因為並沒有這樣有聲望的任務在等著他。漢普頓上校自己已經離開了波爾塔瓦，現在他關心的是他的副官以及反蘇的十字軍同謀者的安危。他只是希望費雪在與蘇聯人發生真正的麻煩之前離開蘇聯。

漢普頓離開波爾塔瓦之前，費雪把他母親馬庫莎．費雪的回憶錄《我在俄羅斯的生活》交給漢普頓閱讀。這本書前一年在美國發行，坦率地描述了費雪家族在蘇聯的經歷，包括在「大清洗」時期的遭遇。馬庫莎記錄了蘇聯人試圖阻止她和她的美國籍孩子離開共產主義應許之地的情形。漢普頓認為要是這本書被蘇聯人發現（費雪在波爾塔瓦的儲物櫃裡放了很多本），費雪就會發現自己惹上麻煩，可能無法離開蘇聯。14

對費雪來說，在波爾塔瓦的一年並沒有動搖他對仍稱之為「祖國」的俄羅斯或蘇聯的熱愛，這是他母親的出生地，也是他成長的地方。這一年也加強了他對史達林政權的厭惡——這是他在接觸西方民主社會後開始形成的態度。費雪在回憶錄中寫道：「在波爾塔瓦的歲月強化了我的『舊恨』。這種仇恨在我離開莫斯科後不久就有了，追溯到不可思議的一九三七年。我當時的震驚現在又回來了，當初的記憶也被更新了。這把我推向了山姆大叔——祖國的新主要敵人，自由世界的新領導人。在我波爾塔瓦的停留即將結束時，我終於認清了。」15

更引人注意的是卡盧塔的轉變，他是代表團的新任官方歷史學家。如前所述，卡盧塔在波爾塔瓦的任期開始時充滿了興奮的心情，他對那些比較保守或多疑的同袍，包括雷韋迪托中尉、科瓦爾少校，甚至漢普頓上校，都抱持著批評的態度。但是與蘇聯人日復一日的接觸轉變了他看事情的方式。一九四五年五月卡盧塔對一位「施密爾什」的線民說：「我對俄羅斯的看法發生了急遽變化。我想像在俄羅斯會有完全的自由，但事實上內政人民委員部的獨裁統治在這裡占據主導地位。」他繼續說：「我看不到你們的軍官是感到自由的，人民在這裡無法說出他們的想法。」待在波爾塔瓦的最後幾個星期，一向喜歡交朋友的卡盧塔試圖疏遠他的蘇聯交際圈。16

根據「施密爾什」的報告，在波爾塔瓦的美國軍官中唯一沒有對蘇聯夢想破滅的可能只有查夫金，他在一九四四年八月來到波爾塔瓦，比其他人晚到。如果「施密爾什」的報告可信，查夫金主動提供了有關同袍們態度的訊息，當蘇聯人在此基礎上沒有採取任何行動時，他甚至會感到失望。他抱怨他周遭的人幾乎都是反蘇的，包括費雪及卡盧塔。17

即便如此查夫金還是不被蘇聯人信任。鑑於他的猶太－烏克蘭血統，還有對俄語的了解，以及被分配到波爾塔瓦情報單位的事實，他立即被列入「施密爾什」的間諜可能名單。他看似天真的問題，例如：為什麼像烏克蘭這樣的蘇聯共和國不能自由地離開蘇聯？給了「施密爾什」理由，懷疑他在散播反蘇宣傳。他想要與蘇聯軍官會面以便撰寫有關於史達林格勒戰役的書，也被認為是企圖刺探紅軍的情報。[18]

富蘭克林・霍爾茲曼仍對「施密爾什」監視他和戰友並且趕走他的女友們的作為毫不知情。他離開波爾塔瓦時對蘇聯與美國聯盟的前景相當悲觀，但對蘇聯人的感覺卻比以前更友好。他現在對俄語相當精通，喜歡在當地劇院觀賞俄羅斯及烏克蘭的演出，並且非常喜歡聽蘇聯音樂家的演奏。由於不知道他的前女友被祕密警察阻止與他約會，他與另一位名叫娜塔莉亞的女子開始交往。他沒有打算與娜塔莉亞結婚，這名女子出於霍爾茲曼不知道的原因避免與他合照（這清楚表明她不想留下任何與美國人交往的證據），但霍爾茲曼後來在美國確實考慮過與一位俄羅斯裔的女子結婚，部分原因是為了保持他的俄語會話能力。這個結婚的計畫沒有結果，但霍爾茲曼在米爾戈羅德學會的俄語對他的生活產生了深刻的影響，並且決定了他未來的職業生涯。[19]

有些美國人離開波爾塔瓦時心碎了：他們在烏克蘭遇到了一生的摯愛卻無法結婚，米什先科中士就是其中的一位。米什先科是移民到美國的烏克蘭人後代（他的父親來自俄羅斯帝國，母親來自奧匈帝國），由於他懂得俄語和烏克蘭語，獲選為「瘋狂」行動的飛機技師。語言能力在基地的需求度很高，米什先科協助翻譯美國軍官與蘇聯人之間的對話，也促進了美國大兵與當地女孩的接觸。他的語言能力很自然地立即使他被懷疑為可能的間諜。「施密爾什」招募了一名蘇聯同僚，也就是米什先科的技師夥伴來監視他。[20]

「施密爾什」的特務很快就發現了米什先科與葉蓮娜．塞米熱諾娃的關係，她是在當地郵局工作年輕迷人的金髮女郎。由於蘇聯人開始騷擾與美國人約會的當地女子，葉蓮娜成為祕密警察行動的主要目標。在他們約會的十一個月裡她被內政人民委員部逮捕了五次，她被告知米什先科是個間諜並且被命令舉報他。葉蓮娜拒絕了，她說米什先科不是間諜，也沒有什麼可舉報的。祕密警察以不合作為由不斷逮捕她。第五次逮捕時她被關了兩天，之後深感不安的米什先科跑去當地內政人民委員部的總部詢問她的情況。值班的官員告訴他，他的未婚妻是共產主義青年團的成員，實際上是個妓女，跟德國人睡過覺，而且有性病。

內政人民委員部拒絕釋放葉蓮娜，當她的母親懇求祕密警察放了她的女兒時，他們說這都是米什先科的錯。「今天是我們的盟友，明天就是我們的敵人。」這是他們給葉蓮娜母親的解釋，葉蓮娜的母親則聲稱她的女兒是和蘇聯的朋友而非敵人約會。米什先科轉向科瓦列夫將軍尋求協助，後者向他保證葉蓮娜是被誤抓的。確實，她很快就被釋放了。她告訴米什先科，在祕密警察放她走之前，他們在半夜叫醒她進行審訊，並且告訴她已經被男朋友拋棄。他們接著告訴葉蓮娜，這個美國人配不上她，並且威脅說如果她繼續與他約會將被判處十年監禁。最後他們要她簽署一份承諾書，絕不會告訴任何人她在拘留時所發生的事。[21]

儘管內政人民委員部不斷騷擾，米什先科與葉蓮娜還是決定結婚。米什先科在美國的父親表示祝福，但美國駐莫斯科大使館卻不這麼想。米什先科飛到莫斯科向大使館申請結婚許可，但他的請求被拒絕了。美國軍事代表團的政策不鼓勵這種婚姻，因為蘇聯政府拒絕允許蘇聯妻子與她們的美國丈夫離開該國。米什先科帶著這個壞消息回到波爾塔瓦讓葉蓮娜陷入沮喪之中。根據「施密爾什」的報告，葉蓮娜擔心米什先科離開後祕密警察就可以隨意處置她了。「施密爾什」擔心米什先科可能會試圖偷渡他的未婚妻出境，將她送上前往德黑蘭的航班。米什先科沒有嘗試這樣做，心碎的米什先科在一九四五年六月離開了波爾塔瓦基地。葉蓮娜留在了波爾塔瓦，成為祕密警察調查的對象。[22]

卡盧塔試圖幫助米什先科與蘇聯人打交道，並將米什先科與葉蓮娜關係的故事寫進東部司令部的歷史。卡盧塔是唯一在波爾塔瓦成功談成戀愛的美國人。一九四五年四月他與駐紮在波爾塔瓦基地的同胞護士克勞蒂爾德．戈沃尼少尉（圖33）結婚。他們的婚禮在波爾塔瓦市政廳舉行，現場有許多觀禮者。基地的高階軍官特林布爾上尉代替了克勞蒂爾德的父親，紅軍空軍軍官很高興地為婚禮帶來禮物。這對新婚夫婦在埃及度了幾週的蜜月，他們離開波爾塔瓦的時間因為四月的禁航令而延遲。[23]

一九四五年五月卡盧塔返回波爾塔瓦參與關閉美國基地的工作。六月二十三日特林布爾和卡盧塔成為最後離開基地的美國軍官。特林布爾搭上一架道格拉斯C－47「空中火車」飛往莫斯科，再從那裡飛往在巴黎的「美國駐歐洲戰略空軍」總部。卡盧塔搭乘一架類似的飛機前往開羅。由於全心投入擔任代表團官方歷史學家的新角色，他帶上了一件珍貴的行李——東部司令部的檔案，這些檔案將成為他撰寫歷史的基礎，也是本書的關鍵資料之一。波爾塔瓦基地的故事實際上已經結束了。但他們的歷史即將開展。[24]

第四部

冷戰降臨

第十九章 戰利品

美軍撤離，在波爾塔瓦留下的不僅有他們的幻想、心碎和回憶。一年前用於修建跑道的金屬地墊還在原地，還有大量的裝備及彈藥。從波爾塔瓦搬走所有這些裝備的成本太高，蘇聯同意把這些作為租借給蘇聯的物資的一部分。客人們還留下了很多食品。蘇聯人後來計算了一下，總共有兩公噸的麵粉、一公噸的果醬以及至少幾袋糖，它們被分配給留在基地的蘇聯官兵。紅軍人員毫無顧忌地賣掉這些剩餘的美國物資獲利。廣受成人和孩童歡迎的口香糖，還有糖果及香菸，很快就出現在波爾塔瓦的市場上。[1]

科瓦列夫將軍和他的副手們把大部分的食品分給了自己。對科瓦列夫及一些他的高階副官來說，這是他們在基地最後的一段日子，他們之中許多人將被派駐到被占領的德國。一九四五年六月二十六日，就在最後一批美軍離開波爾塔瓦幾天後，科瓦列夫被任命為「蘇聯駐德國軍事管理局」（SMAG）空軍部門的副司令，負責被蘇聯占領的德國領土並處理與那些控制德國其他地區的西方盟國的關係。在短短幾年內，這個國家由蘇聯掌控的部分將成為「德意志民主共和國」，也就是東德；而西部地區將被稱為西德，其正式名稱是「德意志聯邦共和國」。蘇聯駐德國軍事管理局的指揮官朱可夫元帥成為史達林在蘇聯占領下的德國執政官，他的總部設在分裂的柏林，並成為科瓦列夫新的最高指揮官。

朱可夫領軍的「白俄羅斯第一方面軍」部隊，在一九四五年四月底和五月初的柏林之戰中發揮了關鍵作用。超過八萬名蘇聯官兵陣亡，受傷人數是其三倍多。現在是他們復仇的時候了——最糟糕的勝利者正義。紅軍部隊進入德國後，殺害平民、輪姦和搶劫事件隨處可見，到了六月下旬才慢慢減少。蘇聯駐德國軍事管理局的指揮官們開始對這個被征服的國家進行更加有序和計畫性的掠奪。就在幾個月前，史達林在雅爾達說服了不情願的羅斯福和邱吉爾，讓蘇聯從戰敗的敵人那裡獲得高達一百億美元的賠款。蘇聯駐德國軍事管理局的任務就是要確保工業設備、藝術品、骨董家具和各種貴重物品被運往蘇聯。

大部分代替賠款的設備和貨物經由鐵路運往蘇聯，但也有些透過空運輸送——這就是科瓦列夫部門的責任。他的頂頭上司管理局的空軍司令蒂莫菲．庫采瓦洛夫中將，是朱可夫的長期熟識及部屬。這兩人於一九三九年蒙古的哈拉欣河戰役中因擔任指揮官而嶄露頭角，他們擊敗了日本人獲得蘇聯的英雄勳章。朱可夫和庫采瓦洛夫需要能夠與美國人、英國人和法國人進行有效溝通的人。正如在雅爾達達成的協議，占領德國是項聯合行動，對其首都柏林的占領也是如此，而蘇聯人想要的許多資產都在蘇聯占領區之外，主要是德國東部的農業區，以及盟軍控制的魯爾工業區。2

在紅軍之中，很少有人比科瓦列夫和其波爾塔瓦的同事，更有與美國人進行日常合作的經驗，因此他們被派往德國。到戰爭結束時，波爾塔瓦空軍基地的首任指揮官亞歷山大．佩爾米諾夫將軍，已經成為專門從事遠程轟炸的第十八航空軍的指揮官；他從美國人那裡學了一兩招。波爾塔瓦空軍基地的首席作戰官，維克托・馬克西莫夫上尉也被派到了德國。數十名通譯也被派往德國，其中包括二十二歲的安德列・薩奇科夫少尉，在與盟軍空軍指揮官的四方會議上他將擔任科瓦列夫將軍的翻譯。科瓦列夫在蘇聯駐德國軍事管理局空軍部門的職責包括與盟軍談判，他會經常與他的上司庫采瓦洛夫將軍一起參加「盟軍航空局」的會議。[3]

一九四五年十一月，在建立通往西柏林的空中走廊方面科瓦列夫扮演了關鍵角色。在一九四八年到四九年的封鎖期間，空中走廊確保了這座城市的生存。利用這些空中走廊，盟軍不須通知控制了柏林周圍空域的蘇聯當局。科瓦列夫也是在德國西部協商蘇聯空軍基地的建立。可能出於他在波爾塔瓦的經驗，他要求盟國指派技術人員協助在德國西部基地的蘇聯人員。這個要求出現了一個問題，因為美國人和英國人與蘇聯人不同，他們不會因為外國人出現在他們的地盤上而感到困擾，而英國人缺乏足夠的技術人員來協助蘇聯人。因此，蘇聯人獲准帶入盡其所需的技術人員來維修他們的飛機。[4]

在科瓦列夫的諸多職責中，還包括透過協調獲得蘇聯感興趣領域中的德國技術知識。蘇聯與西方盟國在德國既合作又競爭，尤其是在獵取德國的火箭科學、航空、坦克製造及其他武器生產部門的專家。德國科學家和工程師在這些方面往往領先蘇聯、美國和英國的對手。但是科瓦列夫在柏林的任期並沒有持續很久，他在一九四六年八月被召回蘇聯，在莫斯科空軍學院擔任教職，這顯然是對一位現役將軍的降職。科瓦列夫在柏林對下屬的體貼和人道態度將被銘記於心。

他與部屬的關係不是導致他被召回的原因。科瓦列夫離開德國時，正值史達林發起對紅軍指揮官的大規模肅清異己的清洗。朱可夫元帥本人在一九四六年四月被召回，比科瓦列夫早了幾個月，他被派到在烏克蘭奧德薩的二級指揮單位。朱可夫被俄羅斯大眾稱為「勝利元帥」，他被指控透過搶劫德國豪宅和博物館中最有價值的家具和藝術品而致富。科瓦列夫則因貪汙美國人留在波爾塔瓦基地租借法案的物資和食品而受到調查。風向正在改變。如果說在一九四五年三月科瓦列夫還因為對美國盟友的好戰而受到訓斥，他現在會發現自己因為與他們過於友好並從關係中獲利而受到祕密警察的審查。[5]

◆

清洗始於一九四六年二月，當時史達林在蘇聯議會（最高蘇維埃）的選舉過程中發表了講話。他評估了剛剛結束的戰爭，並提醒蘇聯人民不要忘了列寧說過的話，那就是只要資本主義統治世界，戰爭就不可避免——這句話被許多西方人理解為蘇聯正在準備一場新的對抗。事實上，他只是在搭建舞台好奪回戰爭期間暫時下放給他的文職和軍事助手們的權力。「他們說，勝利者永遠不會被審判；他們不會被批判或檢查，但那是錯誤的。」史達林告訴聚集在莫斯科大劇院的觀眾，「勝利者可以而且必須受到評判，可以而且必須受到批判和檢查。那不僅對事業有益，而且對勝利者本身也有益。」[6]

史達林心中有哪些勝利者以及為他們準備了哪樣的評判，在一九四六年四月他批准逮捕航空工業部長阿列克謝．沙胡林時就變得很清楚了。當月稍晚，紅軍空軍司令、空軍主帥亞歷山大．諾維科夫也身陷囹圄。在一九四四年二月，史達林就是指派他滿足美國人在蘇聯建立美國空軍基地的要求，迪恩將軍把諾維科夫描述為「紅軍空軍的阿諾將軍」，將他與美國空軍司令哈普．阿諾相比。沙胡林及諾維科夫兩人都曾與史達林的兒子，也就是空軍將軍瓦西里．史達林發生衝突。瓦西里．史達林曾向他的父親抱怨故障的飛機導致飛行員的高死亡率，諾維科夫被指控故意造成飛行員死亡，因為他把沙胡林生產的有缺陷的飛機投入使用。兩人都因為蘇聯飛機工業與西方競爭對手相比品質低劣而受到究責。

問題確實存在，蘇聯飛行員在波爾塔瓦看到飛行堡壘，並將其與蘇聯製造的飛機相比，就可以證明這一點。紅軍空軍在戰爭期間損失的八萬多架飛機中，百分之四十七不是因為敵人的砲火，而是因為技術缺陷造成的事故。儘管如此，史達林還是動用了他的祕密警察對付飛機工業和空軍的首長們，但原因不在蘇聯飛機的缺陷，他在戰爭期間一直容忍這一點，他非常清楚蘇聯的航空工業不如美國。多年來，蘇聯人在許可下複製了美國的C－47飛機，也非法複製了B－29飛機，因為一九四四年有幾架B－29在遠東緊急迫降落入了蘇聯人之手。除了想要懲罰那些未能趕上美國人的官員和指揮官之外，史達林心中還有更多的考量。他的目標是軍方高層，他認為他們在戰爭期間變得過於強大，因此對他的權力構成了潛在的威脅。[7]

史達林在「航空員案件」中指派的主要調查者是維克托．阿巴庫莫夫，他曾長期任職「施密爾什」首長，一九四六年五月被任命為國家安全部的部長。誰能比這位前軍方反情報負責人更適合起訴那些將軍們呢？阿巴庫莫夫想要諾維科夫作證，指控已經被從柏林召回的朱可夫元帥。諾維科夫最終簽署了為他準備好的文件。諾維科夫後來回憶說：「他們在軍方的空軍案件中逮捕了我，但是卻以另一個案件審訊我。我被日夜審訊，早上六點回到牢房，這時犯人又必須起床了……這樣的待遇持續了兩三天後，我站著或坐著就會睡著，但馬上會被叫醒。由於睡眠被剝奪，幾天後我的狀態就變得很糟糕，以至於我準備提供任何證詞來結束這種酷刑。」8

在一封寫給史達林的信中，諾維科夫聲稱朱可夫表現出對國家領導人的不尊重。「史達林忌妒我的名聲，」據稱朱可夫曾經這樣告訴諾維科夫，「他沒有忘記我有能力尖銳地反駁他並與他爭論，他不習慣這樣。」這還不是全部，阿巴庫莫夫在給史達林的報告中說：「諾維科夫斷言，這不僅僅是厚顏無恥和虛偽的胡說八道，而是朱可夫更可能在主導一場軍事陰謀。」這位獨裁者顯然害怕朱可夫的聲望，以及軍隊高層在戰爭期間獲得的權力。正是在那裡他看到了對自己領導權力的主要挑戰。這個潛在的威脅成為現實之前，必須將其消除。9

一九四六年八月，史達林得知海關官員扣押了七輛將朱可夫的德國製造傢俱從德國運到蘇聯的火車車廂。國家安全部部長弗謝沃洛德．梅爾庫洛夫及他的部屬奉命採取行動。朱可夫當時人在奧德薩，阿巴庫莫夫的調查人員搜查了他在莫斯科的公寓，以及他在蘇聯首都附近的鄉村住家。他們發現了珠寶、雕塑、繪畫的寶庫，還有從德國私人住宅、收藏家和博物館掠奪的傢俱。時候一到，阿巴庫莫夫向史達林報告了在朱可夫鄉間住家的搜查結果：「從波茨坦和其他德國宮殿和住宅搜刮的大幅而昂貴的地毯和掛毯，總計有四十四件……大型且珍貴的古典畫作還裝在藝術框架中，總共有五十五件，掛在不同的房間，其中有些正等待撤走保存。」這些指控並非捏造，朱可夫對「戰利品」的弱點是個公開的祕密，他本人後來也承認了自己的過失。10

逮捕與朱可夫密切相關的將官，包括他在蘇聯駐德國軍事管理局的一票高階助理，揭露了一個組織化的偷竊與貪腐網絡。其中不僅包括紅軍軍事指揮官們，也包括在德國的反情報官員。從一開始針對航空員的案件轉變成了針對將官們的案件，或者所謂的「戰利品案件」。一九四八年初政治局審議了調查的結果。黨的最高機構所通過的文件宣稱：「得到國家提供的一切必要條件後，朱可夫同志濫用職權大肆掠奪，挪用並大量地把各種貴重物品帶出德國供私人使用。朱可夫同志為此放任他肆無忌憚的貪婪傾向，利用向他推銷的下屬從事明顯的犯罪活動。」[11]

仍在奧德薩的朱可夫，被送往更遙遠的烏拉山區流放，指揮一個三流的軍區。他的長期盟友庫采瓦洛夫也將在那裡加入他。一九四七年庫采瓦洛夫從德國被召回，他被派往塔甘羅格省城的一所二流飛行員學校擔任校長，然後在成為一所軍事學校的學生後被派往烏拉山區。和朱可夫一樣，庫采瓦洛夫從未被捕，但是他本來可以透露很多關於朱可夫及同夥的將軍們從德國掠奪貨物的事情，因為其中許多貨物是由庫采瓦洛夫所指揮的運輸機運往蘇聯。[12]

朱可夫和庫采瓦洛夫很幸運地保住了他們的軍銜和獎章，以及最重要的，他們保住了自由。許多他們的同事和部下都被送進了監獄，其中包括朱可夫的密友弗拉基米爾．克柳科夫將軍，他在一九四五年十二月被召回之前曾是柯尼斯堡及東普魯士的無冕之王。調查人員搜查了克柳科夫的三處公寓及兩處鄉間住家，發現了兩輛賓士、一輛奧迪汽車，還有一百零七公斤具有高度藝術價值的銀器，八十七套西裝和三百一十二雙鞋。十天後克柳科夫的妻子莉迪亞．魯斯拉諾娃也被逮捕，她是位受歡迎的蘇聯民謠歌手，在戰爭期間是每個蘇聯士兵的寵兒。克柳科夫和魯斯拉諾娃在監獄及集中營度過了近五年時間，直到一九五三年史達林去世後才被釋放。[13]

◆

一九四七年十月，在從德國被召回十四個月之後也輪到了科瓦列夫。在那個月裡，在蘇聯政府中負責內政部及國家安全部的副首腦拉夫連季·貝利亞收到了帕夫羅·邦達連科少校的一封信。邦達連科曾在波爾塔瓦空軍基地監管美國飛機的燃料、備料和專業技術用品的供應，他指控他的前任上司與美國人有可疑的聯繫，並且私吞了美國人離開波爾塔瓦後留下的物資與食物。科瓦列夫據稱有兩個同謀，也就是尼古拉·謝潘科夫中校及帕維爾·德明中校。[14]

邦達連科不太可能編造故事。他是一名出身於烏克蘭北部蘇梅地區的職業軍官，曾參與蘇聯對芬蘭的戰爭，為此他在一九四〇年獲得了他的第一個軍事勳章——紅星勳章。他因為列寧格勒保衛戰而獲頒紅旗勳章，並且因為在一九四四年奪回烏克蘭西部及白俄羅斯的戰役中發揮的角色被授予軍功勳章。他在波爾塔瓦也表現突出，然而卻一直隱身角落，從未被列入「施密爾什」的報告中，也讓美國人對他沒什麼興趣。

邦達連科的上級稱讚他為一千一百架次的運輸機、九百架次的B－17轟炸機，以及一百三十八架次的偵察機提供了支援。在一九四四年十二月至一九四五年三月期間，他在搶救迫降於蘇聯控制的烏克蘭西部及波蘭東部的美國飛機方面扮演了重要的角色。他曾七度前往協助美國機組員修理受損的飛機。簡而言之，他是名優秀的軍官，一九四五年五月三十一日謝潘科夫中校（邦達連科日後指控其貪腐）簽署了文件，推薦邦達連科獲得政府的高級獎項——衛國戰爭二級勳章。[15]

邦達連科對他前任上司的指控非常嚴重，從腐敗到叛國。他聲稱科瓦列夫把美國空軍留在基地的兩噸小麥和一噸果醬占為己有，食物則被科瓦列夫、謝潘科夫及德明瓜分。這三名軍官據稱拿走了美軍的汽車，德明甚至將一輛威利斯吉普車送給了當地的某個集體農場，另一輛車據稱給了某位波爾塔瓦地區的官員。邦達連科還在信中附上了兩張照片，顯示科瓦列夫與美國人在一起聚會。他暗示科瓦列夫為了換取一套皮衣，把蘇聯的祕密航空地圖提供給美國人。這其中的含意很清楚：現在美國人已不再被視為盟友，那些地圖可以用來引導美國飛機對蘇聯採取行動。

隨著「航空員案」和涉及朱可夫及其他將官們的「戰利品案」的調查全面展開，阿巴庫莫夫的國家安全部軍事反情報局下令調查邦達連科的指控。他們審訊了科瓦列夫本人及數十名證人，在一九四七年十二月底前完成了工作。阿巴庫莫夫的特務確認，科瓦列夫確實在波爾塔瓦空軍基地與美國軍官進行了多次正式與私下的會面。然而，邦達連科關於科瓦列夫在酒會上與美國人打交道的說法，沒有發現進一步的確證。調查人員確認，科瓦列夫曾經協助組織並參加了在空軍基地為哈里曼大使、羅斯福總統的兒子艾略特，以及迪恩、沃爾什、希爾等將軍舉行的晚宴。他還與謝潘科夫中校一起參加了波爾塔瓦基地的美國軍官俱樂部的週末派對。調查人員不認為這種接待和禮節性的拜會是酒會，他們對科瓦列夫的酒量不感興趣。

對於科瓦列夫從美國人那裡收到的禮物，調查人員的態度也很溫和。他們不能確認科瓦列夫是否收到了那件「皮衣」，他顯然否認了這項指控。科瓦列夫沒有否認在雙方交換禮物時收到的美國物品——沃爾什將軍和迪恩將軍在拜訪基地時曾送給科瓦列夫一把自動獵槍、一支鋼筆和幾盒香水，他也以水果回贈。科瓦列夫收到了希爾將軍送的一個絲綢睡袋，但那是他在將軍某次造訪莫斯科時贈送皮靴的回禮。科瓦列夫還收到美國人送的雪茄打火機和其他小飾品。調查人員顯然認為這些東西並不重要。

調查確認，地形圖確實轉交給了美國人，但那是官方批准的，因為他們需要從德黑蘭和莫斯科到波爾塔瓦的路線圖，以及在烏克蘭西部緊急迫降地區的地圖。如前所述，美國人留在波爾塔瓦基地的食品分發給了那裡的官兵，還有一些被送到基輔軍區的總部。不過可以確定的是，科瓦列夫和他的助手們比其他人分配到的數量都要多。至於汽車，調查顯示科瓦列夫及德明受益於紅軍在德國的徵用，而非來自美國人的慷慨。科瓦列夫的汽車用運輸機從德國運到波爾塔瓦，而謝潘科夫及德明得到的汽車則是來自紅軍軍官繳獲的汽車，這些軍官在沒有獲得官方許可的情況下把汽車從德國開到蘇聯。

阿巴庫莫夫的調查人員最感興趣的問題，就是科瓦列夫是否曾經單獨與美國人會面。他們發現科瓦列夫與漢普頓上校大部分的會談都是在蘇聯通譯的陪同下進行。在這種情況下，他不會說英語似乎是一種福氣。比較可疑的是科瓦列夫與漢普頓在美國通譯喬治．費雪及薩繆爾．查夫金在場時進行的會談，調查人員認定這兩人是美國情報部門的雇員。然而，沒有跡象顯示在這些會談中曾發生過任何意外的事情。邦達連科少校至此為止都無法接受約談，因為他已於一九四七年六月二十七日因不明原因死於某家軍醫院，就在他的信件到達貝利亞辦公室的幾個月前。不清楚他是怎麼死的。

調查員報告的結語顯示科瓦列夫及其在波爾塔瓦的助手們前景不妙：「例如，警衛隊少校邦達連科的陳述中所提出的事實，基本上被調查所證實。」實際上，調查結果只支持了邦達連科的某些說法。然而，在「航空員案」和「戰利品案」的緊張氣氛中，調查人員寧願在他們的正式結論中站在政府這邊；他們最不希望的就是被指責為掩蓋事實。他們將調查結果向阿巴庫莫夫的副手尼古拉．塞利瓦諾夫斯基將軍報告，後者決定將調查結果轉交給伊凡．莫斯卡連科將軍。與塞利瓦諾夫斯基本人一樣，莫斯卡連科先前也是「施密爾什」的軍官，現在負責軍事反情報機構的某個部門。[16]

這對科瓦列夫來說是個好消息。莫斯卡連科是來自共和國農業中心地帶的烏克蘭同胞，他的職業生涯也是從航空開始的，更重要的是莫斯卡連科的女兒加琳娜．格林科－奧科洛維奇少尉曾在波爾塔瓦空軍基地擔任科瓦列夫的通譯。如果莫斯卡連科積極調查科瓦列夫，他可能會危及自己的女兒。科瓦列夫當時在莫斯科已經是半流亡狀態，他在那裡的空軍學院任教，顯然避免了被捕的命運。他的名字沒有出現在那些航空員案或戰利品案的起訴者名單中。他在蘇聯飛彈工程領域成功開創了第二春——這可能是他在德國試圖幫助蘇聯科學家取得德國技術機密時獲得的專業技能，他以自由之身死於一九六四年。[17]

科瓦列夫很幸運地躲過了「大清洗」。阿巴庫莫夫的調查聚焦在他與美國人的接觸，而祕密警察的主要關注點是舉發可能的貪腐。一九四七年，也就是莫斯卡連科將軍對科瓦列夫案件結案的那一年，國家安全部開始重新審視「施密爾什」的波爾塔瓦檔案以尋找可能的間諜。隨著冷戰的到來，蘇聯與美國關係的各個層面都變得可疑，僅僅是與美國人接觸就被認為有充分的理由啟動間諜調查。波爾塔瓦基地的檔案將被進一步挖掘作為犯罪證據。

第二十章 波爾塔瓦嫌疑人

對許多波爾塔瓦基地的美國老兵來說，戰後的柏林帶來了一種似曾相識的感覺。引起這種感覺的，與其說是兩座城市被炸毀的街道，不如說是蘇美分界線兩端彼此對抗的熟悉面孔。更重要的是，熟悉的思想、態度和行為模式。蘇聯人依靠他們在波爾塔瓦空軍基地的軍官來管理占領區的德國人，但他們不是唯一這樣做的人。美國人在那裡也是如此，他們把自己的「波爾塔瓦專家」放到了歐洲的心臟。

蘇聯與美國的交鋒，從波爾塔瓦開始，在柏林仍舊持續。這座城市被分為四個占領區，但由戰後兩個超級大國的代表主導。在波爾塔瓦遭遇的美國人和蘇聯人發現他們又要打交道了，表面上是盟友，但愈來愈像是對手。美國人對蘇聯人的意圖缺乏信任，蘇聯人這邊則同時不信任美國人及他們自己的波爾塔瓦老兵。他們調查所有在波爾塔瓦或在柏林與美國人有過接觸的人，甚至在波爾塔瓦為「施密爾什」做間諜的蘇聯軍官現在也受到了懷疑。冷戰，一場極致的間諜戰正在升溫。在柏林，原本戰時的盟友正緩慢但毫無疑問地變成了對手。

駐波爾塔瓦的東部司令部的前任指揮官羅伯特・沃爾什少將，在一九四四年十一月離開莫斯科回到華盛頓，兩年後的一九四六年秋天他又回到歐洲。沃爾什接掌了駐紮在西德城鎮巴特基辛根的「第十二戰術空軍司令部」，並在一九四七年四月遷往柏林，成為新任德國軍事總督盧修斯・克萊將軍手下的歐洲司令部情報主任。沃爾什將一直擔任這個職務，直到他在一九四八年十月返回美國。作為克萊的主要幕僚，在冷戰開始的頭幾個月沃爾什在形塑美國對蘇聯的政策方面扮演了重要角色。1

當沃爾什在柏林就任時，美蘇關係正日益惡化。這一年稍早的時候，杜魯門總統宣布了外交政策的轉變，即所謂的「杜魯門主義」——西方遏制蘇聯地緣戰略的擴張。杜魯門承諾向土耳其和希臘提供金援和軍事援助，然後就受到來自莫斯科及其共產主義衛星國的壓力，但美國因此取代了迅速崩潰的大英帝國原本在地中海維持的角色。同年，美國國務卿喬治・馬歇爾在哈佛大學畢業典禮演說時，宣布了一項對飽受戰爭蹂躪的歐洲提供經濟援助的計畫，該計畫後來被稱為「馬歇爾計畫」。在德國，美國試圖透過融合美國、英國和法國的占領區創建「西德」；而蘇聯人反對這項政策。2

在史達林看來，「馬歇爾計畫」意味著鞏固美國在西歐的經濟、政治和軍事力量，並試圖引誘他的新東歐附屬國脫離蘇聯。史達林深知自己無法與世界上最大的經濟體競爭，除了宣傳和脅迫之外他幾乎沒有什麼可以提供給東歐。克里姆林宮在其德國占領區發動了軍事演習，引發盟軍除了離開柏林之外別無選擇的謠言。蘇聯人不久就開始干擾盟軍開往柏林的列車。這似乎是種不詳的預兆，暗示美國人和其盟友遲早要離開他們在柏林的區域，這座城市完全被蘇聯占領區所包圍。[3]

克萊將軍在一九四七年八月首次注意到蘇聯行為的轉變，當時接替朱可夫擔任蘇聯駐德國最高軍事指揮官的瓦西里·索科洛夫斯基元帥，拒絕了一項美國擬議的貨幣改革。這項改革會影響到整個被占領的德國，協助其克服猖獗的通貨膨脹。克萊不認為索科洛夫斯基想在德國進行軍事對抗，但他擔心索科洛夫斯基可能會被上級影響。有一段時間克萊把他的想法藏在心裡，然而在一九四八年三月，他以書面形式闡述了他對柏林可能發生軍事衝突的擔憂。克萊是在沃爾什將軍的施壓及協助下這麼做。[4]「盧修斯，如果你覺得很有可能發生戰爭，我們最好向華盛頓報告。」與蘇聯交手經驗豐富的沃爾什，對在戰時沒有與蘇聯人打交道經驗的克萊這樣說。

沃爾什為了表明他是認真的，他拿著筆和紙坐下來準備將克萊的想法寫下。「好幾個月來，根據邏輯分析，我感覺並且堅信至少在十年內不可能發生戰爭。」克萊在報給華盛頓的備忘錄最後版本這樣寫道，巧合的是，當天是一九四八年三月五日，正好是史達林的生日。「在過去幾週裡，我感覺到蘇聯的態度發生了微妙的變化，我無法界定這種轉變，但此刻我卻感覺到它可能會帶來一場戲劇性的突發事件。我無法用任何數據或者可見的相關證據來證明我自己想法的轉變，只能用與我們有正式關係的每個蘇聯人間新的緊張感來描述這種轉變。」[5]

克萊的電報被轉發給國防部長詹姆斯·福萊斯特，針對與蘇聯發生軍事衝突的可能性啟動了調查。除了沃爾什將軍之外，大多數情報官員認為戰爭不太可能發生，因為蘇聯人還沒有準備好進行大規模對抗。儘管如此，蘇聯對西方在柏林的存在提出明顯的政治挑戰。克萊和沃爾什很快就得到了他們所缺乏的證據，加強說明與蘇聯的衝突在即的想法。一九四八年六月二十四日蘇聯回應西方盟國宣布建立「西德」的計畫，在西柏林實施了地面封鎖。蘇聯辯稱，鑑於德國不再被共同占領而是被分割，位於蘇聯占領區的柏林必須在蘇聯的單獨控制之下。

在華盛頓的某些人同意這個邏輯，但沃爾什將軍卻不認同，他和克萊一道反對放棄柏林。六月二十六日，封鎖開始兩天後，美國政府命令其空軍開始向被圍困的西柏林空投物資，利用的就是一九四五年在科瓦列夫將軍的協助下所協議的空中走廊。沃爾什在封鎖前夕的電報中，解釋了這個決定的邏輯：「維持我們在柏林的地位是不實際的，不能在這樣的基礎上進行評估。……我們確信，留在柏林對我們在德國和歐洲的威望是至關重要的。不論從好的方面或壞的方面來說，這已經成為美國意志的一種象徵。」開始空運兩天後，首度顯示行動有效的跡象，杜魯門總統也給予了正式的批准。[6]

空投物資開始三個月後，沃爾什在一九四八年十月被召回華盛頓，成為「美國與加拿大以及美國與墨西哥聯合防禦委員會」的美國空軍代表。空投持續進行，總共維持了三百二十一天，由美國和英國的貨機執行了二十七萬二千次的飛行（主要由C－47「空中火車」及C－54「空中大師」飛機擔綱），在滕珀爾霍夫機場每四十五秒就有一架貨機降落。面對美國人的決心、優越的空中武力，以及有能力為被圍困的城市提供近一年的食物、燃料、藥品、衣物和其他必需品，所展現的純粹經濟實力終於讓蘇聯人撤退了。一九四九年五月十一日莫斯科宣布結束封鎖，西柏林仍然在美國、英國和法國的聯合控制之下。[7]

在冷戰初期來到柏林的人裡面，沃爾什將軍並不是唯一擁有波爾塔瓦經驗的美國軍官，波爾塔瓦空軍基地指揮官的前副官喬治費雪上尉則是另一位。一九四五年夏天他加入了克萊將軍的參謀部，當時克萊是艾森豪將軍的副手，擔任在德國的美軍總督。費雪在德國的直屬長官是克萊將軍的參謀長威廉・惠普爾上校，他畢業於西點軍校和普林斯頓大學，也是牛津大學的「羅德學者」＊，他的軍職生涯最終以准將退役。惠普爾的真正愛好是土木工程，他在德國的主要成就是幫助克萊廢止了摩根索計畫。這個計畫曾經得到羅斯福總統的支持，並以他的財政部長亨利・摩根索命名，該計畫原本設想對德國進行去工業化，消滅其工業生產力。重建德國而不是懲罰其平民百姓，這也是費雪的做法。當喬治的記者父親路易斯・費雪來到德國採訪美軍指揮官時，喬治受到惠普爾上校的高度讚揚。路易斯在訪問柏林後給他的兒子寫道：「當我即將離開時惠普爾談到了你，他說你是個了不起的傢伙，充滿了熱情。」8

在美國人以及屬於德國社會民主黨左翼的德國人中，費雪的做法很容易找到盟友，後者之中有許多人曾是納粹集中營的囚犯，他們的基本信念沒有因為監禁而動搖。在被盟軍釋放後，他們恢復了戰前的活動，試圖將德國工人組織起來，同時反對美國資本主義和蘇聯共產主義。費雪以各種可能的方式幫助社會民主黨，例如把他在美國總部可以買到的香菸和其他商品安排在黑市出售，然後把收益交給他們。最終，他與一些同事發生了爭執，他們懷疑他在牟取暴利。甚至他的母親也停止把美國製造的手錶寄給他，他會把手錶賣給蘇聯人，收益用來資助他的事業。[9]

費雪在柏林與來自莫斯科的兩位老熟人重新搭上線，他們是他弟弟維克多的朋友。一位是康拉德・沃爾夫，朋友們稱他為「康尼」，另一位是洛塔爾・沃洛赫，他是居住在莫斯科的一名德國共產黨員的兒子。康尼和洛塔爾在戰爭中站在對立面，康尼效力於蘇聯軍隊，洛塔爾與納粹並肩作戰。一九四三年十七歲的康尼受徵召加入紅軍，成為蘇聯軍隊裡的政治局國外宣傳組的軍官。戰爭結束後，康尼的密友弗拉基米爾・加爾的德國通譯同行，邀請他加入在哈勒的蘇聯軍事管理部文化處。洛塔爾信奉共產主義的父親在一九三七年史達林的「大清洗」中被處決後，洛塔爾回到了自己的家鄉德國。他成為納粹空軍的飛行員，在東部戰線對他先前的共產主義朋友們作戰。[10]

如前所述，喬治・費雪在波爾塔瓦的經歷幫助他改變了世界觀，讓他放棄了年輕時的共產主義信仰。他在柏林與康尼的哥哥馬庫斯・沃爾夫（外號米夏）的會面便是最好的證明。費雪回憶說：「他曾是三〇年代我在莫斯科的親密朋友，是我在紅色德國流亡者中最好的朋友。」自從喬治和弟弟維克多以及母親在一九三九年離開蘇聯後，他們在一九四五年首度碰面。沃爾夫來到柏林為「自由德國電台」工作，並為《柏林日報》撰稿，這是份親蘇的德國報紙，其創刊號在一九四五年五月二十一日出

＊編按：羅德學者指獲得羅德獎學金的菁英。牛津大學於一九〇二年設立國際性研究生獎學金「羅德獎學金」，挑選各國已完成本科的菁英生前往牛津大學進修。其獲多個公眾媒體譽為「世界最久負盛名的獎學金項目」，也享有「全球本科生諾貝爾獎」之稱的美譽。

現在柏林的蘇聯區。在紐倫堡審判納粹戰犯時，他就是該報的記者。喬治和沃爾夫在柏林經常見面，但他們先前的友好情誼已經成為過去。費雪回憶說：「他和我談不上任何私事，只有高高在上的政治。對於德國，這個我們共同的出生地，米夏極力主張他所謂的有限民主。我不認同，堅持至少要有資本主義民主。」[11]

沃爾夫後來寫道，他和費雪「很高興再次見到對方，但很難忽視這段關係中的不信任感所帶來的刺痛。」沃爾夫批評他的老朋友在工人運動中與反蘇和反共的「分裂份子」接觸，並且在那些舊的社會民主黨叛亂份子中相當自在。多年之後，沃爾夫開始相信費雪與美國情報部門有關聯。一九四九年米夏・沃爾夫進入了東德的外交部門，一九五二年他成為「史塔西」國外情報署的創始人之一。如前所述，他成為冷戰中最狡猾和最成功的間諜頭目之一，在西方被稱為「沒有臉的人」，因為西方情報部門都在努力尋找他的近照。[12]

即便沒有沃爾夫，費雪在柏林出現也引起了蘇聯情報部門的注意，一旦冷戰開始他們就會不遺餘力地尋找美國間諜。他們知道費雪在一九四五年五月初離開波爾塔瓦空軍基地後去了開羅。那年的七月他們在柏林發現了他，波爾塔瓦基地的一名前蘇聯通譯安德列・薩奇科夫少尉曾到他位於柏林美國區的住所探望他。據蘇聯特務所稱，費雪從波爾塔瓦回國後曾經「在美國托洛茨基主義者的圈子裡吹噓說，他在蘇聯時與一位蘇聯將軍交上了朋友。」蘇聯間諜未能確定這位將軍的身分，據稱這位將軍在倫敦待過一段時間，然後帶著費雪參加雅爾達會議。[13]

薩奇科夫從德國回到蘇聯後，一九五三年紅軍軍事反情報部門對他進行了調查。烏克蘭東部的伏羅希洛夫格勒（現今的盧甘斯克）是薩奇科夫新工作的地點，那裡的軍官們想要檢驗薩奇科夫的真誠度，尤其對於他和喬治・費雪的關係感興趣。他們的調查似乎沒有多少進展，薩奇科夫在這場磨難中倖存了下來。作為一所著名的軍事翻譯學院（軍事外交語言學院）的校友，他最終在莫斯科的共產黨中央委員會的外交政策部找到了一份工作。薩奇科夫的事業儘管有這些風風雨雨仍然蒸蒸日上，而費雪在未來數年仍是蘇聯的波爾塔瓦美軍嫌疑人名單中的頭號人物。[14]

◆

隨著蘇聯與西方盟國之間關係開始緩和下來，追捕與波爾塔瓦基地有關聯的美國間諜的行動便展開了。一九四七年二月，蘇聯國家安全部的領導層針對曾在波爾塔瓦服役的美軍發布了首批指令。就在當時，在該部工作的「施密爾什」前官員編制了一份涉嫌為美國從事間諜活動的美國軍官和蘇聯公民的名單。除了喬治・費雪之外，還包括艾伯特・賈羅夫、威廉・卡盧塔、彼得・尼古拉耶夫、菲利浦・坦德特、伊戈爾・雷韋迪托及亞歷克斯・貝比寧。名單上最引人注目的是薩繆爾・查夫金。[15]

由於費雪和其他美國軍官不在他們的掌控之中，蘇聯反情報部門將注意力轉向與美國人有過接觸的紅軍軍官，因為這些人可能因此被招募為間諜。第一位被懷疑為西方國家從事間諜活動的人，曾是卡盧塔中尉的熟人，他是蘇聯第四航空隊副首席領航員的丹尼爾・巴比奇（烏克蘭人）。卡盧塔在波爾塔瓦的美軍紀錄裡是位建築工程師，儘管「施密爾什」的軍官認為他幾乎沒有參與任何工程的工作。他流利的俄語及烏克蘭語加上外向的性格，使他得以與講俄語的紅軍軍官及當地的烏克蘭人建立許多關係，這讓他成為間諜活動的主要嫌疑人。

一九四四年八月「施密爾什」取得了卡盧塔的筆記本，他們在其中發現了巴比奇的地址和辦公室的電話。卡盧塔與他首次相遇是在英國，根據「施密爾什」的紀錄，巴比奇是在那裡執行某項「特殊任務」，要檢查並接收根據租借法案提供給蘇聯的美國製飛機。巴比奇從英國返回後，軍方反情報人員注意到他對蘇聯政權的態度有了轉變。在他們看來，戰時英國的生活品質讓巴比奇留下了不恰當的印象，使他對在國內看到的情況做了不利的比較。「巴比奇對服役、紀律以及紅軍軍官階層的生活條件和供應表達了不滿，誹謗了蘇聯人民和紅軍的軍官階層。與此同時，巴比奇讚揚英國人民特別是軍官階層的生活條件，斷言英國軍官是有高度文化、有能力的人。」[16]

這個訊息傳給了第四航空隊的反情報軍官，這是個駐紮在波蘭的空軍單位，巴比奇在一九四四年曾在那裡服役，但在當時並沒有引起特別的關注，因為美國人和英國人當時仍是蘇聯的盟友。到了一九四七年夏天，情況就發生了相當大的變化。這些反情報軍官在六月寫信給他們在基輔軍區的同僚，要求提供有關巴比奇與美國人接觸的訊息。[17]

基輔軍區的軍官很樂意幫忙，他們很快向第四航空隊的總部回報。根據與他們的紀錄，威廉・卡盧塔確實在筆記本上留下了巴比奇的地址和電話號碼，除此之外，在波爾塔瓦服役的卡盧塔還向當時顯然在莫斯科的巴比奇傳達問候。基輔的軍官提供了一張卡盧塔和未婚妻克勞蒂爾德・戈沃尼的照片，這張照片拍攝於一九四四年耶誕慶祝活動期間的波爾塔瓦。他們無法弄清楚巴比奇和卡盧塔之間的關係到底為何，但巴比奇待過英國以及他對同事所說的話使他成為英國間諜的主要嫌疑人。我們不知道調查的結果如何，然而這肯定給巴比奇帶來了極大的焦慮，並且對他的軍事生涯沒有幫助；儘管他有著出色的戰績，但在戰後蘇聯空軍的傑出人物中找不到他的名字。[18]

隨著冷戰升溫，蘇聯軍事反情報單位調查了數十名曾在波爾塔瓦服役的空軍飛行員和技術軍官。一般來說，這種調查會在他們於德國服役後返回蘇聯的崗位時開始。即使是那些曾經在波爾塔瓦擔任「施密爾什」線民的人，在渴望證明自己的調查人員眼中也不免受到懷疑。

其中一名嫌疑人是「施密爾什」在波爾塔瓦最活躍的特務（實際上，由於他與美國人的日常交易，一九四四年四月他是首位被招募到「施密爾什」線民網絡中的特務）——維克托．馬克西莫夫上尉，他是波爾塔瓦空軍基地作戰部門的一名軍官。馬克西莫夫的案子由波爾塔瓦「施密爾什」部門的負責人斯維什尼科夫中校和佐林少校親自處理。馬克西莫夫在戰後被調往柏林，在蘇聯駐德國軍事管理局空軍部門的科瓦列夫將軍底下工作，並經常代表蘇聯與西方盟國就空中交通和空中走廊進行談判。[19]

馬克西莫夫在德國的下屬記得他是位稱職的軍官，精通英語，他對那些有俄羅斯背景講俄語的美國聯絡員態度強硬。他也有堅強的家族背景，有個哥哥據稱是蘇聯駐華盛頓大使館的空軍武官，擁有上校軍銜。但這些對於喀山市的陸軍反情報部門來說似乎都不重要，當馬克西莫夫在一九五三年一月從德國返回後就被派往喀山市，他們特別對馬克西莫夫與費雪、米什先科及亞歷克斯．貝比寧的接觸感興趣。亞歷克斯．貝比寧是位美國空軍上尉，也是波爾塔瓦的老鳥，他曾與科瓦列夫將軍及之後的馬克西莫夫少校在柏林參與了同樣的談判。[20]

馬克西莫夫盡其所能試圖證明自己的清白，指稱他在波爾塔瓦的整個服役期間一直都為「施密爾什」工作。他告訴調查人員，他的主要任務是蒐集與他接觸過的美國人資訊。波爾塔瓦的「施密爾什」為馬克西莫夫的所有接觸者都建立了特別檔案，其中也包括了他們自己的資料。這些檔案每個月都會更新，馬克西莫夫聲稱自己積極參與了準備及更新這些檔案。這個說法在與現存的波爾塔瓦檔案核對後，似乎已經排除了他的嫌疑。一九六三年，在服役二十五年後他以中校軍階從蘇聯陸軍退役，退役後的職業生涯致力於教授民防的基本知識，這是冷戰時期的一個重要課題。將近二十年的時間裡，他為喀山建築學院的學生教授民防知識，並在一九九三年年屆七十二歲時完全退休。[21]

軍方反情報部門梳理「施密爾什」的波爾塔瓦檔案，主要是為了尋找在美國基地受僱或造訪過的男性軍官和文職人員的間諜活動證據。然而，女性並沒有被排除在追捕間諜的行動之外。一九四八年十月第十二航空隊的反情報軍官要求提供莉迪亞・羅馬舍夫斯卡婭的資料，她在波爾塔瓦空軍基地的紅軍餐廳擔任服務員，由於她在一九四四年到一九四五年間與美國空軍人員多所接觸，被懷疑與美國情報部門有關聯。[22]

紅軍空軍軍官的妻子們也受到了懷疑。反情報軍官從「施密爾什」的檔案中，竭盡所能挖出了有關波爾塔瓦基地前護士瑪麗亞・索洛多夫尼克的所有檔案。這位年輕的女子嫁給了基地的一名高階軍官阿爾謝尼・邦達連科中校，據稱她丈夫對同僚的官方文件和業務表現出過度的興趣。一九五〇年在阿爾漢格爾斯克軍區的蘇聯空軍服役的邦達連科受到了調查。

與此同時，軍方反情報部門開始調查一九四四年有關娜塔莉亞・拉夫林斯卡婭的指控。當時只有十五歲的她據稱因為與一名美國軍人約會，受到波爾塔瓦的「施密爾什」拘留。反情報軍官對拉夫林斯卡婭特別感興趣，因為在戰後她嫁給了蘇聯的明星飛行員及英雄埃菲姆・帕拉欣少校。調查的結果一無所獲，但對帕拉欣的事業可能也沒有幫助。帕拉欣在一九五七年退役時仍是少校官階，並且定居在波爾塔瓦，一九九七年在那裡過世。[23]

馬克西莫夫、薩奇科夫少尉以及其他軍官因為自己或妻子在波爾塔瓦地區的基地與美國人有所接觸而被祕密警察調查，最後都被免除了間諜罪。然而毫無疑問，他們在波爾塔瓦的服役經歷讓他們得以與美國同僚面對面相處，並且原本似乎對他們未來的軍職生涯很有幫助，但在冷戰開始後，這項優勢反倒變成了障礙。他們之中的許多人在一九四五年夏季被派駐到柏林，他們的技能在美國與蘇聯以盟友身分所致力建立的新世界中原本應該很搶手。隨著合作的希望愈來愈小，眾人也愈來愈不期望這批蘇聯軍官和通譯在波爾塔瓦努力獲得的外交技能，能夠在未來為自己與國家效力。「波爾塔瓦人員」不再是值得信賴的指揮官和專家，而是成了嫌疑人，在未來的數年裡都是如此。

在波爾塔瓦地區的基地內或周遭與美國人接觸過的烏克蘭當地人也是如此。命運最困難的是那些曾與美國人約會而仍在等待的女子。在美軍飛行員離開基地很久很久之後，祕密警察仍然對史達林臣民的戀情感到興趣，即便在名義上她們有權被當作公民對待。

第二十一章　追捕女巫

一九四〇年代末及一九五〇年代初，任何閱讀蘇聯報紙或收聽蘇聯廣播的人，都不會懷疑美國人已成為克里姆林宮對西方不宣而戰的主要對手。

在不受媒體調查影響的幕後，史達林和中央委員會要「國家安全部」（MGB，「國家安全人民委員部」在戰後的化身），加強對西方特別是美國間諜的揭發工作。這項任務落在該部第二處的第二科，負責針對美國人的反情報工作。該處的任務很艱鉅——蘇聯公民很少有人接觸過美國人且可能被認為替美國人工作（與此相反，與德國人就有很多接觸）。國家安全部第二處的官員在一九五〇年的前十個月裡，在新近被蘇聯併吞的立陶宛共和國，逮捕了十五名涉嫌為德國（納粹）做情報或反情報工作的特務，還逮捕了七名英國特務，但其中只有一人被指控替美國人工作。[1]

對美國的敵意上升以及隨之而來的間諜恐慌，在這種氣氛下任何與波爾塔瓦的美國空軍基地有關的事物，都成了蘇聯反情報部門的主要戰場，而部門內的烏克蘭特務比起立陶宛的同僚更處於特權地位。三個美國空軍基地都位於波爾塔瓦行政區，因此都在國家安全部波爾塔瓦地區總部及其美國反情報部門的管轄之下。

在尋找美國間諜及其特務的過程中，波爾塔瓦地區的官員特別關注那些曾與有間諜嫌疑的美國軍官約會的當地女子。嫌疑人名單中位居首位的是喬治・費雪中尉（後來晉升上尉），同一份名單上排名第七的是他的朋友，會講俄語喜歡炫耀的伊戈爾・雷韋迪托中尉。正如我們所看到的，因為在餐廳中的爭執以及對紅軍軍官和整體蘇聯政權的口頭侮辱，他在一九四四年九月被送回英國。涉嫌從事情報工作的美國軍官名單，在一九四七年二月首次由國家安全部編製完成，名單上不只列出了費雪及雷韋迪托，還包括傳聞中他們在波爾塔瓦結識的女子。

◆

波爾塔瓦迷人的金髮女郎季娜伊達・貝魯哈，因為與費雪及雷韋迪托結識而成了祕密警察長期調查的重點對象。貝魯哈來自蘇聯的菁英階層，她出生於一九二二年，成長於負責監督波爾塔瓦地區監獄系統的高階警官家庭。她的父親安德里・貝魯哈在「大清洗」的高峰期被逮捕並槍決，判決和執刑都在同一天，也就是一九三八年十月十七日。他留下了兩個女兒，季娜伊達及奧萊娜。這兩個女兒對殺害她們父親的政權都不太忠誠，並且毫無顧忌地先和德國人約會，然後又和美國人約會。

在國家安全部的檔案中包含了雷韋迪托和貝魯哈首次見面的細節。季娜伊達正在當地的海灘洗澡，雷韋迪托和他的朋友靠近她，問說是否可以為她拍照。她同意了，雷韋迪托的朋友就幫他們兩個拍了照。那天晚上，雷韋迪托、季娜伊達以及陪她來的朋友漢娜・曼科在當地的劇院見面，他們約定在一九四四年七月十五日星期六的晚上再次見面。蘇聯人攻擊與美國人約會的當地女子的情況當時正處於浪頭上，因此這個約會沒有依原來的計畫進行。[2]

雷韋迪托和他的朋友美國空軍中尉亞歷山大・貝比寧一起赴約，後者也是移民到美國的俄羅斯人，季娜伊達也帶了名叫莉妲的朋友來。他們在當地公園碰面沒多久，一個喝醉酒的蘇聯人就走近他們並且踢了莉妲。貝比寧立刻回擊，一拳打在攻擊者的臉上讓他見血。一名被召來現場的紅軍巡邏兵告訴雷韋迪托和他的朋友們，日落之後所有美國人都必須待在營區。雷韋迪托後來向季娜伊達坦承，美國人與蘇聯人的關係一點也不好，打架時常發生，大部分都是因為女孩。有些美國人被攔路打劫，他們會被問借支菸，然後就被用槍威脅搶走手電筒和其他貴重物品。[3]

雷韋迪托離開烏克蘭幾個月後，在一九四四年十一月蘇聯祕密警察開始對貝比寧展開調查。一位代號「莉莉」的特務報告說，在德國占領波爾塔瓦期間，季娜伊達曾經和德國軍官約會。這點的重要性似乎只是其次，對她展開調查是因為懷疑她是美國間諜。更重要的是「莉莉」斷言，季娜伊達不僅在一九四四年七月和八月與雷韋迪托約會，並且還被介紹給費雪，後者提議在晚上見面。季娜伊達從未向「莉莉」提及那場會面是否實際發生過。[4]

波爾塔瓦的私家偵探們，在當時對季娜伊達和她與美國人的韻事沒有多大興趣。許多年過去，他們也都沒有關注這件事。然而到了一九五〇年，隨著重新對費雪和雷韋迪托的關注，季娜伊達再次受到懷疑。漢娜・曼科也是如此，一九四四年七月，貝魯哈在波爾塔瓦戲劇院與雷韋迪托首次約會時，便是帶著她一起赴約。[5]

漢娜在一九二四年出生於一個堅定的共產主義者家庭。她的父親特倫帝・曼科是革命的典型代表，他原本是農家子弟，在還沒有從波爾塔瓦農業建設學院畢業之前，共產黨就指派他為該學院的校長。但是，黨可以給你的東西，也能輕易從你手中奪走，這也是一九三八年夏天發生在特倫帝・曼科身上的事情。「我是被敲門聲驚醒的」，漢娜回憶起六月二十二日命運來敲門的那一天，當時她還只有十四歲。「我父親去開門之後，兩個穿制服的男人帶著他還有被傳喚為證人的鄰居進入房間。一場搜查開始了。他們洗劫了家裡的所有東西，在書籍和我父親的文件中翻找。我的母親和祖母痛哭流涕，而父親看起來就像從十字架上放下來的一樣，站在那裡保護她們。當他們把我父親帶走時，外頭已經天亮了。」

一九三八年九月，他們也逮捕了漢娜的母親。一個月後特倫帝・曼科因為反蘇活動被判處死刑。漢娜回憶說：「可怕的黑色日子隨之而來。我在恐懼的狀態下從七年制的學校畢業。我決定進入一所醫學院……並於一九四一年完成了學業。這很難，非常難：我被視為是『人民公敵』的女兒。」漢娜的畢業典禮就在希特勒的軍隊入侵史達林的蘇聯的那個月舉行——這場攻勢比史達林預期的早了一年。漢娜經歷了所有事情之後，她對撤退的蘇聯軍隊毫無感情。代號為「德米特里耶娃」的特務認為，漢娜歡迎德國人的到來。後來的報告表明，她與造訪她公寓的德國軍官約會。她還與季娜伊達・貝魯哈交好，後者也是受迫害的蘇聯官員的女兒，貝魯哈不在乎與德國軍官約會，後來還把曼科介紹給雷韋迪托。6

波爾塔瓦的國家安全部軍官首次聽說漢娜與雷韋迪托相識是在一九五一年的元月。正在接受國家安全部調查的特務「博恰洛娃」因為與納粹警察有過聯繫，急於向國家安全部證明她有利用價值。她報告漢娜曾經向她傾訴，在一九四四年夏天有一次，當漢娜和季娜伊達．貝魯哈散步時，美國人靠近她們並且「交談了幾個小時」。後來「博恰洛娃」在劇院演出時看到漢娜與季娜伊達及雷韋迪托在一起。「博恰洛娃」親眼看見漢娜靠近季娜伊達，然後跟她及雷韋迪托聊天。7

國家安全部的軍官急於想要針對伊戈爾．雷韋迪托立案調查，有意招募漢娜．曼科成為特務，但她行為的某些面向似乎很可疑。有沒有可能她已經被美國人招募來刺探她的蘇聯祖國？有位代號「季先科」的國家安全部線民，戰前曾與漢娜一起在醫學院就讀，而且現在與她一起在該市的流行病學部門工作。這位線民告訴國家安全部說，漢娜在德國人手下生活得很好，戰後也是如此。季先科報告說：「漢娜的穿著至今仍很時尚。一旦有新的時尚品出現，她就會立刻擁有。」漢娜的財富來源仍然是個謎。季先科接著說：「她沒有父親，只有母親，從事的工作也不令人羨慕；我知道以醫療助理的薪水不可能穿成那樣。」在戰後的烏克蘭，擁有不只一套衣服確實被認為是一種奢侈。國家安全部的軍官要求他們的特務繼續觀察漢娜．曼科和她的行為舉止。8

當國家安全部知道漢娜．曼科有個男朋友麥克海爾目前正在蘇聯軍隊服役時就更加起疑。國家安全部的一名女特務「庫茲涅佐娃」問漢娜是否想跟麥克海爾結婚，但是漢娜卻說由於很多原因他們不能結婚。這讓國家安全部產生了新的疑問，特務「博恰洛娃」的報告給了部分答案。一九五一年三月

「博恰洛娃」回報了漢娜與她討論未婚夫的情形。事實證明漢娜想和未婚夫結婚，但是擔心一旦他得知自己父親曾被國家安全部逮捕並處決就會拒絕她。

她確實有理由擔心這個。就在戰爭結束後，漢娜曾經愛上一位名叫帕維爾的蘇聯軍官。他們即將結婚時帕維爾問起漢娜的父親。當他得知她的父親被逮捕後再也沒有回來，而且她的母親也被關了半年，他告訴漢娜說，作為反情報軍官他不能跟一個曾在德國占領下生活而且父親還在牢裡的人結婚（漢娜當時並不知道她的父親已被處決）。漢娜告訴「博恰洛娃」，回想起她和帕維爾之間發生的事情常常讓她哭泣。她希望和麥克海爾在一起會有所不同，他是醫療部門的軍官，不像帕維爾在反情報部門。[9]

隨著未婚夫難題的破解，國家安全部準備好繼續招募漢娜作為新的線民。在請求批准招募她的報告中，負責國家安全部案件的軍官陳述了一項事實：她與季娜伊達·貝魯哈曾經跟費雪和雷韋迪托約會。他指出，漢娜與其他跟美國人約會的女子都有接觸，這是一項資產。國家安全部的報告寫道：「她有政治意識，有文化，發展良好，擅於快速結識新朋友，並且對國際形勢非常了解。」他們的計畫是將漢娜傳喚到警察局，審問她與美國人的關係。報告接著寫道：「如果她坦率說出她所知道的，她將得到一份與國家安全部機構合作的建議，並且簽署一份適當的文件。」該項請求在一九五一年九月七日被批准。[10]

我們不知道漢娜·曼科是否同意回答國家安全部軍官的問題，並且說服他們相信她的誠實，或者如果同意的話她是否提議為國家安全部工作。我們所知道的是，漢娜一生都在戰時工作過的同一家醫院做同一份工作。一九九一年蘇聯解體後，當地記者在調查史達林主義者的「大清洗」時，向她尋求有關她父親的報導材料。漢娜告訴他們有關父親被捕的情形，以及她作為「人民公敵」的女兒在戰後蘇聯社會成了政治和社會棄兒的生活。她還向記者展示了父親的畢業論文，原本他計劃在被捕當天用它來辯護。「現在我把他手算和電腦計算的資料，作為我神聖且最珍貴的遺物。」11

◆

無論國家安全部軍官是否成功招募了漢娜，他們都設法招募了季娜伊達・貝魯哈。他們動用了所有可與她接觸的特務，蒐集有關她的活動及態度的資訊，但那樣似乎還不夠。最終他們招募了季娜伊達的丈夫鮑里斯，他被迫以「費多托夫」的代號來舉報他的妻子。國家安全部在一九五〇年代初蒐集的資訊顯示，儘管季娜伊達有很多與德國人和美國人約會的紀錄，但她並沒有為美國情報部門工作。他們可以放心繼續招募她。

一九五二年九月，經過長時間的審訊季娜伊達同意為國家安全部工作。她承認在戰爭期間曾與德國和匈牙利的官兵約會。「我必須承認，在德國駐紮波爾塔瓦期間，我沒有表現出符合蘇聯公民的尊嚴，特別是我與德國軍官共度時光，反覆在我們家舉行派對，喝酒、聽音樂和跳舞。我去過劇院好幾次……認識了名叫漢斯的飛行員，他的軍階是士官，還有名叫理查的軍官，他在食品供應部門工作，以及另一個也叫漢斯的士兵，還有匈牙利飛行員。」季娜伊達還承認在一九四四年七月及八月曾與伊戈爾・雷韋迪托約會。這位國家安全部新招募的特務代號是「泰加」。[12]

在這場招募遊戲中到底誰在利用誰並不完全清楚，因為季娜伊達終究不是國家安全部所期待的那種特務。她自願提供的有用訊息不多，而且在招募後不到三年，她在一九五五年就從國家安全部的特務名冊中除名，當時「國家安全部」已經更名為「國家安全委員會」（KGB）。但是一九五八年十一月她的名字再次出現在KGB的檔案中，原因相當簡單：喬治・費雪正來蘇聯造訪，而且似乎有可能來到波爾塔瓦。在一九四四年及一九四五年見過他的波爾塔瓦居民，都被KGB視為監視美國訪客的可能人選。當地KGB的軍官正準備跟她聯繫，這時從莫斯科傳來一紙便條通知他們，費雪根本沒有要造訪波爾塔瓦。[13]

季娜伊達再次擺脫成為KGB監視的對象，然而諷刺的是，美國從未完全從她個人的視野中消失。她拒絕放棄在遙遠的美國找到伊戈爾・雷韋迪托並與他取得聯繫的希望。一九五九年秋天她拜託名叫葉夫根尼・丘奇科的熟人，請他們找找雷韋迪托。這人曾是德國集中營的囚犯，戰後在歐洲待過一段時間，在美國有親戚。丘奇科於是寫信給住在紐澤西州巴賽克的叔叔佩特羅。季娜伊達只知道雷韋迪托住在加州，但這個資訊後來證明是錯的。一九五九年十二月下旬丘奇科收到來自紐澤西州的一封信，信上通知他在加州尋找雷韋迪托的努力失敗了。這位叔叔認為雷韋迪托可能已經改姓。[14]

一九六四年五月波爾塔瓦的KGB重新對季娜伊達產生興趣，因為被KGB封了代號「野馬」的費雪即將重訪蘇聯。他們預期費雪會造訪波爾塔瓦，於是研究利用季娜伊達與他接觸的可能性。KGB軍官在一九六四年五月下旬與「泰加」會面，再次審視她在戰時與雷韋迪托及費雪的接觸。季娜伊達告訴那些軍官她只見過費雪一次，當時是雷韋迪托把他介紹給她。她對雷韋迪托有更多的描述，聲稱兩人約會了兩個半月，她們的「關係」在當時是「純粹的親密性質」。雷韋迪托告訴季娜伊達說他來自加州。自從一九四四年他離開波爾塔瓦之後，他們就失去聯繫。

季娜伊達坦承透過她的熟人丘奇科嘗試尋找雷韋迪托。KGB的軍官建議季娜伊達再次拜託丘奇科，並透過他在美國的親戚找尋雷韋迪托，季娜伊達遵從命令照做了。KGB的檔案對這次嘗試的結果隻字未提，最有可能的是丘奇科的親戚後來也幫不上忙。季娜伊達始終無法與她的戰時男友取得聯繫。[15]

波爾塔瓦的KGB顯然很失望。然而他們認為雷韋迪托是美國間諜，充其量只是牽強附會。季娜伊達．貝魯哈期待與雷韋迪托還有未來可言，也同樣是不可能的。從波爾塔瓦被送回英國後，雷韋迪托加入第八航空隊的第十三戰鬥聯隊。戰爭結束前，雷韋迪托娶了英國皇家空軍學院的中士寶琳．南．米勒德。一九四六年他們和兒子一起搭乘輪船到舊金山。一九五五年他們定居在加州的安那翰，那一年迪士尼樂園剛好開幕。（圖31）

隨後的幾年他們又生了三個兒子。雷韋迪托是「男孩超市」的經理，晚上則會打牌賺外快。一九八七年他和兒子東尼（戲劇導演，後來成為美食評論家）在加州聖塔安娜創立了「外百老匯」劇場。這個家族在一九一七年前俄羅斯帝國時代就熱中於戲劇和藝術的傳統，在加州重新復活。雷韋迪托很長壽，他與第一任妻子結褵二十九年後離婚，之後又再婚。二〇一五年二月他在加州富勒頓去世，享年九十五歲。[16]

我們不知道季娜伊達·貝魯哈後來怎麼樣了。一九六八年有人向KGB告發她在戰時與德國人私通。舉發她的作者聲稱，她曾在德國醫院生下小孩，這位作者在寫書時對於季娜伊達竟然還受僱於波爾塔瓦地區檢察官辦公室感到很不滿。KGB進行了調查，但顯然什麼也沒做。他們從未放棄過希望，期待她會幫助他們找到雷韋迪托，然後喬治·費雪，後者終其一生都在KGB的波爾塔瓦美國間諜嫌疑名單上名列前茅。[17]

第二十二章　華盛頓重聚

一個人的垃圾卻是另一個人的寶藏，這是考古學家和間諜同樣看重的一句諺語。美國聯邦調查局（ＦＢＩ）的探員於一九五五年元月上旬在華盛頓的蘇聯大使館的垃圾箱裡翻找，發現了許多依照情報標準來說堪稱寶藏的東西。隨著新年度開始，蘇聯外交官們正在丟棄他們舊的活頁日曆。當時他們要麼不知道有碎紙機，要麼認為這些日曆無關緊要。無論是什麼情況，他們的一些活頁紙最終進了垃圾桶。

其中有一頁，日期寫著一九五四年八月七日，上面的名字和地址引起了ＦＢＩ探員的注意。「喬治．費雪教授及夫人，布蘭戴斯大學，沃爾瑟姆五十四號，麻薩諸塞州。」華盛頓的ＦＢＩ外地辦事處把他們的發現通報給總部。這個消息傳到了波士頓，當地的探員拜訪了布蘭戴斯大學，這是一所由波士頓郊區沃爾瑟姆地方的猶太社區於一九四八年創立的非教派機構。該大學招生辦公室的一位女士告訴ＦＢＩ探員，該校教師中確實有位喬治．費雪教授。他生於一九二三年五月五日，那年他三十一歲，與凱薩琳．霍格結婚。他們家不是住在沃爾瑟姆，而是住在附近劍橋市的沃克街三十九號。

費雪的身分現在已經確定，但是他的名字為什麼被寫在蘇聯大使館的日曆活頁上，這個問題仍舊沒有答案。他是一名間諜嗎？或者有什麼無辜的解釋？ＦＢＩ的探員們決定揭開真相。時局充滿不確定性，在越南落敗的法國人正撤出印度支那，中國共產黨打算接管臺灣，威斯康辛州的參議員約瑟夫．麥卡錫聲稱共產黨人已經滲透到美國的核子工業，甚至是美國中央情報局（ＣＩＡ）。不僅僅是蘇聯反情報軍官成了冷戰妄想症的獵物，美國人也同樣容易受到影響。任何與戰時同盟有牽連的人都變成了敵人，而「鐵幕」兩邊的人都受到了懷疑。[1]

如前所述，喬治．費雪的名字在蘇聯的美國間諜嫌疑名單上名列前茅，並且從一九四七年初一直到一九五〇年代中期都在榜上。任何曾與他偶然接觸的人都成了重要嫌疑犯，並且受到國家安全部的嚴格調查，如同季娜伊達．貝魯哈的案子一樣。[2]

調查費雪與蘇聯大使館接觸情形的ＦＢＩ探員在一九五五年頭幾個月都還不知道這些。如果他們知道蘇聯反情報部門對費雪的看法，他們會非常驚訝。他們發現與費雪有關的任何情資都不支持「施密爾什」和國家安全部的說法。相反地，他似乎是蘇聯招募為間諜的完美人選。蘇聯人是否成功地翻轉他對抗自己在第二次世界大戰期間光榮報效的國家？或許費雪會覺得戰時的聯盟比戰後的敵意更扣人心弦。

◆

調查人員開始先檢查舊檔案的資料，並向丹佛的美國空軍檔案館索取費雪的服役紀錄，發現他一直駐紮在海外直到一九四六年四月二十九日，退役時的軍階是上尉。進一步的調查顯示，此後不久費雪就回到了威斯康辛大學，一九四二年他離開該校加入美國陸軍。一九四六年五月三十一日他恢復了在該大學的學習，並於一九四七年九月於該校畢業。拿到學士學位後，費雪前往哈佛大學攻讀斯拉夫語言和文學的碩士學位，一九四八年參加了在布拉格的夏季課程後（那年是共產黨完全接管該國前的最後一年），費雪於一九四九年畢業。

一九五一年，哈佛大學新開設的俄羅斯研究中心主任克萊德·克魯克霍恩教授邀請這位年輕的畢業生參與該中心與美國空軍的聯合計畫，這項計畫是針對蘇聯政治與社會制度的研究。該項研究是以前蘇聯公民的訪談為基礎，主要是二戰後的難民。這些訪談必須在德國的「流離失所者營地」進行，需要像費雪這樣的參與者去到那裡。這也需要做安全審查。美國空軍反情報部門「特別調查辦公室」（ＯＳＩ），負責提供必要的審查許可，他們對費雪有所保留。事實證明，費雪是由知名的德國共產主義者保羅·馬辛的妻子海德·馬辛撫養長大，而他的父親路易斯·費雪是「許多共產主義陣線組織的成員和盟友」，而且也是一九四三年結束的一項間諜調查的對象。特別調查辦公室的報告這樣寫道，喬治·費雪本人「被舉報有著強烈的共產主義信仰」。據稱這是費雪在一九四二年表達的觀點，當時他試圖加入美國海軍情報部門。[3]

由於不確定該如何評斷他們的發現，特別調查辦公室請求ＦＢＩ進行調查。ＦＢＩ的官員，尤其是波士頓ＦＢＩ的特別探員湯瑪斯·沙利文發現有機可乘。他們在紐約找到並訪談了一度是費雪的監護人海德·馬辛。實際上馬辛在先前就與ＦＢＩ合作過。一九四九年在所謂的蘇聯間諜阿爾傑·希斯的第二次審判中，她對希斯做了不利的證詞，她回顧了一九三〇年代中期的某個插曲。當時她是蘇聯情報部門招募人員，她說希斯是為蘇聯軍事情報部門工作，她曾經與希斯爭論過有關蘇聯間諜網絡的分支，而這個分支應由美國國務院雇員諾埃爾·菲爾德向其報告。馬辛聲稱自己在一九三〇年代晚期已停止為蘇聯人工作。被ＦＢＩ探員問到費雪時，馬辛回憶說，一九三七年十月到一九三八年六月她在莫斯科期間，「喬治·費雪非常親蘇，並極力為當時正在進行的清洗辯護。」她告訴探員說，費雪在一九三八年已經改變了親蘇觀點，「但是從來沒有直言不諱地批評過蘇聯政權，因為有很多朋友以及他的熟人仍然住在俄羅斯。」

ＦＢＩ懷疑費雪是否真的放棄了他的共產主義觀點，或者只是為了不暴露替蘇聯人進行的祕密工作而隱藏這些觀點。曾經是威斯康辛大學共產黨員的ＦＢＩ線民證實，費雪在信仰上確實是反共的，費雪在哈佛的熟人也這麼說。哈佛大學俄羅斯中心的副主任德米特里·希姆金博士認為，費雪是個「中間偏左的自由主義者」。希姆金在該中心的上司克魯霍恩教授，是邀請費雪加入該中心難民研究計畫的人，他說在他看來，費雪不會構成安全風險。克魯霍恩指出，兩位備受矚目的美國外交官埃夫雷爾·哈里曼及奇普·波倫都認識費雪並對他評價很高。根據ＦＢＩ的檔案，費雪還受到戰爭期間美國駐莫斯科大使館的另一位關鍵人物的信任，就是已在普林斯頓大學任職的喬治·凱南。凱南曾邀請費雪擔任「自由俄羅斯基金」的主任，這個基金的目標是幫助流亡的蘇聯知識份子在美國開展對蘇聯的研究。[4]

找不到證據顯示費雪有親蘇的傾向，波士頓ＦＢＩ的特別探員沙利文在一九五二年四月決定結束調查。他在自己的備忘錄中說，「沒有證據表明該對象有共產黨背景或對其有同情心。」費雪獲准參加哈佛大學的訪談計畫前往歐洲。他在訪談難民關於蘇聯政治和社會制度的工作中扮演了重要角色。同年，費雪出版了他的博士論文專著，題目是關於抵抗史達林政權的歷史。他的研究對象是安德烈·弗拉索夫將軍帶領的「俄羅斯志願軍團」，這是一支由德國人在第二次世界大戰期間創建的戰鬥部隊。這支軍隊主要招募來自納粹集中營裡的蘇聯戰俘，在俄羅斯民族主義及反共產主義理想的激勵下與蘇聯人作戰。費雪的研究題目完成了，他繼續在布蘭戴斯大學任教，正是FBI一九五五年一月發現的蘇聯大使館活頁上所註明的。5

◆

一九五五年FBI對費雪的調查，始於他們對最近檔案中有關蘇聯大使館資料的重新審視。該局的探員在其中注意到某些先前忽略的東西。一份一九五四年十一月五日的FBI報告，可能是根據截獲的電話交談紀錄，其中提到某個「喬治·尤里·費雪」的人與蘇聯大使館的三等祕書（這恰好是最低的外交層級，相當於助理專員）取得了聯繫。他通知這位祕書自己已經抵達華盛頓，將參加定於十一月七日俄羅斯革命紀念日所舉行的大使館招待會。根據這份報告，費雪告訴這位大使館職員他準備在十一月六日與他會面，該職員回應說可能會打電話給費雪。6

FBI不知道他們是否確實有會面，但是該局的官員得知費雪出席了十一月七日的招待會。他的名字出現在俄羅斯大使館八月七日的日曆活頁上，與他三個月後造訪該處兩者毫無疑問有所關聯，儘管這種關聯的性質誰也猜不透。陰謀似乎更加複雜。一九五五年三月十八日ＦＢＩ官員從「某個高度機密、可信度高且身分不得透露的消息來源」，得知費雪打算在三月二十日再度造訪蘇聯大使館，這使得大家對費雪更加懷疑。費雪聯繫了蘇聯大使館的同一位三等祕書，並且安排在剛到華盛頓的那天傍晚在他的公寓會面。[7]

這個機密的消息來源告訴ＦＢＩ，費雪先前曾向蘇聯大使館提交過兩份申請，一份是前往蘇聯的旅行簽證，另一份則是改變國籍的申請。ＦＢＩ官員響起了警鐘，懷疑費雪正準備要叛逃，獲取蘇聯公民身分，並且消失在「鐵幕」之後。ＦＢＩ的一份電報寫道：「費雪是美國公民，他的父親路易斯．費雪是位著名而多產的反共產主義作家，他放棄美國國籍對蘇聯來說具有宣傳價值。」費雪對於蘇聯似乎有潛在的價值，因為他可能會背棄他的父親；而他的父親不再被懷疑對美國進行間諜活動或者繼續懷有親共產主義的觀點，實際上他已經成為反蘇的資產。[8]

ＦＢＩ華盛頓辦事處有個監視小組，在費雪抵達首都與這位蘇聯職員會面時就開始跟踪他的行動。三月二十日晚上六點四十一分，費雪在華盛頓西北部靠近他的大使館聯絡人所居住的公寓大樓附近被發現。他走下一輛綠色的一九五一年福特敞篷車，開車的是一名婦女，監視小組對她的描述是「白人，大約三十至三十五歲，棕色頭髮，戴著眼鏡。」把費雪放下車後，她就開車離開。費雪進入該大樓，在那裡一直待到將近午夜。晚上十一點五十分，他在一名男子的陪同下離開大樓。兩人上了一輛一九五四年的藍色福特轎車，根據監視報告，他們「繼續在華盛頓的西北地區迂迴行駛」。駕駛可能在檢查是否有人監視，FBI不得不在十二點二十一分停止跟蹤福特車。十二點五十五分，他們在費雪所在的大樓發現了費雪和他的同伴。他們兩人在人行道上站著交談了大約三分鐘後分開。其中一名FBI探員看了看手錶，當時是凌晨十二點五十八分。[9]

FBI現在知道，費雪與這位蘇聯職員的相識並不是偶然。除了監視報告和費雪寄給大使館信件的英文譯本外，他們想知道更多，但是毫無進展。那封信裡寫道：「截至目前為止，我還沒有收到大使館有關我的兩項申請的任何消息：改變國籍，以及今年夏天的簽證。如果我打電話給你時，你能建議我在訪問期間可以親自去大使館見誰，我會非常感謝你。」費雪為什麼要在去蘇聯之前改變國籍（據FBI所知，他是美國籍），仍然是一個謎。[10]

一九五五年三月底FBI決定與費雪面對面，這是弄清喬治・費雪情況的唯一辦法。FBI波士頓辦事處在給FBI總部的電報裡說：「鑑於費雪可能申請蘇聯公民身分的指控，局裡要求立即想辦法確定他目前的支持傾向。」根據擬議的面談計畫，探員們將告訴費雪，他們對他感興趣是因為他在一九五四年十一月七日造訪了蘇聯大使館，並且想知道他是否「期望有一個持續的理由來與蘇聯人員建立聯繫，以及他是否願意協助我們對這些人員進行評估。」

面談的最終目的是要了解費雪是否真的申請了蘇聯公民身分，以及他與大使館職員接觸的真正原因。但是FBI的官員被禁止直接問這些問題，以避免損及FBI的消息來源，或者透露費雪在華盛頓已受到監視。FBI在擬議的面談備忘錄裡寫道：「應該非常委婉地給他一個機會，讓他自願提供訊息。」一九五五年四月波士頓的FBI獲授權採訪他，但是說起來容易做起來難。他們無法在費雪的住家地址劍橋市沃克街三十九號找到他。11

費雪當時正與妻子凱薩琳・愛倫・霍格辦理離婚。她是賓州人，她的父親是哈弗福德學院的院長吉伯特・湯瑪斯・霍格，他們倆在一九四八年九月結婚。現在費雪已經搬到了別的地方，在波士頓的查爾斯街租了一間公寓，他可能承受了相當大的壓力。一位接受FBI訪談的郵局官員報告說，費雪不只一次而是兩次與郵差發生爭執，而且被認為是個麻煩製造者。費雪符合一個準備背叛自己國家的特徵：辦離婚，行為古怪，造訪蘇聯大使館，並在他的公寓與一位蘇聯職員會面，同時申請前往蘇聯的旅行簽證，而且可能申請蘇聯公民身分。12

FBI探員終於在一九五五年五月十八日約談了費雪，就在報紙宣布「華沙公約組織」成立的四天後，這個由蘇聯領導的軍事同盟目的是在中歐抗衡「北約組織」。費雪坦然直接地回答了探員們的問題。正如他們在報告中寫道，費雪向他們提供了大量關於他在一九五四年十一月和一九五五年三月造訪蘇聯大使館的訊息。然而，在FBI最關切的問題上，他卻沒有主動提供任何訊息，而這個「蘇聯公民身分」的問題如此敏感，以至於他們被指示不要直接詢問。

費雪詳細談到了他在蘇聯大使館的聯絡人，三等祕書安納托利・佐林，沒錯，他先前是波爾塔瓦「施密爾什」的首腦。FBI已經知道他的名字和住址，也就是華盛頓特區公園路一四五一號，費雪在一九五五年三月到那裡拜訪過他。然而，FBI驚訝地發現費雪與波爾塔瓦空軍基地的關係，戰爭期間他曾在那裡服役。費雪告訴FBI的探員，佐林在戰前曾經是工程師，在波爾塔瓦基地擔任與美軍的聯絡官。他的角色可能相當於「美國反情報團」的官員。

費雪告訴FBI的官員，他和佐林是在一九五四年十月偶然相遇，當時費雪正在總部位於馬里蘭州霍拉伯德堡的「反情報團」（CIC）中心做演講。演講結束後他去了華盛頓，在離蘇聯大使館不遠的第十六街的史達特勒飯店碰到了佐林。幾十年後費雪在他的回憶錄中寫道，這次碰面是在他造訪蘇聯大使館之後發生的。在他離開大使館的大樓時，是佐林首先認出了費雪，喊著：「尤拉！喬治！」費雪顯然很難認出佐林——他後來告訴妻子，花了幾分鐘後他才真正想起佐林是誰。在回應FBI探員的問題時，費雪說在波爾塔瓦時他認識將近十名蘇聯軍官，但是沒有一個他能記得清楚。費雪終於認出了佐林，並將他名字的簡化稱呼他「托利亞」。[13]

由於費雪的名字出現在蘇聯大使館八月七日的日曆活頁上，佐林顯然有足夠的時間來準備對費雪來說似乎是偶然的相遇。這位「施密爾什」的前任官員告訴費雪，戰後他進入了外交部門，此刻他在華盛頓的任期即將結束。事實上，外交職位只是佐林的掩護。早在一九五〇年十月，時任基輔軍區司令部中校的佐林，就曾向波爾塔瓦的國家安全部官員提供涉嫌對蘇聯進行間諜活動的美國人案件的建議，而費雪很自然是這個名單上的頭號人物。美國國務院的紀錄顯示，佐林和妻子從一九五二年到一九五六年期間居住在華盛頓；此後，有關佐林夫婦的記載就從外交紀錄中消失了。當佐林告訴費雪自己在美國的職務即將結束，他並沒有說謊。[14]

費雪和佐林在一九五四年十月「偶然」相遇後，他們去了一家希臘餐廳一邊享用晚餐一邊回憶在波爾塔瓦的美好時光。費雪回想到：「我們和樂地聊天，很高興能見面。」佐林抱怨說，蘇聯大使館與美國人的接觸很少，因為他們接觸的大多數人甚至不接受他們的邀請招待。費雪後來寫道：「我痛恨間諜／忠誠的狂熱。這是美國政府以及麥卡錫等人的政治迫害。我告訴托利亞，我很願意盡一份力來反對這種做法。」費雪承諾受邀參加一九五四年十一月七日的俄羅斯革命招待會，隨後他也確實參加了。[15]

回顧這次招待會，費雪告訴探員們，在與蘇聯官員（這些人的名字他不記得了）會面時，因為接觸的時間很短，他沒有被問到任何可疑的問題；除了關於美國大眾輿論的問題，而那些訊息在每天的報紙上都有。他考慮到這些官員的過往，而沒有打算繼續與他們的任何一位接觸，佐林可能是個例外。此外，他不確定自己是否真的會去蘇聯，因為他的行程必須由某個美國機構資助。最後，他不介意向ＦＢＩ提供未來他可能會見的蘇聯官員的訊息，但不希望是在有義務的情況下這麼做。他主動提出，如果在這些會面中發現任何重要的東西，他會與ＦＢＩ聯繫。訪談就這樣結束了。[16]

ＦＢＩ現在知道了佐林及其背景，但仍然不知道他們對費雪打算取得蘇聯公民身分的懷疑是否成立。他們決定訪談與費雪分居的妻子凱薩琳．霍格，並在一九五五年九月跟她聯繫，希望她能澄清這個問題。霍格描述她的前夫是強烈反蘇的人。事實證明，費雪對她相當坦白，說過他在蘇聯的青年時代以及在華盛頓與佐林會面的事情。她也知道費雪曾到佐林在美國首都的家中拜訪過。

最重要的是，霍格能夠釐清費雪計劃前往蘇聯以及申請公民身分的問題。她告訴探員們說，喬治確實計劃為了研究目的而造訪蘇聯，但他擔心蘇聯會把他當作自己人，並且阻止他離開該國，因為他在一九三八年是持蘇聯護照離開蘇聯。費雪後來回憶說：「我想馬上申請蘇聯簽證，但是父母親擔心我的舊蘇聯公民身分。他們說，那個身分不會失效，而且現在它可能被莫斯科官員們拿來利用。他們可能會讓我陷入困境，並把我關到老家去。」霍格解釋說，這就是費雪當初去蘇聯大使館的原因。費雪甚至就此寫信給老朋友，當時的美國駐莫斯科大使查爾斯·奇普·波倫，請求他的協助。

對FBI的官員來說，這個問題終於解決了。他們建議不再進一步調查公民身分的問題。喬治·費雪想要維持美國公民身分，並且希望有權在他想離開蘇聯時離開。本案似乎可以結束了。[17]

◆

如果喬治·費雪不再被懷疑為蘇聯人從事間諜活動，那麼他還沒有成功地擺脫他的蘇聯公民身分，因此如他所正確推測的，如果他再次造訪蘇聯就有可能被逮捕。除此之外，一九五五年五月FBI官員們來訪後，費雪顯然開始擔心他與佐林的接觸可能被視為不僅僅是與老朋友的單純會面，而且他與蘇聯大使館的通訊及拜會可能被視為不是試圖放棄他的蘇聯公民身分。

費雪決定「坦白」，並獲得官方批准才與蘇聯人進一步接觸。儘管如此，他顯然不信任FBI。相反地，在FBI探員訪談凱薩琳·霍格的幾週前，一九五五年八月下旬他寫信給國務院的護照辦公室。費雪寫道：「因為我母親的前蘇聯公民身分所衍生的雙重公民身分，這是我特別關注的問題。」他告知國務院，他打算再次與蘇聯大使館聯絡，並且詢問國務院「是否反對我進一步處理此事」。一九五五年十月二十二日護照辦公室答覆費雪，批准他與蘇聯大使館聯繫。[18]

十一月七日費雪回到華盛頓，再次參加在蘇聯大使館舉行的俄羅斯革命接待會。和先前一樣，他在接待會前與佐林會面，並且繼續與佐林及其大使館的同事攀談。就在那時，佐林說到他在執行新任務時遇到的困難——蒐集有關違反蘇聯與美國在一九三三年因為建交而簽署的協議的數據。該協議第三條禁止美國政府贊助和支持反蘇的活動。佐林聲稱，美國政府事實上正在資助從事此類活動的私人機構，而他正在編寫一份給政府的備忘錄，要求停止這些活動。佐林正在找人協助他蒐集這些違反協議的訊息，他們有預算，而且準備為這些訊息付費。

費雪嗅到了誘餌的氣味，對於佐林想要合作的間接提議不予回應，雙方的對話似乎就此結束了。但是稍後在晚上佐林再次提出這個問題，暗示費雪對其新的調查對象非常熟悉，然後他問費雪是否可以協助蒐集這些數據。這一切看似非常隨意，而且鑑於費雪反對麥卡錫主義（費雪沒有對佐林隱瞞這點），所以這些聽起來很自然。但是費雪非常清楚與蘇聯的「合作」帶有間諜的味道，他沒有上鉤。他告訴佐林自己不感興趣。

佐林不接受拒絕，再度提出建議。他提到曾想過從費雪相當熟悉的某人那裡獲得協助，只是這個人已經老了。費雪懷疑佐林指的是他的母親馬庫莎，他之前曾詢問過她。費雪沒有回應。佐林再一次嘗試說服費雪協助他的計畫。費雪再度表達沒有意願，然後他們以「一貫有好的姿態」告別。[19]

回到波士頓後，費雪決定做一件連他自己都難以想像的事情——寫信給FBI，描述他最近造訪蘇聯大使館發生的事情。這封信的日期是一九五五年十一月八日，也就是他從華盛頓回來的那一天。隔天十一月九日FBI來拜訪他，並且詢問了他與佐林的對話；費雪顯然很擔心。FBI的官員在他們的報告中評論了費雪的「神經質」，這是FBI建議不要將他發展為雙重間諜的原因之一，加上他已經表明不願定期向ＦＢＩ報告。然而這一次費雪準備要合作，他提議會與母親取得聯繫，並讓ＦＢＩ知道蘇聯人是否接洽過她。一九五五年十二月他與ＦＢＩ探員再度會面時告訴他們，馬庫莎沒有收到來自蘇聯大使館的聯繫，而費雪本身也不想繼續與佐林或其他蘇聯官員保持聯繫。儘管如此，他還是從蘇聯大使館那裡得到了好消息：他的蘇聯公民身分終於被撤銷，所以他可以自在地去參訪了。[20]

隨著佐林於一九五六年離開華盛頓，費雪傳記中的波爾塔瓦篇章似乎也結束了。他在一九六〇年代多次前往蘇聯旅行，並在那裡會見了許多他的莫斯科老朋友。那些旅行與他的波爾塔瓦經歷毫無關係，除了一九六三年夏天他參加在美國舉行為美蘇公眾人物所辦的「達特茅斯會議」，這個會議當年在雅爾達舉行。這個地點不僅是費雪在一九四五年雅爾達會議時就熟悉的地方，對於在基輔的辦公室裡監督這次會議的ＫＧＢ部門負責人，也就是他的老朋友ＫＢＧ少校（不是上校）安納托利．佐林來說也是如此。然而，我們不知道兩人當時是否曾經巧遇。在他生命的最後階段，費雪拿到了自己的ＦＢＩ檔案，了解到針對他所謂的親蘇觀點所進行的大量調查。他從未見過自己的「施密爾什」檔案，也不知道他的蘇聯朋友的命運──像是季娜伊達．貝魯哈，她被ＫＧＢ招募來刺探他。波爾塔瓦的ＫＧＢ料想費雪會在一九六〇年代回到烏克蘭。但他從來沒有這麼做。

結語

波爾塔瓦故事中的兩位關鍵人物喬治．費雪和富蘭克林．霍爾茲曼，一九五〇年代再次在哈佛大學相遇，當時他們正在攻讀蘇聯研究的博士學位。對於他們兩人來說，儘管程度有所不同，但在波爾塔瓦的戰時經歷事後證明都成了他們學術生涯的重要基石。令人驚訝的是，他們兩個並沒有決定把那些經歷用於研究或者教學的題材。

霍爾茲曼還記得當他們在哈佛相遇時，他問費雪是否打算寫關於戰時波爾塔瓦的論文（如前所述，費雪最終完成了一篇博士論文和一本關於與納粹合作的俄羅斯人的書），費雪當時給了否定的回答。他給霍爾茲曼的理由是，他不確定那裡到底發生了什麼。霍爾茲曼曾經告訴在米爾戈羅德的大兵夥伴，說他要寫一本關於「瘋狂行動」的書，但他同樣不願意讓他的戰時經歷形諸於書面，也從未出版他年輕時想寫的那本書。這兩位在研究蘇聯有所成就的學者，把美國在波爾塔瓦經歷的歷史交由其他人來撰寫。1

美國在蘇聯穿梭轟炸行動不同階段的官方歷史，曾由詹姆斯．帕頓、艾伯特．萊帕夫斯基和威廉．卡盧塔所撰寫，他們的著作都具有當時軍事報告的所有特徵——內容通常屬於技術性質，在接下來的幾十年裡都會一直對公眾保密。然而，有位能夠完全接觸到官方文件的軍官，他渴望讓全世界知道戰爭年代在波爾塔瓦基地所發生的事情，他就是約翰．迪恩。一九四七年他從軍方退役時出版了戰爭回憶錄，書名《異乎尋常的聯盟》概括了他的觀點。全書的十九個章節中，〈穿梭轟炸〉特別談到這些烏克蘭基地的建立及其後的營運，而其他章節特別是〈戰俘的遣返〉，則直接或間接地談到波爾塔瓦故事的各個面向。

儘管迪恩忍受了無數的挫折與困難，而且因為蘇聯對波爾塔瓦基地的處理結果而帶著許多心理傷疤，但他相信整體的努力仍是值得的。迪恩對他最初寄予厚望的「大聯盟」感到失望，但他仍然寫道，以波爾塔瓦為基地的空中行動「對美國具有不可估算的價值，」因為它們實現了「對德國的重要戰略目標進行十八次強而有力的打擊，否則根本無法觸及。」他繼續寫道：「比這更重要的是，這想必粉碎了德國人的士氣……看到俄羅斯放下圍欄，允許美國人的行動在其土地上開展，德國人想要分化敵人並與其中一方單獨媾和的最後希望一定破滅了。」

關於穿梭轟炸行動結束以及隨後的波爾塔瓦基地的關閉，還有蘇聯與美國關係在基地的惡化，迪恩評論說：「事實是，美國人在蘇聯的存在已經不再受歡迎，尤其是在烏克蘭這個忠誠度被懷疑的地區。共產黨領導人對外國人的真實態度已經無法再隱藏，特別是已經沒有必要的任務讓這些外國人繼續存在。」當他得知美國駐歐洲戰略空軍在一九四五年四月決定關閉基地時，他其實鬆了一口氣。他對美俄關係光明未來的期望已成為過去。然而，迪恩高興地發現「俄羅斯普通民眾與領導人對美國人的態度存在著極大差異。」可能在他的腦海中，談到蘇聯人是個整體概念，而說到平民時則是烏克蘭人多過俄羅斯人。[2]

迪恩堅信，布爾什維克對資本主義西方的思考模式是「大聯盟」遭遇到問題的主要原因之一。史達林和他的副手們不過是把「大聯盟」看作一項臨時協議，用來幫助在不同戰線面對共同敵人的軍事行動。實際的密切合作，特別是在蘇聯領土上建立軍事基地，被認為完全不可取——這不過就是資本主義破壞社會主義和奪取領土的陰謀。布爾什維克的恐懼症強化了共產主義的意識形態，這種恐懼症並非源自於馬克思主義，而是源於俄羅斯革命期間的外國干涉，當時美國、英國和法國的遠征軍占領了從莫曼斯克到奧德薩再到海參崴的俄羅斯港口，並且進入了內陸。

喬治．費雪幾乎在迪恩的書出版時就立刻拿到手，並在一九四七年七月號的《遠東調查》上寫了書評，這份雜誌在幾年後的麥卡錫時代被視為親共產主義而受到攻擊。費雪對這本書總體上給予正面評價，讚賞作者深思熟慮的觀察以及豐富的「內部」訊息。然而，對於迪恩將美蘇關係中面臨的困難解讀為是源於蘇聯領導人對資本主義西方的意識形態敵意，他卻不以為然。費雪寫道，這本書充滿了「可靠的事實，也夾雜了有爭議的個人結論。」他也不贊同迪恩在書中偶爾對蘇聯人及其行為的嘲諷。即便如此，費雪還是寧願為迪恩辯護，而不是譴責他以及那些在戰時的遭遇中幻想破滅的當事者。費雪寫道：「這些美國人對於俄羅斯經驗的評論絕非抽象的偏見和情緒，不應該被倉促地譴責或忽視，而應被視為我們的官員與蘇聯人密切接觸時狀況不斷，而產生的重要而普遍的副產品。」[3]

費雪說的沒錯。波爾塔瓦故事中美國人的經歷，對於理解他們對蘇聯人的態度至關重要。美國開設這些基地的原因主要是戰略性考量，但也有對未來與蘇聯建立友誼的高度期待，但這個期待很大程度上是不切實際的。對美國人來說，軍事同盟意味著在地面及空中的緊密合作，不受意識形態、政治、經濟或文化上的不安全感所阻礙。如果不然，情況就會恰恰相反。考慮到數量、科技優勢和經濟實力，美國人認為自己優於蘇聯夥伴。他們的期望很高，但隨之而來的失望卻很深，而且持續了很長的時間。

本書中的傑出人物，駐莫斯科的美國大使埃夫雷爾・哈里曼，他是最先感到失望的人之一。他最初對與蘇聯關係的樂觀態度逐漸演變成不信任，導致他在與蘇聯打交道時採取了交換條件的態度。哈里曼態度轉變的一個關鍵因素，就是一九四四年的夏天史達林拒絕允許美軍利用波爾塔瓦地區的基地來補給華沙的反抗軍。日後他成為了「冷戰」的早期推動者。波爾塔瓦計畫中的另一位關鍵角色羅伯特・沃爾什將軍也遵循了同樣的軌跡，他在戰後積極參與了爭奪西柏林的行動。[4]

對蘇聯政權及其對戰爭的付出，在波爾塔瓦地區基地的美國軍人大多數的態度都從友好變成敵對。剛開始他們對蘇聯人民以及史達林政權的代表在對抗納粹德國時的堅韌、犧牲和英勇感到由衷欽佩，但後來他們的幻想破滅了。無論蘇聯指揮部執行何種政策，蘇聯的政治文化以及日常生活都令美國人反感。對於湯瑪士・漢普頓上校、麥可・科瓦爾少校以及威廉・卡盧塔中尉來說就是如此。

二等兵帕爾默・米格拉或多或少也是屬於同一類型，他可能是受到霍爾茲曼在烏克蘭與他分享的夢想所啟發，寫下了他所經歷的戰時故事。米格拉在他自行出版的回憶錄《瘋狂傳奇》（二〇〇八）中寫道，他在米爾戈羅德的經歷使他成了蘇聯體制的終身反對者。作為選舉式民主的信仰者，米格拉在一九四四年派駐海外時克服重重障礙也要在美國總統選舉中投票；在蘇聯，他看到他們完全無視於民主的原則。米格拉在談到蘇聯公民時寫道：「他們去投票沒錯，但無法選擇候選人。」他繼續說道：「經過了蘇聯的經驗後，我對社會主義或者自由主義的政治傾向不再感興趣。所以我終其一生都是保守的共和黨人。我有充分的理由這樣做。」5

那些在基地短暫停留而且未受到該地的蘇聯特務機構影響的美國人，在波爾塔瓦的任務結束很久之後，依然維持著對蘇聯人的正面態度。對於那些在基地常駐部隊中懷有左派信念的人也是如此，這些信念激發了他們對蘇聯，對其社會實驗，特別是對其在戰爭中的奮戰感到同情。富蘭克林．霍爾茲曼當然屬於這個類型。「我總覺得父親有個感覺，他認為自己是蘇聯戰爭中奮戰的一部分，」富蘭克林的兒子湯瑪士．霍爾茲曼回憶說：

> 對他來說，蘇聯才是真正的戰場所在，並且付出巨大的代價才贏得勝利，他為自己在這場戰爭中扮演的小角色感到自豪。當他跟我談到這場戰爭時，主要都是關於史達林格勒和列寧格勒的勇敢保衛者，紅軍的英勇事跡，以及一起駐紮的蘇聯人是多麼令他印象深刻。他還感動地談到蘇聯人民所做出的可怕而幾乎令人難以置信的犧牲。我記得他曾在國會就租借法案的債務作證，鑑於蘇聯在戰爭中的犧牲他敦促免除這些債務。與「瘋狂」基地的其他人相比，他對蘇聯可能較少批判，而且在很多方面更加同情。當俄羅斯聯邦授予他參加「衛國戰爭」五十週年的紀念獎章時，我認為這對他來說意義重大，因為這是對他參與這場奮戰的肯定。6

喬治・費雪與霍爾茲曼同樣對蘇聯的奮戰著迷，儘管他更加清楚區分了政權與人民。在他寫於二〇〇〇年的回憶錄中，費雪以舊愛與舊恨的較勁來回憶自己在波爾塔瓦的經歷。舊愛是指他稱為俄羅斯的國家，舊恨則是史達林和他的政策。費雪寫道：「在工作時我毫不懷疑自己站在哪一邊，我對克里姆林宮邪魔的仇恨絕不會動搖。」他於二〇〇五年過世，他忠於自己的左派信念並且堅決反對史達林主義。[7]

◆

大多數在基地待了相當長時間，或者層級夠高能夠與蘇聯官員經常打交道的美國人，為什麼他們在一九四五年離開蘇聯時都帶著對東道主的強烈怨恨？總體而言，導致兩國改變心意的因素，跟雙方在意識形態上的差異及在地緣戰略上的對立沒有直接關聯。畢竟，戰時的地緣政治目標——擊敗德國和日本是這兩個盟友的共同目標，而且許多美國人普遍同情社會主義。事實證明，在政治文化上的差異是這兩方疏離的決定性因素。

其中一個例子就是蘇聯把戰俘視為叛徒和罪犯，他們拒絕允許在東歐的美國人員協助從德國營地釋放的美國戰俘經由波爾塔瓦地區的基地回家。正如我們所看到的，這樣的對待引起了羅斯福總統本人的憤怒。美國人對於蘇聯官員、軍官和普通士兵這種明顯的共有態度感到震驚。對美國人而言，沒有比拯救戰俘更崇高的責任了，他們因為所承受的苦難而被視為英雄。如前所述，蘇聯政權把被德軍俘虜的紅軍士兵視為叛徒，講好聽一點是視為二等公民，他們不配享有與在部隊服役的人相同的食物與對待；事實上，洗劫他們也不會受到懲罰。

更重要的還有人際關係的問題。蘇聯祕密警察竭力限縮美軍與蘇聯同僚的私人關係，並且針對與美國人約會的女性展開騷擾行動，這些都激怒了美國人。後面這個問題對於美國官兵來說並不新鮮，他們在英國和被解放的法國都曾經遭遇過。對於條件較好的美國軍人以及與他們約會的女子，當地人都會感到不滿。然而在波爾塔瓦地區，對與美國人發展關係的女子的攻擊更加粗暴，這些攻擊受到該政權的鼓勵，且由祕密警察所領導。在美國人看來當地人歡迎他們，但當局卻不是如此。這就像他們降落在一個與一般民眾不和的外國政權所占領的國家一樣。

於是美國人開始同情當地居民，像是在波爾塔瓦的烏克蘭人以及在利維夫的波蘭人，而憎恨被他們稱為「俄羅斯人」的蘇聯當局。大多數當地人都歡迎美國人的到來，並且期待美國人的出現可以讓他們擺脫蘇聯的統治（利維夫的居民普遍存在這種態度），要不然就是讓蘇聯的政治體制自由化（就像波爾塔瓦地區的某些人所認為的那樣）。與美國人約會的女子用她們的方式來反對這個政權：她們其中某些人來自戰爭期間受到蘇聯壓迫的家庭，其他人則與德國人有過關係而被列入祕密警察的黑名單。除了浪漫愛情和物質上的考量，想要嫁給美國情郎的烏克蘭女性夢想著移居美國，而這些人被蘇聯當局視為帝國主義敵人。

蘇聯的指揮官以及政治上的要員，還有反情報和祕密警察的官員，並不把美國人當作盟友，而是潛在的間諜及資本主義影響力的代理人。由於在經濟及文化層面極度缺乏安全感，他們對紅軍在近期的勝利感到強烈的自豪，與盟國在西歐相對渺小的成就形成鮮明的對比。蘇聯軍事和政治當局也相應地灌輸他們的下屬和當地民眾，鼓勵並且經常強迫他們監視其美國朋友。美國人都很清楚這點，並且把跟蘇聯人打交道時遭遇的大部分困難，歸因於某些人士或者整體政權的政策，卻很少怪罪一般的民眾。

除了極少數例外，美國人排斥蘇聯政治文化的核心元素：領袖崇拜；意在灌輸官方認可觀點的黨辦宣傳體制；不斷監視、恐嚇及限制個人自由的警察國家。對大多數美國人來說，在波爾塔瓦與蘇聯當局及其政治文化的接觸經歷，讓他們對這兩者都產生了排斥。

◆

費雪或霍爾茲曼這樣的知識份子對於波爾塔瓦經歷所具代表有的廣泛意義，仍然有著複雜而矛盾的心情，但是對來自威斯康辛州的終身農民米格拉來說就沒有這樣的疑慮。在所有當事者所發表的波爾塔瓦故事中，《瘋狂傳奇》對這段經歷的長期意義提供了也許是最敏銳的評價。「我堅信，一九四四年戰火熾烈時期，我們這些曾在蘇聯空軍基地的人確實見證了即將到來的冷戰序幕。」米格拉對那場衝突的結果感到滿意。他提及在米爾戈羅德的老朋友而寫道：「我們就在那裡，我們記得你們，就像你們記得我們一樣。冷戰來了又走……我從來沒想過會有這天，蘇聯不復存在，而烏克蘭自己成為獨立的國家。」[8]

米格拉的話反映了一九九四年九月「瘋狂行動」五十週年慶祝活動的氣氛。波爾塔瓦市政當局在該月舉辦了公開的慶祝活動，紀念「大聯盟」的普通飛行員和士兵在波爾塔瓦地區的基地所建立的友誼。近期才獨立的烏克蘭，高興地歡迎參與過穿梭轟炸行動的美國及俄羅斯退伍軍人。烏克蘭當局向美國訪客開放了波爾塔瓦空軍基地，儘管該基地在蘇聯時期曾是精銳戰略轟炸機的基地，包括超音速轟炸機圖波列夫一六〇，其攻擊的目標就是在美國。這些訪客是從路易斯安那州的巴克斯代爾空軍基地搭乘B－1B槍騎兵戰略轟炸機，以及從德克薩斯州的戴斯空軍基地搭乘B－52N轟炸機抵達。比爾·柯林頓總統利用這個機會「祝賀烏克蘭、美國和俄羅斯的空軍人員，他們在五十年前參與了歐洲上空的艱難空中行動，並將飛機降落在波爾塔瓦。」[9]

本書中的主要人物均不在場也未能參加，但至少有三名參加過穿梭轟炸行動的美國老兵來了。一九九四年返回波爾塔瓦的三名B－17飛行員中，有來自奧克拉荷馬州埃爾里諾的查理·比徹姆。他與巴克斯代爾基地的飛行員一起來到波爾塔瓦和米爾戈羅德。比徹姆在給當地報紙編輯的信中寫道：「慶祝活動持續了三天，波爾塔瓦空軍基地的入口處豎立了一座美麗的紀念碑。我們每個人都受贈了一枚直徑約七公分的銀質獎章。上面的題辭寫著：『紀念烏克蘭和美國飛行員在波爾塔瓦土地上的相遇。』」[10]

這是三個國家的退伍軍人最後一次共同紀念「瘋狂」週年紀念日。查理·比徹姆於二〇一二年慶祝九十歲生日之後不久去世。他的訃文中指出，他在第二次世界大戰期間獲得了五枚獎章，他還因為一九四八年至一九四九年的柏林封鎖期間運送煤炭和其他物資而獲得第六枚獎章。

烏克蘭對日後慶祝三方的「瘋狂」週年紀念缺乏熱情，不僅僅是因為退伍軍人的凋零。[11]二〇〇四年的六十週年紀念日，烏克蘭正經歷「橙色革命」*的動盪，他們拒絕俄羅斯贊助的總統候選人。二〇一四年的七十週年紀念日，烏克蘭正與俄羅斯在其東部的領土頓巴斯地區交戰。

波爾塔瓦基地的一部分如今已成為博物館，人們可以參觀一九四四年六月二十二日在德國空襲基地中陣亡的美國和蘇聯空軍人員的紀念碑（查理・比徹姆提到過）。但參觀博物館時，訪客也會看到在與俄羅斯持續的戰爭中喪生的烏克蘭官兵的照片。接近紀念碑的人都無可避免會聽到還在運作的部分基地裡直升機的轟鳴聲。基地現在成了烏克蘭直升機飛行員的訓練場，他們將參加在烏克蘭東部的俄烏戰爭。美國飛機和人員重返烏克蘭，但不在波爾塔瓦。他們參與訓練烏克蘭西部的士兵，以便在東部服役。蘇聯早已不復存在，美國現在發現自己與一個昔日的夥伴結盟，對抗另一個夥伴。即便如此，根本的一致性仍然存在：就像在第二次世界大戰中一樣，美國人與那些未受到公正對待的人站在一起。

這是波爾塔瓦故事的延續，但這在一九四四年、一九九四年甚至二〇〇四年都是難以想像的。隨著冷戰對手之間的短暫和解實際上結束了，新冷戰的風勢日益寒冷，我們需要回顧一下美國在波爾塔瓦的經歷，以了解「大聯盟」瓦解的原因，並為尚未形成的聯盟吸取教訓。一個基本的教訓是，聯盟可以在需要對抗共同敵人時維持一段時間，但只有在共同價值觀的基礎上才能持續下去。「大聯盟」就缺乏這一部分。

*編按：二〇〇四年烏克蘭總統大選中，許多人相信選舉過程中存在舞弊行為，而引發群眾抗議，最終讓政府同意進行第二輪選舉。此次革命被視為烏克蘭民主運動的成功。

致謝

傅布萊特計畫（Fulbright Program）所提供的資助，使我能夠在烏克蘭對這本書進行研究，大部分書裡敘述的事件都發生在當地。我感謝在基輔的富布賴特計畫主任瑪爾塔·科洛馬耶茨（Marta Kolomayets）和她的工作人員，特別是維羅妮卡·阿列克薩尼奇（Veronika Aleksanych），感謝她們給我的歡迎和幫助。我還要感謝在烏克蘭的東道機構——國家科學院歷史研究所及其所長瓦萊里·斯莫利（Valerii Smolii）。烏克蘭安全局檔案館繼承了蘇聯軍方反情報和祕密警察的文件，我要感謝館長安德烈·科古特（Andrii Kohut），以及與我共事過效率最高、最有幫助的檔案管理員之一的瑪麗亞·帕諾娃（Maria Panova）。

烏克蘭的歷史學家根納季·博里亞克（Hennadii Boriak）以及羅曼·波德庫爾（Roman Podkur），還有俄羅斯的柳德米拉·諾維科娃（Liudmila Novikova）提供了寶貴的建議。我在波爾塔瓦師範大學的同事尤里·沃洛辛（Yurii Voloshyn）和伊戈爾·塞爾迪克（Ihor Serdiuk），安排了一趟波爾塔瓦空軍基地之旅，我們參觀了一九四四年至一九四五年由美國空軍人員所使用的基地，以及因展示從那個時期以來的獨特文物和照片而引以為傲的博物館。在美國，大衛·恩格曼（David Engerman）和黑宮宏明（Hiroaki Kuromiya）非常慷慨地給我建議並分享他們所擁有的檔案文件的影本。娜塔莉亞・拉斯（Natalia Laas）協助我複印了一些我能取得的關鍵文件。隨著我的研究進展超越了檔案文件，我從故事中一些關鍵人物的後代和親戚所提供的幫助中受益匪淺：包括喬治・費雪的弟弟維克・費雪、富蘭克林・霍爾茲曼的兩個兒子湯瑪士和大衛，以及最後但同樣重要的，伊戈爾・雷韋迪托的兒子東尼・雷韋迪托。我感謝他們與我分享的回憶以及他們提供的照片和文件。

我感謝在哈佛的亞歷山德拉・瓦克魯克斯（Alexandra Vacroux）協助安排訪問戴維斯中心的檔案館藏，我也要感謝烏克蘭研究中心的同事，特別是執行主任提米什・戈洛溫斯基（Tymish Holowinsky），感謝他們的支持及在我休假赴烏克蘭研究期間讓中心事務順利進行。一如既往，前亞伯達大學的米羅斯拉夫・尤爾克維奇（Myroslav Yurkevich）在編輯和潤色我的文章方面給我很大的幫助。吉爾・克內里姆（Jill Kneerim）提供了寶貴的協助，確保手稿最終能交到我所期盼最熱情、最敬業的出版商手中，即牛津大學出版社的提姆・本特（Tim Bent）、瑪麗亞・懷特（Mariah White）和梅麗莎・亞努濟（Melissa Yanuzzi），以及英國企鵝出版社的卡西亞娜・伊奧尼塔（Casiana Ionita）。莎拉・查爾凡特（Sarah Chalfant）承擔了向非英語讀者推廣這本書的艱鉅任務。我感謝他們的幫助和建議。一如既往，特別感謝我的妻子奧廖娜（Olena），謝謝她的支持。

注釋

前言

1 For the most recent accounts of the Poltava story, see Mark J. Conversino, *Fighting with the Soviets: The Failure of Operation FRANTIC, 1944–1945* (Lawrence, KS, 1997); Lee Trimble and Jeremy Dronfield, *Beyond the Call: The True Story of One World War II Pilot's Covert Mission to Rescue POWs on the Eastern Front* (New York, 2015).

序言

1 Lieutenant Colonel Pervushin to Lieutenant Colonel Akhov, "Svodka naruzhnogo nabliudeniia za ob'ektom "Turist," May 18, 1958, 11:40 a.m. to 16:25 p.m., 4 pp., Archives of the Security Service of Ukraine (Arkhiv Sluzhby bezpeky Ukrainy), Kyiv (hereafter SBU Archives), fond 13, no. 1207, "Proverka voennosluzhashchikh bazy VVS SShA v Poltave, t. 18," fols. 229–32.

2 Franklyn D. Holzman, *Soviet Taxation: The Fiscal and Monetary Problems of a Planned Economy* (Cambridge, MA, 1955); Colonel Akhov and Lieutenant Colonel Baruzdin to Lieutenant Colonel Zubkov, July 25, 1960, 4 pp., SBU Archives, fond 13, no. 1207, fols. 327–30.

3 Captain Khramov and Major Ovchinnikov, "Spravka na amerikanskogo voennosluzhashchego aviabazy VVS SShA v Poltave Fisher Iu. A.," May 1964, 8 pp., SBU Archives, fond 13, no. 1207, fols. 83–86v; Ken Gewertz, "From Russia with Thanks: Holzman Awarded Medal for World War II Service," *Harvard Gazette*, April 3, 1997; Franklyn Holzman, BBC interview on his experiences at Poltava, 1995 (courtesy of the Holzman Family and the Davis Center for Russian and Eurasian Studies at Harvard University).

第1章

1 John R. Deane, *The Strange Alliance: The Story of Our Efforts at Wartime Cooperation with Russia* (New York, 1947), pp. 3–4; Geoffrey Roberts, *Molotov: Stalin's Cold Warrior* (Dulles, VA, 2012), pp. 21–90.

2 "Istoriia Khodynki," *Grand Park* <http://www.grandpark.info/index.php?go=Pages&in=view&id=4>; Roger Moorhouse, *The Devil's Alliance: Hitler's Pact with Stalin, 1939–1941* (New York, 2014), chap. 1, "The Devil's Potion."

3 Nikolai Gogol, "The Terrible Vengeance," in *The Collected Tales of Nikolai Gogol*, trans. Richard Pevear and Larissa Volokhonsky (New York, 1999), p. 90; David M. Glantz and Jonathan M. House, *When Titans Clashed: How the Red Army Stopped Hitler* (Lawrence, KS, 1995), pp. 168–78.

4 "Douglas C-54 Skymaster," *Warbird Alley* <http://www.warbirdalley.com/c54.htm>; Arthur Pearcy, *Douglas Propliners: DC-1–DC-7* (London, 1996).

5 Averell Harriman and Elie Abel, *Special Envoy to Churchill and Stalin, 1941–1946* (New York, 1975), p. 227;Frank Costigliola, *Roosevelt's Lost Alliances: How Personal Politics Helped Start the Cold War* (Princeton and Oxford, 2012), pp. 192–93.

6 Harriman and Abel, *Special Envoy*, pp. 228–29; Deane, *The Strange Alliance*, pp. 3, 9–11.

7 Deane, *The Strange Alliance*, p. 107; [Albert Lepawsky], "History of Eastern Command, U.S. Strategic Air Forces in Europe, 1941–1944," Headquarters USSTAF, 1944, National Archives and Records Administration (hereafter NARA), NA/RG 334, box 66, p. 7.

8 Kathleen Harriman to Mary, in Harriman and Abel, *Special Envoy*, p. 234.

9 Deane, *The Strange Alliance*, p. 3.

10 Cordell Hull, *The Memoirs*, 2 vols. (New York, 1948), 2: 1277; Deane, *The Strange Alliance*, p. 4.

11 Hamilton to Secretary of State, October 18, 1943, in *Foreign Relations of the United States* (hereafter *FRUS*), *Diplomatic Papers, 1943: General*, pp. 567–68; Minutes of Meeting Held at the Kremlin on October 18, 1943, ibid., pp. 563–65.

12 "The Moscow Conference: October 1943," *The Avalon Project* <http://avalon.law.yale.edu/wwii/moscow.asp>.

13 Frank Costigliola, " 'I Had Come as a Friend': Emotion, Culture, and Ambiguity in the Formation of the Cold War, 1943–45," *Cold War History* 1, no. 1 (August 2000): 105–106.

14 Costigliola, " 'I Had Come as a Friend,' " pp. 105–6; Kathleen Harriman to Mary, Moscow, November 5, 1943, p. 2, in Library of

Congress, Harriman Papers, box 6, folder 9, Correspondence between Kathleen Mortimer and Mary Fisk.

第11章

1 Deane, *The Strange Alliance*, p. 24; Harriman to Roosevelt, October 31, 1943, *FRUS, Diplomatic Papers, 1943: General*, p. 690.

2 Kathleen Harriman to Mary, Moscow, November 9, 1943, p. 3, in Library of Congress, Harriman Papers, box 6, folder 9, Correspondence between Kathleen Mortimer and Mary Fisk.

3 Deane, *The Strange Alliance*, pp. 24–25; Simon Sebag Montefiore, *Stalin: The Court of the Red Tsar* (New York, 2003), pp. 519–22; Hull, *Memoirs*, 2: 1308–10.

4 Mark J. Conversino, *Fighting with the Soviets: The Failure of Operation Frantic, 1944–1945* (Lawrence, KS, 1997), pp. 9–12.

5 Record of the Second meeting of the Three-partite Conference, October 20, 1943, *FRUS, Diplomatic Papers, 1943: General*, pp. 583–88, 778–81.

6 Ibid., p. 779; Hull, *Memoirs*, 2: 1310; Harriman and Abel, *Special Envoy*, p. 239; Deane, *The Strange Alliance*, p. 20.

7 *Molotov Remembers: Inside Kremlin Politics. Conversations with Felix Chuev*, ed. Albert Resis (Chicago, 1993), p. 45.

8 Conversino, *Fighting with the Soviets*, pp. 27–28; "Most Secret Protocol, Moscow," November 1, 1943, *FRUS, Diplomatic Papers, 1943: General*, p. 773.

9 Deane, *The Strange Alliance*, pp. 20–21; To Milattache, Embassy Moscow, no. 75, October 26, 1943, NARA, NA/RG 334, Box 63: US Military Mission to Moscow, Operation Frantic (October 26, 1943–March 31, 1944), 3 pp.; [Albert Lepawsky], "History of Eastern Command, U.S. Strategic Air Forces in Europe, 1941–1944," Headquarters USSTAF, 1944, NARA, NA/RG 334, box 66, p. 7.

10 To AGWAR Washington from Deane, no. 28, October 29, 1943, NARA, NA/RG 334, box 63, 2 pp.; Deane, *The Strange Alliance*, p. 16.

11 Conversino, *Fighting with the Soviets*, p. 29; Harriman to Washington, December 26, 1943, NARA, NA/RG 334, box 63, 3 pp.; Deane to Washington, December 27, 1943, ibid., 1 p.

12 Conversino, *Fighting with the Soviets*, p. 31; General Arnold to Deane, January 27, 1944, NARA, NA/RG 334, Box 63, 2 pp.

13 Harriman and Abel, *Special Envoy*, p. 296; Deanne to Slavin, January 31, 1944 (English text and Russian translation), NARA, NA/

RG 334, Box 63, 2 pp.; Memorandum of Conversation, The American Ambassador, Marshal Stalin, Molotov, February 2, 1944, NARA, NA/RG 334, Box 63, 4 pp.

14 Deane, *The Strange Alliance*, p. 108; Deane to Washington, February 2, 1944, NARA, N/A RG 334, Box 63, 1 p.; Arnold to Deane, February 4, 1944, 1 p., NARA, N/A RG 334, Box 63.

15 Deane, *The Strange Alliance*, p. 108; Memorandum of Conversation, The American Ambassador, Marshal Stalin, Molotov, February 2, 1944, NARA, N/A RG 334, Box 63, 4 pp.

第三章

1 Deane, *The Strange Alliance*, pp. 30, 108–109; Conversino, *Fighting with the Soviets*, pp. 23–25; Von Hardesty and Ilya Grinberg, *Red Phoenix Rising: The Soviet Air Force in World War II* (Lawrence, KS, 2012).

2 Deane, *The Strange Alliance*, pp. 108–109; Deane to AGWAR, Washington, February 5, 1944, 3 pp., NARA, N/A RG 334, Box 63.

3 Conversino, *Fighting with the Soviets*, p. 32.

4 Ibid., pp. 31–33; Deane to Slavin, February 25, 1944, NARA, N/A RG 334, Box 63, 1 p.; "Col. John S. Griffith," obituary, *New York Times*, October 16, 1974; From Milattache, London to US Milmission, Moscow, February 23, 1944, NARA, N/A RG 334, Box 63, 1 p.; Deane to Slavin, February 24, 1944, ibid., 1 p.; Deane, "Procedure for First Meeting," February 27, 1944, ibid., 1 p.; "Shuttle Bombing," Minutes of Meeting, February 28, 1944, ibid., 5 pp.

5 Deane, *The Strange Alliance*, pp. 110–11; Meeting at Air Force Headquarters Building," March 16, 1944, NARA, N/A RG 334, Box 63, 4 pp., here 1.

6 Griffith to Milattaché Amembassy, London; AGWAR, Washington, April 2, 1944, NARA, N/A RG 334, Box 63, 3 pp.

7 Deane to Milattaché Amembassy, London; AGWAR, Washington, March 26, 1944, ibid., 2 pp.; "Meeting at Air Force Headquarters Building," April 5, 1944, ibid, 5 pp.

8 "Meeting at Air Force Headquarters Building," April 5, 1944, NARA, N/A RG 334, Box 63, 5 pp.; "Major General Alfred A. Kessler, Jr," US Air Force <http:// www.af.mil/AboutUs/Biographies/Display/tabid/225/Article/106572/majorgeneral-alfred-a-kessler-jr.aspx>; Conversino, *Fighting with the Soviets*, pp. 33, 40.

9 Deane to Nikitin, April 12, 1944, NARA, N/A RG 334, Box 63, 1 p.; Deane to Nikitin, April 12, 1944, ibid., 1 p.; Deane to General

Evstegneeev, April 12, 1944, ibid., 1 p.; Deane to Nikitin, April 14, 1944, ibid., 1 p.; Nikitin to Deane, April 14, 1944, ibid., 1 p.; Deane to Milattaché Amembassy, London; AGWAR, Washington, April 15, 1944, ibid., 1 p.

10 Daily Diary, 4th Echelon of "Frantic" during trip from England to Russia, in James Parton, "The History of 'Frantic,' American Shuttle Bombing to and from Russian Bases, 26 October 1943–15 June 1944," Headquarters, Mediterranean Allied Air Force, 1944, in W. Averell Harriman Papers, Manuscript Division, Library of Congress, Washington, DC, Box 188, p. 1; Franklyn Holzman, BBC interview on his experiences at Poltava, 1995; Conversino, *Fighting with the Soviets*, pp. 37–38.

11 Stuart Nicol, *Macqueen's Legacy*, vol. 2, *Ships of the Royal Mail Line* (Brimscombe Port and Charleston, SC, 2001), pp. 130–49; Daily Diary, 4th Echelon of "Frantic" during trip from England to Russia, in Parton, "The History of 'Frantic,' " pp. 2–3; Palmer Myhra, *A Frantic Saga: A Personal Account of a United States' Secret Mission inside the Soviet Ukraine during World War II* (Iola, WI, 2008), pp. 17–18.

12 Daily Diary, 4th Echelon of "Frantic" during trip from England to Russia, in Parton, "The History of 'Frantic,' " pp. 4–9; Holzman, BBC interview; Ken Gewertz, "From Russia with Thanks: Holzman Awarded Medal for World War II Service," *Harvard Gazette*, April 3, 1997; Conversino, *Fighting with the Soviets*, pp. 53–54.

13 Agent Report, "Leninakanskii," May 29, 1944, 2 pp., SBU Archives, fond 13, no. 1168, fols. 39, 39v; Agent Report, "Shakhter," May 30, 1944, 2 pp., ibid., fols. 40, 40v; Agent Report, "Kravkov," June 2, 1944, 2 pp., ibid., fols. 41, 41v.

14 Daily Diary, 4th Echelon of "Frantic" during trip from England to Russia, in Parton, "The History of 'Frantic,' " pp. 8–9; Agent Report, "Pika," May 17, 1944, 3 pp., SBU Archives, fond 13, no. 1168, fols. 168–70.

第四章

1 Chris Hansen, *Enfant Terrible: The Times and Schemes of General Elliott Roosevelt* (Tucson, 2012), pp. 357–59; Harriman to Deane, December 3, 1943, NARA, NA/ RG 334, box 63, 1 p.; Deane to Elliott Roosevelt, December 3, 1943, ibid., 1 p.

2 Harriman and Abel, *Special Envoy*, pp. 310–12.

3 Anderson to Spaatz, Report on Visit to Russia by Mission of USSTAF Officers, May 21, 1944, 9 pp., here 2, in Parton, "The History of 'Frantic,' " sections 42–50; To Colonel Weicker, Subject: Conference with General Grendall, May 13, 1944, 4 pp. in Parton, "The History of 'Frantic,' " sections 66–50; Hansen, *Enfant Terrible*, pp. 363–65; Conversino, *Fighting with the Soviets*, pp.

67–68; Anderson to Spaatz, Report on Visit to Russia by Mission of USSTAF Officers, May 21, 1944, 9 pp., here 3, in Parton, "The History of 'Frantic,' " sections 42–50.

4 Conversino, *Fighting with the Soviets*, pp. 45–46; Deane, *The Strange Alliance*, pp. 110, 115.

5 "Perminov, Aleksandr Romanovich," Tsentr genealogicheskikh issledovanii <http://rosgenea.ru/?a=16&r=4&s=%CF%E5%F0%EC%E8%ED%EE%E2>; Vladimir Savonchik, "14-ia smeshannia aviatsionnaia diviziia" <https://proza.ru/2014/10/01/804>; *Velikaia Otechestvennaia. Komdivy, Voennyi biograficheskii slovar'*, ed. V. P. Goremykin (Moscow, 2014), vol. 2, pp. 561–62.

6 Parton, "The History of 'Frantic,' " p. 10.

7 [Albert Lepawsky], "History of Eastern Command, U.S. Strategic Air Forces in Europe, 1941–1944," Headquarters, USSTAF, 1944, in NARA, N/A RG 334, Box 66, chap. 3, sections 22–23; Conversino, *Fighting with the Soviets*, pp. 44–45.

8 Lieutenant Colonel Sveshnikov to Commissar of State Security Viktor Abakumov, April 30, 1944, SBU Archives, fond 13, no. 1168, "Delo po agenturno-operativnomu obsluzhivaniiu aviabazy Amerikanskikh VVS, proizvodivshikh chelnochnye operatsii i bazirovavshikhsia na aėrodromakh SSSR Poltava-Mirgorod-Piriatin," vol. 11, begun 1944, completed 1946, 3 pp.; Lavrentii Beria to Joseph Stalin, May 18, 1944, ibid., 2 pp.

9 [Albert Lepawsky], "History of Eastern Command, U.S. Strategic Air Force in Europe, 1941–1944" chap. 3, sections 15, 22–23, 33.

10 A. Nikitin, "Chelnochnye operatsii," *Voenno-istoricheskii zhurnal*, 1975, no. 11: 41–46, here 43.

11 Deane, *The Strange Alliance*, pp. 115–16; Conversino, *Fighting with the Soviets*, pp. 47–49; Sgt. Joe Lockard, "Yanks in Russia," *Yank, the Army Weekly* 3, no. 38 (March 9, 1945): 8–9.

12 Deane, *The Strange Alliance*, pp. 116–17.

13 Elliott Roosevelt, *As He Saw It* (New York, 1946), pp. 217–18.

14 Viktor Revehuk, *Poltavshchyna v roky Druhoi svitovoi viiny (1939–1945)* (Poltava, 2004), pp. 41–62.

15 G. A. Antipovich et al., *Poltava: kniga dlia turistov*, 2nd ed. (Kharkiv, 1989), pp. 51, 99–100; Revehuk, *Poltavshchyna v roky Druhoi svitovoi viiny*, pp. 242–67; V. S. Gribov, *1944. Aviabaza osobogo naznacheniia. Soiuznicheskaia aktsiia SSSRSShA* (Moscow, 2003), p. 4.

16 Serhii Plokhy, *The Gates of Europe: A History of Ukraine* (New York, 2015), pp. 73–130; *Poltava 1709: The Battle and the Myth*,

ed. Serhii Plokhy (Cambridge, MA, 2012).

17 "Pam'iatnyk slavy," *Poltava istorychna* <http://poltavahistory.inf.ua/hisp_u_9.html>.

18 See the following articles in the *Encyclopedia of Ukraine*, vol. 2 (Toronto, 1989): Pavlo Petrenko, "Kotliarevsky, Ivan"; Dmytro Chyzhevsky and Danylo Husar Struk, "Gogol, Nikolai"; Roman Senkus, "Korolenko, Vladimir"; Sviatoslav Hordynsky and Vadym Pavlovsky, "Krychevsky, Vasyl H."

19 Plokhy, *The Gates of Europe*, pp. 245–90.

20 Daily Diary, Entry for May 14, 1944, 34 pp., here 10, in Parton, "The History of 'Frantic'"; Serhii Plokhy, "Mapping the Great Famine," in *The Future of the Past: New Perspectives on Ukrainian History* (Cambridge, MA, 2016), pp. 375–40; Revehuk, *Poltavshchyna v roky Druhoi svitovoi viiny*, pp. 41–62.

21 Lockard, "Yanks in Russia."

22 Agent Report, "Pika," May 17, 1944, 3 pp., SBU Archives, fond 13, no. 1168, fols. 168–70.

23 Anderson to Spaatz, Report on Visit to Russia by Mission of USSTAF Officers, May 21, 1944, 9 pp., here 8, in Parton, "The History of 'Frantic,' " sections 42–50; Deane, *The Strange Alliance*, pp. 116–17.

24 Roosevelt, *As He Saw It*, pp. 217–18.

第五章

1 Deane, *The Strange Alliance*, p. 118.

2 Roosevelt, *As He Saw It*, p. 217.

3 Deane, *The Strange Alliance*, p. 118; Donald E. Davis and Eugene P. Trani, *The Reporter Who Knew Too Much: Harrison Salisbury and the New York Times* (Lanham, MD, 2012), chap. 2, "Foreign Correspondent"; Anderson to Spaatz, Report on Visit to Russia by Mission of USSTAF Officers, May 21, 1944, 9 pp., here 2, in Parton, "The History of 'Frantic,' " sections 42–50.

4 Kathleen Harriman to Mary, Moscow, June 4, 1944, 3 pp., here 1, in Library of Congress, Harriman Papers, box 6, folder 9, Correspondence between Kathleen Mortimer and Mary Fisk; Kathleen Harriman to Mary, Moscow, November 9, 1943, 3 pp., here 1.

5 Kathleen Harriman to Mary, Moscow, June 4, 1944, 3 pp., here 1, in Library of Congress, Harriman Papers, box 6, folder 9, Correspondence between Kathleen Mortimer and Mary Fisk.

6 "US Bombers at Soviet Airfields: Operation Titanic" (Operation Frantic) 1944 USAAF <https://www.youtube.com/watch?v=2A8HBB0_O-8>; "Skvoznoi udar. Aviabaza osobogo naznacheniia" (2004) <https://www.youtube.com/watch?v=PMtItXpVglU>.

7 Kathleen Harriman to Mary, Moscow, June 4, 1944, 3 pp., here 1, in Library of Congress, Harriman Papers, box 6, folder 9, Correspondence between Kathleen Mortimer and Mary Fisk; Deane, *The Strange Alliance*, pp. 116–17.

8 Kathleen Harriman to Mary, Moscow, June 4, 1944, 3 pp., here 2, in Library of Congress, Harriman Papers, box 6, folder 9, Correspondence between Kathleen Mortimer and Mary Fisk.

9 Deane, *The Strange Alliance*, p. 118; Kathleen Harriman to Mary, Moscow, June 4, 1944, pp. 2–3, in Library of Congress, Harriman Papers, box 6, folder 9, Correspondence between Kathleen Mortimer and Mary Fisk.

10 Deane, *The Strange Alliance*, pp. 119–20.

11 William N. Hess, *B-17 Flying Fortress: Combat and Development History of the Flying Fortress* (St. Paul, MN, 1994).

12 Raymond Arthur Davies, *Inside Russia Today* (Winnipeg, 1945), p. 55; Deane, *The Strange Alliance*, p. 120.

13 Kathleen Harriman to Mary, Moscow, June 4, 1944, pp. 2–3, in Library of Congress, Harriman Papers, box 6, folder 9, Correspondence between Kathleen Mortimer and Mary Fisk.

14 V. S. Gribov, *1944. Aviabaza osobogo naznacheniia*, p. 31; Petr Lidov, "Letaiushchie kreposti," *Pravda*, June 4, 1944, p. 3.

15 Conversino, *Fighting with the Soviets*, p. 61; Parton, "The History of 'Frantic,' " IV: Operations, Plans, sections 20, 21.

16 Conversino, *Fighting with the Soviets*, pp. 59–60.

17 Parton, "The History of 'Frantic,' " IV: Operations, Plans, sections, 18, 20–21; Conversino, *Fighting with the Soviets*, p. 60; Deane, *The Strange Alliance*, pp. 117–18.

18 Parton, "The History of 'Frantic,' " IV: Operations, Plans, sections 19, 21; Bill Gunston, *North American P-51 Mustang* (New York, 1990).

19 Parton, "The History of 'Frantic,' " IV: Operations, First Shuttle to Russia, section 22.

20 Parton, "The History of 'Frantic,' " IV: Operations, First Shuttle to Russia, sections 22, 23; Conversino, *Fighting with the Russians*, p. 62.

21 Davies, *Inside Russia Today*, p. 57; Deane, *The Strange Alliance*, p. 120; Kathleen Harriman to Mary, Moscow, June 4, 1944, 3 pp.,

here 3, in Library of Congress, Harriman Papers, box 6, folder 9, Correspondence between Kathleen Mortimer and Mary Fisk.

22 Deane, *The Strange Alliance*, p. 120.

23 Davies, *Inside Russia Today* pp. 56, 58–59.

24 Davies, *Inside Russia Today*, p. 56; Kathleen Harriman to Mary, Moscow, June 4, 1944, p. 3, in Library of Congress, Harriman Papers, box 6, folder 9, Correspondence between Kathleen Mortimer and Mary Fisk; Major Anatolii Zorin, Report on the arrival and departure of US senior officers and dignitaries, June 2, 1944, SBU Archives, fond 13, no. 1168, fol. 21.

25 Deane, *The Strange Alliance*, p. 121.

第六章

1 Roosevelt, *As He Saw It*, p. 219.

2 Antony Beevor, *D-Day: The Battle for Normandy* (New York, 2009), p. 74; Graham Smith, *The Mighty Eighth in the Second World War* (Newbury, UK, 2001); Richard P. Hallion, "D-Day 1944: Air Power over the Normandy Beaches and Beyond," Air Force History and Museums Program 1994 <http://www.ibiblio.org/hyperwar/AAF/AAF-H-DDay/>; "D-Day: June 6th 1944 as it happened. Timeline of the D-Day landings of 6th June 1944 hour by hour as events unfolded on the day," <http://www.telegraph.co.uk/history/world-war-two/10878674/D-Day-6th-June-1944-as-it-happened-live.html>.

3 Deane, *The Strange Alliance*, pp. 150–51.

4 Winston Churchill, "The Invasion of France," June 6, 1944, House of Commons <https://www.winstonchurchill.org/resources/speeches/1941-1945-warleader/the-invasion-of-france>; Davies, *Inside Russia Today*, p. 60.

5 Lieutenant Colonel Sveshnikov and Major Zorin to Commissar of State Security Abakumov, "Dokladnaia zapiska o reagirovanii amerikanskikh voennosluzhashchikh na otkrytie 2-go fronta," June 1944, 3 pp., SBU Archives, fond 13, no. 1168, fols. 42–44; Davies, *Inside Russia Today*, p. 60.

6 Myhra, *Frantic Saga*, p. 35; Davies, *Inside Russia Today*, p. 60.

7 Ibid., pp. 60–61.

8 Conversino, *Fighting with the Soviets*, p. 66; Harriman and Abel, *Special Envoy*, p. 314.

9 Parton, "The History of 'Frantic,' " "Publicity," sections 24–25; Memorandum of Conversation, Present: US Ambassador Averell

Harriman, General Eaker, General Deane, Edward Page, V. M. Molotov, Mr. Berezhkov, June 5, 1944, 3 pp., here 2, ibid., sections 84–86; "Eastern Command Narrative of Operations. 2nd Operation (1st from the USSR bases—6 June 1944, 5th wing, 15th Air Force—Galatz, Rumania, Airdrome," 2 pp., ibid., sections 192–93.

10 Message from Spaatz to Walsh for Eaker, June 7, 1944, in Parton, "The History of 'Frantic,' " "Life at the Bases," section 168.

11 Deane, *The Strange Alliance*, p. 121.

12 Myhra, *Frantic Saga*, pp. 56

13 Myhra, *Frantic Saga*, pp. 29–31, 64–66.

14 Ibid., p. 65; Parton, "The History of 'Frantic,' " "Life at the Bases," section 25; Gribov, *Aviabaza osobogo naznacheniia*, pp. 56–60.

15 Daniel Altman, "Franklyn D. Holzman, 83, Economist, Critical of Moscow," *New York Times*, September 7, 2002; Franklyn Holzman to A. Holzman, Ukraine, June 29, 1944.

16 Gribov, *Aviabaza osobogo naznacheniia*, pp. 56, 59.

17 Ibid., pp. 59–60.

18 Ibid., pp. 58–59.

19 Ibid., pp. 52–53.

20 Ibid., pp. 54–55.

21 Memo from Lieutenant Colonel William M. Jackson to Colonel Kessler, Commanding Officer, Eastern Command, June 4, 1944, in Parton, "The History of 'Frantic,' " "Medical."

22 Gribov, *Aviabaza osobogo naznacheniia*, pp. 46–47, 56.

23 Parton, "The History of 'Frantic,' " "Medical," section 16; Captain Robert Newell, "Supplement to Original Sanitary Report," May 18, 1944, ibid.; Conversino, *Fighting with the Soviets*, pp. 72–73.

24 Parton, "The History of 'Frantic,' " "Medical," sections 16–17; Captain Robert H. Newell to Colonel Jackson, May 1, 1944, subject: Sanitary Report of temporary accommodations for some members of Detachment 5 at Poltava, May 1, 1944, ibid., Captain Robert H. Newell, "Initial Sanitary Report," April 28, 1944, 3 pp., ibid.; Conversino, *Fighting with the Soviets*, pp. 74–76.

25 Lockard, "Yanks in Russia."

26 Timothy Snyder, *Bloodlands: Europe between Hitler and Stalin* (New York, 2010), pp. 21–58; Anne Applebaum, *Red Famine:*

Stalin's War on Ukraine (New York, 2017).

27 Snyder, *Bloodlands*, pp. 187–76; Timothy Snyder, *Black Earth: The Holocaust as History and Warning* (New York, 2015).

28 Conversino, *Fighting with the Soviets*, pp. 67–68; Lieutenant Colonel Chernetskii, head of the Poltava oblast Department of the Ministry of State Security to Sergei Savchenko, People's Commissar of State Security of the Ukrainian SSR, "Dokladnaia zapiska po anglo-amerikantsam," June 30, 1944, 10 pp., SBU Archives, fond 13, no. 1201, "K liternomu delu na Aviabazu VVS SShA s materialami po sviaziam amerikanskikh voennosluzhashchikh, nachato 25 aprelia 1944, okoncheno 30 avgusta 1952, na 293 listakh," fols. 52–57.

29 Parton, "The History of 'Frantic,' " "Return to Italy," sections 26–27; "Excerpt-MASAF Intops Summary no. 235, June 11. Focsani North Airdrome Installations—5 Wing," 4 pp., ibid., sections 201–204.

30 Message from Arnold to Deane for Harriman, June 14, 1944, in Parton, "The History of 'Frantic,' " section 220.

第七章

1 Lieutenant Colonel Sveshnikov, "Kharakteristika voennosluzhashchikh amerikanskikh VVS v g. Poltava. Sostavlena na osnovanii agenturnykh materialov, poluchennykh s 1 maia po 10 iiunia 1944 g." June 14, 1944, 12 pp., here 6, SBU Archives, fond 13, no. 1168; Chernetskii to Savchenko, "Dokladnaia zapiska po anglo-amerikantsam," June 30, 1944, 10 pp., here 1–2, SBU Archives, fond 13, no. 1190, "Pervichnye agenturnye materialy na sviazi amerikantsev," vol. 7, begun January 20, 1945, completed December 30, 1951, fols. 52–53.

2 Gribov, *Aviabaza osobogo naznacheniia*, pp. 36, 52.

3 "Sveshnikov, Konstantin Alekseevich," in Nikita Petrov, *Kto rukovodil organami gosbezopasnosti: 1941–1954* (Moscow, 2010), p. 774.

4 Sveshnikov to Abakumov, April 30, 1944, SBU Archives, fond 13, no. 1168, fols. 28–30; Sveshnikov to Colonel Novikov, deputy head of the First Department of the Main Counterintelligence Directorate, People's Commissariat of Defense, SMERSH, May 8, 1944, ibid., fols. 36–37; "Zorin Anatolii Vladimirovich" <https://pamyat-naroda.ru/heroes/podvig-chelovek_nagrazhdenie46495496/>.

5 Lieutenant Colonel Sveshnikov and Major Zorin to Abakumov, "Dokladnaia zapiska ob agenturno-operativnom obsluzhivanii

Amerikanskikh VVS v g. Poltava," May 25, 1944, 10 pp., SBU Archives, fond 13, no. 1168, fols. 1–10, here 7.

6 "Dokladnaia zapiska ob agenturno-operativnom obsluzhivanii Amerikanskikh VVS v g. Poltava," May 25, 1944, fols. 1–10, SBU Archives, fond 13, no. 1168; Major Zorin to Colonel Novikov, May 24, 1944, 1 p., ibid., fol. 19.

7 Sveshnikov and Zorin to Abakumov, "Dokladnaia zapiska ob agenturno-operativnom obsluzhivanii Amerikanskikh VVS v g. Poltava," May 25, 1944, fols. 1–2, SBU Archives, fond 13, no. 1168, fols. 1–10.

8 Major Derevenchuk, Agent Note, April 12, 1944, SBU Archives, fond 13, no. 1168, fol. 27; Head of the 1st department, Colonel Reshetnikov, and head of the 1st division of the 1st department of the Poltava Ministry of Internal Affairs [MVD] Directorate, Lieutenant Colonel Meshcheriakov to Lieutenant Colonel Kovalkov, head of the Ministry of State Security [OKR MGB] department of Kazan garrison, January 29, 1953, SBU Archives, fond 13, no. 1179, "Perepiska po aviabaze serii K i OK po VVS SShA na 1953 god," fols. 12.

9 Lieutenant Colonel Sveshnikov to Colonel Novikov, June 1944, SBU Archives, fond 13, no. 1168, f. 70; Colonel Polkovnikov, head of the SMERSH department attached to Long-Range Aviation units, to Major General Gorgonov, Head, 1st department of the Main Directorate of SMERSH, People's Commissariat of Defense, July 18, 1944, 2 pp., ibid., fols. 76–77.

10 Lieutenant Colonel Sveshnikov, "Kharakteristika voennosluzhashchikh amerikanskikh VVS v g. Poltava. Sostavlena na osnovanii agenturnykh materialov, poluchennykh s 1 maia po 10 iiunia 1944 g." June 14, 1944, 12 pp., SBU Archives, fond 13, no. 1168, fols. 58–69.

11 Lieutenant Colonel Sveshnikov to Lieutenant General Babich, Deputy Head of the Main Counterintelligence Directorate [SMERSH] of the People's Commissariat of Defense, May 25, 1944, SBU Archives, fond 13, no. 1168, fols. 23, 23v; Albert Lepawsky, Political Science: Berkeley, California Digital Library <http://texts.cdlib.org/view?docId=hb7c6007sj;NAAN=13030&doc.view=frames&chunk.id=div00034&toc.depth=1&toc.id=&brand=calisphere>.

12 Conversino, *Fighting with the Soviets*, p. 32.

13 Lieutenant Colonel Sveshnikov to Lieutenant General Babich, Deputy Head of the Main Counterintelligence Directorate [SMERSH] of the People's Commissariat of Defense, May 25, 1944, SBU Archives, fond 13, no. 1168, fol. 23; Major Samarin, head of a special group of the 9th department, 2nd directorate of the People's Commissariat of State Security of the USSR, "Agenturnaia zapiska po delu amerikanskogo poddannogo, Lipavskii, prozh. v tochke 'N' no. 114 za 14 aprelia 1944 g.," April 19, 1944, 1 p.,

SBU Archives, fond 13, no. 1171, fol.49; "Zvavich, Isaak Semenovich," *Sovetskaia istoricheskaia ėntsiklopediia*, 16 vols. (Moscow, 1973–1985), vol. 5, s.v.

14 Lieutenant Colonel Sveshnikov to Abakumov, September 25, 1944, 14 pp., SBU Archives, fond 13, no. 1168, fols. 260–73, here 271.

15 Lieutenant Colonel Sveshnikov to General Lieutenant Babich, May 25, 1944, SBU Archives, fond 13, no. 1168, fols. 23–23v; Lieutenant Colonel Sveshnikov to Colonel Novikov, Deputy Head of the First Department, Main Counterintelligence Directorate of the People's Commissariat of Defense, SMERSH, June 1944, SBU Archives, fond 13, no. 1168, fol. 67.

16 Agent Report, "Maia," March 1944, 1 p., SBU Archives, fond 13, no. 1171, fol. 72; Major Samarin, head, special group of the 9th department, 2nd directorate of the People's Commissariat of State Security of the USSR, "Agenturnaia zapiska po delu amerikanskikh poddannykh, prozhivaiushchikh v tochke "N," Dzhekson v 335, i Sigerd v no. 302," April 4, 1944, 1 p., ibid., fol. 73; Major Samarin, "Agenturnaia zapiska po delu amerikanskikh poddannykh, Dzhekson 335, Vagner i Tlik, no. 218, tochka "N,' " April 13, 1944, 1 p., ibid., fol. 71.

17 Agent Report, "Mikhailova," August 1, 1945, 2 pp., here 1, SBU Archives, fond 13, no. 1171, fols. 68–68v, here 68; Agent Report, "Soiuznik," July 1944, 1 p., ibid., fol. 59; Agent Report, "Roza," July 1944, 1 p., ibid., fol. 59.

18 Lieutenant Colonel Sveshnikov to Colonel Novikov, June 14, 1944, pp. 10–11, SBU Archives, fond 13, no. 1168, fols. 67–68; Colonel Chernetskii, head of the Poltava Directorate, People's Commissariat of State Security, to Sergei Savchenko, People's Commissar of State Security of Ukraine, "Dokladnaia zapiska po angloamerikantsam," June 30, 1944, 10 pp., here 6, SBU Archives, fond 13, no. 1190, fols. 52–57.

第八章

1 Colonel Archie J. Old Jr., "Report on Shuttle Mission to Russia," July 6, 1944, 6 pp., here 3, Air Force Historical Research Agency, Maxwell Air Force Base (AFHRA), 5201–1, vol. II, pt. I, reel B5121.

2 "Major General Robert L. Walsh," *U.S. Air Force* <https://www.af.mil/About-Us/Biographies/Display/Article/105289/major-general-robert-l-walsh>; Conversino, *Fighting with the Soviets*, p. 51.

3 "Archie J. Old, Jr.," *Washington Post*, March 30, 1984, B–16; "Lieutenant General Archie J. Old, Jr.," US Air Force <https://www.

af.mil/About-Us/Biographies/Display/Article/106026/lieutenant-general-archie-j-old-jr/>.

4 Old, “Report on Shuttle Mission to Russia,” July 6, 1944, pp. 1–3; Conversino, *Fighting with the Soviets*, pp. 84–85; *Marvin S. Bowman,* “Stopping Over at Ivan’s Airdrome,” *Air Force Magazine*, April 1972, 51–55; Major Marvin S. Bowman Diary as compiled by Paul West, 100th Bomb Group Foundation, p. 6 <https://100thbg.com/index.php?option=com_content&view=article&layout=edit&id=140>; Deane, *The Strange Alliance*, p. 151; Philip K. Scheurer, “Anatole Litvak—A Movie Career on Two Continents,” *Los Angeles Times*, February 19, 1967.

5 Old, “Report on Shuttle Mission to Russia,” July 6, 1944, pp. 1–3 [50–52]; *Operatsiia “Frantik.” Z istorii boiovoi spivdruzhnosti viis’kovo-povitrianykh syl SSSR I SShA, tsyvil’noho naselennia Ukrainy v roky Druhoi Svitovoi viiny. Zbirnyk dokumentiv i materialiv* (Kyiv, 1998), pp. 118–20, here 119.

6 Old, “Report on Shuttle Mission to Russia,” July 6, 1944, p. 3 [52]; Interview, Brigadier General Alfred A. Kessler, July 5, 1944, 7 pp., here 3, AFHRA, 5201–1, vol. II, part I, reel B5121; *Bowman,* “Stopping Over at Ivan’s Airdrome”; Glenn B. Infield, *The Poltava Affair: A Russian Warning: An American Tragedy: A Minute-by-Minute Account of the Secret World War II Operation That Foreshadowed the Cold War* (New York, 1973), pp. 143–44.

7 Conversino, *Fighting with the Soviets*, p. 88.

8 Infield, *The Poltava Affair*, pp. 113–14, 125.

9 Ibid., pp. 140–42; Vladimir Brovko, “Operatsiia ‘Frentik,’ ili amerikanskii Perl-Kharbor v Ukraine,” pt. 4, in *Narodna pravda* <http://narodna.pravda.com.ua/history/4f1f1cad6ddb1/view_print/>.

10 Brovko, “Operatsiia ‘Frentik,’ ” pt. 4; Infield, *The Poltava Affair*, pp. 142–43, 155.

11 Leonid Liubimskii, “Poltavskaia bitva protiv Gitlera,” *Voenno-promyshlennyi kur’er*, no 17, May 3, 2006 <http://vpk-news.ru/articles/3172>.

12 Brovko, “Operatsiia ‘Frentik,’ ” pt. 3.

13 Conversino, *Fighting with the Soviets*, pp. 86–87; General Kessler to Headquarters, Eastern Command USSTAF, June 25, 1944, 4 pp., here 1, in AFHRA, 5201–1, vol. II, pt. I, reel B5121.

14 Robert H. Hewell, “Analysis of Cases Requiring Treatment,” July 17, 1944, 3 pp., here 2, in AFHRA, 5201–1, vol. II, pt. I, reel B5121; Joseph G. Lukacek <https://www.findagrave.com/cgi-bin/fg.cgi?page=gr&GSln=Lukacek&GSiman=1&GSob=c&GR

id=2519832&>; Joseph G. Lukacek (119–1944) <https://www.ancientfaces.com/person/joseph-g-lukacek/123744280>; Lieut. Raymond C. "Ray" Estle <https://www.findagrave.com/cgi-bin/fg.cgi?page=gr&GRid=630544>.

15 Lieutenant Colonel William Jackson to The Surgeon, USSTAF, June 25, 1944, "Observation of Medical Services during Air Attack," 4 pp., here 2, in AFHRA, 5201–1, vol. II, pt. I, reel B5121; Lieutenant Colonel William Jackson, Case History of: 1st Lt. R. C. Estle, June 23, 1944, ibid., 1 p.

16 Lieutenant Colonel William Jackson, "Report of Activity of Two Russian Soldiers during Emergency of June 22," June 24, 1944, 1 p., in AFHRA, 5201–1, vol. II, pt. I, reel B5121.

17 P. A. Tupitsyn, Letter to the US Embassy in Ukraine [before June 1994], in *Operatsiia "Frantik,"* pp. 260–66, here 265.

18 Colonel Archie J. Old Jr., "Report on Shuttle Mission to Russia," July 6, 1944, 6 pp., here 4, in AFHRA, 5201–1, vol. II, pt. I, reel B5121.

19 General Kessler to Headquarters, Eastern Command USSTAF, June 25, 1944, 4 pp., here 4, in AFHRA, 5201–1, vol. II, pt. I, reel B512; Colonel Novikov, "Spravka," June 22, 1944, SBU Archives, fond 13, no. 1168, fols. 104–5.

20 Petr Lidov, "Tania (pervyi ocherk o Zoe Kosmodemianskoi," *Ot Sovetskogo informbiuro, 1941–1945* <http://bibliotekar.ru/informburo/27.htm>; "Zoia Kosmodemianskaia: chto bylo na samom dele?" *Russkaia semerka* <http://russian7.ru/post/zoya-kosmodemyanskaya-chto-bylo-na-samom/>.

21 S. S. Shkol'nikov, *V ob"ektive—voina* (Moscow, 1979), pp. 100–102; cf. *Operatsiia "Frantik,"* pp. 244–45.

22 Captain Sherochenkov, Interrogation of Spassky Aleksei Mikhailovich, June 24, 1944, 3 pp., SBU Archives, fond 13, no. 1168, fols. 110–12; Valentin Kotov, "Petr Lidov. Sud'ba korrespondenta," *Kommunisty stolitsy*, January 27, 2012 <http:// comstol.info/2012/01/obshhestvo/3085'>; Oleksandr Dunaievs'kyi, "Vin z namy nazavzhdy: do 70-richchia dnia narodzhennia P. O. Lidova," *Prapor*, 1976, no. 11: 82–85.

23 Lieutenant Colonel Baranov, "Spravka," June 22, 1944, SBU Archives, fond 13, no. 1168, fol. 103; cf. *Operatsiia "Frantik,"* p. 124.

24 Colonel Novikov, "Spravka," June 22, 1944, SBU Archives, fond 13, no. 1168, fols. 104–5; Liubimskii, "Poltavskaia bitva protiv Gitlera"; Conversino, *Fighting with the Soviets*, pp. 85–86, 90.

25 Major Marvin S. Bowman Diary as compiled by Paul West, 100th Bomb Group Foundation, p. 6 <https://100thbg.com/index.

php?option=com_content&view=article&layout=edit&id=140>.

26 Susan Heller Anderson, "Midred Gillars, 87, of Nazi Radio, Axis Sally to an Allied Audience," *New York Times*, July 2, 1988.

27 Myhra, *Frantic Saga*, pp. 39, 42–43, 49–50.

28 Colonel Sveshnikov to Abakumov, "Dokladnaia zapiska," July 16, 1944, 11 pp., SBU Archives, fond 13, no. 1168, fols. 171–82.

29 Ibid.; Conversino, *Fighting with the Soviets*, pp. 93–94.

30 Conversino, *Fighting with the Soviets*, p. 94; Report of Proceedings of Board of Officers, August 2, 1944, 5 pp., here 5, in AFHRA, 5201–1, vol. II, pt. I, reel B5121.

31 Deane, *The Strange Alliance*, pp. 121–22; Conversino, *Fighting with the Soviets*, p. 91.

第九章

1 Howard Whitman, "Nude Welcome to Russia Shocks U.S. Bomber Pilots," *The Daily News*, July 19, 1944; "Howard Whitman of NBC-TV Series," *New York Times*, January 31, 1975.

2 Howard Whitman, "See Russia and Blush, Verdict of U.S. Flyers," *Chicago Daily Tribune*, July 19, 1944, p. 1.

3 Myhra, *Frantic Saga*, pp. 62–63; Franklyn Holzman to A. Holzman, June 29 and June 30, 1944; Igor' Kon, "Byl li seks na Sviatoi Rusi," *Russkii Globus*, no. 2 (February 2005) <https://www.russian-globe.com/N36/Kon.BulLiSexNaSvyatoyRusi.htm>.

4 Conversino, *Fighting with the Soviets*, p. 101.

5 Lieutenant Colonel Sveshnikov to Abakumov, September 25, 1944, 14 pp., here 12, SBU Archives, fond 13, no. 1168, fols. 260–73, here 271.

6 Albert Lepawsky to Commanding General, Eastern Command USSTAF (Through Deputy Commander for Administration), July 10, 1944, 3 pp., in AFHRA, 5201–1, vol. II, pt. I, reel B5121; Conversino, *Fighting with the Soviets*, pp. 96–97.

7 Colonel Chernetskii to Sergei Savchenko, "Dokladnaia zapiska po angloamerikantsam," June 30, 1944, 10 pp., here 6 [1187], SBU Archives, fond 13, no. 1190, fols. 52–57.

8 Albert Lepawsky to Commanding General, Eastern Command USSTAF (Through Deputy Commander for Administration), July 10, 1944, 3 pp., in AFHRA, 5201–1, vol. II, pt. I, reel B5121; Conversino, *Fighting with the Soviets*, p. 97.

9 [Albert Lepawsky], "History of Eastern Command, U.S. Strategic Airforce in Europe, 1941–1944," Headquarters USSTAF, 1944,

chap. V, "Recreation and Conflict," subsection "Dates and Fights," pp. 132–34, in AFHRA, 5201–1, vol. II, pt. I, reel B5121.

10 Ibid., chap. V, p. 147.

11 Myhra, *Frantic Saga*, p. 47; [Albert Lepawsky], "History of Eastern Command, U.S. Strategic Airforce in Europe, 1941–1944," chap. V, pp. 132–33.

12 [Lepawsky], "History of Eastern Command, U.S. Strategic Airforce in Europe, 1941–1944," chap. V, p. 137.

13 Ibid., chap. V, p. 138.

14 Oleg Budnitskii, "Muzhchiny i zhenshchiny v Krasnoi Armii (1941–1945)," *Cahiers du monde russe* 52, nos. 2–3 (2011): 405–22; Anna Krylova, *Soviet Women in Combat: A History of Violence on the Eastern Front* (New York, 2011).

15 [Lepawsky], "History of Eastern Command, U.S. Strategic Airforce in Europe, 1941–1944," chap. V, p. 144; Conversino, *Fighting with the Soviets*, p. 98.

16 Niall Barr, *Yanks and Limeys: Alliance Warfare in the Second World War* (London, 2016), pp. 336–37.

17 Barr, *Yanks and Limeys*, pp. 337–38; Lynne Olson, *Citizens of London: The Americans Who Stood with Britain in Its Darkest, Finest Hour* (New York, 2010), pp. 239–47.

18 Mary Louise Roberts, *What Soldiers Do: Sex and the American GI in World War II France* (Chicago and London, 2013), p. 70; Duncan Barrett and Nuala Calvi, *GI Brides: The Wartime Girls Who Crossed the Atlantic for Love* (New York, 2014).

19 Roberts, *What Soldiers Do*, pp. 113–21, 131–32.

20 [Lepawsky], "History of Eastern Command, U.S. Strategic Airforce in Europe, 1941–1944," chap. V, p. 132.

21 Raymond Arthur Davies, *Inside Russia Today* (Winnipeg, 1945), p. 56.

22 Agent Report, "Iava," June 5, 1944, SBU Archives, fond 13, no. 1171, "Materialy byvshikh voennosluzhashchikh amerikanskoi aviabazy v g. Poltave, vol. 4. Nachato 6 iiunia 1944, zakoncheno 10 ianvaria 1952 g.," fols. 128–29, here 128; "Spravka na ofitsial'nogo sotrudnika amerikanskoi razvedki Zharova Al'berta M.," 2 pp., SBU Archives, fond 13, no. 1169; "Kontrol'no-nabliudatelnoe delo po Aviabaze Amerikanskikh VVS, proizvodivshikh chelnochnye operatsii i bazirovavshikhsia na aėrodromakh SSSR Poltava-Mirgorod-Piriatin," vol. 2, "Nachato: aprel' 1944, Okoncheno: sentiabr' 1950, v 3-kh tomakh," fols. 654–55, here 654.

23 "Spravka na ofitsial'nogo sotrudnika amerikanskoi razvedki Zharova Al'berta M.," SBU Archives, fond 13, no. 1169, fols. 654–55;

Lieutenant Colonel Sveshnikov and Major Zorin to Abakumov, "Dokladnaia zapiska ob agenturno-operativnom obsluzhivanii Amerikanskikh VVS v g. Poltava," May 25, 1944, 10 pp., SBU Archives, fond 13, no. 1168, fols. 1–10, here 2–3.

24 Conversino, *Fighting with the Soviets*, p. 124; Lieutenant Colonel Sveshnikov to Abakumov, September 1944, 14 pp., here 4–6, SBU Archives, fond 13, no. 1168, fols. 263–65.

25 Colonel Gorbachev, Memo on Yekaterina Stankevich, August 8, 1949, 2 pp., SBU Archives, fond 13, no. 1169, fols. 693–693v.

26 Lieutenant Colonel Sveshnikov, Memorandum, 4 pp., SBU Archives, fond 13, no. 1168, fols. 202–5.

27 General Perminov to General Shibanov, July 26, 1944, copy, 3 pp., SBU Archives, fond 13, no. 1168, fols. 200–201.

28 Lieutenant Colonel Sveshnikov, Memorandum, 4 pp., SBU Archives, fond 13, no. 1168, fols. 202–5; Colonel Chernetskii to the head of the 2nd directorate, People's Commissariat of State Security of the USSR Fedotov, February 7, 1945, SBU Archives, fond 13, no. 1201, fol. 145.

第十章

1 Conversino, *Fighting with the Soviets*, pp. 113–16, 221–22.

2 Gerd Niepold, *Battle for White Russia: The Destruction of Army Group Centre June 1944* (London, 1987); Steven J. Zaloga, *Bagration 1944: The Destruction of Army Group Center* (Westport, CT, 2004).

3 Conversino, *Fighting with the Soviets*, pp. 117–19.

4 Ibid., pp. 111–12.

5 Ibid., pp. 121–23; [Lepawsky], "History of Eastern Command, U.S. Strategic Airforce in Europe, 1941–1944," Headquarters USSTAF, 1944, chap. V, section: "Recreation and Conflict," subsection: "Restaurants and Vodka," p. 125.

6 Agent Report, "Iava," June 5, 1944, 3 pp., SBU Archives, fond 13, no. 1171, fols. 128–29, here 128v; [Lepawsky], "History of Eastern Command," chap. V, p. 124.

7 [Lepawsky], "History of Eastern Command," chap. V, p. 124.

8 Colonel Novikov, "Spravka," August 5, 1944, 2 pp., SBU Archives, fond 13, no. 1168, fols. 208–9.

9 Conversino, *Fighting with the Soviets*, pp. 106–8.

10 Franklyn Holzman BBC interview, 1995; Franklyn Holzman to A. Holzman, October 4, 1944.

11 Sveshnikov to Abakumov, "Otchet," July 31, 1944, 1 p., SBU Archives, fond 13, no. 1168, fol. 206; General Perminov, Order no. 45, July 26, 1944, 5 pp., SBU Archives, fond 13, no. 1168, fols. 233–35.

12 Captain Komkov, Captain Shirochenkov, Senior Lieutenant Abramov, Lieutenant Kuchinskii, "Akt," September 13, 1944, SBU Archives, fond 13, no. 1168, f. 274 [1103]; Kuchinskii, "Ob'iasnenie," September 14, 1944, ibid., fols. 275–76; Captain Shirochenkov, Interrogation of Lieutenant Kuchinskii, September 14, 1944, 4 pp., ibid., fols. 277–78v; "Vypiska is protokola zasedaniia partiinogo biuro 42 BAO," September 14, 1944, 1 p., ibid., fol. 279; [Lepawsky], "History of Eastern Command," chap. V, p. 126.

13 Franklyn Holzman BBC interview, 1995; "Agenturnoe donesenie, Istochnik 'Mikhailova,' Prinial Markelov," August 1, 1945, 2 pp., SBU Archives, fond 13, no. 1171, fols. 68–68v, here 68; Captain Kheisin to Colonel Tsurin, "Politdonesenie," September 5, 1944, 1 p., SBU Archives, fond 13, no. 1200, "K liternomu delu na aviabazu VVS SShA, chast' 2," f. 280.

14 Conversino, *Fighting with the Soviets*, p. 112.

15 Sveshnikov to Abakumov, September 18, 1944, 6 pp., here 2, SBU Archives, fond 13, no. 1168, fols. 302–3.

16 Ibid., fol. 302.

17 Sveshnikov, "Spravka," 1 p., SBU Archives, fond 13, no. 1171, fol. 126; Agent Report, "Konstantinov," 2 pp. ibid., fol. 133; Agent Report, "Avtomat," ibid., fol. 135; Lieutenant Kal'nitskii, "Spravka o byvshei aviabaze VVS SShA," January 23, 1954, 8 pp., SBU Archives, fond 13, no. 1169, fol. 702; Captain Ivanov, "Spravka," 2 pp., June 25, 1944, 2 pp., SBU Archives, fond 13, no. 1172, "Delo s materialalmi b[yvshikh] voennosluzhashchikh amerikanskoi aviabazy v g. Piriatin i Mirgorod. Nachato: 10 iiulia 1944, Zakoncheno: 30 ianvaria 1952, na 447 listakh," f. 349 G. S. Kurganov and P. M. Kurennov, *Tainy russkoi revoliutsii i budushchee Rossii* (Ingelwood, CA, 1950), chapter 22: "Vtoraia kniga posle Biblii."; L. A. Kutilova, I. V. Naum, M. I. Naumova, and V. A. Safonov, *Natsional'mye menshinstva Tomskoi gubernii. Khronika obshchestvennoi i kul'turnoi zhizni, 1885–1919* (Tomsk, 1999), p. 144.

18 Agent Report, "Avtomat," SBU Archives, fond 13, no. 1171, fol. 135; Agent Report, "Liliia," August 3, 1944, SBU Archives, fond 13, no. 1171, fols. 139–40; Agent Report, "Markov," ibid., fol. 143; Tony Reverditto's eulogy of Igor Reverditto, posted March 13, 2015, on the "Memory of Igor Reverditto" Facebook page, February 27, 2015, <https://www.facebook.com/groups/647340528728078/permalink/647348445393953/>.

19 Sveshnikov to Abakumov, September 18, 1944, 6 pp., here 2, SBU Archives, fond 13, no. 1168, fols. 301–302.

20 Conversino, *Fighting with the Soviets*, pp. 140–41.

21 Ibid., p. 141; [Lepawsky], "History of Eastern Command," chap. V, p. 125 [789]; Brigadier General Alfred Kessler, Letter of Recommendation for Igor Reverditto, September 15, 1944, posted by Trevor Reverditto on "Memory of Igor Reverditto" Facebook page, February 27, 2015, https://www.facebook.com/groups/647340528728078/permalink/647348445393953/.

22 Conversino, *Fighting with the Soviets*, pp. 139–40.

第十一章

1 Lockard, "Yanks in Russia," pp. 8–9.

2 Kathy Harriman to Mary, August 30, 1944, Library of Congress, Harriman Papers, box 6, folder 9, Correspondence between Kathleen Mortimer and Mary Fisk.

3 Norman Davies, *Rising '44: The Battle for Warsaw* (London, 2008).

4 Ibid., pp. 151–53; Plokhy, *Yalta: The Price of Peace* (New York, 2010), pp. 158–61, 172–73.

5 Harriman and Abel, *Special Envoy*, pp. 333–34; Stalin to Roosevelt, August 9, 1944, in *Correspondence between the Chairman of the Council of Ministers of theUSSR and the Presidents of the USA and the Prime Ministers of Great Britain during the Great Patriotic War of 1941–1945. Correspondence with Franklin D. Roosevelt and Harry S. Truman (August 1941–December 1945)* (Moscow, 1957), pp. 151–55, nos. 214, 217–19.

6 *Correspondence between the Chairman of the Council of Ministers of the USSR and the Presidents of the USA and the Prime Ministers of Great Britain during the Great Patriotic War of 1941–1945. Correspondence with Winston S. Churchill and Clement R. Attlee, 1944* (Moscow, 1957), nos. 312, 313, 317.

7 Harriman to Molotov, August 14, 1944, Records of the U.S. Military Mission to Moscow 1943–45, NARA, RG 334, Subject Files, October 1943-October 1945, Box 22, file "Poland," 2 pp.; Harriman, Conversation, Subject: Dropping of Military Supplies on Warsaw, Moscow, August 15, 1944, Records of the U.S. Military Mission to Moscow 1943–45, NARA, RG 334, Subject Files, October 1943–October 1945, Box 22, file "Poland," 5 pp.

8 Harriman, Conversation, Subject: Dropping of Military Supplies on Warsaw, Moscow, August 15, 1944, Records of the U.S.

Military Mission to Moscow 1943–45, NARA, RG 334, Subject Files, October 1943-October 1945, Box 22, file "Poland," 5 pp.

9 Deane to Walsh and Spaatz, August 15, 1944, Records of the U.S. Military Mission to Moscow 1943–45, NARA, RG 334, Subject Files, October 1943–October 1945, Box 22, file "Poland," 1 p.; Harriman to Vyshinsky, August 16, 1944, ibid., 1 p.; Harriman, Conversation. Subject: Dropping of Military Supplies on Warsaw, August 16, 1944, ibid., 2 pp.; Vyshinsky to Harriman, August 17, 1944, ibid., 1 p.

10 *Correspondence between the Chairman of the Council of Ministers of the USSR and the Presidents of the USA and the Prime Ministers of Great Britain during the Great Patriotic War of 1941–1945. Correspondence with Winston S. Churchill and Clement R. Attlee, 1944*, no. 321; Harriman, Conversation. Subject: "Frantic" bases and "Exploration," August 17, 1944, Records of the U.S. Military Mission to Moscow 1943–45, NARA, RG 334, Subject Files, October 1943–October 1945, Box 22, file "Poland," 2 pp.

11 Conversino, *Fighting with the Soviets*, pp. 119–20; Davies, *Rising'44*, pp. 301, 719; Harriman and Abel, *Special Envoy*, p. 342; Roosevelt and Churchill to Stalin, August 20, 1944, in *Correspondence between the Chairman of the Council of Ministers of the USSR and the Presidents of the USA and the Prime Ministers of Great Britain during the Great Patriotic War of 1941–1945. Correspondence with Franklin D. Roosevelt and Harry S. Truman (August 1941–December 1945)*, p. 156, no. 220; Stalin to Roosevelt and Churchill, ibid., p. 157, no. 223; Allied Support for Warsaw: Roosevelt-Churchill-Stalin Communications. Selected Documents <http://www.warsawuprising.com/doc/Roosevelt_Churchill_Stalin.htm>; Churchill, *The Second World War*, vol. 6, *Triumph and Tragedy* (Boston, 1953), pp. 1233–34.

12 Conversino, *Fighting with the Soviets*, pp. 119–20; Davies, *Rising'44*, pp. 301, 719; Harriman to Hull, August 22, 1944, *FRUS, Diplomatic Papers: Europe*, vol. 4, pp. 901–902; Harriman and Abel, *Special Envoy*, p. 344.

13 Davies, *Rising'44*, pp. 350–58; Conversino, *Fighting with the Soviets*, pp. 146–47.

14 Conversino, *Fighting with the Soviets*, p. 144.

15 Ibid., pp. 143–45.

16 Ibid., pp. 137, 247.

17 "Message of the Soviet Government in Reply to the Message of the British Government of 5th September 1944," Moscow, September 9, 1944, 2 pp., in Records of the U.S. Military Mission to Moscow 1943–45, NARA, RG 334, Subject Files, October 1943–October 1945, Box 22, file "Poland," p. 1; General Marshall to Deane, Subject: Polish patriots in Warsaw, September 12,

1944, ibid., p. 1; Deane and Lieutenant General Montague Brocas Burrows, Head of the British Military Mission, to Army General Antonov, September 14, 1944, 1 p., ibid., p. 1.

18 General Eisenhower to Chiefs of Staff, September 12, 1944, 1 p., in Records of the U.S. Military Mission to Moscow 1943–45, NARA, RG 334, Subject Files, October 1943–October 1945, Box 22, file "Poland" ; General Walsh to General Deane, September 13, 1944, ibid., p.1; Memorandum of Conversation, Present: Harriman, Deane, Archibald Clark-Kerr, Molotov, Pavlov, evening of September 12–13, 1944, ibid., p. 1; General Deane to Rear Admiral Archer, Acting Head, British Military Mission, September 13, 1944, ibid., 2 pp.

19 Conversino, *Fighting with the Soviets*, p. 146.

20 Ibid., pp. 148–51, 156; General Spaatz to General Arnold, info for Deane, Subject: Supplies to Insurgents, September 22, 1944, p. 1, in Records of the U.S. Military Mission to Moscow 1943–45, NARA, RG 334, Subject Files, October 1943–October 1945, Box 22, file "Poland"; Deane to Colonel Makarov, Red Army General Staff, September 21, 1944, ibid., p. 1.

21 Conversino, *Fighting with the Soviets*, p. 157; General Spaatz for General Doolittle, Subject: Partisan Situation in Warsaw, September 30, 1944, Records of the U.S. Military Mission to Moscow 1943–45, p. 1, NARA, RG 334, Subject Files, October 1943–October 1945, Box 22, file "Poland" ; Deane to Colonel Makarov, October 2, 1944, ibid., p. 1.

22 Harriman and Abel, *Special Envoy*, pp. 348–49; Warsaw Uprising 1944, Project inPosterum <http://www.warsawuprising.com/faq.htm>.

第十二章

1 Myhra, *Frantic Saga*, pp. 82–85.

2 Lieutenant Colonel Sveshnikov and Captain Belykh to Abakumov, "Dokladnaia zapiska o vyezde voennosluzhashchikh amerikanskikh VVS iz SSSR," October 28, 1944, 4 pp., SBU Archives, fond 13, no. 1168, fols. 319–22; William Kaluta, "History of Eastern Command, US Strategic Air Forces in Europe, October 1, 1944–March 31, 1945," chap. 1: Background, p. 4, in NARA, RG 334; United States Military Mission to Moscow, Operation "Frantic," October 1943–October 1945, Box 66: Engineer to Intelligence.

3 Kaluta, "History of Eastern Command, US Strategic Air Forces in Europe, October 1, 1944–March 31, 1945," chap. I, p. 3.

4 Conversino, *Fighting with the Soviets*, p. 120.

5 Kaluta, “History of Eastern Command, US Strategic Air Forces in Europe, October 1, 1944–March 31, 1945,” chap. I, p. 4; Conversino, *Fighting with the Soviets*, p. 161.

6 Lieutenant Colonel Sveshnikov to Abakumov, “Dokladnaia zapiska o sokrashchenii amerikanskikh voenno-vozdushnykh baz na territorii SSSR,” December 2, 1944, 11 pp., SBU Archives, fond 13, no. 1168, fols. 328–38; Kaluta, “History of Eastern Command, US Strategic Air Forces in Europe, October 1, 1944–March 31, 1945,” chap. IV: Personnel Administration and Organization, p. 2.

7 General Major Novikov, Deputy head, 1st department, SMERSH main directorate, “Spravka po 169-i aviatsionnoi baze osobogo naznacheniia voenno-vozdushnykh sil Krasnoi Armii,” 2 pp., SBU Archives, fond 13, no. 1168, fols. 310–11; Lieutenant Colonel Sveshnikov to Abakumov, “Dokladnaia zapiska o sokrashchenii amerikanskikh voenno-vozdushnykh baz na territorii SSSR,” December 2, 1944, 11 pp., SBU Archives, fond 13, no. 1168, fols. 328–38, here 329–30.

8 Kaluta, “History of Eastern Command, US Strategic Air Forces in Europe, October 1, 1944–March 31, 1945,” chap. I, p. 5; Conversino, *Fighting with the Soviets*, p. 162.

9 “Colonel Thomas Hampton,” Wings of War Webseum <https://militariawingswwii. wordpress.com/2012/03/29/new-lot-just-in-1930s-through-wwii-beyond-col-thomas-k-hampton/>; Lieutenant Colonel Sveshnikov to Abakumov, “Dokladnaia zapiska o sokrashchenii amerikanskikh voenno-vozdushnykh baz na territorii SSSR,” December 2, 1944, 11 pp., SBU Archives, fond 13, no. 1168, fols. 328–38; Kaluta, “History of Eastern Command, US Strategic Air Forces in Europe, October 1, 1944–March 31, 1945,” chap. V: Personnel Relations, p. 1; chap. IV, p. 1.

10 George Uri Fischer, *Insatiable: A Story of My Nine Lives* (Philadelphia, 2000), p. 104.

11 Ibid., p. 106.

12 Conversino, *Fighting with the Soviets*, p. 126; Fischer, *Insatiable*, p. 109; Major Zorin to Abakumov, “Dokladnaia zapiska ob operativno-agenturnom obsluzhivanii amerikanskoi aviabazy ‘chelnochnykh pereletov,’ ” June 23, 1945, 30 pp., SBU Archives, fond 13, no. 1169, fols. 559–88.

13 “Michael Kowal,” in American Air Museum in Britain <http://www.americanairmuseum.com/person/240532>; Lieutenant Colonel Sveshnikov to Abakumov, “Dokladnaia zapiska o sokrashchenii amerikanskikh voenno-vozdushnykh baz na territorii SSSR,” September, 1944, 11 pp., here 3, SBU Archives, fond 13, no. 1168, fols. 301–6.

14 Conversino, *Fighting with the Soviets*, p. 127.

15 Kaluta, "History of Eastern Command, US Strategic Air Forces in Europe, October 1, 1944–March 31, 1945," chap. V, Personnel Relations, p. 33.

16 Ibid., chap. V, pp. 18, 35.

17 Ibid., chap. V, p. 17.

18 Ibid., chap. V, p. 33.

19 Ibid., chap. II, pt. I, Operations, p. 15.

20 Ibid., chap. V, Personnel Relations, pp. 11, 35.

21 Ibid., chap. IV, Personnel Administration and Organization, pp. 4–5; Ibid., chap. V, Personnel Relations, pp. 3–4; Lieutenant Colonel Sveshnikov to Abakumov, "Dokladnaia zapiska o sokrashchenii amerikanskikh voenno-vozdushnykh baz na territorii SSSR," December 2, 1944, 11 pp., here 11, SBU Archives, fond 13, no. 1168, fols. 328–38.

22 Kaluta, "History of Eastern Command, US Strategic Air Forces in Europe, October 1, 1944–March 31, 1945," chap. I, p. 5.

第十三章

1 Deane, *The Strange Alliance*, p. 246

2 Ibid., p. 247; Harriman and Abel, *Special Envoy*, pp. 363–64.

3 Ibid., p. 363.

4 Ibid., pp. 355–56, 358–61; Plokhy, *Yalta*, pp. 158–61.

5 "William A. Fitchen," *The Orange County Register*, October 17, 2007, <https://obits.ocregister.com/obituaries/orangecounty/obituary.aspx?n=william-afitchen&pid=96327178>.

6 Kaluta, "History of Eastern Command, US Strategic Air Forces in Europe, October 1, 1944–March 31, 1945," chap. I, Background, p. 41.

7 Brigadier General Edmund W. Hill, Chief USA Air Force Division, United States Military Mission, Moscow, to Ambassador Harriman, December 28, 1944, in NARA, RG 334, United States Military Mission to Moscow, Operation "Frantic," October 1943–October 1945, Box 67: Interrogation Reports to Photo Reconnaissance.

8 Reports of Observations in Poland: Report by Lt. Col. Thomas K. Hampton, NARA, RG 334, box 67, p. 1.

9 Ibid.

10 W. H. Lawrence, "Nazi Mass Killing Laid Bare in Camp; Victims Put at 1,500,000 in Huge Death Factory of Gas Chambers and Crematories," *New York Times*, August 30, 1944.

11 Kathy Harriman to Mary, August 30, 1944, Library of Congress, Harriman Papers, box 6, folder 9, Correspondence between Kathleen Mortimer and Mary Fisk; Barbie Zelizer, *Remembering to Forget: Holocaust Memories through the Camera's Eye* (Chicago, 2000), pp. 51–52.

12 Reports of Observations in Poland: Report by Sgt. Samuel Chavkin, NARA, RG 334, box 67, p. 10; Report by Capt. Joe R. Johnson, ibid., p. 3.

13 "Lvov," *Holocaust Encyclopedia*, <https://encyclopedia.ushmm.org/content/en/article/lvov>.

14 Reports of Observations in Poland: Report by Lt. Col. Thomas K. Hampton, NARA, RG 334, box 67, p. 1; Report by Capt. Joe R. Johnson, ibid., p. 2; Report by Capt. Michael H. Kowal, ibid., p. 5; Report by Sgt. Samuel Chavkin, ibid., p. 8.

15 Letter to British Ambassador in Moscow, September 16, 1944, in Reports of Observations in Poland, NARA, RG 334, box 67, p. 6; Mieczysław Karol Borodej, *Niebieska Eskadra* <http://niebieskaeskadra.pl/?control=8&id=2540>.

16 Reports of Observations in Poland: Report of Major Robert H. Wiseheart, NARA, RG 334, box 67, pp. 1–2.

17 Captain William Fitchen, Interrogation Form: [First] Pilot Lt. R. E. Beam, December 10, 1944; Sgt. John R. Dmytryshyn, Frantic: Interrogation Reports. Eastern Command, NARA, RG 334, box 67, pp. 7–8.

18 Captain William Fitchen, Interrogation of T/Sgt E. G. Kelly and S/Sgt A. G. Stubaus, December 18, 1944, 6 pp., here 3–6, Frantic: Interrogation Reports. Eastern Command, NARA, RG 334, box 67.

19 Plokhy, *Yalta*, pp. 166–75.

20 Lieutenant Colonel Sveshnikov to Abakumov, "Dokladnaia zapiska o sokrashchenii amerikanskikh voenno-vozdushnykh baz na territorii SSSR," December 2, 1944, 11 pp., here 7–8, SBU Archives, fond 13, no. 1168, fols. 328–38.

21 Ibid., fol. 8; Major Zorin to Major General Novikov, "Dokladnaia zapiska o povedenii amerikanskikh voennosluzhashchikh pri vylete na vynuzhdennye posadki samoletov," December 1944, 5 pp., SBU Archives, fond 13, no. 1171.

22 Kaluta, "History of Eastern Command, US Strategic Air Forces in Europe, October 1, 1944–March 31, 1945," chap. IV, Personnel

Administration and Organization, p. 16; Agent Report, “Markov,” SBU Archives, fond 13, no. 1172; no. 1168, fol. 125.

第十四章

1 “V novyi 1945 god sovetskie liudi zhelali drug drugu skoroi pobedy nad fashistskoi Germaniei,” TASS, January 1, 2015 <http://tass.ru/70-letie-pobedy/1682585>.

2 *My Dear Mr. Stalin: The Complete Correspondence of Franklin D. Roosevelt and Joseph V. Stalin*, ed. Susan Butler (New Haven and London, 2005), p. 184; Plokhy, *Yalta*, p. 28; Martin Gilbert, *Churchill and America* (New York, 2005), p. 325.

3 Franklyn Holzman to A. Holzman, January 1, 1945; Franklyn Holzman, BBC interview, 1995.

4 Colonel Akhov and Lietenant Colonel Baruzdin to Lieutenant Colonel Zubkov, July 25, 1960, 4 pp., SBU Archives, fond 13, no. 1207, fols. 327–30.

5 Kaluta, “History of Eastern Command, US Strategic Air Forces in Europe, October 1, 1944–March 31, 1945,” chap. V, Personnel Relations, p. 34.

6 Ibid.

7 “LTC William Roman Kaluta,” *Find a Grave* <https://www.findagrave.com/cgi-bin/fg.cgi?page=gr&GRid=48767213>; Roman M. Kaluta, *US 1940 Census* <http://www.archives.com/1940-census/roman-kaluta-ny-55936655>; Tatiana Shugailo, “Istoriia gazety ‘Russkii golos’ i ee obshchestvenno-politicheskie pozitsii,” *Katalog pressy russkogo zarubezh’ia* (Vladivostok, 2017). Lieutenant Colonel Sveshnikov to Abakumov, “Dokladnaia zapiska o sokrashchenii amerikanskikh voenno-vozdushnykh baz na territorii SSSR,” December 2, 1944, 11 pp., here 4, SBU Archives, fond 13, no. 1168, fols. 328–38.

8 Major Zorin to Major General Gorgonov, “Dokladnaia zapiska ob izuchenii razvedyvatel’noi deiatel’nosti amerikanskikh voennosluzhashchikh Poltavskoi aviabazy,” February 12, 1945, 11 pp., here 5–7, SBU Archives, fond 13, no. 1169, fols. 415–25; Captain Zakharov, “Vypiska iz dokladnoi zapiski gvardii kapitana Zakharova,” July 10, 1944, 1 p., SBU Archives, fond 13, no. 1172, fol. 106.

9 Kaluta, “History of Eastern Command, US Strategic Air Forces in Europe, October 1, 1944–March 31, 1945,” chap. V, Personnel Relations, pp. 30–31.

10 Colonel Chernetsky, Captain Mikhaliuk, Senior Lieutenant Nevedov to the head of the 2d directorate, People’s Commissariat of

State Security of the USSR, Commissar of State Security Third Class Fedotov, "Dokladnaia zapiska o rezul'tatakh operativno-agenturnogo obsluzhivaniia amerikanskoi aviabazy v Poltave za period: dekabr' 1944–ianvar' 1945," February 7, 1945, 18 pp., here 16–18, SBU Archives, fond 13, no. 1201, fols. 146–63.

11 Kaluta, "History of Eastern Command, US Strategic Air Forces in Europe, October 1, 1944–March 31, 1945," chap. V, Personnel Relations, pp. 28–29.

12 Ibid., p. 29; Major Zorin to Lieutenant Colonel Guliaev, SBU Archives, fond 13, no. 1171, fol. 93; Major Zorin to Major General Gorgonov, "Dokladnaia zapiska ob izuchenii razvedyvatel'noi deiatel'nosti amerikanskikh voennosluzhashchikh Poltavskoi aviabazy," February 12, 1945, 11 pp., here 5, SBU Archives, fond 13, no. 1169, fol. 417; Colonel Reshetnikov and Lieutenant Colonel Meshcheriakov to Lieutenant Colonel Kovalkov, January 29, 1953, SBU Archives, fond 13, no. 1179, fol. 12; Captain Mikhaliuk and Senior Lieutenant Nefedov to Colonel Sliuger, "Dokladnaia zapiska o razrabotke sviazei amerikantsev v UNKGB po Poltavskoi oblasti za fevral' mesiats 1945 goda," March 7, 1945, 8 pp., here 6, SBU Archives, fond 13, no. 1201, fols. 181–88.

13 Captain Shpagin, "Spravka," March 27, 1945, 5 pp., SBU Archives, fond 13, no. 1169, fols. 466–70.

14 Major Zorin to Major General Novikov, "Dokladnaia zapiska ob izmenenii otnoshenii mezhdu lichnym sostavom amerikanskoi bazy i voennosluzhashchimi 169 ABON," February 7, 1945, 5 pp., SBU Archives, fond 13, no. 1169, fols. 410–14.

第十五章

1 Harriman to Roosevelt, December 6, 1944, Franklin D. Roosevelt Library, Map Room, Presidential Trips, Crimean Conference, box 21, Argonaut 1, section 1; Plokhy, *Yalta*, pp. 27–28.

2 "The President's Special Assistant (Hopkins) to the President," *FRUS, Diplomatic Papers: Conferences at Malta and Yalta, 1945*, p. 39; Plokhy, *Yalta*, pp. 37–38.

3 Harriman to Roosevelt, December 6, 1944, Franklin D. Roosevelt Library, Map Room, Presidential Trips, Crimean Conference, box 21, Argonaut 1, section 1.

4 Harriman and Abel, *Special Envoy*, p. 392.

5 Kaluta, "History of Eastern Command, US Strategic Air Forces in Europe, October 1, 1944–March 31, 1945," chap. I, Background, p. 21, NARA, RG 334 (Underservice Agencies), United States Military Mission to Moscow, Operation "Frantic," October 1943–

October 1945, Box 66: Engineer to Intelligence.

6 Major Zorin, "Spravka," January 1945, SBU Archives, fond 13, no. 1171, fol. 119; Major Zorin to Major General Novikov, "Dokladnaia zapiska o sluchae s portfelem gl. Marshala angliiskoi aviatsii Teder A. V.," January 26, 1945, 3 pp., SBU Archives, fond 13, no. 1169, fols. 390–93; Kaluta, "History of Eastern Command, US Strategic Air Forces in Europe, October 1, 1944–March 31, 1945," chap. I, Background, pp. 22–23; Conversino, *Fighting with the Soviets*, pp. 173–74.

7 Kaluta, "History of Eastern Command, US Strategic Air Forces in Europe, October 1, 1944–March 31, 1945," chap. I, Background, pp. 21–22.

8 Ibid., p. 23.

9 Major General Slavin to Admiral Alafuzov and Komissar gosbezopasnosti Abakumov, February 8, 1945, SBU Archives, fond 13, no. 1169, fol. 457.

10 Meeting of the Joint Chiefs of Staff, February 5, 1945, in *FRUS: Conferences at Malta and Yalta*, p. 594; Plokhy, *Yalta*, pp. 216–22.

11 "Roosevelt-Stalin Meeting, February 8, 1945," in *FRUS: Conferences at Malta and Yalta*, pp. 766–71; *My Dear Mr. Stalin*, pp. 292–93.

12 Plokhy, *Yalta*, pp. 166–70.

13 Harriman and Abel, *Special Envoy*, pp. 406–14; Plokhy, *Yalta*, pp. 241–51; "Third Plenary meeting, February 6, 'The Polish Question,' " *FRUS: Conferences at Malta and Yalta*, pp. 667–71.

14 Deane, *The Strange Alliance*, pp. 182–90; "Bilateral Document, Agreement between the United States and the Soviet Union Concerning the Liberated Prisoners of War and Civilians," *FRUS: Conferences at Malta and Yalta*, pp. 985–87.

15 Deane, *The Strange Alliance*, pp. 186–90; Harriman and Abel, *Special Envoy*, p. 416; Plokhy, *Yalta*, pp. 298–305.

16 Deane, *The Strange Alliance*, p. 184.

17 Churchill, *Triumph and Tragedy*, pp. 362–63.

18 Robert E. Sherwood, *Roosevelt and Hopkins: An Intimate History* (New York, 1948), p. 879; Plokhy, *Yalta*, pp. 328–29.

19 Fischer, *Insatiable*, pp. 116–17.

20 Conversino, *Fighting with the Soviets*, p. 177.

第十六章

1 *My Dear Mr. Stalin,* pp. 297–99.

2 Deane, *The Strange Alliance*, pp. 190–96; Harriman and Abel, *Special Envoy*, pp. 419–20.

3 *My Dear Mr. Stalin*, pp. 298–99.

4 Lt. Col. James D. Wilmeth et al., “Report on a Visit to Lublin, Poland, February 27–March 28, 1945,” section “Russian Reactions,” p. 13, NARA, RG 334, Box 22, Prisoners of War; Kaluta, “History of Eastern Command, US Strategic Air Forces in Europe, October 1, 1944–March 31, 1945,” chap. I, p. 70; Deane, *The Strange Alliance*, p. 191; Conversino, *Fighting with the Soviets*, pp. 188–90.

5 Kaluta, “History of Eastern Command, US Strategic Air Forces in Europe, October 1, 1944–March 31, 1945,” chap. I, p. 71; Deane, *The Strange Alliance*, pp. 195–96; Conversino, *Fighting with the Soviets*, p. 193.

6 Wilmeth et al., “Report on a Visit to Lublin, Poland, February 27–March 28, 1945,” p. 12.

7 Deane, *The Strange Alliance*, pp. 191–94; Kaluta, “History of Eastern Command, US Strategic Air Forces in Europe, October 1, 1944–March 31, 1945,” chap. I, p. 73; Wilmeth et al., “Report on a Visit to Lublin, Poland, February 27–March 28, 1945,” p. 15.

8 Kaluta, “History of Eastern Command, US Strategic Air Forces in Europe, October 1, 1944–March 31, 1945,” chap. I, pp. 73–74.

9 Wilmeth et al., “Report on a Visit to Lublin, Poland, February 27–March 28, 1945,” pp. 1–3; *Communiqué of the Polish-Soviet Extraordinary Commission for Investigating the Crimes Committed by the Germans in the Majdanek Extermination Camp in Lublin*, ed. A. Witos et al. (Moscow, 1944); Tomasz Kranz, “Ewidencja zgonów I śmiertelność więźniów KL Lublin,” *Zeszyty Majdanka* 23 ([Lublin], 2005): 7–53.

10 Wilmeth et al., “Report on a Visit to Lublin, Poland, February 27–March 28, 1945,” pp. 4–5; Conversino, *Fighting with the Soviets*, p. 196.

11 *My Dear Mr. Stalin*, pp. 299–300.

12 Captain William Fitchen, Interrogation Form: [First] Pilot Lt. Peede, March 17, 1945, Frantic: Interrogation Reports. Eastern Command, “Report on Former Prisoners of War,” 4 pp., here 3, NARA, RG 334, box 67; Kaluta, “History of Eastern Command, US Strategic Air Forces in Europe, October 1, 1944–March 31, 1945,” chap. I, pp. 50, 73; Conversino, *Fighting with the Soviets*, p. 190.

13 Captain William Fitchen, “Report of an interview with three former prisoners of war, First Lieutenant Cory, Second Lieutenant

Murphy, and Second Lieutenant Gaich," February 21, 1945, 4 pp., Frantic: Interrogation Reports. Eastern Command, NARA, RG 334, box 67; "Beliaev, Vladimir Pavlovich," *Bol'shaia Sovetskaia Ėntsiklopediia* (Moscow, 1969), s.v.; Iurii Nagibin, *Dnevnik* (Moscow, 2009), pp. 124–28.

14 Captain William Fitchen, "Report of an interview with three former prisoners of war, Capt. Slanina, Second Lieutenant Young, and First Lieutenant Englander," February 22, 1945, p. 1, Frantic: Interrogation Reports. Eastern Command, NARA, RG 334, box 67; Kaluta, "History of Eastern Command, US Strategic Air Forces in Europe, October 1, 1944–March 31, 1945," chap. I, pp. 73–77.

15 Kaluta, "History of Eastern Command, US Strategic Air Forces in Europe, October 1, 1944–March 31, 1945," chap. I, p. 78; Captain Robert M. Trimble et al., "Report on Flight to Rzeszow, Staszow, Lwow, Poland, March 17, 1945," 5 pp., here 1–3, Frantic: Interrogation Reports. Eastern Command, NARA, RG 334, box 67; Trimble and Dronfield, *Beyond the Call*, pp. 117–42.

16 Trimble et al., "Report on Flight to Rzeszow, Staszow, Lwow, Poland, March 17, 1945," 5 pp., here 3–4.

17 Ibid., p. 4; "Report by Sgt. Richard J. Beadle," 2 pp., Frantic: Interrogation Reports. Eastern Command, NARA, RG 334, box 67.

18 Trimble et al., "Report on Flight to Rzeszow, Staszow, Lwow, Poland, March 17, 1945," 5 pp., here 4; Trimble and Dronfield, *Beyond the Call*, pp. 168–74, 180–82.

19 *My Dear Mr. Stalin*, p. 300.

20 Harriman to Roosevelt, March 12, 1945, in *FRUS: Diplomatic Papers, 1945, Europe*, vol. 5; Deane, *The Strange Alliance*, p. 198; Harriman and Abel, *Special Envoy*, pp. 420–21.

21 *My Dear Mr. Stalin*, p. 300.

22 Ibid., pp. 301–302.

23 Harriman and Abel. *Special Envoy*, pp. 421–22.

24 Lt. Col. James D. Wilmeth, Memorandum to General Deane, Reference: Lublin Trip, Poltava, USSR, April 13, 1945, 9 pp. in NARA, RG 334, Box 22; Kaluta, "History of Eastern Command, US Strategic Air Forces in Europe, October 1, 1944–March 31, 1945," chap. I, p. 78.

25 Kaluta, "History of Eastern Command, US Strategic Air Forces in Europe, October 1, 1944–March 31, 1945," chap. I, pp. 78–79; Conversino, *Fighting with the Soviets*, p. 196.

第十七章

1 Major Zorin to Abakumov, April 2, 1945, pp. 1–2, SBU Archives, fond 13, no. 1169, fols. 471–72.

2 William Kaluta, "Eascom History, 1 April 1945 to 23 June 1945," chap. 1, Operations, p. 7, in NARA, RG 334; United States Military Mission to Moscow, Operation "Frantic," October 1943–October 1945, Box 66: Engineer to Intelligence.

3 Major Zorin to Major General Novikov, April 10, 1945, "Informatsionnaia dokladnaia zapiska," 4 pp., SBU Archives, fond 13, no. 1169, fol. 499.

4 Plokhy, *Yalta*, pp. 358–64.

5 Harriman and Abel, *Special Envoy*, pp. 432–39.

6 *My Dear Mr. Stalin*, pp. 303–17.

7 Fred L. Borch, "Two Americans and the Angry Russian Bear: Army Air Force Pilots Court-Martialed for Offending the Soviet Union during World War II," *Prologue Magazine* 43, no. 1 (Spring 2011) <https://www.archives.gov/publications/prologue/2011/spring/court-martials.html>.

8 Conversino, *Fighting with the Soviets*, pp. 201–202.

9 Borch, "Two Americans and the Angry Russian Bear."

10 Lieutenant Colonel Sveshnikov, "Spravka," April 30, 1944, 2 pp., here 2, SBU Archives, fond 13, no. 1168, fol. 32; Trimble and Dronfield, *Beyond the Call*, pp. 230–31.

11 Borch, "Two Americans and the Angry Russian Bear"; Conversino, *Fighting with the Soviets*, pp. 203–204.

12 Kaluta, "Eascom History, 1 April 1945 to 23 June 1945," chap. 1, Operations, pp. 1–2; Conversino, *Fighting with the Soviets*, p. 203.

13 Major Zorin to Major General Novikov, April 10, 1945, "Informatsionnaia dokladnaia zapiska," 4 pp., here 3, SBU Archives, fond 13, no. 1169, fol. 499.

14 Ibid.; Kaluta, "Eascom History, 1 April 1945 to 23 June 1945," chap. 1, Operations, pp. 1–2.

15 Kaluta, "Eascom History, 1 April 1945 to 23 June 1945," chap. 1, Operations, p. 1.

16 Agent Report, "Kozlov," April 1, 1945, SBU Archives, fond 13, no. 1169, f. 491; Agent Report, "Moskvichka," April 2, 1945, ibid., fol. 490.

17 Fischer, *Insatiable*, p. 122.

18 Ibid.; "Soviet Denunciation of the Pact with Japan, April 5, 1945," *The Department of State Bulletin* 12, no. 305 (April 29, 1945) <http://avalon.law.yale.edu/wwii/s3.asp>.

19 Dmitrii Volkogonov, *Triumf i tragediia: Politicheskii portret I. V. Stalina* (Moscow, 1989), bk. 2, pt. 1, p. 373; Zorin to Abakumov, April 2, 1945, p. 2, SBU Archives, fond 13, no. 1169, fol. 471; Major Zorin, "Spravka," April 3, 1945, 2 pp., SBU Archives, fond 13, no. 1169, fols. 485–86; *Arkhiv rozstrilianoho vidrodzhennia: materialy arkhivno-slidchykh sprav ukrains'kykh pys'mennykiv 1920–1930-kh rokiv,* comp. Oleksandr and Leonid Ushkalov (Kyiv, 2010), p. 376.

20 Kaluta, "Eascom History, 1 April 1945 to 23 June 1945," chap. 1, Operations, p. 6; Major Zorin to Major General Novikov, April 10, 1945, "Informatsionnaia dokladnaia zapiska," 4 pp., here 3, SBU Archives, fond 13, no. 1169, fol. 499.

21 Kaluta, "Eascom History, 1 April 1945 to 23 June 1945," chap. 1, Operations, p. 6.

22 Ibid., chap. 1, Operations, pp. 3–4, 8; Trimble and Dronfield, *Beyond the Call*, pp. 233–40, 243.

23 *My Dear Mr. Stalin*, p. 322.

第十八章

1 On Melby, see Robert P. Newman, *The Cold War Romance of Lillian Hellman and John Melby* (Chapel Hill, NC, 1989).

2 Harriman and Abel, *Special Envoy*, pp. 440–41.

3 Ibid., pp. 441–43; Sherwood, *Roosevelt and Hopkins*, pp. 883–84.

4 Harriman and Abel, *Special Envoy*, pp. 445–46; Conversino, *Fighting with the Soviets*, p. 205; Costigliola, *Roosevelt's Lost Alliances*, pp. 319–20.

5 Kaluta, "Eascom History, 1 April 1945 to 23 June 1945," chap. 2, Activities, p. 1.

6 Ibid., chap. 2, Activities, pp. 1–2.

7 Franklyn Holzman to A. Holzman, April 14, 1945; Franklyn Holzman, BBC interview, 1995.

8 Kaluta, "Eascom History, 1 April 1945 to 23 June 1945," chap. 1, Operations, pp. 6–7; chap. 2, Activities, p. 1.

9 Conversino, *Fighting with the Soviets*, pp. 206–207.

10 Plokhy, *Yalta*, pp. 382–83.

11 Harriman and Abel, *Special Envoy*, pp. 447–53; Costigliola, *Roosevelt's Lost Alliances*, pp. 320–27.

12 Samuel Chavkin, "Russia-based Yanks parade with Red Army," Franklyn Holzman collection; Kaluta, "Eascom History, 1 April 1945 to 23 June 1945," chap. 1, Operations, pp. 6–7; chap. 2, Activities, p. 2.

13 Kaluta, "Eascom History, 1 April 1945 to 23 June 1945," chap. 2, Activities, p. 3; Conversino, *Fighting with the Soviets*, p. 208.

14 Fischer, *Insatiable*, p. 120; Bertha Markoosha *Fischer, My Lives in Russia* (New York, 1944).

15 Fischer, *Insatiable*, pp. 121–22.

16 Major Zorin to General Major Gorgonov, "Dokladnaia zapiska ob izuchenii razvedyvatel'noi deiatel'nosti amerikanskikh voennosluzhashchikh Poltavskoi bazy," February 12, 1945, 11 pp., here 6, SBU Archives, fond 13, no. 1169, fols. 415–25; Major Zorin to Major General Novikov, "Dokladnaia zapiska ob izmenenii otnoshenii mezhdu lichnym sostavom amerikanskoi bazy i voennosluzhashchimi 169 ABON," February 7, 1945, 5 pp., here 5, SBU Archives, fond 13, no. 1169, fols. 410–14; Agent Report, "Kozlov," June 1945, 1 p, SBU Archives, fond 13, no. 1172, fol. 98; Captain Zakharov, "Vypiska iz dokladnoi zapiski gvardii kapitana Zakharova," July 10, 1944, 1 p., SBU Archives, fond 13, no. 1172, fol. 106.

17 Major Zorin to Abakumov, "Dokladnaia zapiska ob operativno-agenturnom obsluzhivanii amerikanskoi aviabazy 'chelnochnykh pereletov,' " June 23, 1945, 30 pp., here 10, 17, 24, 25, 28, SBU Archives, fond 13, no. 1169, fols. 559–88; Colonel Chernetskii, Captain Mikhaliuk and Senior Lieutenant Nefedov to Fedotov (Moscow), "Dokladnaia zapiska o rezul'tatakh agenturno-operativnogo obsluzhivaniia amerikanskoi aviabazy v Poltave za period dekabr' 1944—ianvar' 1945," February 7, 1945, 18 pp., here 1, SBU Archives, fond 13, no. 1201, fols. 146–48.

18 Colonel Reshetnikov and Lieutenant Colonel Meshcheriakov, "Spravka na voennosluzhashchego byvshei Poltavskoi bazy VVS SShA—Chavkina Samuila," January 1952, 3 pp., SBU Archives, fond 13, no. 1171, fols. 60–62; Major Zorin and Captain Mikhaliuk, "Spravka: Chavkin, Samuil," 3 pp., SBU Archives, fond 13, no. 1171, fols. 157–58; Agent Report, "Valik," November 15, 1944, 1 p., SBU Archives, fond 13, no. 1171, fol. 65; Agent Report, "Markov," January 1945, 1 p., SBU Archives, fond 13, no. 1171, fol. 90; Lieutenant Colonel Sveshnikov to Abakumov, "O sokrashchenii amerikanskikh voenno-vozdushnykh baz na territorii SSSR," December 2, 1944, 11 pp., here 6, SBU Archives, fond 13, no. 1168, fol. 333.

19 Franklyn Holzman to A. Holzman, February 21, May 1, and May 10, 1945.

20 For SMERSH reports on Philip Mishchenko and Yelena Semizhenova, see SBU Archives, fond 13, no. 1171, fols. 3–36.

21 Kaluta, "Eascom History, 1 October 1944 to 1 April 1945," chap. 5, Personnel Relations, pp. 31–32.

22 Ibid.

23 Agent Report, "Markov." May 1945, 1 p., SBU Archives, fond 13, no. 1172, fol. 125.

24 Trimble and Dronfield, *Beyond the Call*, pp. 256–58.

第十九章

1 "Spravka na byvshego komandira 169 aviabazy osobogo naznacheniia VVS VS SSSR general-maiora aviatsii Kovaleva Stepana Korneevicha," SBU Archives, fol.13, no. 1169, fols. 673–76.

2 Plokhy, *Yalta*, pp. 102–16; Norman M. Naimark, *The Russians in Germany: A History of the Soviet Zone of Occupation, 1945–1949* (Cambridge, 1997).

3 "Perminov, Aleksandr Romanovich," The Generals of World War II<http://www.generals.dk/general/Perminov/Aleksandr_Romanovich/Soviet_Union.html>.

4 "Minutes of the Eighteenth Meeting of the Air Directorate, Held at Berlin, December 18, 1945, 10:30 a.m.," *FRUS: Diplomatic Papers, 1945: European Advisory Commission, Austria, Germany*, vol. 3; "U.S. Note Documents Western Position on Unrestricted Air Access to Berlin," *Department of State Bulletin*, vol. 45 (July–September, 1961) <http://www.ebooksread.com/authors-eng/united-states-dept-of-state-office-ofpublic-co/department-of-state-bulletin-volume-v-45-jul--sep-1961-tin/page-99-department-of-state-bulletin-volume-v-45-jul--sep-1961-tin.shtml>.

5 *Sovetskaia administratsiia v Germanii, 1945–1949. Deiatel'nost' upravleniia SVAG po izucheniiu dostizhenii nemetskoi nauki i tekhniki v Sovetskoi zone okkupatsii*, ed. V. V. Zakharov (Moscow, 2007), pp. 398–40; Georgii Litvin, *Na razvalinakh tret'ego Reikha, ili maiatnik voiny* (Moscow, 1998), chap. 1; *Sovetskaia voennaia administratsiia v Germanii, 1945–1949: Spravochnik* (Moscow, 2009), p. 840.

6 John Gaddis, *George F. Kennan: An American Life* (New York, 2012), pp. 215–22; Joseph Stalin, "Rech' na predvybornom sobranii izbiratelei Stalinskogo izbiratel'nogo okruga g. Moskvy, February 9, 1946," *Propagandist*, nos. 1–4 (February 1946): 11.

7 Montefiore, *Stalin*, pp. 532–37.

8 Marshal of Aviation Aleksandr Golovanov in Feliks Chuev, *Soldaty imperii: besedy, vospominaniia, dokumenty* (Moscow, 1998), p.

267; A. M. Khorobrykh, *Glavnyi marshal aviatsii A. A. Novikov* (Moscow, 1989), p. 268.

9 Vladimir Zhukhrai, *Stalin: pravda i lozh'* (Moscow, 1996), p. 235.

10 Aleksandr Melenberg, "Trofei marshala Zhukova," *Novaia gazeta*, June 9, 2003.

11 "Postanovlenie Politbiuro TsK KPSS 'O t. Zhukove G. K., Marshale Sovetskogo Soiuza,' " January 20, 1948, Fond Aleksandra Iakovleva, Arkhiv <http://www.alexanderyakovlev.org/fond/issues-doc/1002762>.

12 "Kutsevalov, Timofei Fedorovich," *Generals of World War II* <http://www.generals.dk/general/Kutsevalov/Timofei_Fedorovich/Soviet_Union.html>.

13 "Kriukov, Grigorii Viktorovich," Geroi strany <http://www.warheroes.ru/hero/hero.asp?Hero_id=1841>; "Doch' Lidii Ruslanovoi i generala Kriukova rasskazala o frontovykh budniakh," *Moskovskii komsomolets*, May 7, 2015.

14 "Spravka na byvshego komandira 169 aviabazy osobogo naznacheniia VVS VS SSSR general-maiora aviatsii Kovaleva Stepana Korneevicha," SBU Archives, fond 13, no. 1169, fols. 673–76.

15 See the list of awards and Shchepankov's report at *Pamiat' naroda* <https://pamyat-naroda.ru/heroes/podvig-chelovek_nagrazhdenie43320375/>.

16 "Spravka na byvshego komandira 169 aviabazy osobogo naznacheniia VVS VS SSSR general-maiora aviatsii Kovaleva Stepana Korneevicha."

17 Major Zorin, "Spravka," January 9, 1945, SBU Archives, fond 13, no. 1171, fols. 116–18; "Ivan Ivanovich Moskalenko," in *Kto rukovodil organami Gosbezopasnosti, 1941–1954: Spravochnik*, ed. N. V. Petrov (Moscow, 2010); "Kovalev, Stepan Korneevich," *Bessmertnyi polk, Moskva* <http://www.polkmoskva.ru/people/1061143/>.

第二十章

1 "Major General Robert L. Walsh," *U.S. Air Force* <https://www.af.mil/About-Us/Biographies/Display/Article/105289/major-general-robert-l-wals>.

2 Michael J. Hogan, *The Marshall Plan: America, Britain, and the Reconstruction of Western Europe, 1947–1952* (Cambridge, 1987); John Lewis Gaddis, "Reconsiderations: Was the Truman Doctrine a Real Turning Point?" *Foreign Affairs* 52, no. 2 (1974): 386–402; Dennis Merrill, "The Truman Doctrine: Containing Communism and Modernity," *Presidential Studies Quarterly* 36, no.

1 (2006): 27–37; Michael Holm, *The Marshall Plan: A New Deal for Europe* (Abingdon, UK, 2016).

3 Vladislav Zubok and Constantine Pleshakov, *Inside the Kremlin's Cold War: From Stalin to Khrushchev* (Cambridge, MA, 1996), pp. 50–51.

4 William R. Harris, "The March Crisis of 1948, Act I," *Studies in Intelligence* 10, no. 4 (1966): 3–5.

5 Ibid., pp. 5–8.

6 Jean Edward Smith, *Lucius D. Clay: An American Life* (New York, 1990), p. 488.

7 Roger Gene Miller, *To Save a City: The Berlin Airlift, 1948–1949* (College Station, TX, 2000); "Major General Robert L. Walsh," *U.S. Air Force* <http://www.af.mil/AboutUs/Biographies/Display/tabid/225/Article/105289/major-generalrobert-l-walsh.aspx>.

8 Jean Edward Smith, *Lucius D. Clay: An American Life*, 2nd ed. (New York, 2014), pp. 335–38; "William Whipple Jr, 36," *Princeton Alumni Weekly*, April 2, 2008; Fischer, *Insatiable*, p. 125.

9 Fischer, *Insatiable*, pp. 126–28; Markus Wolf, *Die Troika: Geschichte eines Nichtgedrehten Films* (Berlin, 1989), Russian translation: *Troe iz tridtsatykh* (Moscow, 1990), p. 109.

10 Fischer, *Insatiable*, pp. 129–32; Wolf, *Troe iz tridtsatykh*, pp. 306–11; George Fischer, Letters to family dated March 9 and 11, 1946, Berlin; Victor Fischer with Charles Wohlforth, *To Russia with Love: An Alaskan Journey* (Fairbanks, 2012), pp. 81–84; Vladimir Gall, "Instruktor-literator, perevodchik, parlamenter ... ," in Vladislava Zhdanova, *Nashim oruzhiem bylo slovo: Perevodchiki na voine* (Frankfurt am Main, 2009), pp. 122–59.

11 "Spravka na amerikanskogo voennosluzhashchego byv. bazy VVS SSha—Fisher, Georg," SBU Archives, fond 13, no. 1172, fols. 143–44; Fischer, *Insatiable*, pp. 132–33; Markus Wolf and Anne McElvoy, *Man without a Face: The Autobiography of Communism's Greatest Spymaster* (New York, 1997), pp. 27–29, 287, 316–17.

12 "Spravka na amerikanskogo voennosluzhashchego byv. bazy VVS SSha—Fisher, Georg," SBU Archives, fond 13, no. 1172, fols. 143–44; Fischer, *Insatiable*, pp. 132–33; Wolf and McElvoy, *Man without a Face*, pp. 27–29, 287, 316–17.

13 Lieutenant Colonel Solopov to head of MGB in Poltava region, May 13, 1953, SBU Archives, fond 13, no. 1179, fols. 20–21; Major General Budarev and Major General Novikov to Lieutenant General Raikhman, February 15, 1947, p. 1, SBU Archives, fond 13, no. 1169, fols. 656–60.

14 Lieutenant Colonel Solopov to head of MGB in Poltava region, May 13, 1953, SBU Archives, fond 13, no. 1179, fols. 20–21;

Vladimir Talmi, "Polnyi krug: N'iu-Iork–Moskva i obratno. Istoriia moei zhizni," *Zametki po evreiskoi istorii*, no. 184 <http://berkovich-zametki.com/2015/Zametki/Nomer10/Talmi1.php>.

15 Major General Budarev and Major General Novikov to Lieutenant General Raikhman, February 15, 1947, SBU Archives, fond 13, no. 1169, fols. 656–60.

16 Major Zorin, head of counterintelligence division SMERSH, 68th region of aviation bases, to Abakumov, "Dokladnaia zapiska ob agenturno-operativnom obsluzhivanii amerikanskoi aviabazy 'chelnochnykh' pereletov," June 23, 1945, 30 pp., here 17, SBU Archives, fond 13, no. 1169, fol. 575.

17 Deputy commander, counterintelligence department, 4th Air Force Army Lieutenant Colonel Sagalov and head of 1st division of the same department, Major Panov, to head, counterintelligence directorate, Kyiv military district, June 12, 1947, SBU Archives, fond 13, no. 1184, "Raznaia perepiska po delu 'Soiuzniki,' " f. 9.

18 Head, first counterintelligence directorate, Kyiv military district, Lieutenant General Osetrov and head, first department of the same directorate, Lieutenant Colonel Bulantsev to deputy head, MGB department, 4th Air Force Army Sagalov, June 26, 1947, SBU Archives, fond 13, no. 1184, "Raznaia perepiska po delu 'Soiuzniki,' " f. 10.

19 Colonel Shabalin, head, 4th department, counterintelligence directorate, Kyiv military district, "Spravka na lits, prokhodiashchikh po materialam dannogo memoranduma," p. 4, SBU Archives, fond 13, no. 1185, "Raznaia perepiska po delu 'Soiuzniki,' " fols. 323–27; Lieutenant Colonel Kovalkov to head of MGB, Poltava region, January 13, 1953, SBU Archives, fond 13, no. 1179, fol. 12.

20 Georgii Litvin, *Na razvalinakh tret'ego Reikha, ili maiatnik voiny* (Moscow, 1998), chap. 1.

21 Lieutenant Colonel Kovalkov to head of MGB, Poltava region, January 13, 1953, SBU Archives, fond 13, no. 1179, fol. 12; Colonel Reshetnikov and Lieutenant Colonel Meshcheriakov to Lieutenant Colonel Kovalkov, January 29, 1953, SBU Archives, fond 13, no. 1179, fol. 12; "Maksimov, Viktor Ivanovich," biography and photo on website of Kazan Institute of Architecture and Construction <http://old.kgasu.ru/sved/vov/maksimov_viktor_ivanovich/>.

22 Colonel Surkov, head of MGB counterintelligence department, 12th Air Force Army, to head, counterintelligence department, MGB, Kyiv military district,October 1948, SBU Archives, fond 13, no. 1185, fol. 137.

23 Colonel Shabalin, head, 4th department, MGB counterintelligence directorate, Kyiv military district, "Spravka na lits,

prokhodiashchikh po materialam dannogo memoranduma," November 1950, SBU Archives, fond 13, no. 1185, fols. 323–27; Lieutenant Colonel Prikazchikov to head, MGB counterintelligence directorate, Kyiv military district, November 22, 1950, SBU Archives, fond 13, no. 1186, fols. 36–36v; "Prakhin, Efim Danilovich," *Geroi strany* <http://www.warheroes.ru/hero/hero.asp?Hero_id=6652>.

第二十一章

1 Introduction, Osobyi arkhiv Litvy, Fond K-1: Komitet gosudarstvennoi bezopasnosti Litovskoi SSR (KGB), Opis' no. 2 (former fond no. 2: Kontrarazvedovatel'nyi otdel NKVD-MGB-MVD-KGB SSSR), <http://media.hoover.org/sites/default/files/documents/lithuanian_kgb_opis02_register.pdf>.

2 "Belukha, Andrei Iakovlevich," *Kadrovyi sostav organov gosudarstvennoi bezopasnosti SSSR* <http://nkvd.memo.ru>; Agent Report "Avtomat," in SBU Archives, fond 13, no. 1171, fol.135.

3 Agent Report, "Liliia," August 3, 1944, in SBU Archives, fond 13, no. 1171, fols. 139–40; Agent Report, "Markov," ibid., fol. 143.

4 Spravka po arkhivnym delam no. 15078 i 216 na Belukhu Z. A.," December 9, 1968, in SBU Archives, fond 13, no. 1207, fols. 99–100.

5 Agent Report, "Tishchenko," December 28, 1950, SBU Archives, fond 13, no. 1192, fols. 310–310v.

6 Ivan Nalyvaiko, *Hirkyi spomyn zhakhlyvoho teroru: istoryko-publitsystychni narysy* (Poltava, 2004). "Agent Report, "Dmitrieva," April 28, 1949, in SBU Archives, fond 13, no. 1192, f. 304; Agent Report, "Tishchenko," December 28, 1950, ibid., fol. 310.

7 Agent Report, "Dmitrieva," April 28, 1949; Agent Report, "Kuznetsova," January 9, 1951, in SBU Archives, fond 13, no. 1192, fol. 311; Agent Report, "Bocharova," January 12, 1951, in SBU Archives, fond 13, no. 1192, fol. 312.

8 Agent Report, "Tishchenko," December 28, 1950, SBU Archives, fond 13, no. 1192, fols. 310–310v.

9 Agent Report, "Kuznetsova," January 23, 1951, in SBU Archives, fond 13, no. 1192, f. 313; Agent Report, "Bocharova," March 20, 1951, ibid., fol. 318–318v.

10 Major Rogovtsev and Lieutenant Colonel Meshcheriakov to Colonel Reshetnikov, September 6, 1951, in SBU Archives, fond 13, no. 1192, fols. 301–2.

11 "Kudy podivsia unikal'nyi arkhiv z mini-muzeiu na chest' Klary Luchko?" *Ltava*, July 1, 2015.

12 Spravka po arkhivnym delam no. 15078 i 216 na Belukhu Z. A.," December 9, 1968, in SBU Archives, fond 13, no. 1207, fols. 99–100.

13 Colonel Khoroshun and Colonel Akhov (Poltava) to Colonel Perfiliev (Moscow), November 11, 1958, in SBU Archives, fond 13, no. 1207, ff. 45–47; Colonel Dubas to Colonel Akhov, November 25, 1958, ibid., fol. 48.

14 "Spravka po materialam perepiski Chuchko E. V." May 30, 1964, in SBU Archives, fond 13, no. 1207, fols. 80–80v.

15 "Spravka," May 29, 196, in SBU Archives, fond 13, no. 1207, fols. 75–77v; "Spravka," June 11, 1964, ibid., fols. 78–79; Colonel Brazhko (Kyiv) to Lieutenant Colonel Mishchenko (Poltava), June 4, 1964, ibid., fol. 82.

16 "Igor Constantine Reverditto," <https://www.legacy.com/obituaries/name/by/reverditto/igor>; Jan Herman, Stage Review: 'Psycho Beach Party' Has a Screw Loose: The show has energy and brass, but it lacks the one subversive ingredient that might have justified all the silliness," *Los Angeles Times*, August 24, 1990 <http://articles.latimes.com/1990-08-24/entertainment/ca-1360_1_psycho-beachparty>; Tony Reverditto's eulogy of Igor Reverditto, posted March 13, 2015, on the "Memory of Igor Reverditto" Facebook page, February 27, 2015, <https://www.facebook.com/groups/647340528728078/permalink/647348445393953/>.

17 "Nachalniku KGB Poltavskoi oblasti. Zaiavlenie," December 10, 1968, in SBU Archives, fond 13, no. 1207, fols. 96–96v.

第二十二章

1 Office memorandum to: Director, FBI, from: SAC, Boston, subject: George Fischer, George Yuri Fischer, March 10, 1955, 2 pp., George Fischer FBI File.

2 Major Zorin, head of SMERSH counterintelligenece division, 68th region of aviation bases, to Abakumov, head of SMERSH, "Dokladnaia zapiska ob agenturno-operativnom obsluzhivanii amerikanskoi avizbazy 'chelnochnykh' pereletov," June 23, 1945, 30 pp., here 8, SBU Archives, fond 13, no. 1169, fol. 566.

3 Office Memorandum from SAC, Denver to Director, FBI, Subject: George Yuri Fischer, March 14, 1955; To: SAC, Boston from Director, FBI, April 18, 1951, Subject: George (NMI) Fischer, Security matter–c, April 18, 1951; Memorandum to: Mr. A. H. Belmont, Purpose: To advise you on results of name checks, April 18, 1951, 7 pp., here 6, in George Fischer FBI File.

4 Thomas F. Sullivan, Boston FBI, Report on George (NMI) Fischer, aka Yuri Fischer, Character of case: Security matter–C, February 12–August 21, 1951, 8 pp., here 4–6, in George Fischer FBI File; Milwaukee, Wisconsin FBI, Report on George Fischer,

Security Matter–C, November 6–December 13, 1951, 4 pp., here 2–3, ibid.; George Kennan to J. Edgar Hoover, March 29, 1951, 2 pp., ibid.

5 Report, New York FBI, Subject: George (NMI) Fischer, aka Yuri Fischer, February 1–March 7, 1952, 3 pp., in George Fischer FBI File; Report, Philadelphia FBI, Subject: George (NMI) Fischer, aka Yuri Fischer, December 7–14, 1951, 3pp., ibid.; Memorandum from: SAC, Boston to Director, FBI, April 12, 1952, ibid.; Fischer, *Insatiable*, p. 134ff.; George Fischer, *Soviet Opposition to Stalin: A Case Study in World War II* (Cambridge, MA, 1952); David Engerman, *Know Your Enemy: The Rise and Fall of America's Soviet Experts* (New York, 2009), pp. 52–53, 61.

6 Memorandum to: Director, FBI, From SAC WFO, January 17, 1955, Subject: Anatoli V. Zorin, George Yuri Fischer, in George Fischer FBI File.

7 AirTel, FBI Washington Field to Director, FBI and SAC, Boston, March 22, 1955, in George Fischer FBI File.

8 A. H. Belmont to L. V. Boardman, April 5, 1955, in George Fischer FBI File.

9 AirTel, FBI Washington Field to Director, FBI and SAC, Boston, March 22, 1955, in George Fischer FBI File.

10 SAC, WPO to Director, FBI, March 29, 1955, in George Fischer FBI File.

11 SAC, Boston to Director, FBI, April 16, 1955, 2 pp., in George Fischer FBI File.

12 Fischer, *Insatiable*, p. 134ff.; A. H. Belmont to L. V. Boardman, April 5, 1955; Boston FBI to Director, FBI, September 5, 1955, in George Fischer FBI File.

13 Boston FBI report, May 31, 1955, 6 pp., in George Fischer FBI File; Fischer, *Insatiable*, p. 193.

14 "Polkovniku Shabalinu," October 20, 1950, marginalia from October 30, 1950, SBU Archives, fond 13, no. 1186, "Raznaia perepiska po delu 'Soiuzniki,' " f. 11; Department of State, *Diplomatic List*, December 1952 (Washington, DC, 1952), p. 169; Department of State, *Diplomatic List*, February 1956 (Washington, DC, 1956), p. 43.

15 Fischer, *Insatiable*, p. 193.

16 Boston FBI report, May 31, 1955, 6 pp., in George Fischer FBI File.

17 SAC, Boston to Director, FBI, July 13, 1955; Boston FBI Report, September 16, 1955, 4 pp., in George Fischer FBI File; Fischer, *Insatiable*, p. 193.

18 Office memorandum, From SAC, WFO to Director, FBI, December 6, 1955, in George Fischer FBI File.

19 SAC Boston to Director, FBI, November 9, 1955; John Edgar Hoover, Director, FBI to Dennis A. Flinn, Director, Office of Security, Department of State, November 10, 1955; SAC Boston to Director, FBI, December 14, 1955, "George Fischer, WA. IS-R," in George Fischer FBI File.

20 FBI Teletype, Boston to Director, November 21, 1955; "Letter to the Director, FBI Boston Office," November 8, 1955; "Interview of Subject December 13, 1955," in Boston FBI Office Report on George Fischer, WA. Character of Case: Internal Security–R, February 28, 1956, in George Fischer FBI File.

結語

1 Franklyn Holzman, BBC interview on his experiences at Poltava, 1995; Fischer, *Soviet Opposition to Stalin*; Myhra, *A Frantic Saga*, p. 80.

2 Deane, *The Strange Alliance*, pp. 123–24.

3 George Fischer, review of John Deane, *The Strange Alliance*, in *Far Eastern Survey* 16, no. 11 (June 4, 1947): 131–32.

4 Costigliola, *Roosevelt's Lost Alliances*, pp. 291–311.

5 Myhra, *Frantic Saga*, p. 80; Sarah Bredesen, "Iola Man Writes about Rural 'Characters,' " *The Country Today*, September 26, 2007, p. 6.

6 Thomas Holzman's e-mail to the author, January 5, 2019; Ken Gewertz, "From Russia with Thanks: Holzman awarded Medal for World War II Service," *Harvard Gazette*, April 3, 1997.

7 Engerman, *Know Your Enemy*, pp. 199–200; Fischer, *Insatiable*, pp. 122, 196.

8 Myhra, *Frantic Saga*, pp. 6, 107–108.

9 Bill Clinton, "Greeting on the Occasion of the 50th Anniversary of Operation 'Frantic,' " in *Operatsiia "Frentik,"* p. 7, cf. pp. 267–73.

10 Charlie Beecham, "To the Editor: Operation Frantic," *The Daily Oklahoman*, January 15, 1997.

11 "Charles N. Beecham," *Mail Tribune*, March 13, 2012.

索引

人名

四畫

五畫

六畫

七畫

八畫

十畫

十一至十二畫

十三畫

十五畫

地點

三至六畫

七至十畫

十一畫

其他

四至九畫

十畫以上

FORGOTTEN BASTARDS OF THE EASTERN FRONT

被遺忘的烏克蘭私生子：
美軍在蘇聯的祕密基地（KGB 檔案中你所不知道的二戰故事）

作　　者　謝爾希・浦洛基（Serhii Plokhy）
譯　　者　廖德明
選 書 人　張瑞芳
審　　閱　周雪舫
責任編輯　張瑞芳
校　　對　童霈文
版面構成　張靜怡
封面設計　陳文德
行 銷 部　張瑞芳、段人涵
版 權 部　李季鴻、梁嘉真
總 編 輯　謝宜英
出 版 者　貓頭鷹出版

發 行 人　凃玉雲
發　　行　英屬蓋曼群島商家庭傳媒股份有限公司城邦分公司
　　　　　104 台北市中山區民生東路二段 141 號 11 樓
　　　　　劃撥帳號：19863813；戶名：書虫股份有限公司
城邦讀書花園：www.cite.com.tw　購書服務信箱：service@readingclub.com.tw
購書服務專線：02-2500-7718~9（週一至週五 09:30-12:30；13:30-18:00）
24 小時傳真專線：02-2500-1990~1
香港發行所　城邦（香港）出版集團／電話：852-2508-6231 ／傳真：852-2578-9337
馬新發行所　城邦（馬新）出版集團／電話：603-9056-3833 ／傳真：603-9057-6622
印 製 廠　中原造像股份有限公司
初　　版　2023 年 11 月
定　　價　新台幣 650 元／港幣 217 元（紙本書）
　　　　　新台幣 455 元（電子書）
I S B N　978-986-262-661-0（紙本平裝）／ 9789862626665（電子書 EPUB）

讀者意見信箱　owl@cph.com.tw
投稿信箱　owl.book@gmail.com
貓頭鷹臉書　facebook.com/owlpublishing

【大量採購，請洽專線】(02) 2500-1919

城邦讀書花園
www.cite.com.tw

國家圖書館出版品預行編目資料

被遺忘的烏克蘭私生子：美軍在蘇聯的祕密基地（KGB 檔案中你所不知道的二戰故事）／謝爾希 . 浦洛基（Serhii Plokhy）著；廖德明譯 . -- 初版 . -- 臺北市：貓頭鷹出版：英屬蓋曼群島商家庭傳媒股份有限公司城邦分公司發行 , 2023.11
面；　公分 .
譯自：Forgotten bastards of the eastern front
ISBN 978-986-262-661-0（平裝）

1. CST：第二次世界大戰　2. CST：空戰史
3. CST：美俄關係　4. CST：烏克蘭

712.845　　112014423